考古学・博物館学の風景

中村浩先生古稀記念論文集

芙蓉書房出版

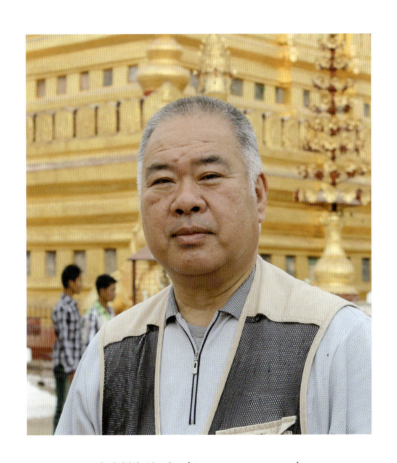

中村浩先生(ミャンマーにて)

発刊の辞

舟山　良一

　中村浩先生は平成29年２月に古稀を迎えられました。先生は大阪府教育委員会時代、そして大阪大谷大学（旧大谷女子大学）時代をとおして須恵器の研究者として広く知られていますが、全国各地の自治体の発掘調査にも学生とともに駆けつけられ、多くの自治体の文化財行政の向上にも大きな貢献をされています。このようなことから、先生にご恩を受けた自治体関係者や、ともに研鑽を積まれた研究者を中心に古稀の記念論文集を献呈しようということになり、多くの賛同者と論文寄稿者の協力のもとにこの記念論文集の発刊の運びとなったものです。

　先生は昭和22年（1947）大阪府富田林市の名刹龍泉寺のご長男としてお生まれになり、立命館大学で考古学を専攻され、卒業後大阪府教育委員会の文化財技師となり府下の緊急発掘調査をはじめ文化保護行政に携わりました。特に陶邑窯跡群の発掘調査を多く手掛けられ、発掘調査報告書をはじめ、須恵器や窯跡に関して多くの論文を発表なされました。その業績から昭和53年に大谷女子大学（現大阪大谷大学）の招請を受けて、行政から研究と教育の世界へと転身されました。

　先生のご業績の中で一番に上げなければならないのは、やはり陶邑窯跡群出土須恵器の編年でしょう。同編年については森浩一氏や田辺昭三氏の編年、特に田辺氏の編年が全国的に知られていましたが、中村先生はこの編年を十分に踏まえながらも、より精緻にという観点から床ごとの編年を心がけて、数字で型式名を表現されました。堺市立泉北すえむら資料館（旧大阪府立泉北考古資料館）には中村先生の分類に従って須恵器が並べられていて、全国から多くの須恵器研究者が訪れていたのは周知のことと思います。

　また、先生は須恵器研究を志す人達のため、基礎資料として須恵器の集成と出版にもご尽力されました。『須恵器集成図録』６冊（1995～1997）、『古墳出土須恵器集成図録』５冊（1998～2000）、『東京国立博物館所蔵須恵器集成』３冊（1994～1998）は須恵器研究の貴重な基礎資料となってい

ます。
　さらに、先生は大学で教鞭をとる傍ら、学長補佐、大学博物館の館長補佐を歴任され、自校のみならず全国の博物館の充実にもご尽力されています。全国各地の自治体の発掘調査への応援も学生の博物館学実習を兼ねてのことでした。ここ10年ほどは世界の博物館についての出版も続けられています。
　このように考古学、博物館学そして遺跡保護のため縦横無尽のご活躍をされた先生は現在龍泉寺のご住職として多忙な日々をお送りです。かつて、先生から、「自分の趣味を聞かれて本を出すことと答えました」とお聞きしたことがあります。今後も"本業"と学問の両方ともに益々お元気でご活躍されることを祈念してこの古稀記念論文集を献呈したいと思います。

考古学と博物館学の風景 ❖ 目次

発刊の辞 　　　　　　　　　　　　　　　　　　　　　　　　　舟山 良一　*1*

❏ 須恵器研究とその周辺

TK208型式須恵器の諸問題 　　　　　　　　　　　　　　　　　田中　清美　*9*

楠見式土器の生産とその特質 　　　　　　　　　　　　　　　　仲辻　慧大　*19*

陶邑窯跡群における車輪文当て具痕の新例紹介 　　　　　　　　土井　和幸　*29*

提瓶の製作開始について 　　　　　　　　　　　　　　　　　　木下　　亘　*37*

日本古代・大宰府官制整備期の九州における食器様相 　　　　　中島恒次郎　*47*

肥筑境における古代須恵器生産の様相について 　　　　　　　　山田　元樹　*61*

須恵器の消費動向と流通に関する試論 　　　　　　　　　　　　市来　真澄　*77*
　　―古墳時代中期の北部九州を中心に―

牛頸窯跡群出土のヘラ書き須恵器について 　　　　　　　　　　石木　秀啓　*89*

福岡県大野城市王城山古墳群の再検討 　　　　　　　　　　　　上田　龍児　*105*
　　―新羅土器が集中する古墳群の解明に向けて―

六世紀前半代の大室古墳群 　　　　　　　　　　　　　　　　　風間　栄一　*121*
　　―大室古墳群の変容―

関東出土の軟質土器 　　　　　　　　　　　　　　　　　　　　酒井　清治　*133*

百済漢城期・熊津期の須恵器(系)に関する考察　　　　　　　土田　純子 *151*
　　―新資料を中心に―

須恵器窯跡等を利用した考古地磁気学と地磁気の変化
　　　　　　　　　　　　　　　　　　畠山唯達・渋谷秀敏 *161*

目沼瓢箪塚古墳の円筒埴輪列　　　　　　　　　　　　　　犬木　努 *173*
　　―昭和27年の古墳調査と埴輪分析―

大谷古墳の埴輪とその生産　　　　　　　　　　　　　　　河内　一浩 *183*

中世陶器の胎土分析　　　　　　　　　　　　　　　　　　白石　純 *193*
　　―山陰地方出土瓷器系陶器の産地推定―

ベトナム中部からラオス中南部にかけての「伸ばし」成形の展開と
地域差―カンボジア東北部の伝統的土器製作の位置付けをめぐって―
　　　　　　　　　徳澤　啓一　　平野　裕子　　　　　　　　　*211*
　　　　　　　　　Chhei VISOH　Sureeratana
　　　　　　　　　BUBPHA　Do Kien

高麗陶器生産に関する一試考　　　　　　　　　　　　　　主税　英徳 *227*
　　―高麗陶器窯の検討―

❏古代・中世の諸相

「動作連鎖」の概念で観るお亀石古墳　　　　　　　　　　栗田　薫 *239*
　　―新堂廃寺の造瓦との比較から瓦積みの外護施設を考える―

斑鳩文化圏存否　　　　　　　　　　　　　　　　　　　　上原　真人 *251*
　　―大和における法隆寺式軒瓦の分布―

摂津淀川北岸地域における古代瓦の様相　　　　　　　　　網　伸也 *267*

中世瓦窯の視点 　　　　　　　　　　　　　　　　　　　　　　　　藤原　　学 281

河内金剛寺白炭考 　　　　　　　　　　　　　　　　　　　　　　尾谷　雅彦 295
　―河内長野市内の製炭遺構―

青蓮院蔵承安元年写『往生要集』について　　　　　　　　　　　梯　　信暁 307

慈尊院五輪塔実測記 　　　　　　　　　　　　　　　　　　　　　狭川　真一 319

古代・中世前期の奈良県の石造層塔について　　　　　　　　　　辻　　俊和 329

長崎県松浦市鷹島海底遺跡における蒙古襲来（元寇）船調査の
　現況と課題　　　　　　　　　　　　　　　　　　　　　　　　池田　榮史 339

中国安徽省淮北市柳孔運河の唐代交易沈没舟・船　　　　　　　　辻尾　榮市 351

❏ 様々ないとなみ

群集土坑の理解をめぐって　　　　　　　　　　　　　　　　　　林　　潤也 363
　―下唐原十足遺跡の再評価―

銅釦・銅鏃・銅釧の生産に関する問題点　　　　　　　　　　　　田尻　義了 375
　―鳥栖市藤木（ふじのき）遺跡出土の青銅器鋳型について―

鹿角製カツオ釣り針について　　　　　　　　　　　　　　　　　冨加見泰彦 385

日本古代塩業技術の諸問題　　　　　　　　　　　　　　　　　　積山　　洋 397

❏ 博物館学の現在

古奇物愛玩に拠る歴史資料の保存　　　　　　　　　　　　　　　青木　　豊 411
　―小銅鐸の愛玩利用による事例を中心として―

「蛸壺づくりの村」を活用した観光地域づくりの基礎的プロセス
　―「記録保存」の措置を取られた戎畑遺跡（大阪府泉南市）の活用―
　　　　　　　　　　　　　　　　　　　　　　　　　　　　和泉　大樹　*419*

成人の学びと博物館　　　　　　　　　　　　　　　　　　一丸　忠邦　*429*

博物館教育の一側面　　　　　　　　　　　　　　　　　　井上　洋一　*439*
　―デジタルデータを応用した新たな鑑賞教育の可能性―

静岡県下の戦前期神社博物館に関する一考察　　　　　　　中島金太郎　*449*

郷土博物館をつくる　　　　　　　　　　　　　　　　　　落合　知子　*463*
　―波佐見町フィールドミュージアム構想―

韓国の国立こども博物館について　　　　　　　　　　　　竹谷　俊夫　*475*

「市民とつくる資料館」　　　　　　　　　　　　　　　　笠井　敏光　*485*

中村浩先生と大阪大谷大学博物館　　　　　　　　　　　　池田　千尋　*493*

❏特別寄稿

須恵器生産の成立とその背景　　　　　　　　　　　　　　中村　　浩　*503*

観光と博物館について　　　　　　　　　　　　　　　　　中村　　浩　*517*

中村浩　業績目録525
中村浩　略年譜539

須恵器研究とその周辺

TK208型式須恵器の諸問題

田中 清美

1．はじめに

　須恵器は古墳時代中期の前半（4世紀末頃）に朝鮮半島の南部地域から伝播した陶器土器であり、窖窯で1000度以上の高温で還元焔焼成されたそれまでの列島には無かった焼き物として知られている。須恵器は三国時代の加耶・百済の陶質土器の影響の見られる初期須恵器と我国固有の定型化した須恵器とに二分されており、陶邑古窯址群内の堺市大庭寺にあるTG231・232号窯跡の出土品が現在最古の初期須恵器として位置付けられている[*1]。須恵器は保水性が良いことから大型の甕などの貯蔵容器として活用されており、その生産量も全体の80％を占めている。また、5世紀後半になって初期須恵器が定型化した須恵器へと移行した頃に登場したTK208型式の須恵器の器形は、杯身・杯蓋に見られるように洗練されたシャープな形態であり、いわゆる供膳具の生産量が初期須恵器に比べて急激に増加している。陶邑窯産の可能性の高いTK208型式の須恵器は、畿内はもとより西日本の各地に分布するほか、東日本でも確認されており、須恵器の普及の実態や須恵器生産の地方拡散の要因を究明する上で注目すべき資料といえよう。
　本稿ではTK208型式の須恵器の特徴およびこれを焼成した窯窯を検討して、本型式の須恵器のもつ歴史的な意義を考えてみたい。

2．陶邑古窯址群の調査と須恵器編年

　陶邑古窯址群の最初の本格的な調査は、1961（昭和36）年から1964（昭和39）年にかけて行われた田辺昭三・横山浩一氏による調査である。本調査では陶器山（MT）地区で90箇所、高蔵（TK）地区で139箇所の窯跡が確認されており、1961・1962年度分の調査報告書が平安学園考古学クラブ（現龍谷大学付属平安高校）から1966（昭和41）年に刊行されている（平安学

園1966)。

　田辺昭三氏は報告書およびその後の論考の中で、陶邑古窯址群の須恵器をⅠ～Ⅴ期に区分し、各期の型式について端脚1段スカシ高杯が指標になるⅠ期の型式をTK73→TK216→ON46段階→TK208→TK23→KM1→TK47に、長脚1段スカシおよび同2段スカシのあるⅡ期の型式をMT15→MT14→TK10→MT85→TK43→TK209に、宝珠つまみと高台の出現以後のⅢ期の型式をTK217→TK46→TK48に、蓋内面のかえり消失以後のⅣ期の型式をMT21→TK7に、糸切底出現以後のⅤ期の型式をTK112→MT5とし、陶邑古窯址群における須恵器編年による時代の物差しを提示されたのである（田辺昭三1966・1981・1982）。

　その後1991年にTG231・232号窯跡の調査が行われると初期須恵器はTG232型式→ON231型式→TK73型式→TK216型式と変遷した後、過渡期とされるON46段階（TK208型式の古相）を経て定型化したTK208型式の須恵器に移行することが明らかになったのである。

　一方、各期の年代についてもⅠ期（5世紀代―6世紀前半）、Ⅱ期（6世紀前半―7世紀前半）、Ⅲ期（7世紀前半―7世紀後半）、Ⅳ期（7世紀後半―8世紀末）、Ⅴ期（9世紀初―10世紀）として、陶邑古窯址群の操業期間を約500年間とみるなど田辺昭三氏による陶邑須恵器研究の業績は大きい（田辺昭三1966）。

　1966（昭和41）年以降の調査は主に大阪府教育委員会が実施することになり、1976～1979年には調査担当者の1人であった中村浩氏の主編で『陶邑』Ⅰ～Ⅳが刊行された（大阪府教育委員会1976～1979）。中村浩氏は報告書の中で、先述した田辺昭三氏による高蔵および陶器山地区の個々の窯跡から出土した須恵器を1型式とする須恵器編年は、同一地域内での区分は有効であるものの、地区ごとに須恵器に微妙な差があることや各窯跡には床の重なりもあり、須恵器の型式も一様でないと指摘した。つまり、一つの窯跡出土の須恵器による型式を陶邑古窯址群全体の須恵器型式にすることは相応しくないため、窯体の枚数による操業期間も考慮し、複数の窯跡の須恵器を対象にした編年作業による「床式編年」を提案されたのである（中村浩1976・1977）。そして、田辺昭三氏のⅤ期区分は大勢において問題がないとみた中村浩氏は、陶邑古窯址群の須恵器をⅠ～Ⅴ型式に区分するとともにⅠ型式を1から5段階、Ⅱ型式を1から6段階、Ⅲ型式を1から

3段階、Ⅳ型式を1から4段階、Ⅴ型式を1・2段階として陶邑須恵器編年を提唱した（中村浩1978）。本稿で検討した田辺昭三氏の陶邑須恵器編年のTK208型式は、中村浩氏のⅠ型式第3段階に該当する。

3．TK208型式の須恵器の特徴

　TK208型式に属する須恵器の器形には杯身・杯蓋・有蓋高杯・無蓋高杯・椀・小型甑・大型甑・樽形甑、広口壺・短頸壺・台付有蓋壺・直口壺・甕・甑・高杯形器台・筒形器台などがある。これらの器形の出土総量に占める割合について、まず大阪府教育委員会の報告書（大阪府教育委員会1978）から栂地区（TG）の窯跡出土の初期須恵器（TK73型式）およびTK208型式須恵器の定量分析結果を引用し、その違いを明らかにしておきたい。

　栂地区の5世紀の窯跡の報告例では、Ⅰ型式1段階のTG22号窯が81箱（破片数11640点）のうち、杯身217点（1.9％）、杯蓋236点（2.0％）、杯身・杯蓋不明471点（4.0％）、高杯30点（0.3％）、甑10点（0.09％）、壺138点（1.2％）、鉢4点（0.03％）、器台2点（0.02％）、甕9,945点（85.4％）、そのた不明587点（5.0％）で、出土総量に対する杯身・杯蓋総数7.9％に対して甕は85.4％と過半数を占めている。

　Ⅰ型式3段階（TK208型式）のTG207号窯は226箱（破片数39,071点）のうち、杯身3070点（7.9％）、杯蓋2081点（5.3％）、杯身・杯蓋不明1,752点（4.5％）、高杯509点（1.3％）、甑134点（0.31％）、壺1,098点（2.89％）、鉢26点（0.5％）、器台49点（0.1％）、甕23,810点（60.9％）、そのた不明6,542点（16.7％）で、出土総量に占める割合は甕が多いが、杯身・杯蓋の出土量が17.7％と初期須恵器に対して急激に増加している。

　TG207号窯跡に後続するTG43-Ⅲ号窯は30箱（破片数994点）のうち、杯身164点（16.5％）、杯蓋162点（16.3％）、高杯9点（0.9％）、甑1点（0.1％）、壺47点（4.7％）、鉢4点（0.5％）、甕511点（51.4％）、その他不明96点（9.6％）で、出土総量に占める割合は甕が半数以上を占めるものの、杯身・杯蓋の出土量も33％と前型式よりさらに増加している。以上のようにⅠ型式3段階（TK208型式）になるとそれまで少なかった杯身・杯蓋の生産量が急増するようであるが、これは杯身・杯蓋がその後の須恵器の主要な

器形として定着するとともにその需要が急増したことを示唆している。このような急激な須恵器の生産要請に対して生まれたのがTK208型式の須恵器であり、器形は極めてシンプルになるとともに、器壁の厚みも総じて薄いシャープなものが多いように思われる。つまり、本型式の須恵器は定型化と同時に須恵器生産が始まって以来製作技術が最も高揚した段階であって、このことをTK208型式の須恵器が示しているのである（図1）。

図1　TK208型式須恵器の主要な器形（田辺昭三ほか1966年から転載）

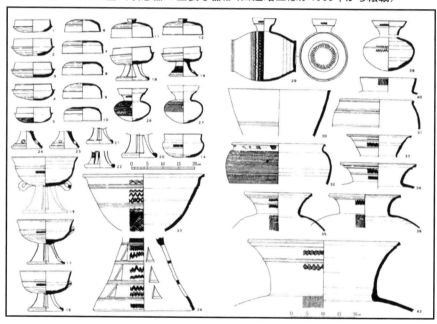

杯身・杯蓋には大小があって、杯身の立ち上がりは直立するかわずかに内傾して高く、杯身・杯蓋ともに器体が角張ったものが多い。各端部も鋭角的に作られており、底部や天井部の調整は広い範囲が丁寧なヘラケズリで、カキメを加えたものもある。

有蓋高杯も身・蓋の形態は杯身・杯蓋と変わらないが、蓋には天井部の中央に中窪みのつまみが付くものが多い。まれに天井部に初期須恵器に見られる櫛描き列点文を施すものがある。高杯の脚部は初期須恵器に比べて端脚で、裾部が「ハ」の字状に開くものと、筒状の柱状部から段を経て裾

部が開くものがあり、スカシ孔は前者が長方形や撥形、後者はおもに円孔で、4方向に穿つものが多い。無蓋高杯は大小あるがともに杯部は深い。小型品は上向きの飾り耳、大型品には下向きの飾り耳が付く。脚部の形態は有蓋高杯とさほど変わらないが、大型品はやや長脚である。

　甑も大小あり、ともに最大径がやや扁球形な体部の上半近くにあって、ここに円孔を穿つ。口縁部は短い頸部から2段に開くものが多く、頸部に櫛描き波状文を施すものがある。樽形の体部の中程を縦方向の突帯で区画して同方向の櫛描き波状文を施した樽形甑もあるが、本型式以降には激減する。

　甑は口縁部が外上方に直線的に開くものと、短く屈曲するものがあり、体部の中程に上向きの牛角状の把手が付く。底部の蒸気孔は中央の円孔の周りに小判形の蒸気孔を4箇所穿つものや台形で多孔のものがある。

　壺および甕は大小があって、口縁端部を上下に肥厚したものや、頸部の外面を1～2条および2本一単位の断面三角形の突帯で区画し、櫛描き波状文を施したものが多い。また、壺・甕ともに体部の外面を細筋の平行タタキで整形し、内面の当具痕を丁寧にナデ消した器壁の薄いものが多く見られる。

　器台には高杯形器台と筒形器台がある。前者は口縁部が短く開く深い体部に下方に向かって「ハ」の字状に開く脚部が付く。杯部をシャープな突帯で区画して各段に櫛描き波状文を施すほか、脚部も突帯で5段に区画して櫛描き波状文を施した後、各段に三角形のスカシ孔を縦一列に穿つものが一般的である。このようなTK216型式以前の須恵器とTK208型式の須恵器のセット関係を比較すると、後者になると杯身・杯蓋が主要な器形になり、高杯も初期須恵器に見られたバリエーションが無くなって有蓋高杯および無蓋高杯ともに大小2種になる。壺や甕も形態や法量に企画化が見られるほか、初期須恵器の壺や甕で一般的であった口縁端部に断面三角形の突帯を貼り付けたものは、ON46段階にはわずかに残るがTK208型式では姿を消す。また、TK208型式の須恵器は陶邑古窯址群で初期須恵器の段階に地区ごとに見られた微妙な個性も消え、地区を越えて形態や法量に企画性が見られることから、須恵器生産に対する技術管理が厳格であったと理解してよいだろう。

　一方、名古屋市千草区に所在した東山218号窯跡の杯身・杯蓋・高杯・

椀・壺・甕・器台などを検討した田辺昭三氏は、杯身の形態的特徴はTK216型式の杯身と酷似するといい、杯蓋やほかの器形との共伴関係なども勘案して、陶邑古窯址群におけるTK216型式からON46段階に対応するものとみている（田辺昭三1982）。つまり、東山窯址群では、TK208型式以前の初期須恵器の段階から生産が始まった後、引き継いて定型化した須恵器が生産されており、これは倭王権が尾張地域では在地首長の要請に答える形で須恵器の生産を容認したことを示唆しているように思われる。このような畿内以外で初期須恵器に引き続き須恵器生産が行われた地域には、四国（香川県・愛媛県）や九州北部（福岡県・佐賀県）などが知られている（松本敏三1984、小田富士雄1984）。須恵器生産の地方への拡散と工人の移動については諸説あるが、田辺昭三氏が提唱した「地方窯成立の時期は、大阪・陶邑窯のTK216型式からTK208型式へ移行する過渡期の段階、すなわちON46段階の時期に対応するものということができる。しかも、その時期はかなり斉一的であり、そこに須恵器生産の地方拡散が、すぐれて政治的背景をもっていたことをうかがわしめるのである」は、原則的には追認しうる説であろう（田辺昭三1982）。

　以上のような王権の威信財としての色彩も残るTK208型式の須恵器は、製作技法が固定するとともに器形の種類や形態の特徴などがその後の須恵器の基本となるものであったといえる。そしてTK208型式になるとTK216型式やON46段階まで残っていた半島色は姿を消して、後続のTK23型式やTK47型式になると西日本を中心に20箇所以上の窯跡が確認されており、この段階に完全な日本化を遂げたとみてよい（菱田哲郎1996）。

４．TK208型式の須恵器生産と供給

　大阪府教育委員会ほかの報告書によればTK208型式の須恵器を焼成した主な窖窯は、高蔵地区がTK4・37・42・49・66・67・103・109-Ⅲ・208・232・305・313号窯跡、大野池地区がON3・16・18-Ⅱ・22・53・58・61・152・153・157・220・222・265号窯跡、栂地区がTG24・39-Ⅳ・43-Ⅰ・43-Ⅲ・207・225号窯跡、光明池地区がKM224（TK208～23型式）・233（TK23型式が主体）・265（TK23型式が主体）などがあり、初期須恵器の窯跡に比べて著しく増加したことが見て取れる。また、地区ごとの窯跡数は

高蔵地区が12基、大野池地区が13基、栂地区が6基、光明池地区が3基を数え、石津川右岸の高蔵地区、和田川および甲斐田川左岸の大野池地区に窯跡が集中する傾向が窺える。そして、窯体はTG39-Ⅳ、TG43-1・Ⅲ、ON3、KM126号窯跡のように長いものと、TG24、ON220、ON222、KM233号窯跡のように短いものがある。さらに前者にはTG39-Ⅳ号窯跡のような窯体の長さに対して焼成部の幅が広い（楕円形）もの、TG43-Ⅲ号窯跡のような焼成部の幅が狭い（長方形）もの、TG43-1号窯跡のような焼成部が紡錘形を呈するものの3者が見られる（図2）。

図2 陶邑古窯址群の第Ⅰ型式の諸形態（大阪府教育委員会1978年から転載）

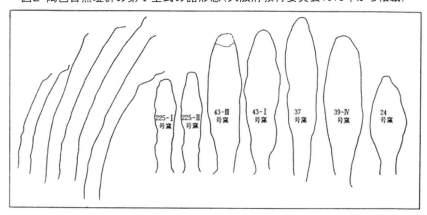

また、TG24号窯跡のような窯体の短い窖窯には窯体の全長に対して焼成部の幅がある紡錘形を呈するものを含んでいる（大阪府教育委員会1978）。このような窖窯の規模や焼成部の形態の違いについては、同じ地区内の同時期の窯跡で確認されたことから、窖窯を構築した工人の出自の違いによる可能性があるように思われる。栂地区の第1型式第3段階（TK208型式）以降の窯体規模が拡大する中で見られるTG24号窯跡のような高蔵地区に共通する構造の窯跡については、工人の移動によるものとみて大過ないであろう*2。ここでは陶邑古窯址群での工人集団の出自や彼らの集落については紙面の都合もあって言及しないが、TK208型式以降に窯体規模が拡大する現象については、これまでにも述べたように須恵器の急激な需要が主な要因と考えられる。それは陶邑古窯址群の北西に位置する百舌鳥古墳群の築造に深く関わった集団の集落とみられる東上野芝遺跡（堺市

教育委員会1982)・土師遺跡（堺市教育委員会1981)・四ッ池遺跡（堺市教育委員会2013）でもTK208型式の須恵器の出土量が急増していることからも察知されよう。同様なことは東大阪市東豊浦町から山手町に分布するみかん山古墳群の8・9号墳の周溝から出土したTK208型式の須恵器からも窺える（大阪府教育委員会1998）。

　8号墳は墳丘が完全に削平された東西6ｍ、南北7ｍ前後の方墳で、東および南周溝内から須恵器杯身・杯蓋2組、甑1点、広口壺1点、中型の甕および土師器甕がともに1点出土している。9号墳も墳丘が削平された浅い周溝のみが残る径約9.4ｍの円墳で、周溝内の3箇所から須恵器が出土しており、このうち最も北寄りに高杯形器台1点、有蓋高杯の蓋4点、有蓋高杯3点、無害高杯1点が、これの南側に壺1点、底部を丸く穿孔した中型の甕1点とこれから少し離れた位置に大型の甕が1点あった。これらの周溝から出土した一連の須恵器は周溝内に置かれた供献土器であり、5世紀後半代の初期の群集墳の葬送儀礼に陶邑窯産のTK208型式の一定量の須恵器が使用された一例として注目される*3。もう一例大阪市平野区長吉長原一帯に分布する確認総数221基を数える長原古墳群の調査例を見ておこう。

　長原57号墳は、墳丘の一辺が約15ｍの低墳丘の方墳で、西側にある長さ2ｍ、幅2.8ｍの造出しからTK208型式（一部ON46段階）の須恵器が出土している（大阪市文化財協会1989）。須恵器は造出しの上面および斜面の3箇所から出土しており、大型の甕1点、有蓋高杯蓋（破片含む）14点、有蓋高杯5点、無蓋高杯1点、高杯脚部（有蓋高杯？）6点、大型および小型の甑3点、直口壺1点、小型および中型甕7点、筒形器台1点、高杯形器台2点などで、これらの須恵器も葬送儀礼で使われた後、造出しに供献されたものである。長原古墳群では低墳丘古墳の周溝内からTK73〜TK216型式に属する有蓋高杯・無蓋高杯・甑・大型や小型の壺や甕・筒形器台・高杯形器台などの初期須恵器が出土することがあるが、57号墳のような多くの須恵器が一括で供献された例はなく、これはTK208型式の須恵器が登場した以後の葬送儀礼では多くの須恵器が使われるようになったことを暗示している。

5．まとめ

　TK208型式の須恵器の生産が初期須恵器の生産量に比べて急激に増加した要因は、倭王権が初期須恵器に引き続き各地の在地首長層に対する威信財の一つとして須恵器を供給することに加えて畿内での須恵器の需要が増大したものとみなされる。このような倭国内における須恵器の急速な普及は、第一に陶邑古窯址群の北西に拡がる百舌鳥古墳群や北東に拡がる古市古墳群の周辺に展開する古墳築造集落との関係が深いことが予想される。さらに河内湖岸の沖積低地の耕地化に専念した諸集落の集団、長原古墳群の造墓集団、生駒西麓に初期の群集墳を築造した集団ほかにもTK208型式の須恵器が供給されたことは間違いないであろう。TK208型式の杯身・杯蓋に代表される固定化した器形は、5世紀後半の倭国内で新しい食器として普及するとともに、畿内を中心に葬送儀礼や祭祀場でも重宝されことを示唆している。このような5世紀の後半に起こったTK208型式の須恵器生産の急激な拡大と普及は、倭王権による手工業生産と流通システムの管理のなかでのみ達成しえたことを物語っている。

＊註
1　宇治市街遺跡でTG232型式の初期須恵器に伴出した木製品の年輪年代値であるA.D.389年が基準である（光谷拓実・大河内隆之2006）。年輪年代値とAMS法によるウイグルマッチングで求められた最も信頼しうる暦年代である。
2　中村浩氏もTG24号窯跡の形態に近いものが高蔵地区に多いことから、栂地区に高蔵地区から影響が及んだものとみている（中村浩1977）。
3　岡山県赤磐市の四辻第1号墳は径16〜18m、高さ2mの円墳で、墳丘の南裾部から周溝内底にかけてTK208型式の須恵器把手付椀1点、無蓋高杯1点が出土している。同じ地域に位置する宮山第4号墳は、南北18.9m、東西13.5m、高さ2.2mの方墳で、墳丘外表からTK208型式の須恵器杯身・杯蓋1組、樽形𤭯1点が出土している（山陽団地埋蔵文化財発掘調査団1973）。以上の須恵器は陶邑窯産とみられるもので、供献土器として墳丘上に置かれたものであるが、畿内の古墳と比べて器形が限られ個数が少ない点が異なっている。畿内から離れた地域でのTK208型式の須恵器の普及の違いを示す一例である。

【引用参考文献】
大阪府教育委員会（1976）『陶邑』Ⅰ
大阪府教育委員会（1977）『陶邑』Ⅱ
大阪府教育委員会（1978）『陶邑』Ⅲ
大阪府教育委員会（1979）『陶邑』Ⅳ
大阪市文化財協会（1989）『長原・瓜破遺跡発掘調査報告』Ⅰ
小田富士雄（1984）「九州地方」『日本陶磁の源流　須恵器出現の謎を探る』楢崎彰一監修、柏書房、194～214頁
大阪府教育委員会（1998）『みかん山古墳群』
山陽団地埋蔵文化財発掘調査団（1973）『四辻土壙墓遺跡・四辻古墳群』
堺市教育委員会（1981）『堺市文化財調査報告書』第九集
堺市教育委員会（1982）『堺市文化財調査報告書』第十集
堺市教育委員会（2013）『四ッ池遺跡』その6
田中清美（2002）「須恵器定型化への過程」『田辺昭三先生古稀記念論文集』田辺昭三先生古稀記念の会、207～226頁
田辺昭三ほか（1966）『陶邑古窯址群』Ⅰ平安学園考古学クラブ
田辺昭三（1981）『須恵器大成』角川書店
田辺昭三（1982）「初期須恵器について」『考古学論考』小林行雄博士古稀記念論文集刊行委員会、講談社、417～429頁
中村浩（1976）「第8章　大野池、光明池地区の須恵器編年に関する諸問題」『陶邑』Ⅰ大阪府教育委員会、240～242頁
中村浩（1977）「第5章　考察」『陶邑』Ⅱ大阪府教育委員会、210～236頁
中村浩（1978）「4．各型式の特徴」『『陶邑』Ⅲ大阪府教育委員会、174～241頁
楢崎彰一監修（1984）『日本陶磁の源流　須恵器出現の謎を探る』柏書房
菱田哲郎（1996）「第二章須恵器の普及」『歴史発掘10須恵器の系譜』講談社、68～97頁
松本敏三（1984）「四国地方」『日本陶磁の源流　須恵器出現の謎を探る』楢崎彰一監修、柏書房、168～193頁
光谷拓実・大河内隆之（2006）『歴史学の編年研究における年輪年代法の応用－中期計画（2001年～2005年）事業調査報告書－』独立行政法人文化財研究所奈良文化財研究所

楠見式土器の生産とその特質

仲辻 慧大

1. はじめに

　これまで瀬戸内海周辺の各地において、日本列島における生産開始期の須恵器窯が発見されており（図1）、須恵器生産の開始については、瀬戸内海周辺の各地において多元的に始まったとする理解が定着している（植野1998・酒井2004など）。瀬戸内海の東端、紀伊水道に面する紀ノ川下流域においても、窯跡自体は見つかっていないものの、1969年における和歌山市楠見遺跡の発掘調査以来、装飾性の高い器台や乳状突起を有する大甕など、他地域ではみられない硬質土器の出土が相次ぎ、初現期における須恵器生産地域のひとつであるとされている（表1）。楠見遺跡および周辺の遺跡から出土した特徴的な資料群は、朝鮮半島の陶質土器との近縁性がみられることや大阪府陶邑窯跡群で生産された須恵器とは異なる製作技術によることなどから「楠見式土器」との呼称が与えられ、当地域に基盤をお

図1　5世紀前半の須恵器生産関連遺跡

1. 大阪府陶邑窯跡群　　8. 香川県三谷三郎池西岸窯
2. 大阪府吹田32号窯　　9. 香川県宮山窯
3. 大阪府一須賀2号窯　10. 愛媛県市場南組窯
4. 大阪府上町谷窯　　　11. 福岡県居屋敷窯
5. 大阪府茄子作窯　　　12. 福岡県朝倉窯跡群
6. 和歌山県楠見遺跡　　13. 愛知県東山窯
7. 岡山県奥ヶ谷窯　　　14. 宮城県大蓮寺窯

表1 各地の初期須恵器生産関連遺跡の研究史上の位置づけ

窯の性格		該当時期	該当遺跡
渡来	初現期	TG232	大阪府陶邑窯、吹田32号窯、一須賀2号窯、香川県三谷三郎池西岸窯、岡山県奥ヶ谷窯、福岡県朝倉窯跡群、居屋敷窯、和歌山県楠見遺跡
国内波及	第1次拡散	TK73～TK216	大阪府茄子作遺跡、大阪府上町谷窯、愛媛県市場南組窯
		TK208（ON46）	香川県宮山窯、愛知県東山窯、宮城県大蓮寺窯

く勢力が朝鮮半島との対外交流の結果、入手した技術による所産とされる。筆者はこうした「楠見式土器」についての理解には大筋においては合意するが、年代や系譜的位置、その性格についてはより細かな検討が必要であると考えている。そこで、本論においては楠見式土器についての研究史を概観し、問題点を整理したうえで日本列島における初期須恵器生産史上、楠見式土器をどのように位置づけうるかを考えてみたい。なお、本稿では田辺昭三による定義（田辺 1981・1982）に従い、定型化完成以前の須恵器の総称として「初期須恵器」という用語を用いる。

2．紀伊地域における初期須恵器生産の研究史

（1）研究のながれ

　これまで、紀伊地域、とくに紀ノ川下流域においては、古くから陶質土器の発見がみられたが、それらの中でも特筆されるのは、紀ノ川北岸の和歌山市六十谷遺跡において大正12（1923）年に出土した陶質土器7点である。これらの陶質土器は、地上には遺構のような表徴がみられなかった地点において、表上の下2尺の場所から出土したとされ、出土状況を伝聞した後藤守一は、これが古墳に伴うものかどうかは判断しがたいとしている（後藤1927）。器種の内訳は、家形甑・把手付短頸壺・脚付壺とその蓋・環状把手付坩・扁平把手付壺とその蓋があるが、発見当時に知られていた須恵器とは異なる器形であったことから陶質土器とされた。その後、日本列島における須恵器生産の開始について検討した北野耕平は、野中古墳出土品と類似する六十谷遺跡出土の陶質土器もあわせて考察を行い、このような舶載品の日本列島への流入と須恵器生産の開始には密接な関連があった

と考えた（北野1968）。

　1965年には、鳴滝1・2号墳の発掘調査において、他の場所から運ばれてきたとみられる盛土内から初期須恵器が発見されていたが（樋口ほか1967）、紀ノ川下流域における初期須恵器生産に関して問題提起がされるきっかけとなったのは、1969年に行われた楠見遺跡（図2－1）の発掘調査である。この調査においては、綾杉文や鋸歯文などのヘラ描文のほかに、組紐文や波状文などの櫛描文、押型による円環文といった各種の文様や蕨手状の粘土装飾をもつ器台、肩部に乳状突起を有する甕、菱形の刺突が脚部に施された無蓋高杯など、当時までの陶邑窯跡群における調査で発見されていた須恵器とは異なる特徴をもつ土器が多数出土した。楠見遺跡の報告書においては、これらの資料は他地域においては確認されていない特徴を有していたため、地元産である可能性はあるとしつつも、ひとまずは陶質土器であるとの評価がなされた。そして、それらの土器に特徴的な技法である１．突線の多用、２．平行及び格子タタキメ、３．各種装飾をもつ資料を「楠

図2　紀ノ川下流域における古墳時代中期の遺跡

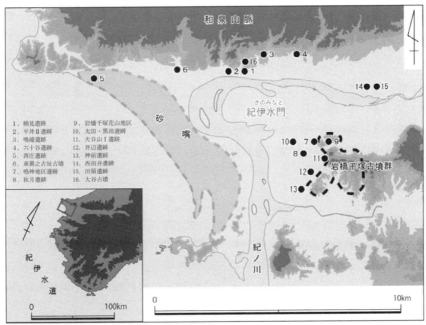

見式」として呼称することが提唱された（薗田編1972）。その後、1970年代には鳴神地区遺跡群（図2－7）が発掘調査され、なかでも遺跡群中の音浦遺跡検出の溝2からは多量の初期須恵器や韓式系土器が出土したが（藤丸1972）、それらの遺物の検討においては、初期須恵器を国産・舶載を問わない概念としたうえで、朝鮮半島からの移入品であると推測された（吉田・武内 1984）。

　そうした中、1981・1982年に発掘調査された楠見遺跡東方の鳴滝遺跡（図2－3）において、大型倉庫が7棟検出され、その柱の抜き取り穴や周辺から、多量の大甕や器台などの硬質土器が出土した。これらの資料は楠見遺跡から出土した「陶質土器」と同様の特徴をもつものであり、さらに焼け歪んだ破片や、窯体片が付着した焼き台がみられたため、鳴滝遺跡周辺における初期須恵器生産の可能性が高いと考えられるようになった（武内1983）。しかし、その後、大甕の底部に窯体が付着した資料が接合することが判明し、焼き台が付着したまま消費地へと運ばれてきた可能性が考えられたため、それらの資料が鳴滝遺跡付近における須恵器生産を示唆する根拠は薄くなった（武内1984）。その後、紀ノ川下流域における初期須恵器を生産した窯跡については、現在に至るまで確実にそれを示す証拠は見つかっていない。現段階で最古となるものは紀ノ川南岸の吉礼において見つかった吉礼砂羅谷窯であるが、この窯跡から見つかった古相の須恵器は5世紀末から6世紀初頭のものである（中村1999）。鳴滝遺跡などで多く見つかっている頸部中位に突線を持つ甕の口縁部破片がかつて吉礼砂羅谷窯付近において採集されていることから、吉礼砂羅谷窯を初期須恵器の生産地の候補地として考える意見もみられた（武内1985）。

　一方、瀬戸内海周辺では1980年代から1990年代にかけて、香川県三谷三郎池西岸窯跡や大阪府吹田32号窯跡など、それまで最古と考えられていた陶邑 TK73号窯を遡る窯跡の発見が相次ぎ、さらに、陶邑窯跡群においてもTG232号窯が検出されるに至り、より陶質土器に近い特徴を示す須恵器の生産が確実となった。それに合わせて、須恵器生産技術の伝来過程についての理解も、多元的に捉える流れが醸成された（植野1998）。そうした状況下のもと、発見当時は陶質土器と判断された楠見式土器についても在地産須恵器と考えうる余地は拡がったといえる。また、韓国内においても発掘調査事例が増加し、陶質土器の研究も進展したことなども相俟って、

紀ノ川下流域における須恵器生産についても肯定的にみる見解が多くなっていった（山田1991、冨加見1999、前田2001）。近年においても楠見式土器の蓄積は進み、向陽高校の校舎改築にともなう秋月遺跡（図2－8）の調査では、古墳時代中期に属する一辺約13mの方墳が見つかり、その周溝から大甕が検出されたが、この大甕は横位のタタキメをもち、乳状突起を有する完形品であった。

2012年には第二阪和国道の建設に先立ち、楠見遺跡の西側において平井Ⅱ遺跡（図2－2）が発掘調査され、多数の初期須恵器が出土した。その中には、組紐文や各種の箆描文、円形のスカシ穴を持つ筒形器台をはじめ、乳状突起を持つ大甕の破片もみられ、新たな楠見式土器の出土事例として注目された（井石2013）。そのような状況のなか、田中元浩は紀ノ川下流域の古墳時代集落について渡来系遺物を中心にまとめており（田中2012）、あわせて「楠見式土器」についても再検討を行い、その特徴と出土遺跡について概観している。

また、楠見式土器の系譜については、当初から、乳状突起を肩部にもつ甕や脚部に菱形の刺突がある高杯が朝鮮半島の洛東江流域に多くみられることから、朝鮮半島への技術系譜が追えるとされ（武内1984・1988）、朴天秀は楠見遺跡出土品を陶質土器としたうえで、その系譜を洛東江中流域の星州などの内陸地に求めている（朴天秀2001）。定森秀夫は楠見遺跡やその周辺で見つかる須恵器を「楠見系土器」と呼び、その系譜を洛東江が下流域から中流域にあるとした（定森2014）。近年の新たな知見としては、器台口縁部の内側にみられる突線について、木下亘が金海地域にたどれる資料を提示しており（木下2015）、寺井誠は横方向のタタキ目について、慶尚南道西部にたどれる可能性を説いている（寺井2016）。このように、楠見式土器の系譜は、朝鮮半島の複数の地域にたどれるということが特徴として挙げられる。

（2）研究上の課題点

さて、紀ノ川下流域における初期須恵器の生産に関連する研究の流れを概観したが、そこにはいくつかの課題点を指摘することができる。まず、楠見式土器が紀ノ川下流域において生産されたものかどうかについては、直接的にそれを示す資料はこれまでのところ見つかっていない。ただし、

状況証拠的ではあるが、陶邑産須恵器とは異なる形状・文様を持つ資料が集中的に出土していることや長距離の運搬に不向きな大甕の数量が多いこと、各地において初現期の須恵器窯が発見されていることなどから、紀ノ川下流域における初期須恵器生産の可能性は十分にあるといえる。そこで、次項では視点を変え、他地域の初期須恵器の中にどう位置づけうるかを検討することで、そのことについて考えてみたい。

3．紀ノ川下流域における初期須恵器生産の特質

　これまで西日本の各地において初期須恵器窯が発見されているが、それらの初期須恵器窯出土品を比較した検討はあまり行われていない。そこで、各地の初期須恵器窯から出土した資料の中において、楠見式土器がどのような位置にあるのかを見てみたい。さらに、これまで紀伊地域において出土した初期須恵器のうち、楠見式土器については注目されてきたが、他地域産とみられる初期須恵器については、あまり検討の対象とはなってこなかった。よって、楠見式土器と共伴する他地域産と考えられる須恵器についても、楠見式土器とどのような関係性があるのかを検討したい。

　各地の初期須恵器窯から普遍的に出土する器種として甕や壺などの貯蔵器が挙げられる。なかでも、大甕と呼ばれる大型の貯蔵器に着目すると、楠見式土器のものには肩部の乳状突起や底部の閉塞時の絞り痕などが確認でき、朝鮮半島の陶質土器に通有して認められる特徴を有している。しかしながら、貯蔵器の胴部外面にはハケ目調整がみとめられ（図3－6）、このことは土師器工人が生産に参画していたことをうかがわせる。その他の窯跡においても、大阪府陶邑TG232号窯や吹田32号窯、岡山県奥ヶ谷窯において胴部外面の調整にハケ調整がみられ、共通点として挙げられる。また、朝鮮半島における加耶諸地域から出土している陶質土器の大型貯蔵器のうち、初期須恵器と併行するとみられるものは胴部外面のタタキメをナデによって完全に消し去るのが普遍的である。しかし、楠見式土器の貯蔵器はタタキメを完全には消し去らないという特徴がみられ、陶質土器のそれとはその点では異なっている。

　このように、楠見式土器は陶質土器との共通点が多く認められる一方、ハケ調整をもつものが含まれているため、倭的な初期須恵器とみることが

図3 楠見式土器の例

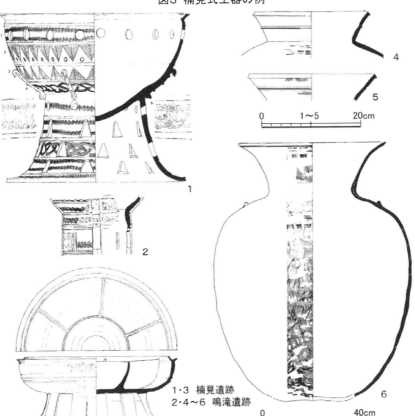

1・3 楠見遺跡
2・4～6 鳴滝遺跡

可能である。しかし、前述したように、一系列での朝鮮半島への系譜をたどることは難しく、複数の地域に出自をもつ工人がいたことを物語っている。

次に、楠見式土器の相対的な年代についてであるが、前述したように、当該土器はこれまで最古型式に属するものとしての位置づけがなされてきている。しかし、陶邑窯跡群とは異なる技術系譜によって製作されているため、その編年指標に合わせて考えることは躊躇されるが、朝鮮半島の陶質土器との乖離度合から見た場合、完全にタタキメを消し去ってはおらず、大甕の胴部外面のタタキメを残す資料が増加するTK73期以降であると捉

図4 楠見式土器と共伴した須恵器

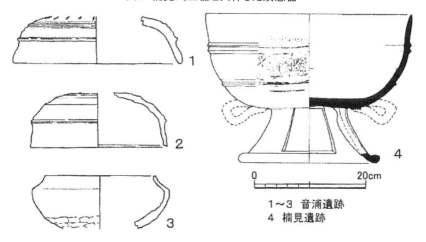

1〜3 音浦遺跡
4 楠見遺跡

えたほうがよいと判断する。そして、楠見式土器と共伴している当地域への搬入品と考えられる須恵器、つまり陶邑窯跡群における編年上に位置付けうる資料を見た場合、これまでのところTK73期〜TK216期のものが多くみられる（図4）。こうしたことから、楠見式土器は陶邑窯跡群における編年では、TK73期からTK216期に併行する時期の所産であると考えたい。

4．おわりに

以上、非常に雑駁ではあるが、紀ノ川下流域における初期須恵器生産について検討を行った。これまで、確実に当該地域における初期須恵器生産を示す痕跡は発見されてはいないが、いくつかの初期須恵器窯において確認されているように、甕の胴部調整にハケ調整を行っていることを積極的に評価し、土師器工人が参画しての在地における須恵器生産が行われたとみた。また、大甕の胴部外面のタタキメが残されていることは、型式的特徴から陶質土器の大甕からは乖離がみられ、時期的にTK73型式期以降であると考え、また、楠見式土器に共伴する陶邑系須恵器はTK216期に属するものが多く、こうしたことは楠見式土器が最古の須恵器とはならないことを傍証していることを示した。楠見式土器は乳状突起や絞り痕跡など

一見すると古く見えてしまう特徴を有しているものの、倭的変容を果たした須恵器であると考えたい。

謝辞
このたび、中村浩先生の古稀をお祝いする論文集の中に、拙文を載せていただけることになりました。先生の御厚情に感謝申し上げます。

【参考文献】
井石好裕（2013）「初期須恵器が発見された遺跡―和歌山市平井Ⅱ遺跡の発掘調査―」『地宝のひびき―和歌山県内文化財調査報告会―資料集』公益財団法人和歌山県文化財センター

植野浩三（1998）「須恵器生産の展開」『第44回埋蔵文化財研究集会 中期古墳の展開と変革―5世紀における政治的・社会的変化の具体相（1）―』第44回埋蔵文化財研究集会実行委員会

北野耕平（1968）「初期須恵質土器の系譜―紀伊六十谷出土の土器とその年代―」『神戸商船大学紀要』第1類文化論集第17号、神戸商船大学

木下亘（2015）「楠見式の再検討」『友情의考古學　故孫明助先生追慕論文集』故孫明助先生追慕論文集刊行委員会

黒石哲夫・佐々木宏治（2006）「初期須恵器について」『楠見遺跡』財団法人和歌山県文化財センター

後藤守一（1927）「須恵器家の新発見」『考古学雑誌』第17巻第12号、考古學會

財団法人和歌山県文化財センター（1994）『秋月遺跡』

酒井清治（2004）「須恵器生産のはじまり」『国立歴史民俗博物館研究報告』第110集、国立歴史民俗博物館

定森秀夫（2014）「紀伊の渡来文化」『紀ノ川北岸の古墳文化』公益財団法人和歌山県文化財センター

薗田香融編（1972）『和歌山市における古墳文化』和歌山市教育委員会

武内雅人編（1983）『鳴滝遺跡発掘調査概報』和歌山県教育委員会

武内雅人（1984）「遺跡・遺構・遺物」『鳴滝遺跡発掘調査報告書』社団法人和歌山県文化財研究会

武内雅人（1985）「吉礼砂羅谷窯跡群表採遺物について」『和歌山県埋蔵文化財情報』17、社団法人和歌山県文化財研究会

武内雅人（1988）「紀ノ川下流域出土の初期須恵器に関する覚え書」『求真能道』巽□郎先生古稀記念論集刊行会

武内雅人（1989）「紀ノ川流域の須恵器と陶質土器」『陶質土器の国際交流』大谷女子大学資料館
田中元浩（2012）「紀伊地域―紀ノ川流域を中心として―」『集落から探る古墳時代中期の地域社会―渡来文化の受容と手工業生産―』古代学研究会
田辺昭三（1981）『須恵器大成』角川書店
田辺昭三（1982）「初期須恵器について」『小林行雄博士古稀記念論文集　考古学論考』小林行雄博士古稀記念論文集刊行委員会
寺井誠（2016）「4～5世紀の近畿地域を中心とした土器と渡来人集落」『日韓4～5世紀の土器・鉄器生産と集落』「日韓交渉の考古学―古墳時代―」研究会
中村浩（1999）「砂羅之谷窯跡群における須恵器生産の成立と展開について」『紀伊・砂羅之谷―窯跡群発掘調査報告書―』大谷女子大学資料館
中村浩・冨加見泰彦（1996）「近畿南部（和歌山）」『須恵器集成図録』第2巻近畿編Ⅱ、雄山閣
朴天秀（2001）「三国・古墳時代における韓・日交渉」『渡来文化の波』和歌山市立博物館
樋口隆康・近藤喬一・吉本尭俊（1967）『和歌山県文化財学術調査報告第二冊　和歌山市鳴滝古墳群の調査』和歌山県教育委員会
冨加見泰彦（1999）「紀伊の須恵器生産について」『紀伊・砂羅之谷―窯跡群発掘調査報告書―』大谷女子大学資料館
藤井保夫（1984）「近畿地方（2）―紀伊地域―」『日本陶磁の源流』柏書房
藤丸詔八郎（1972）「音浦遺跡」『近畿自動車道和歌山線埋蔵文化財調査報告』和歌山県教育委員会
前田敬彦編（2001）『渡来文化の波』和歌山市立博物館
山田邦和（1991）「畿内とその周辺（大阪府以外）」『古墳時代の研究』6土師器と須恵器、雄山閣
吉田宣夫・武内雅人（1984）「音浦遺跡溝―2出土韓式系土器、初期須恵器について」『鳴神地区遺跡発掘調査報告書』和歌山県教育委員会

【図表の出典】
図1　筆者作成
図2　筆者作成
図3　1・3：薗田編（1972）から転載　2・4～6：武内編（1984）から転載
図4　1～3：和歌山県教育委員会（1984）『鳴神地区遺跡発掘調査報告書』から転載　4：薗田編（1972）から転載
表1　筆者作成

陶邑窯跡群における車輪文当て具痕の新例紹介

土井 和幸

1．はじめに

　ここで紹介する資料は、陶邑窯跡群で近年行われた発掘調査により出土した、甕などの内面に車輪文と称される叩き締め道具（当て具）の圧痕が印された須恵器である。車輪文は、輪状文や輪花文などとも称され、「同心円文と放射状文とを、たがいに中心を一致させながら重ね合わせた文様」という。同心円と放射ともに木口面の特徴たる年輪や亀裂を表現する一方、車輪状の文様としては同心円文の一変種とも解されている。ただ、それは6〜7世紀において多様で、古代にかけては逆に単調となる傾向や、特に九州地方での資料が豊富であることなどが既に指摘されている[1]。

　近畿地方では、この種の資料が須恵器窯以外の遺跡でもわずかに知られる程度で、854基以上の須恵器窯が確認された陶邑窯跡群でも類い稀である。そのようなこともあってか、陶邑窯跡群におけるⅡ型式5、6段階からⅢ型式1〜3段階にかけての窯から同心円の中央に星印が見出されたときには、窯や工人と何らかの関連が想起された[2]。以来、車輪文は、同一工具の使用を簡便に見分けられる資料として、延いては工人の移動や須恵器の流通などの状況を知り得る有用な一要素に挙げられ続けている[3]。

　そこで、小稿ではこれに資するため、陶邑窯跡群においては新出と思われる文様の車輪文が見出された大野寺跡内須恵器窯と光明池地区308号窯の出土品を紹介し、あわせて気づいた点などを記す。

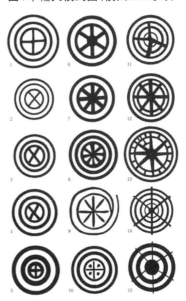

図1 車輪文模式図（横山2003より）

2. 大野寺跡内須恵器窯の車輪文

まず紹介するのは、神亀4年（727）に行基起工と伝わる大野寺跡の一角で発見された須恵器窯の灰原から出土した、古墳時代の須恵器である*4。

大野寺跡は、大阪府堺市中区土塔町にある遺跡で、泉北丘陵から北西-南東の方角に延びる谷筋に築かれた大門池の北側に広がる。そこには伽藍の一つ土塔が残り、史跡整備されて現在に至る。須恵器窯は、この大野寺が築かれる前代に、土塔の裾野にあたる谷筋（大門池）右岸の斜面に築かれた半地下天井架構式（半地下式）の窯である。なお、同じ谷筋の北西約200mには、大野寺の瓦窯も確認されている*5。

図2 遺跡位置図（1:80000）（堺市教育委員会）

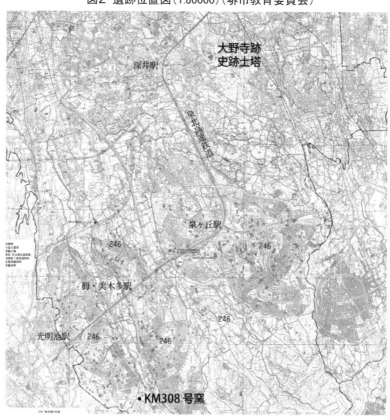

この場所は、現在の文化財地図によれば陶邑窯跡群には含まれていない。しかし、近隣の深井畑山窯跡群や深井幡池遺跡に加え、窯場が北方の信太山台地へもさらに拡がりを見せるような状況を鑑みれば、昭和62年発行の全国遺跡地図「大阪府」でかつて陶邑窯跡群の遺跡範囲としていたように、大門池の須恵器窯も広義の陶邑窯跡群に含めて差し支えなかろう。その場合、この場所は陶器川地区の先端付近にあたる。

　さて、大門池では、古くから土塔の瓦片とともに須恵器片が採集されていたのだが、須恵器窯は、土塔町公園整備に先立つ調査などで3基が発見され、うち1基の一部が調査された。窯跡に対して個別の名称は付されていない。

　これらに伴う灰原は、二次的移動により窯毎への対応は叶わず、調査では炭層などの確認と出土品の採集にとどまる。須恵器は、主にこの灰原相当層や池（あるいは谷）埋土から瓦とともに採集され、5世紀末から7世紀前葉と長い時間幅を示す。発見された窯の操業時期を特定するのは難しいが、出土量が最も多い6世紀前葉から中葉を前後する時期に絞り込むことは可能であろう。

　そこから出土した須恵器内面に見られる車輪文の特徴は、図3-1～4に示す放射線が同心円文の中央圏を超え、当て具の外縁近くまで延びることである（A）。蜘蛛の巣状とも例えられる文様で、6世紀前半から奈良時代後半にかけて見られる*6、車輪文のなかでも最も息の長い文様である。

　このほかにも、車輪文には数種の文様が認められる。そこで敢えて分類するなら、A文様は、同心円の中央圏から当て具外縁に延びる放射線が連続するもの（A1、図3-1～3）と、A1の線以外に途中から線を放射状に派生させるもの（A2、図3-4）に大別される。図1でまとめられるように、ここでも放射線の描法にはバリエーションが認められる。

　その他には、当て具外縁付近の円圏間にのみ短い放射線を加えるもの（B、図3-5・6）や、同心円の中央から当て具端にかけて単線が刻まれたもの（C、図3-7）が認められる。なかでも図3-5は、放射線を連続させず円圏を境に短い放射線の数を変えるという、まるでA2とBを混一したような文様とも捉えられる。図1にも似た図案は見られるが、これらは基本的に、放射線の数と長さに変化を加えて豊かな文様を構成していると考えられる。なお、BやC文様の車輪文は、陶邑窯跡群では初出の文様と思われる。

図3 大野寺跡内須恵器窯出土の車輪文拓本

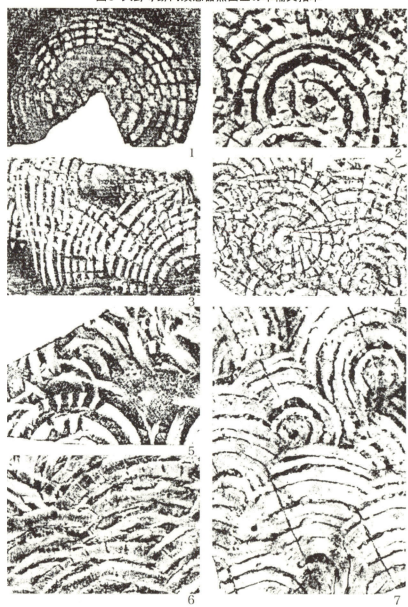

そして、これらには円と線の組み合わせや配置以外にも、線の幅や間隔、刻み目の深さにおいていくつかの特徴が見出せる。具体的には、A文様における同心円の間隔が、よく知られる同心円文に比べて非常に狭い図3-3や、同心円に比べ放射線の刻み目が浅く細い図3-2・6などである。なかには、当て具の亀裂痕と解されるような弱々しい刻み目もある。これら個々に認められる諸特徴から、先の分類による以外に、例えば同じA文様でも複数の異なる当て具が存在したと想定できよう。そこで視点を変えると、同一当て具の使用が別個体からも見出せる場合には、叩き板と一揃いの使用を想定しての観察も今後は必要となろう。

　これら様々な図案を刻む当て具が用いられた須恵器は、複数の器種にわたる点も見逃せない。紹介する資料の多くは甕だが、車輪文当て具の使用が壺や横瓶など袋物や蓋坏にまで及ぶことの具体が出現したのも、陶邑窯跡群では初めてであろう。これは、車輪文当て具を用いる対象が、同心円文当て具のそれともあまり変わり無いことを端的に示している。

　ただ、一方では、出土した甕などに多く認められるのは同心円文当て具痕であり、車輪文当て具痕のみで占められるわけではない。両者の比率は残念ながらわからないが、異なる工具で作られた製品が一窯内でともに焼成されていることを知るに足る状況と思われる。

3．KM308号窯の車輪文

　次に紹介するのは、陶邑窯跡群光明池地区（KM）308号窯の灰原から出土した奈良時代の須恵器である*7。

　この窯は、泉北丘陵の一角にあたる大阪府堺市南区美木多上で立案された開発計画に先立ち、大池の支谷右岸の稜線下にあたる斜面で発見・調査された半地下天井架構式（半地下式）の窯である。焼成部の床には最終焼成された須恵器が残り、焚き口の下方には前庭部や灰原が認められる。出土した須恵器から、8世紀第1四半期の操業と解される。ここで紹介するのは、この灰原から出土した一片である。

　余談になるが、この調査では他に、地下掘り抜き式（地下式）の平窯と思われるKM309号と310号窯の痕跡が認められた。詳述を避けるが、車輪文当て具痕とは違う角度から、陶邑窯跡群の各地区における窯構造や技術

図4 KM308号窯出土の車輪文拓本

的交流を考える上で欠かせない事例と言えよう。

　さて、KM308号窯で焼成された須恵器の中からわずかに見出された車輪文は、同心円の中央から当て具端にかけて単線が刻まれたもので、先にC文様としたものである。仔細には、当て具の木口に同心円と変わらない深さで単線が太く刻まれ、刻み目の断面はともに底を平らに仕上げる。そのため、器面にはドッシリとした印象で文様が転写される。

　これまで陶邑窯跡群では、車輪文当て具痕を認める須恵器が稀であることからか、幾つかの文様が紹介されるに終始していた。そこに、古墳時代と奈良時代という異なる時代の須恵器からC文様という、同じような図案の車輪文を初めて示すことができた点は意義深い。今後は他の文様でも、継・断続を問わず、異なる時代の須恵器からでも同じ図案の車輪文がさらに見出せるであろう。なかには、図案の移り変わりが追えるような例も見いだすことができるやもしれない。その点では、工人の移動や製品流通に、時という要素を加えた三次元的な視座での検討が将来に期待される。

4．おわりに

　小稿では、陶邑窯跡群から近年新たに見出された車輪文当て具痕の文様例を紹介した。陶邑窯跡群で車輪文が登場するのは、大庭寺遺跡出土の蜘蛛の巣状と例えられるA文様をもって6世紀初頭と見られる*8。小稿にて紹介した例はその域に収まり、かつ、同心円文の圧倒的多数に比べれば、陶邑窯跡群での車輪文は特種との位置付けも変わらない。ただ、その分布について、既知のものを含めると、陶器山・栂・光明池の各地区に広がることとなった。陶邑窯跡群で調査された窯は、存在が確認された窯の半数余りであることを鑑みれば、今後も、車輪文の出現時期や分布において新たな知見が得られる公算が高い。

　また、陶邑窯跡群でも、車輪文の文様構成はより豊かさを増すと期待される。既出例を含め通覧すれば、図案の違いは、同心円の描法や、放射線

の数およびその連続性や長さなど諸要素の組み合わせ方で生じ、特定の器種に限り反映させる意図が見受けられないので、今のところ、自らの製品と他とを区別するためと解される。しかし、同心円に放射線を刻む労を重ねるのは、ヘラ記号とは少々異質な感が否めない。加えて、同心円文が圧倒的多数を占める中で、なぜ車輪文が使われ続けたのかが疑問に残る。

　車輪文は器の内面に転写されるため、外見から容易に区別できるものでなければ、器物の機能を左右するわけでもない。そこでかつて、陶邑窯跡群で見受けられた事例から*9、車輪文は明器など葬送儀礼に関わるような需要に応じた特注品であり、その製作に携わるのは専任工人との考えを抱いたこともある。しかし、墳墓の造営増加に呼応して須恵器需要が最盛を迎えても、車輪文の確認数は増えることがない一方で、文様の多様化のみが進むという現象から、この考えには妥当性が弱いと感じている。また、古代の須恵器に見られる放射文当て具痕の存在から、放射線の刻み目により粘土から当て具が剥がれやすくなるのではと顧慮しても、文様が多様なことや同心円文が優勢な点から、製作上特に車輪文を要したとも思われない。

　以上、陶邑窯跡群における車輪文についてまとめると、古墳時代から奈良時代にかけて、断続的に複数の地区で車輪文当て具を用いた工人や製品の痕跡が認められること、その図案が他地方のものと同様に多様であること、同時に複数の車輪文当て具がいくつかの器種で用いられ、一窯内で焼成されたことを指摘した。しかし、なぜ車輪文当て具が用いられたのかについて明らかにはできないが、現時点では、他との識別に効果が見込まれる以外、例えば九州地方などとの人的交流や、工人（集団）にある何らかの伝統について検討を重ねる必要があると思われる。先の明器に対する想定は、あるいは被葬者や工人の出自と伝統に関連するあり方の一つかもしれない。

謝辞
　中村浩先生のご功績は、文化財行政に対しても大きく寄与し、その恩恵に預かる一人として、この拙文を古稀記念論文集に捧げることができましたのはまたとない喜びです。また、小稿を草する機会をお与えいただいた冨加見泰彦氏に謝意を表します。変わらぬご健勝を祈念いたします。

＊註
1 横山浩一(2003)「須恵器に見える車輪文叩き目の起源」『古代技術史攷』
2 (財)大阪文化財センター(1978)『陶邑Ⅱ』大阪府文化財調査報告書第29輯
3 例えば、西口寿生(1993)「6土器の産地と交流」新版日本の古代第10巻『古代資料研究の方法』など
4 堺市教育委員会(2000)「大野寺跡発掘調査概要報告」『堺市文化財調査概要報告』第84冊
5 堺市教育委員会(2002)「平成12年度下水道管付設工事に伴う立会調査概要報告」『堺市文化財調査概要報告』第97冊
6 冨加見泰彦(1991)「陶邑出土の車輪文について」『古代文化談叢』第26集
7 堺市教育委員会(2012)「陶邑窯跡群光明池地区(SMKM－4)発掘調査概要報告」『堺市埋蔵文化財調査概要報告』第142冊
8 註6に同じ
9 中村浩(2012)「檜尾塚原古墳群の再検討」および「和泉陶邑原山墳墓群の形成」『須恵器から見た被葬者像の研究』

【図出典】
図1 横山浩一(2003)「須恵器に見る車輪文叩き目の起源」『古代技術史攷』
図2 堺市教育委員会(2002)『堺市文化財地図』

提瓶の製作開始について

木下 亘

1. はじめに

　古墳時代須恵器の器形である提瓶は、一般的に5世紀末葉頃に出現し6世紀代を中心として生産される器種の中の1つと考えられている。その意味では、ほぼ6世紀代の中で出現しそして消滅すると言う生産期間が極めて限定される器形とする事が出来る。
　本稿では、陶邑TK13号窯から出土した提瓶を検討材料とし、その製作開始年代とそこから派生する幾つかの問題に就いて考えて見たい。

2. 陶邑古窯址群出土の提瓶

　此処ではTK13号窯を含む陶邑古窯址群から出土した提瓶を素材として、各時期毎の代表的なものを取り上げ、その型式変遷の流れの概略を記しておきたい。
　須恵器の中でも提瓶はその出土数が比較的多く、その形態上の変遷過程をある程度明確に出来る資料だと言える。生産器種の中に提瓶が新たに加わる時期は、一般的にはⅡ型式（MT15型式）以降とされ、Ⅲ型式迄にはその生産が終了しているものと考えられている。よって、その生産時期は、ほぼ6世紀代に限定されると言って良いであろう。提瓶は蓋杯等の形態変遷とは異なり、個体間の差異が多少見られるものの、全体の流れの中で、大まかな特徴を抽出する事は可能である。
　では、次に陶邑窯内の各窯出土提瓶を代表的な型式毎に順に見ていく事にしたい（図1）。
　Ⅱ型式当初の MT15号窯[*1]やTK85号窯[*2]出土品は、この時期に杯類が大型化するのに呼応する様に大型のものが多い。MT15号窯では片側が丸味を持った胴部に大きく外反する口縁部が取り付く。口縁部を肥厚させ、端部を上方に立ち上げる。胴肩部には大きく鉤形の把手を左右に貼り付けている。丸味を持つ胴部外面は全面カキ目調整が施されている。

図1 陶邑古窯址群出土の提瓶 (S=1/4)

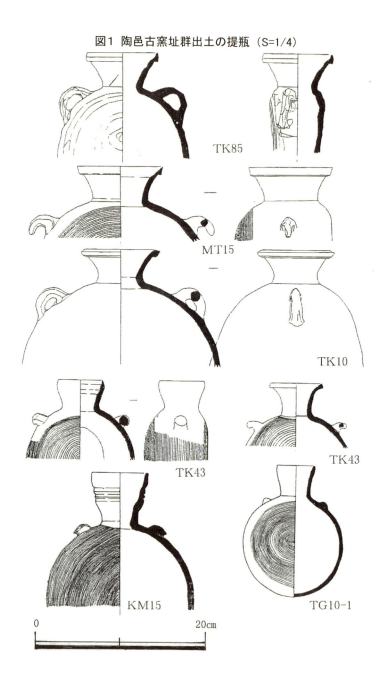

TK85号窯出土品は、扁平な胴部に大きく直線的に広がる口縁部が付されている。胴肩部には大きく実用的な環状把手を左右に貼り付けている。続くTK10号窯*3から出土した提瓶も、同じく大型品に属するものである。肩部の把手は紐状の粘土を貼り付けるもので、大きく実用的な環状把手と言える。胴部は膨らみが大きく丸味を持っている。
　6世紀後半のTK43号窯*4から出土した提瓶は、徐々に小型化していく状況が確認出来ると共に、口縁部の形状に変化の兆しが認められる。即ち口縁部の長大化傾向である。それと共に口縁端部が緩やかに内傾乃至は内湾し、端部に段を持たないもの等が新たに生まれる。
　6世紀末葉になると肩部の把手は突起状へと変化し、本来の機能を喪失し、痕跡として残される程度へと変容する。口縁部は大きく上方へと延び、沈線により口縁部外面を区画するもの等が出現する*5。
　以上の様に、提瓶の形態上の変遷は、従来から言われている様に、大型品から小型品へと基本的には進行していき、口縁部は大きく外反するものから徐々に口縁部が上方へ延び長くなっていく傾向を示す。肩部の把手は環状のものや鈎状を呈するものから突起状そして把手を貼り付けないものへと大きな流れとしては変遷する。製作技法の面からは、粘土盤を基礎として粘土紐を巻き上げ胴部を形作るもので、最終的に中央部を粘土円盤で塞ぐと言う技法は、生産当初からその終末迄、変化しない技法だと言える。

3．提瓶の製作開始期

　提瓶の製作開始を考える上で、極めて重要な資料を提供した窯址として陶邑古窯址群高蔵寺13号窯（以下TK13号窯）を挙げる事が出来る*6。
　TK13号窯は大阪府堺市茶山台に所在する窯跡で、1994年に大阪府教育委員会によって発掘調査が実施され、その内容が明らかとなっている。調査の結果、窯体は西に向かって下がる斜面を利用して構築されており、窯主軸をほぼ東西にとっている事が判明した。窯体は煙道から前庭部まで良好な状態で遺存しており、焼成部は長さ8ｍ、最大幅3ｍを計測し、床面の傾斜角は約15度をそれぞれ計測した。
　灰原は焚き口から下方に広がっており、特に南側斜面で大量の遺物が出土している。灰原から出土した遺物には、蓋杯、無蓋高杯、樽形𤭯、𤭯、

図2 TK13号窯出土の提瓶（S=1/4）

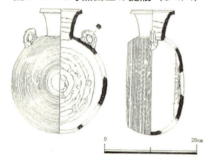

鉢、甑、筒型器台、鉢形器台、壺、甕等様々な器形が含まれており、多くの器種が焼成されている事が判るが、その中では甕の比率が高い点が指摘されている*7。

　TK13号窯から出土した提瓶は1点で、前庭部に堆積した炭層から出土している。この木炭層には、殆ど土を含まない状況が認められ、最終焼成時に一括して掻き出されたものと判断されている。つまり、此の炭層から出土した遺物に関しては、その出土状況から見て、窯の最終焼成時またはそれ以前に焼かれた製品である事が確実であるとの考えが示されている。此の土層内から出土した須恵器として甑の破片が多数出土している。又、それと共に二重口縁壺、小型甕等も検出されている。

　次にTK13号窯から出土した提瓶に就いて、その観察所見を記す事にする（図2）。この提瓶は、口径9.0cm、器高26.1cm、胴部最大径20.8cmをそれぞれ計測する。胴部は片側が扁平に仕上げられ、反対側は膨らみを持って成形している。口縁部は胴部との接続部分から緩やかに広がり、口縁端部で更に外反し喇叭状に大きく広がる。口縁端部は上方に摘まみ上げて仕上げ、端部は丸く収めている。胴部肩の比較的口縁部に近い位置に、環状把手を左右に貼り付けている。把手は篦状工具によって面取りを行い仕上げるもので、削り痕跡が稜線として明瞭に残されている。通常良く見られる環状把手は、粘土紐を貼り付けるもので、その断面形がほぼ円形をなすものが多く見られるが、この提瓶は全面的に鋭利な篦状工具によって削り、形を整えている為、その断面形が四角形を呈すると言う特徴を備えている。更に、把手自体も上方に大きく立ち上がる形状を取っている、一般的な環状把手とは趣を異にしている。

　製作技法に目を向けると、後の提瓶に見られる製作技法と大きな差を認める事は出来ない。胴部の平坦面をなす側から順に粘土を巻き上げて胴部を作り上げており、内面には粘土紐を撫で付けた製作当時の指ナデ痕跡や指頭痕が数多く残されている。胴部は、膨らみを持つ側の中央部を最終的に直径5.5cm程度の比較的径の小さい粘土円盤で塞ぐ事によって完成する。

胴部外面の平坦面に近い側は回転箆削りを行い、平坦面から胴部への屈曲部分には鋭利な工具による手持ち箆削りを行い、器面調整を行っている。その後、胴部の丸味を持つ側全体にカキ目を施し、器面を整えている。胴部閉塞後、別途製作した口縁基部径に併せて側面を切り取って接続している。内外面共に暗灰色～暗灰紫色を呈し、焼成は良好で堅緻、全体に自然釉を被るが、特に平坦面側には厚くその附着が見られる。

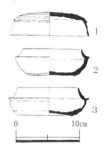

図3 TK13号窯出土の蓋杯（S=1/4）

　さて、同窯からはこれ以外にも各種の須恵器が出土しているが、この中で時期決定の指標にもなる代表的な蓋杯を取り挙げておきたい（図3）。

　1は杯蓋である。口径12.3cm、器高3.6cmを計測するもので、天井部には削り幅が狭い回転箆削りを施している。

　2は杯身である。口径9.2cm、器高4.1cmを計測し、底部は平坦に仕上げられ、ゲタ痕跡と思われる痕跡が確認出来る。所謂、土釜形とも言うべき形状で底部と体部の境界付近は丁寧な手持ち箆削りによって仕上げられている。

　3も同様の杯身である。口径9.5cm、器高4.4cmを計り口縁端部は丸く収め、体部が張った形態を示す。底部は回転箆削りによって仕上げられている。

　以上の蓋杯類に見られる土釜形に近い形態や、回転箆削りと手持ち箆削りが共存する点などから見て、何れもTK216型式の範疇で捉える事が可能であろう。他の灰原等からの出土品も、その諸特徴が示す時期は何れもTK216型式に属するものが大半と考えて良い。よってTK13号窯は、ほぼこの型式の間で操業されたものと考える事が出来、複数型式に及ぶ長期操業が成されたとは考え難い。

　前述の様に、TK13号窯から出土した提瓶は、窯の最終焼成時またはそれ以前に焼かれたとの調査結果が与えられており、TK216型式の段階で製作されたものと判断して良いであろう。

　以上の様に、TK13号窯から出土した提瓶は、TK216型式に属するもので、現在までに発見されている提瓶の中では最古に位置づけられる可能性が高いものとすることが出来る。問題は、この資料1点のみが突出して古

く、後続の提瓶との間に空白時間が生じている点にある。確かに、TK13号窯の提瓶は、後出の提瓶に比べて形態上特異な点を兼ね備えた土器だと言え、その観点に立てば提瓶出現期の初源的様相を持つものとする言い方も可能であろう。

４．韓半島出土の提瓶（図４）

　最後に、提瓶の出現に関し、韓半島で出土する提瓶を取り上げ、TK13号窯出土提瓶の祖型になり得る資料が確認出来るのかに就いて確認しておきたい。現在までに知られている韓半島出土の提瓶には、以下のものが知られている。
（１）　宜寧泉谷里21号石槨[8]
（２）　海南龍日里龍雲３号墳[9]
（３）　務安麥浦里１号墳[10]
（４）　扶安竹幕洞가２区[11]
（５）　任実城峴山城１号オンドル遺構
（６）　完州배매山城地表収集
（７）　新安内楊里古墳[12]
（８）　光州山月洞遺跡
（９）　淳昌亀尾里13号石槨
（10）　潭陽城月里月田古墳
（11）　谷城芳松里出土品
（12）　光州月桂洞１号墳周溝
　これ以外にも、各大学等に保管されている資料が若干数知られているものの、その総数は、列島出土の提瓶と比べれば圧倒的に少ないと言える。これらの提瓶を見ると明らかに列島産須恵器が持ち込まれたと考えられる搬入品と、その搬入品をモデルに模倣したと見られる土器に大きく区分する事が出来る。
　提瓶に於いて須恵器と模倣土器の違いは、形態よりも寧ろ製作技法の面に於いて顕著に現れる。胴部閉塞技法は、須恵器の場合には粘土円盤によって最終的にその孔を塞ぐものであるが、模倣土器では往々にして、従来から存在する絞り込み等の技術が援用されている事が知られている。

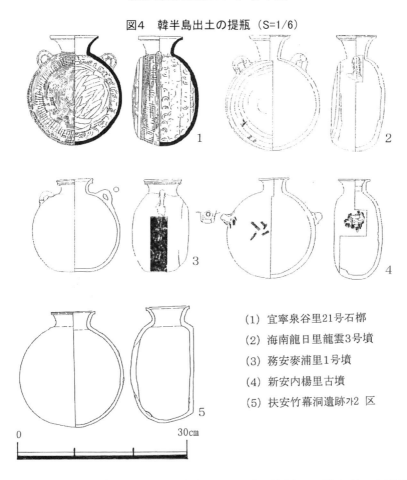

図4　韓半島出土の提瓶（S=1/6）

(1) 宜寧泉谷里21号石槨
(2) 海南龍日里龍雲3号墳
(3) 務安麥浦里1号墳
(4) 新安內楊里古墳
(5) 扶安竹幕洞遺跡가2 区

　列島産須恵器と考えられる宜寧泉谷里21号石槨並びに海南龍日里龍雲3号墳出土品は、何れもその形態的な特徴からしてMT15型式併行と考えて良いであろう。扶安竹幕洞遺跡から出土した提瓶は、伴出した須恵器類がTK47型式併行と見られるが、模倣土器の可能性が高く、その時期確定は困難である。これ以外の資料に関しては、大半が模倣土器と見られ、供伴遺物等から6世紀代に下がる資料と考えられる。よって何れの資料もTK13号窯出土品のモデルとなり得るものとは言い難い。現状からは韓半島出土の提瓶の中に須恵器提瓶の祖型を求める事は無理があり、TK13号窯に

先行する資料は現時点では存在しないと言って良いであろう。
　この様な現象は、須恵器の他器種に於いても認められる。例えば、樽形𤭯は須恵器生産開始期を中心に、5世紀代でその生産をほぼ収束する器種と考えられる。この樽形𤭯も形式的に見て韓半島出土品の中に、須恵器のモデルとなり得るものを確認する事は難しい。又、その出土量も極めて少ない事が指摘できる。
　須恵器生産揺籃期に位置づけられるTG232号窯*13は、韓半島陶質土器工人が強くその生産に関与している窯と考えられるが、この窯からは樽形𤭯の出土は見ていない。生産初期でもこれに後続するTK73号窯*14やTK85号窯*15と言った一連の窯跡からは樽形𤭯が出土しており、明らかにこの時点では生産が開始されている。それも極めて定型化した形態で出現しており、提瓶の出現期の様相と極めて近似しており示唆的である*16。
　この様に、初期須恵器の中には、韓半島陶質土器にその系譜を求め難い器種が僅かではあるが認められる。この様な土器は、列島内での須恵器生産開始期以降、生産の過程の中で新たに考案、生み出された器形の1つである可能性を考えたい。そして、逆に韓半島では列島で生産された須恵器をモデルとして、模倣土器としてスタートを切る器種と言えるだろう。

5．おわりに

　陶邑TK13号窯から出土した提瓶の時期は、TK216型式併行期であると言う点に関しては、報告書の所見を追認する事となったが、問題の所在は以下の3点に絞る事が出来る。
（1）TK216型式併行まで遡る提瓶が、現時点でこれ以外に検出されていない事。
（2）提瓶として既に定型化した形態を保持し、突然出現する事。
（3）一般的に提瓶が製作されるTK47〜MT15型式迄の間を繋ぐ資料が未検出である事。
　何れも、今後の資料増加によっては、この問題が解消される可能性は残されてはいるものの、TK13号窯の調査後20年以上を経た現在に於いても、この溝を埋める資料は未だ見出されていない。
　以上の検討結果を簡潔に纏めると以下の通りである。TK13号窯出土の

提瓶を通じて、提瓶と呼ばれるこの器形は、韓半島で生産される陶質土器の系譜に繋がる器形とは異なり、須恵器の中から独自に出現し発展する器形だと言える。次に、この提瓶が韓半島に持ち込まれる事によって、模倣土器として韓半島の陶質土器の器種組成に加わって行くものと考えられる。
　然し乍ら、何故、この様な器形が突如生まれてくるのか、更には、出現当初から何故これ程見事に定型化しているのかと言った諸点に関しては、残念ながら明確な答えを現時点で持ち合わせていない。今後の課題でもある。

　本稿をなすに当たって、大阪府の三木弘、宮崎泰史両氏から様々な御教示を得た。更に資料調査に際しては、所蔵機関である大阪府教育委員会から多くの便宜を与えて頂いた。また、韓国側資料に関しては、国立伽耶文化財研究所の李知姫氏から多くの御教示を得た。記して深く感謝申し上げたい。また、末筆になりましたが、中村浩先生の古稀をお祝いすると共に、今後とも御指導を頂きますようお願い申し上げます。

＊註
1 『陶邑窯跡群Ⅰ』「研究論集」第10号、平安学園考古学クラブ、1966
2 『陶邑Ⅲ』「大阪府文化財調査報告書」第30輯、大阪府教育委員会、1978
3 註1に同じ
4 註1に同じ
5 KM115号窯出土品等に見られる。『陶邑Ⅰ』「大阪府文化財調査報告書」第28輯」大阪府教育委員会、1976
6 『陶邑窯跡群発掘調査概要「大阪こどもの城(仮称)」建設にともなう高蔵寺13号窯他の調査』大阪府教育委員会、1995
7 註6報告書53頁。出土遺物の中で圧倒的多数を占め、重量比では全体の87％を占めるとされる。
8 『宜寧泉谷里古墳群Ⅰ・Ⅱ』「嶺南文化財研究院学術調査報告」第10冊、社団法人嶺南文化財研究院・宜寧郡、1997
9 『海南龍日里龍雲古墳』「国立光州博物館学術叢書」第52冊、国立光州博物館、2004
10 『務安麥浦里遺跡』「湖南文化財研究院学術調査報告」第42冊、湖南文化財研究院・無進開発、2005

11 『扶安竹幕洞祭祀遺跡』「国立全州博物館学術調査報告」第 1 輯、国立全州博物館、1994
12 『海南龍日里龍雲古墳』「国立光州博物館学術叢書」第52冊、附録2：新安内楊里古墳出土遺物、国立光州博物館、2004
13 『陶邑・大庭寺遺跡Ⅳ』「(財)大阪府埋蔵文化財協会調査報告書」第90輯、大阪府教育委員会・(財)大阪府埋蔵文化財協会、1995
14 註2に同じ。
15 註2に同じ。
16 この様な状況が生じるのは初期須恵器の段階迄で、陶邑窯が列島全体の須恵器生産を牽引・主導していた時期に限られる。5世紀後半の地方窯成立期以降はそれぞれの地域で、多少の個性、独自色を発揮した須恵器が生産されており、この段階の在り方とは、明確に区別しておきたい。

日本古代・大宰府官制整備期の九州における食器様相

中島恒次郎

1．はじめに

　筆者は、これまで大宰府を中心として九州の土器様相についての観察を実施し、その幾つかを私見として発表してきた（中島1998・2005・2010）。その中で、鍵指標を視点として見た時、その個々の地域にて認識されている実年代観を一旦無視してみると、同じような様相変化をたどることが見てとれる事例に多く遭遇する。これは、実年代観の齟齬が何に起因しているのかは、述べるまでもなく資料解釈者である現代の考古学者の責であり、資料個々にはないことは自明であろう。

　そこで、本稿では、九州内の日本古代に位置づけられる土器様相観察を通して、最も様相変化が大きく、恐らくは背後にある生産体制の大きな変革を観察できる7世紀後半から8世紀前半、筆者が設定した様相であるⅡ-1期からⅢ-1期に位置づけられる資料（以下、「Ⅱ-1期」「Ⅱ-2期」「Ⅲ-1期」は、筆者設定の様相を意味する。）を、九州内の土器を取り上げて観察し、その背景に想定できる事象を考察してみたい。

2．学説史

　九州における7世紀後半から8世紀前半を通時的にみる土器様相に関する研究は、学説史的にみても、あまり多くない。それは、当該期が有する現代の考古学研究者の都合に大きく左右され、いわば原始としての古墳時代研究と古代としての奈良時代研究の狭間に位置し、時代を通した研究があまりなされてこなかったことに原因がある。とは言え、須恵器の編年研究では、窯編年がこの狭間を意識することなく進められてきたことは、当該期の研究を進める上で大きな指標的位置を占めている。

　大阪府陶邑窯跡群、愛知県猿投窯跡群などの古窯跡群の調査研究の進展により、深められた須恵器研究は、その後日本各地の須恵器研究に大きな

影響力を持って浸透していく（平安学園1966、中村1985、楢崎1961・1983）。須恵器研究の特徴は、原始から古代の枠を超えて通時的な指標資料としての位置を固めていくことになる。一方、土師器研究は、須恵器の指標資料化の影に埋没し、通時的な視点での研究の深化に乏しい状況にある。九州内の研究においても同様で、小田富士雄による精力的な須恵器研究（小田1964・1972）が進められる中、通時的指標としての土師器研究は立ち遅れていく。そのような中、大宰府研究が進み、古代以降の時間軸設定のための指標資料の抽出から分析さらには編年の構築へと深化していくことになる。大宰府編年の学説史は、多くの場で記述してきているため、拙稿をご参照いただきたい。

　九州管内の土器研究は、この「大宰府編年」の検証という形で深められ、旧国単位で研究成果が発表されてきている。「大宰府編年」に近似する点、相違する点が明らかにされてきているが、実年代観を一旦無視した場合、大きな枠組みの中での様相変化の差は見出しがたい。

3．様相確認

　次に各地の状況把握の前提となるⅡ-1期からⅢ-1期までの様相について、概略を以下に述べておきたい。
（1）様相確認
　Ⅱ期（図1・2）
　Ⅱ期は、「古墳時代」的様相が大きく後退し、土器の無文化（甕は除く）、高台付き坏（坏C）の出現など次様相への準備様相と位置付けられる。須恵器では、高台付の坏や低脚の高坏などが出現し、土師器でも須恵器の坏と同法量の椀など供膳的な容器が多様化する様相である。しかし、後代との大きな違いは、土師器は依然として手持ち成形であるという点である。

　須恵器蓋や高台坏の形状などから小期を設定している。
　　Ⅱ-1期　構成形式
　　　須恵器：蓋AI2（少量）、蓋BI1、蓋BⅡ1、坏BI2、坏BI3、坏BⅡ1、
　　　　　　　高坏Ⅳ、高坏Ⅷ、鉢Ⅱ
　　　土師器：坏AⅡ〜Ⅳ、皿AI・Ⅱ、甕Ⅰ、甕Ⅱ
　　Ⅱ-2期　構成形式

日本古代・大宰府官制整備期の九州における食器様相（中島恒次郎）

図1　Ⅱ-1期土器様相（中島2005より抽出改変）

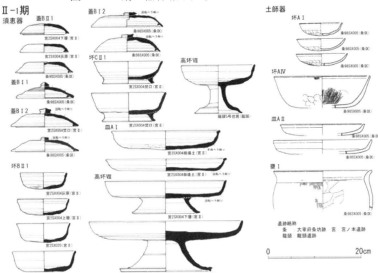

図2　Ⅱ-2期土器様相（中島2005より抽出改変）

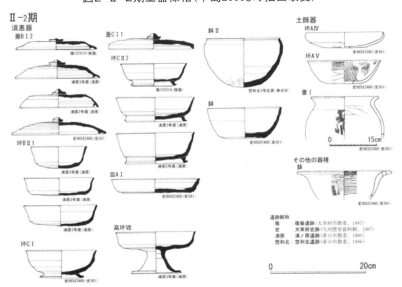

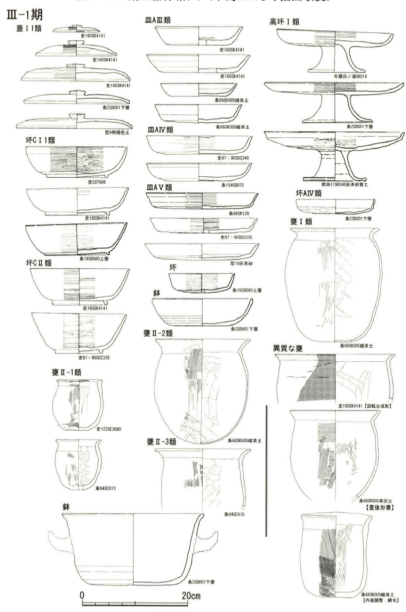

図3 Ⅲ-1期土器様相(1)（中島2005より抽出改変）

図4 Ⅲ-1期土器様相(2)（中島2005より抽出改変）

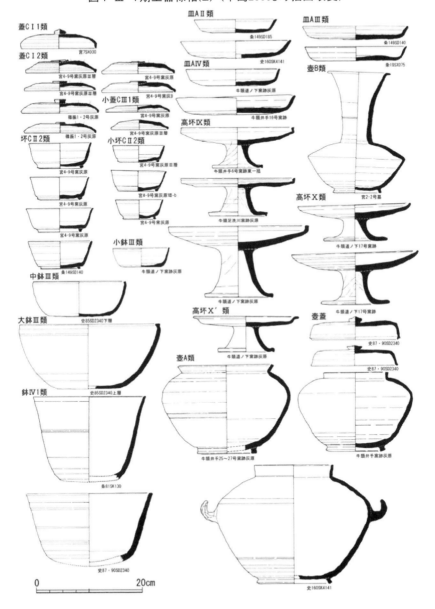

須恵器：蓋BI1（少量）、蓋BI2、蓋BⅡ1、蓋BⅡ2、蓋CI1（微量）、坏BI3、坏BⅡ1、坏CI1、坏CⅡ1、坏CⅡ2a（微量）、高坏Ⅳ、高坏Ⅵ、高坏Ⅶ、皿Ⅰ、鉢Ⅲ
土師器：坏AⅠ、坏AⅢ、坏AⅣ、皿AⅡ、甕Ⅰ、甕Ⅱ（微量）

Ⅲ期（図3・4）

前様相と大きく異なり、土師器における回転台成形の受容とともに土師器の器種の多様化が観察できる。その後の土器生産を考える上で、最も大きな画期を示す様相である。回転台成形土師器（以下、「回転台土師器」と記載）の出現を最大の要素とし、これが、「律令制国家」的要素として考えているものである。また、須恵器・土師器ともに供膳具、調理具、貯蔵具とも多種多様なものが出現する。また同形態のものが須恵器・土師器ともに量産され、器種互換性が発現する。

一方で、「在地伝統」的要素である手持ち成形の土師器や、土師器甕Ⅰ類が空間差として観察できるなど、在地伝統的要素と律令制国家的要素が混在しているのもⅢ期の特徴である。

小期の設定は、各形式の手抜きの進行や、新たな焼き物としての黒色土器、国産陶器、外国産陶磁器の参入、須恵器の欠如などを視点として設定している。本稿においては-1小期のみが対象となる。

Ⅲ-1期　構成形式
須恵器：蓋CI2、蓋CⅡ（微量）、蓋CⅢ1、坏BⅡ1、坏BⅡ2（微量）、坏CⅡ2a、坏CⅡ2b、坏CⅡ2c、高坏Ⅸ2、皿AⅠ～Ⅲ、皿AⅤ、鉢Ⅲ、鉢Ⅳ1・2、鉢Ⅴ
土師器：坏AⅣ、蓋I1、坏BI、坏C12、坏CⅡ1・2、皿AⅢ、皿AⅣ、皿AⅥ、高坏Ⅰ、甕Ⅰ（少量）、甕Ⅱ

（2）九州管内旧国の様相

九州管内、いわば西海道の三前三後の六国と日向・薩摩・大隅を加えた九国の土器様相については、埋蔵文化財の発掘調査事例の進展ならびに研究素地の定着を見ることによって、十年前の状況からは一転し大きく前進している。

ここでは、筆者が実資料を観察できたものという、極めて限定された中での見解であり、在地伝統的様相と律令制国家的様相という二様相が、地

域の中に存在し、かつこれらの様相の傾斜度合によって、地域史を明らかにすべきであるという筆者の考えからは一旦後退した内容となっている。この点については、各地の地域色析出という過程を踏み明らかにしていく必要性を抱いている（中島2015・2016）。

本稿においては、前項で確認したⅡ期からびにⅢ-1期様相を手掛かりとして、各地で確認されている遺構を位置づけ、そこから導き出されるⅢ期の変革の共通性を確認しておきたい。

なお、資料数の限界から薩摩・大隅については一括して取り扱っている。

表1 九州旧国における基準資料の様相位置

暦年代	様相	大宰府	筑後国府	大宰府北部集落	筑前-筑後集落	筑後南部集落	肥前
700-	Ⅱ-2	史98SX2480	ヘ47SK2371				楠比梅坂SH0047 楠比梅坂SH0045
	Ⅲ-1	史122SE3680 史160SK4141 条68SK005縮茶土 条68SK005茶灰土	筑後128SD4403	ヘ31SK1856	雑6土坑21 井C-85号土坑 麦B1-2号井戸	大島11・27号土坑 干園39・42号土坑 干I-4号土坑 九角7号土坑	羽中2S1005 前中1S1008 前中1S1005	羽中2SK250 前中2S1010 前中1S1001	今町梅坂SK301 楠比梅坂SH0240 久池井BSK775 久池井BSK776 徳永14区SH14018 徳永5区SK5048
750-		史85SD2340下層	条81SK135	ヘ13SK1339		宮原D65号土坑 宮原D50号土坑	羽中4SK005	羽中2S1135 前中1S1013	上和泉7区SK7299 上和泉7区SK7300 条永5区SK5004 久池井BSK314・315
	Ⅲ-2	史120SX2999	条120SK005黒土	ヘ36SK2001 神24SK150 神15SK375	雑10住居60 玉SE02	那20SE08下層			
800- 850-	Ⅲ-3	史18SE400下層	条93SD275	筑後83SK3575	ヘ7地点SX1 那SE01 那64SE090	那68SE05 那50SE01	干園1号土坑 宮D66号土坑	羽中2SK170	友貞8区SE803 上和泉7区SK7004 小林Ⅱ区SK2011
900-	Ⅳ	史70SK1800	国川1SE005黒茶土	筑後83SK3576 筑後68SK3825 筑後59SK2817 筑後59SK2926	金BSK54	鎧21-55号井戸			古村SK223・225・226 泉三本薫SP001

暦年代	様相	肥後	豊前	豊後	日向	薩摩 大隅	暦年代付与資料
700-	Ⅱ-2		菜切6号墳		宮の東S8939		史98SX2480 （飛鳥Ⅲ【藤原23-2SE2355】様相に近似）
	Ⅲ-1	上小田宮の前5区SE506	照日4号窯 広末・安永1・4号土壙墓 赤幡森ヶ坪25号土坑 砥石山8号溝	久土2SX01 下部SK01 下部SK25	中安2SX625 宮の東S8640 宮の東S670・宮の東S8146 古墳第2-2隆穿穴伏遺構	大島21号住居 大島37号住居 大島大型竪穴伏遺構	史160SK4141（平城宮Ⅱ×Ⅲ古【SD5100】） 条68SK005縮茶土（平城宮Ⅲ古【SD5100】）
750-	Ⅲ-2	二本木28SE02 山鹿5-1号住居本庄1号溝 二本木34SE02・07 二本木32SD03 上小田宮の前7区SE701	下郡P13下層 下部SK06 黒造・赤木3・5・6号住居 宇弥勤寺SD? 長野AI区1号土壙 下郡7SK1 上清水SX1区32号土坑	会下5号土坑 下部115SK0450 松岡窯跡群 井ノ久保SX69	古墳第2-1区土坑13	大島31号S2 大島8号住居 原田遺跡	史85SD2340下層（天平六【734】年） 氷31SX001（天平神護元【765】年） 長岡京SD10201（延暦三【784】年）
800- 850-	Ⅲ-3	二本木40FSD62 山鹿5-6号住居別府SK11 別府3号土坑	宇弥勤寺SK2 赤幡森ヶ坪1・37号土 砥石山1号溝3層	三口SK5 三口SK3	井ノ久保SX76	大島3号住居 大島6号住居 「嘉祥三【850】」※木簡 大島34号住居	
900-	Ⅳ						

この背景としては既に想定しているが、在地伝統としての成川式土器と、律令制国家的な様相の排他的な関係故に、Ⅲ-1期の安定的な広がりを観察できていないことに起因している(中島2010)。

薩摩・大隅を一括し、残る7国の並行関係を示したものが表1である。

(3) 実年代付与

3-(1)項にて確認した様相の実年代観は、それぞれの様相に伴う実年代

表2-1 実年代推定資料(中島2000より抽出改変)

推定資料から想定している。筆者自身がこの問題を取り扱って以降、九州各地での編年作業が進み、実年代観に関する様々な論が提出されている。しかし根拠とされた資料解釈結果がいつのまにか飛躍的解釈へすり替わり、その結果として大宰府編年に与えられた実年代観とのズレを指摘する論も見受けられる。いずれにしても、様相設定とそこに付与される実年代観は

表2−2 実年代推定資料（中島2000より抽出改変）

	遺跡名	遺構名	実年代付与資料	付与年代	資料等級		遺構出土資料群の帰属様相	備考	掲載書
					資料等級	出土状況			
	大宰府								
①	大宰府条坊跡 98次調査	SX005	畿内産土師器	飛鳥Ⅲ×Ⅳ期	C-1	A	Ⅱ-2期		1
②	大宰府条坊跡 98次調査	SX2480	様相比較	飛鳥Ⅲ期	C-1	A	Ⅱ-2期		2
③	大宰府史跡 84次調査	SX2344	畿内産土師器	飛鳥Ⅳ期	C-1	C	Ⅱ-2期		3
④	大宰府史跡 160次調査	SK4141	畿内産土師器 様相比較	平城宮土器Ⅱ×Ⅲ期古	C-1	A	Ⅲ-1期		4
⑤	大宰府条坊跡 68次調査	SK005緒茶色土	畿内産土師器	平城宮土器Ⅲ期古	C-1	A	Ⅲ-1期		5
⑥	大宰府史跡 85次調査	SD2340下層	木簡	天平六（734）年記載	B	A	Ⅲ-1期		3
⑦	大宰府史跡 87・90次調査	SD2340	木簡	天平八（736）年記載	B	A	Ⅲ-2期		6
⑧	長岡京	SD10201	木簡	■■三（784?）年記載	B	A	Ⅲ-2期	長岡京出土から延暦三年を想定。	7
⑨	大宰府条坊跡 154次調査	SD020	畿内産土師器	平安京Ⅰ期新	C-1	A	Ⅲ-2期		8
⑩	大宰府条坊跡 87次調査	SE045	京都系土師器	平安京Ⅲ期中	C-1	A	Ⅳ期		9
⑪	大宰府史跡 72次調査	SD857-2	鬼瓦型式	Ⅰ-2型式			Ⅴ期		10
	その他の地域								
⑫	別所次郎丸遺跡	黄褐色シルト質土層	畿内産土師器	平城宮土器Ⅲ期中	C-1	B	Ⅲ-1期		11
⑬	豊後国分寺跡	SK04	墨書土師器	天長九（832）年記載	B	A	Ⅲ-2期 Ⅲ-3期		12

資料等級 紀年記載資料の有する資料性格から導き出されるもので、保管性の高低によって等級を決定する。
A：保管性が低く、紀年記載年に近い時期の廃棄（埋没）が想定できるもの。
B：保管性が高く、紀年記載年から時間差が想定できるもの。
C：広域分布品が持つ年代観から導き出されるもので、「二次的な年代」観に基づくものであるが、下記内容で三者存在。
　-1：保管性の低い紀年記載資料と共伴し、その年代が付与されている資料。
　-2：保管性の高い紀年記載資料と共伴し、その年代が付与されている資料。
　-3：紀年記載資料とは共伴せず、前述の年代付与資料群と推定によって存置年代が付与されているもの。
　-4：文献記載内容から遺構評価を行ったもの。
D：資料評価不明

出土状況 紀年記載資料と他資料との共伴関係によって、時間差を考慮し等級を決定する。
A：一括性が高く、紀年記載資料との廃棄（埋没）の同時性が想定できるもの。
B：一括性が低く、紀年記載資料との廃棄（埋没）の同時性が想定できないもの。
C：報告において記載のないもの。

掲載文献
1 大宰府市教育委員会（1996）『大宰府条坊跡 Ⅸ』
2 九州歴史資料館（1987）『大宰府史跡－昭和61年度概報－』
3 九州歴史資料館（1983）『大宰府史跡－昭和58年度概報－』
4 九州歴史資料館（1995）『大宰府史跡－平成6年度概報－』
5 大宰府市教育委員会（1998）『大宰府条坊跡 Ⅹ』
6 九州歴史資料館（1985）『大宰府史跡－昭和59年度概報－』
7 長岡京市埋蔵文化財センター（1984）『長岡京市埋蔵文化財調査報告書 第1集』
8 大宰府市教育委員会（2000）『大宰府条坊跡 ⅩⅣ』
9 大宰府市教育委員会（1999）『大宰府条坊跡 Ⅸ』
10 九州歴史資料館（1981）『大宰府史跡－昭和55年度概報－』
11 福岡県教育委員会（1994）『別所次郎丸遺跡』
12 大分市教育委員会（1992）『国指定史跡 豊後国分寺跡環境整備事業報告書』

等しい関係にあるわけではなく、あくまでも紀年記載資料など実年代推定資料と、遺構出土資料の様相比との同時性の確からしさの向上によって検証されるべきものであり（西1982）、出土状況の検証に始まり、型式学などの資料分類学に則った確認に基づき、分類から編年へと昇華されていく問題である。

　本稿において、これまで筆者が発表してきた実年代観について詳細を記す余裕がないため、既に検討し記述した拙稿を参照いただきたい（中島 2000）。
　実年代根拠を、表2として示しておく。
　この表に基づき、前項にて確認した様相Ⅱ期およびⅢ-1期の実年代観は、以下の通りである。

Ⅱ-1期:7世紀中葉
Ⅱ-2期:7世紀後葉
Ⅲ-1期:8世紀前半

4．生産体制

　前項にて明らかになった事象として、九州管内においてⅢ-1期の安定化を明らかにし難い薩摩・大隅を除く7ヶ国について、回転台土師器を指標とするⅢ-1期が国衙を中心として発現する。特に、地方官衙最大である大宰府を核として距離に比例するように在地伝統色が強まるとはいえ、旧国ごとの核としての国衙を中心として再度律令制国家的要素が強まる傾向も観察できる（中島2010・2015）。
　では、この回転台土師器の歴史的意義には何が潜んでいるのであろうか。それを読み解くカギは、焼き物の質は異なるものの、地方においてⅢ-1期に発現する土師器と須恵器の器種互換性の発生がある。飛鳥など都では筆者設定のⅡ期段階から既に発現している現象ではあるが、大宰府ならびに西海道においてはⅢ期において発現する。このⅢ-1期において発現する土師器と須恵器の器種互換性は、当初においては磨き技法に手持ち技法を持つ土師器ではあるが、成形ならびに器形において須恵器と同技法、同形態、同法量のものが存在し、Ⅲ-1期の中でも新規型式は回転台上での磨きに置換し、さらには欠失していくという過程を経る。事ここに至って、まさに焼きのみが異なる土師器と須恵器の二者になっていく。

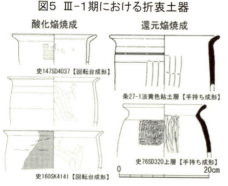

図5 Ⅲ-1期における折衷土器

　またⅢ-1期当初においてのみ発現する土器群が存在しているのも、Ⅲ-1期の特徴の一つである。形式を形成しない土器群で、図5に示した。焼きは土師器であるが成形技法に回転台を用いるもの。焼きは須恵器だが成形その他の技法は土師器であるものなど、その時だけ存在する土器群であり、土師器と須恵器の生産工人が有する伝統

的な技法の「混在」とでもいえるものである。時間軸上安定しない土器群で、かつ技法混在を考慮すると「折衷」として捉えることができるものである。

　付言するならば、大宰府ならびに薩摩・大隅を除く7ヶ国においてⅢ-1期における回転台成形の土師器の浸透は、大和政権下における国家体制整備と呼応していると解しても大過ないと判断される。換言すると、古墳時代以来の地域伝統であった手持ち成形の土師器と回転台成形であった須恵器の伝統を無視した、工人たちの統合分離とでもいえる現象として捉えることが可能であろう。まさに、地域利害や伝統を無視した国家的所業の産物と言える。

5．結　び

　では、このような現象が生じるⅢ-1期（8世紀前半）とは、どのような時期であろうか。大宰府造営と関わってくると考えられる時期であることから、幾つかの事象を整理しておきたい。①大宰府政庁Ⅱ期の成立時期、②大宰府条坊整備時期、③官道整備時期など、王権社会から政権社会へ大きく変動した時期でもあり、これらの事象が、筆者設定のⅡ期からⅢ期のどの時点での出来事であるのかを今一度確認しておきたい。既に拙稿にて詳細を記述していることでもあり、以下に整理して示しておく。

　①大宰府政庁Ⅱ期造営時期：Ⅲ-1期（中島2006）
　②大宰府条坊整備時期：Ⅲ-1期（中島2008a）
　③官道整備時期：Ⅲ-1期（狭川1992、中島2008b）

　ここで、Ⅲ-1期において生じた現象として取り上げなければならない事象として、「慶雲三年格」がある（鎌田2001）。「慶雲三年格」とは、『続日本紀』慶雲三(706)年二月庚寅条を指し、慶雲三年から『続日本紀』養老二(718)年六月丁卯条に旧に復すまで行われた、庸免除特例措置と労役賦課19日が課せられた「筑紫之役」のことである。「大宰所部（西海道）」のみに行われた措置で、通常庸が半減されたことと引き換えに9日以内の無償労働が課せられ、10日以上の場合は全免されているが、大宰所部においては無償労役が19日間に及び、20日以上となれば調も免除され公粮が支給されている。調免除ならびに公粮支給規定は他と同じであるが、この無償

労役19日間を求めた背景に、鎌田元一氏は大宰府造営を考える。慶雲三(706)年から養老二(718)年の13年間の「筑紫之役」こそ、筆者設定様相Ⅲ-1期の中に位置している。

大宰府造営は、単に施設整備の事象の歴史ではなく、本稿をはじめⅢ-1期に生じた諸事象は地域利害や伝統を無視し、地域に存在しない他者によって官僚的手法によって造営や整備がなされた時代の産物である。いわば、エンゲルスが指摘する氏族制社会から古代国家的社会への転換を示す産物といえる（村井ほか訳1954）。

本稿は、20年ほど前に山本信夫氏と立ち上げた九州土器研究会にて九州管内を巡り、土器実見に基づく議論を行ってきた成果である。「実見」という資料評価の原点に立ち、各地で語られる実年代観に関する議論を一旦「棚上げ」にし、様相比較を立脚点に据えた議論から、古代における九州の土器様相の近似性を強く感じたところに端を発している。これは、九州だけの印象ではない。その後、四国・中国・関西と東へ進むにつれ、同じ印象を得るに至った。一方で、地域伝統を保持した集落の存在にも気づき、国家的な施設からの距離に比例して地域伝統色の濃さに気づくようになってきた。本稿においては、「大宰府」様相、換言すると地域利害や伝統を無視した国家的様相を主眼として説いてきた。残された課題として、この国家的様相の地域浸透過程を観察していきたい。

本稿を草するにあたり、九州の土器研究を牽引してきている九州各県の研究者の方々に感謝申し上げるとともに、実践と観察、そして指導者たるものの懐の深さを身を以てお示しいただいた中村浩先生に心より感謝申し上げます。

【引用文献】
小田富士雄（1964）「九州の須恵器研究序説」『九州考古学』22、12～15頁
小田富士雄（1972）「Ⅱ 筑後における須恵器編年」『立山山窯跡群』70～75頁
鎌田元一（2001）「Ⅴ 平城遷都と慶雲三年格」『律令公民制の研究』419～442頁
狭川真一（1992）「第4章 天下の一都会 第2節周辺の関連遺跡」『太宰府市史 考古資料編』381～389頁
中島恒次郎（1998）「西北九州からみた豊前国の食器相」『中近世土器の基礎研究

XIII』151〜194頁
中島恒次郎（2000）「大宰府における実年代推定資料」『中近世土器の基礎研究XV』183〜219頁
中島恒次郎（2005）「聖武朝の土器」『第８回シンポジウム　聖武朝の土器様式』137〜162頁
中島恒次郎（2006）「大宰府・国府・集落」『九州考古学』第81号、21〜39頁
中島恒次郎（2008a）「居住空間史としての大宰府条坊論」『九州と東アジアの考古学』499〜528頁
中島恒次郎（2008b）「Ⅵ.成果と課題」『太宰府・佐野地区遺跡群24』259〜264頁
中島恒次郎（2010）「薩摩・大隅・南島における古代中世の社会像構築にむけて」『鹿児島地域史研究』No.6、36〜48頁
中島恒次郎（2015）「土器から考える遺跡の性格」『第18回古代官衙・集落研究会報告書』93〜130頁
中村　浩（1985）『古代窯業史の研究』柏書房
楢崎彰一（1961）「猿投山須恵器の編年」『世界陶磁全集　第一巻』247〜259頁
楢崎彰一（1983）「猿投窯の編年について」『愛知県古窯跡群分布調査報告(Ⅲ)』62〜73頁
西　弘海（1982）「紀年木簡と土器の年代」『日本考古学協会　昭和57年度大会資料』。のち、西弘海遺稿集刊行会（1986）『土器様式の成立とその背景』に所収。
平安学園考古学クラブ（1966）『陶邑古窯址群　Ⅰ』
村井康男・村田陽一訳（1954）『F.エンゲルス(1884)家族、私有財産および国家の起源』大月書店

肥筑境における古代須恵器生産の様相について

山田　元樹

1．はじめに

　表題の「肥筑境」の肥は肥後国（熊本県）、筑は筑後国（福岡県南部）を指す。筆者は筑後国の南限、福岡県大牟田市に文化財専門職員として勤務するものである。昭和61年（1986年）からの在職期間中、3件の須恵器窯跡に関わった。うち2件は土木工事中の不時発見による記録作成（勝立・善徳5号窯跡）、並びに開墾地脇に断面が表れていたものの台帳登録に留まるもの（善徳6号窯跡）であったが、残る1件は宅地造成前に敷地外に広がる灰原を除く遺存部分全体の発掘調査を実施することができた（片平窯跡）。

　勝立・善徳5号窯跡の調査報告書を作成した際に、この窯跡を荒尾窯跡群の北縁に位置する一群と捉え、「荒尾窯跡群が最盛期を迎える時期は、北部九州最大の須恵器窯跡群である牛頸窯跡群で生産が終息に向かう時期であり、あるいはその動向を受けて、中部九州に須恵器生産のシフトがあったと想定できないだろうか。」という予察めいた記載をした。そして、「そのように想定した場合、工人や組織、供給先と流通経路などさまざまな課題が派生する。それらを解決するためにより大きな視野で須恵器生産を見直し、かつ荒尾窯跡群の内容がより一層明らかになる必要があると考える。」との課題設定を行っていた〔文献1①〕。

　片平窯跡の調査はそのための良い機会であったが、大牟田ではちょうど三池炭鉱閉山を迎えた時期であり、文化財の仕事も近代化遺産の保存・活用に軸足を置かざるを得なかったため、思うに任せなかった。

　またその後、筆者自身が人事異動により、文化財担当を離れるといった事態も生じた。そのため、片平窯跡の調査報告書は後任の坂井義哉氏、中村渉氏に作ってもらい、筆者の関与は調査経過にかかる部分の執筆のみにとどまった〔文献1②〕。

　今回舟山良一氏からお声を掛けていただいたので、恩返しの意味もあり、

ずっと気に掛けてきたこの課題を、いくらかでも整理しておこうと考えた次第である。しかし、この間、須恵器はおろか、考古学にまつわる専門研究を、全くおろそかにしてきたし、論文らしい論文を数十年も書いておらず、先行研究が適切にフォローできなかったり、関連資料の博捜が不十分であったり、極めて水準の低い（或いは論文の体すらなさない）文章となることをあらかじめお断りしておきたい。

2．先行研究の検討

　今回の筆者の課題認識に関して、まずは先行研究について博捜した上で、それらを評価し、認識に差異があれば適切に批判を加えつつ、新たな視点を提示し、エビデンスを固めながら、自説を立論していくというのが常道と考える。しかしながら、筆者の現在の境遇は、それを十分にこなせるだけの研究環境になく、これまでの蓄積もない。諸事情から、基礎的な文献を含め、考古学関係の書籍を大部分手放してしまっており、資料に関しては、ほぼ外部依存しなければならない。時間をかければ、図書館のネットワークを利用して、相応の資料を収集できるのであるが、今回それだけのいとまを確保する努力が不足していた。

　そのため、今回は、大牟田市が発行した須恵器窯跡に関する発掘調査報告書2冊〔文献1①②〕、荒尾市の文化財調査報告書2冊〔文献2①②〕、荒尾市史関係書籍3冊〔文献3①②③〕、国立歴史民俗博物館研究報告1冊〔文献4〕を基礎資料とし、その他若干の参考資料〔文献5①②〕を利用するものとする。

　先行研究の検討に関しては、結論から述べれば、石木秀啓氏により、上に述べた筆者の課題認識はすべて解決済みである。石木氏は牛頸窯跡群の動向をまとめられた中で、「牛頸窯跡群では八世紀中頃から後半にかけて、大型の窯跡と甕類の出土が認められなくなり、一つの大きな画期としてとらえられる」とし、8世紀後半の事象として「牛頸窯跡群では八世紀後半はなお蓋杯を中心とする小型器種を多量に生産している。また、前代において認められた突帯を持つ長頸壺は、肥後地域の窯跡出土資料に類例がみられ、」と牛頸における生産様相の変容と、肥後地域との関連に言及する。同じく牛頸の動向中、9世紀中頃の項では、「窯跡の数は極めて少ない」中で、石坂E－3号窯跡からの出土遺物のうち「大甕については、二重口

縁を呈し、熊本県荒尾窯跡群などで生産されるものと形態・調整技法が極めて近似している。」ことから「一つの画期としてとらえることができ」、「操業にあたっては肥後から工人の参加があったと考えられる。」と、肥後地域との交流にまで踏み込んで記述している〔文献4〕。

次いで石木氏は、九州各国の須恵器生産の様相を郡単位で分析し、筑後国三毛郡（後の三池郡）に関しては、勝立窯跡群を「地理的には荒尾窯跡群の北辺とされる。」としたうえで、「勝立窯跡群・片平窯跡の出土遺物から肥後国荒尾窯跡群の活動範囲が筑後南部にまで及んでいることは明らか」であると、筆者がかつて善徳5号窯跡の調査報告書で言及した見方を追認されている。それら丁寧な分析に基づくまとめにおいては、「八世紀代の中でも前半代では、筑前牛頸窯跡群における操業が顕著であり、その立地より大宰府の関与が極めて強いと考えられることから、西海道では大宰府中心の須恵器生産体制がとられていたものと考えられる。しかし、八世紀中頃から後半にいたると各国で須恵器生産体制が整えられ、九世紀に入ると肥後国中心の生産体制へ移行することが指摘できる。」「肥後国内の窯跡でも特に荒尾窯跡群の生産量の拡大は顕著であり、」「肥後荒尾窯跡群は国レベルを超えた生産がおこなわれ、生産の中心が肥後国へ移ることは明らかである。」と誠にツボを得た論説を明言される〔文献4〕。

九州全国の須恵器窯業の様相を博覧して、比較検証された成果であり、心からの敬意を表するものである。筆者の当初の課題設定に関して、大きな視点からの分析、研究はすでに完結しているものと評すべきであり、本稿では、地域密着のミクロな視点から、落穂拾い的な考察を目指すこととしたい。

3．大牟田市における須恵器窯跡の調査

大牟田市は福岡県の最南端に位置し、南は熊本県荒尾市と接する。知られた遺跡としては、縄文時代にあっては荒田比貝塚、弥生時代にあっては甕棺墓地の羽山台遺跡、古墳時代にあっては潜塚古墳、黒崎観世音塚古墳、萩ノ尾古墳があるが、特徴的なものとして近代遺跡である三池炭鉱跡（宮原坑跡・専用鉄道敷跡・万田坑跡）が所在し、「明治日本の産業革命遺産」の構成資産として三池港とともに平成27年7月世界文化遺産に登録された。

図1 勝立・善徳5号窯跡周辺主要遺跡(古墳・窯跡)分布図

窯跡(▲印)1勝立・善徳5号窯跡 2善徳1~4号窯跡 3勝立ヒバリヶ丘11号窯跡 4勝立ヒバリヶ丘10号窯跡 5勝立ヒバリヶ丘1~5号窯跡 6勝立ヒバリヶ丘6~9号窯跡 7ハケヤ谷窯跡 8深瀬山窯跡 9朝日ヶ丘窯跡 10外平窯跡 11水洗(御手洗)窯跡 12中障子嶽窯跡 13大谷窯跡 14上川後田窯跡 15南園窯跡 16紅葉谷窯跡 17式島窯跡 18丸山窯跡 19鐙谷窯跡 20カネヅカ窯跡 21権現山窯跡 22タンタン山窯跡 23西の浦窯跡 24栗ヶ浦窯跡 25向日葵窯跡 26皮籠田窯跡 27暁町(古屋敷B)窯跡 28川登窯跡 29フタゴ池窯跡 30八反田窯跡
古墳(●印)31権現堂古墳 32原久保古墳群 33椎木平古墳 34萩尾正原古墳群 35萩ノ尾古墳 36三ノ宮古墳 37別当塚古墳群
※文献1①より転載

図2 片平窯跡周辺主要遺跡分布図

33勝立ヒバリヶ丘窯跡群　34潜塚古墳　35萩ノ尾古墳　36勝立善徳窯跡群　37宅ヶ峰古墳
38権現堂古墳　39駛馬北小学校遺跡　40片平窯跡
※文献1②より転載(一部改変)

　須恵器窯跡は大牟田市域の南東部に集中して分布している。大字勝立という地域に所在することから勝立窯跡群と総称している。「勝立」は「かつだち」が正式な読み方だが、地元でもかったち、かつだち、かつたちなど様々に発音されており、「勝立・善徳5号窯跡」の調査報告書刊行の際も「かつたち」とルビを振ったものである。勝立窯跡群は大きく2つの支群に分かつことができ、それぞれ勝立ヒバリヶ丘窯跡群、勝立善徳窯跡群と名付けている。勝立ヒバリヶ丘窯跡群では13基の窯跡が確認されており、これまでに開発に伴って6基の窯跡が調査されているが、遺憾ながらいずれも未報告である。勝立善徳窯跡群では6基の窯跡を確認しており、うち不時発見のため不十分ながら1基を調査している。
　また、勝立窯跡群からは約3.5km西に離れて所在するのが、片平窯跡である。宅地開発に伴って平成11年10月に発見し、開発計画と照らし合わせると保存できない状況であったので、即座に発掘調査したものである。周辺に他の窯跡の所在は知られておらず、今のところ単独立地ととらえているものである。

（1）勝立善徳5号窯跡

　宅地造成工事中の不時発見のため、窯体の一部を検出し、記録したのみで、焚口部、燃焼部は破壊され、煙道部はもとより遺存しておらず、窯構造の全貌は不明である。

　可能な限りの遺物を採取したが、いずれも甕の破片であった。他の器種を見出さなかったことから、消極的推測ながら、調査時点で甕専焼の窯かと考えたものである。操業時期を推測し得る遺物は、口縁部の小破片1点のみである。これにより、荒尾窯跡群最盛期の奈良時代末～平安時代前期（8世紀後半～9世紀前半）に属し、その中でも新しい段階のものであることが判明した。

図3　勝立・善徳5号窯跡実測図（1/40）※文献1①より転載　　図4　勝立・善徳5号窯跡出土遺物実測図（1/3）※文献1①より転載

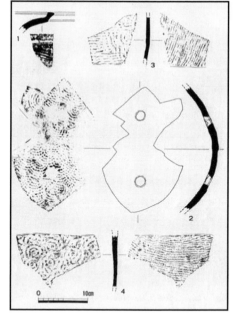

（2）片平窯跡

　宅地開発の事前審査の試掘調査で発見し、緊急に調査したものである。窯の上部はすでに削平され失われていたが、焚口部、燃焼部から焼成部の

図5 片平窯跡実測図　※文献1②より転載

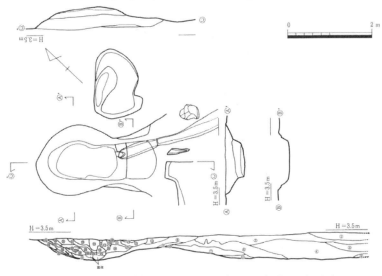

図6 片平窯跡出土遺物実測図　※文献4より転載（一部改変）

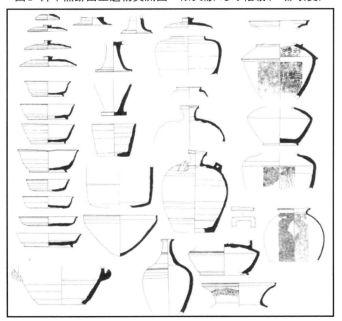

一部までが遺存していた。灰原は調査区の外まで広がっていたため、完掘には至らなかったが、多くの遺物を得ることができた。

遺物には多くの器種が含まれている。蓋杯、高杯、皿、鉄鉢形土器、捏鉢、鉢、壺、平瓶、甕などにわたっており、窯跡に特徴的な遺物である切り抜き円盤も出土した。焼成前に細い工具で刻字された甕の破片も出土している。「之仲可」の三字が認められたが、それに続く文字及び前後の行が失われているのが惜しまれた。

4．荒尾市における窯跡の調査

荒尾市は熊本県の北西の角をなす位置にあり、北は福岡県大牟田市と接する。須恵器窯跡と古代製鉄跡が多数所在することで知られてきたが、大牟田市と同様、三池炭鉱関連の近代遺跡が世界文化遺産に登録されている。

須恵器窯跡は市域北東部に集中して分布している。肥後国では最大の窯跡群であり、荒尾窯跡群と総称され、58遺跡が確認されており、81基以上の窯跡で構成されている。大きく小岱支群、袴嶽支群の二つの支群に分けて捉えられており、小岱支群には28遺跡、40基以上の窯跡、袴嶽支群には30遺跡、41基以上の窯跡が含まれている。うち14遺跡で窯跡25基が調査さ

図7 皮籠田A窯跡
平・断面図
※文献3②より転載

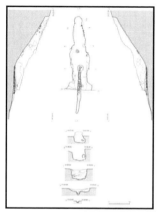

図8 皮籠田B窯跡
平・断面図
※文献3②より転載

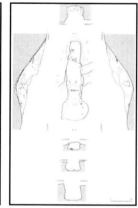

図9 古屋敷B窯跡
平・断面図
※文献3②より転載

図10 皮籠田A窯跡出土須恵器実測図(1)　※文献3②より転載

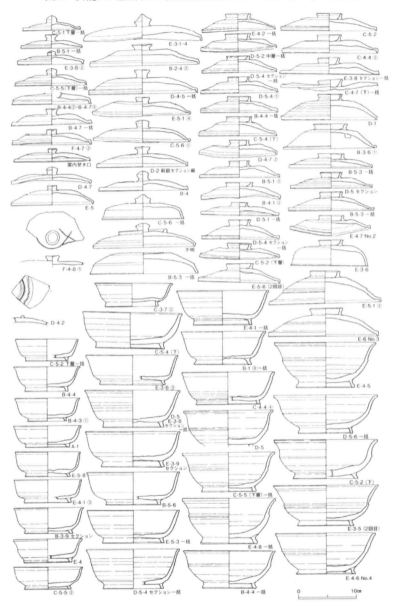

図11 皮籠田A窯跡出土須恵器実測図(2) ※文献3②より転載

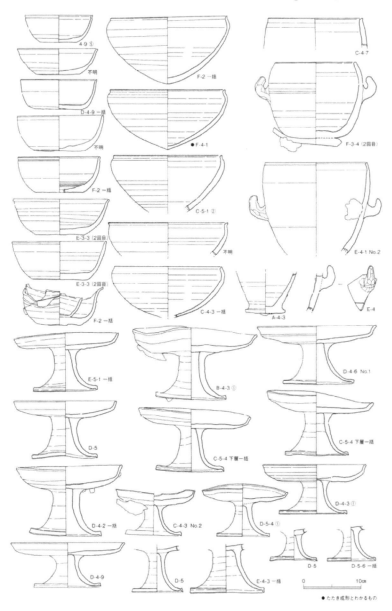

図12 皮籠田A窯跡出土須恵器実測図（3）　※文献3②より転載

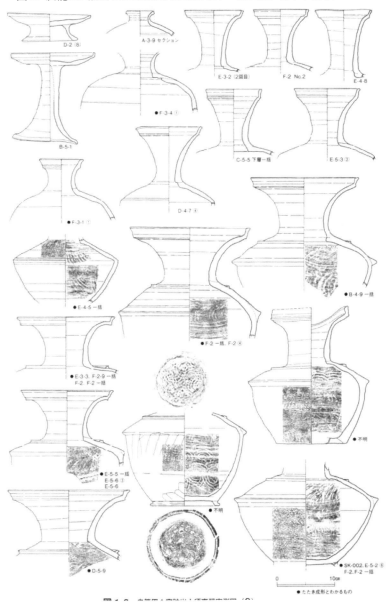

図13 皮籠田A窯跡出土須恵器実測図(4) ※文献3②より転載

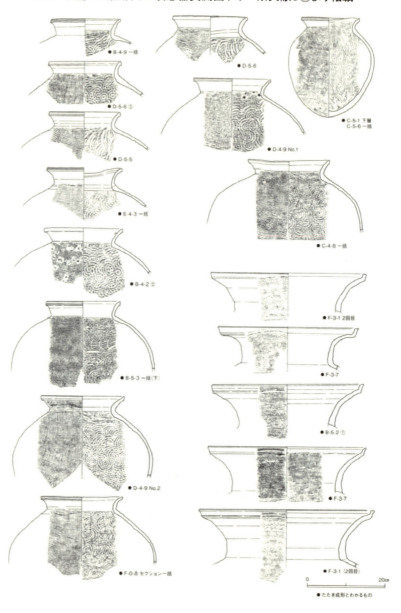

れている〔文献2②〕。

　その中で、皮籠田窯跡、古屋敷窯跡は平成7年（1995年）に宅地造成に先立って、荒尾市教育委員会により発掘調査されている。皮籠田窯跡はA・B二つの窯跡、古屋敷窯跡はB窯跡が調査され、いずれも焚口部、燃焼部から焼成部までが遺存していたものである。

　遺物は多様な器種構成を示しており、蓋杯、高杯、椀、皿、盤、鉢、壺、甕にわたっている〔文献3②〕。

5．8世紀後半における肥筑境の須恵器窯業

　大牟田市内でその内容が判明する片平窯跡、勝立・善徳5号窯跡は、いずれも8世紀後半を中心とする年代観が与えられる。片平窯跡については、調査現場において、シャープな調整手法と鑑したことから、創業期を7世紀末ごろの古相に想定し、8世紀にわたって焼き続けられたものと捉えていたが、遺物整理が進むに及び、全体として8世紀後半の操業にかかるという正確な年代観が明らかとなった。先述したごとく、大牟田市内では勝立地区に窯跡群の大きなかたまりが所在し、勝立窯跡群と呼んでいる。片平窯跡は勝立地区からは離れて立地しており、荒尾からのより直接的な関係も考えられるが、周辺における調査の積み重ねや資料の蓄積がない中で、ここでは便宜上、勝立窯跡群と一連の窯業地と捉えて記述を進める。

　荒尾窯跡群は戦後早い時期から調査が積み重ねられてきた中で、6世紀後半の窯跡や13世紀の窯跡も確認されてはいるが、中心は8世紀〜9世紀であることが明らかにされている。中でも、8世紀後半という時期を荒尾窯跡群の最盛期と捉えるのが、妥当であろう。

　荒尾における須恵器窯業生産の拡大という動向に伴って、大牟田・勝立へも築窯範囲が広げられたとする考え方は、大方の一致するところである。先述の石木氏の論文でも追認されていた〔文献4〕し、荒尾市史通史編で網田龍生氏は「福岡県大牟田市の須恵器窯の製品は荒尾のものとまったく違いはなく、荒尾の工人と同一集団と考えられる。」と、さらに踏み込んで指摘している〔文献3③〕。そうしたときに、新たな課題として石木氏は「しかし（勝立窯跡群は：筆者補注）荒尾窯跡群とは諏訪川を境とし国が異なっており、国を越えた生産活動範囲が設定できることは、三毛郡側に古墳時代

から続くような窯跡があり、それぞれ経営主体が異なるのか、肥後・筑後の国境が現在想定される所とは異なるのか、あるいは国・郡の領域を無視した形で窯が展開するのか検討を要する事項である。」「また、荒尾窯跡群は、一部筑後国南部の三毛郡にまでおよぶという国・郡を越えた操業範囲が考えられる。この地域は弥生時代以来同じ文化圏に当たると考えられ、遺構・遺物についても共通性は認められるものの律令期においても同様に理解してよいか判断がつかない。」と慎重な表現ながら、郡域はおろか、国境をも超えて一つの統制主体のもとに営まれた、一団の窯業体制が敷かれていたであろうことを示唆されている〔文献4〕。

　この課題認識は、荒尾市史で網田氏も「当時の肥後と筑後の国境は諏訪川だったと考えられており、国を越えた生産活動があったのか、異なる経営主体だったのか、あるいは国境そのものが違うのか、その実態は解明できていない。」と記述され、引き継がれている〔文献3③〕。

　大牟田・勝立窯跡群における器種構成並びに各器種の細部にわたる器形の特徴などまで、荒尾窯跡群の遺物と共通するものであり、地理的に荒尾窯跡群の広がりの中に位置づけ得る点とも相まって、勝立で8世紀後半から9世紀に須恵器窯業に従事した人々は「荒尾の工人と同一集団」に属すると考えるのが自然である。吉田政博氏が「肥後国独自の製品であったと考えられる」「凸帯付長頸壺」〔文献6〕が片平窯でも生産されていたこともそうした考えを補強するものというべきである。しかし、その間に現在の県境が引かれ、かつての国境も相似た箇所に想定すべき点が、解釈の複雑さをもたらす。

　石木氏、網田氏が述べられているような多様な解釈の余地がある訳であるが、石木氏が「肥後荒尾窯跡群は国レベルを越えた生産が行われ」とされ〔文献4〕、網田氏が「荒尾の須恵器工人が作る壺・甕が肥後国内ばかりではなく九州の主体となっていたといえるようである」とされる〔文献3③〕ように、単に築窯範囲が国境を越えるというだけでなく、存在自体が肥後国のレベルを越えていることを考察されている。石木氏が牛頸窯跡群の須恵器生産体制を検討される中で「大宰府による須恵器生産政策」の存在と、その政策の下での「地域間分業」という考えを提唱されたことを演繹していけば、荒尾の須恵器生産も大宰府の政策下に置かれていたとすることができよう。そう解釈すれば、国境を越える窯業地の広がりは、何ら不自然

な現象ではないことになる。逆に言えば、荒尾窯跡群が国境を越えて築窯場所を選定できていることこそ、大宰府の須恵器生産政策の存在を傍証する現象と見なし得ることにもなろう。

6．まとめ

　今回特に新たな資料の提示もせず、新たな考え方の提案にも至らず、ひたすら先学諸氏の論及されたところをなぞるだけに終始した。
　筆者の当初の課題認識の中には、牛頸窯跡群から荒尾窯跡群への須恵器生産中心の移動という観点があり、そのためには、牛頸から荒尾への技術移転ないし技術継承といったことが認められなければならないが、肥後独特の器形が展開されるなど、その考え自体否定すべきものであることが理解できた。
　寧ろ、後の段階である9世紀には、荒尾の工人が牛頸での窯業に関与したと考えられる事例が見いだされており、荒尾の独自性と優位性に関わる時期的変遷といったことに思いをはせる必要があることが分かった。
　少なくとも9世紀には九州における須恵器生産の中心が牛頸地域から荒尾に移っているが、その要因として、燃料となる森林資源の枯渇を予察したが、網田氏は荒尾市史で「古代須恵器生産の終焉の要因は、他地域・他国と同様、須恵器への需要が失われたことはもちろんであるが、大規模な操業であったがゆえに燃料資源の枯渇も要因の一つであった可能性がある。」と述べられ〔文献3③〕ており、須恵器窯業の維持における森林資源の重要性の観点では共通する見方を示されたものと考える。8世紀後半における荒尾窯跡群の勝立への展開の背景にも、燃料を追っての行動パターンがあった可能性は考え得るところであろう。この考えを証明するには、花粉分析等の手法を駆使して、当時の森林における樹木の粗密の時期的変遷を明らかにしていくような研究の積み重ねが必要であろうが、今のところ、見通しは立たない。
　いずれにしても、漠然と考えていた勝立窯跡群の状況に対して具体的な言及ができるようになってきたのも、主には片平窯跡の調査報告書が刊行できたからに他ならない。今捉えている大勢が変更されることはないであろうが、少なくとも、勝立ヒバリヶ丘窯跡群で発掘調査された6基の窯跡

の調査記録をまとめ、遺物を整理して、報告書を刊行することにより、より確実な当地における須恵器窯業の様相の把握、解明を進めなければならない。

　冒頭でお断りしたごとく、筆者は長らく、まともな考古学研究の世界からは離れていたため、本稿はリハビリ的な執筆にとどまり、最新の調査成果、研究成果を反映しない、無用の駄文となったことをお詫びする。せめて、関係諸氏に教えを乞い、生資料の拝見を依頼するなどの努力を払えば、いくらかでもまともな文章となったかもしれないが、それも行い得ていない。したがって、事実誤認や、失礼な論及があったとすれば、それはすべて筆者が一身に負うものであり、厳しいご批判、ご叱正をお願いする次第である。

〔文献〕
1 ①山田元樹（1994）『久福木・立山遺跡Ⅲ　勝立・善徳5号窯跡』大牟田市文化財調査報告書第44集
　②坂井義哉・山田元樹・中村渉（2004）『片平窯跡』大牟田市文化財調査報告書第58集
2 ①松本健郎（1982）「第Ⅱ章埋蔵文化財・考古資料　5．歴史時代（2）窯跡（須恵器窯跡・瓦窯跡）」『荒尾市の文化財（Ⅰ）』荒尾市文化財調査報告第6集
　②勢田廣行（2000）『宮内南遺跡、芋尾遺跡、日焼遺跡、北屋形山遺跡』荒尾市文化財調査報告書第11集
3 ①網田龍生・勢田廣行・美濃口雅朗（2003）「Ⅶ考古　五須恵器生産遺跡」『荒尾の文化遺産　荒尾市史別編一』
　②網田龍生（2009）「一考古資料　皮籠田A・B窯跡、古屋敷B窯跡」『荒尾市史　前近代資史料集』
　③網田龍生（2012）「第一編海と山にいだかれて　第六章荒尾地域の須恵器と鉄の生産　第一節古代の須恵器生産」『荒尾市史　通史編』
4 石木秀啓（2007）「牛頸窯跡群と九州の須恵器生産体制　八世紀以降を中心として」『国立歴史民俗博物館研究報告』第134集
5 ①坂本経堯（1979）『肥後上代文化の研究』肥後上代文化研究所、肥後考古学会
　②松本・勢田（1980）『生産遺跡基本調査報告書Ⅱ』熊本県文化財調査報告第48集
6 吉田政博（2000）「附論1　凸帯付長頸壺の研究」『宮内南遺跡、芋尾遺跡、日焼遺跡、北屋形山遺跡』荒尾市文化財調査報告書第11集

須恵器の消費動向と流通に関する試論
―古墳時代中期の北部九州を中心に―

市来　真澄

1．はじめに

　消費地で出土する須恵器はどこで生産されたものか。生産地である窯跡の調査や研究が進められている須恵器であるが、消費地で出土する須恵器の生産地を把握することは容易ではない。とくに消費地へ運ばれた須恵器は、たとえば「陶邑（窯）系」などの系統という、少し不確かな部分を含んだ認識で捉えられることが多く、流通の実態を把握するのは容易でない。

　本稿では、比較的製品の特徴を把握しやすい山隈窯跡群・小隈窯跡群[1]出土の初期須恵器を手がかりに、須恵器生産がはじまった頃の消費状況について考えてみたい。具体的には、福岡市所在の吉武遺跡群での山隈窯跡群・小隈窯跡群産須恵器の出土状況を把握し、それがどのように変遷するのか見てみたい。

2．研究方法

　本稿では、次の①～⑤の順に研究を進めていく。分析する遺物は須恵器が中心であるが、なかには朝鮮半島製の陶質土器との区別が難しいものもあることから、須恵器と陶質土器の可能性を含む一群は「陶質の土器」とする。

　①山隈窯跡群（以下、「山隈」）・小隈窯跡群（以下、「小隈」）出土須恵器の特徴を整理して、特徴を把握する。②山隈・小隈出土須恵器を含む良好な資料がいくつかの遺構で確認されている吉武遺跡群出土陶質の土器を観察する。③山隈・小隈産須恵器を抽出する。④山隈・小隈として抽出されなかった陶質の土器を含めた構成を遺構ごとに調べる。⑤④を参考に須恵器の消費や流通がどのように変遷していくかを見ていく。

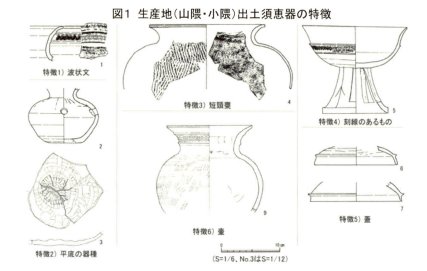

図1 生産地(山隈・小隈)出土須恵器の特徴

3．山隈窯跡群と小隈窯跡群出土須恵器の特徴について

　山隈では、甕・壺・有蓋高杯・無蓋高杯・器台・ハソウ・樽型ハソウ・甑・手づくね把手付小壺・ジョッキ型土器が報告され、甕が最も多いとされている（大西・中園編1990）。このなかで、特徴的な点について整理しておきたい*2（図1）。

　特徴1）　壺や高杯形器台に描かれた波状文は視覚的にわかりやすい特徴である。同じ頃に操業していた陶邑の須恵器に描かれた波状文に比べると、条線の溝が深く、轆轤等の回転を利用せずに描いたような様相、さらに条線数が4～5本と比較的少ない特徴を持つ。

　特徴2）　ハソウと大甕の底部が平底である点。平底のものは、他にも陶邑TG232号窯灰原跡でも出土しているため厳密には山隈のみの特徴ではないが、その製作技法に特徴がある。大甕の底部内面に粘土が波打つようなシワが一周している状態（「シボリ様痕跡」）を見ることができる。これは底部となる円盤を作る過程で形成されたもので、山隈の特徴と考えている（市来2014）。これと同様の痕跡は壺形ハソウの底部でも観察できることから、平底製作技法は山隈のなかで共有されていたと考えている。

図2 SK109出土陶質の土器

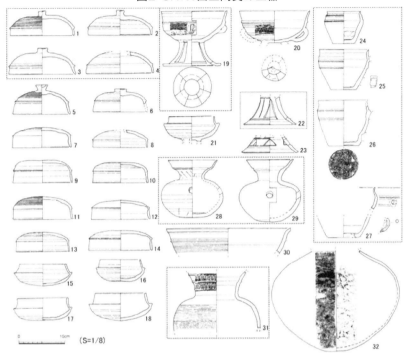

 特徴3）短く、強く湾曲する頸部、球胴形の体部で外面には粗めの平行タタキ痕、薄く作られた特徴をもつ甕。同様の特徴をもつものが小隈からも出土しており、この器形は2窯のつながりを示すものであると考えている（市来2015）。
 特徴4）無蓋高杯や壺形ハソウに見られる刻線。無蓋高杯の脚部には上向きの矢印を貫いたような印が刻まれている。よく観察すると、非常に細い線で刻まれており、金属製の工具によるものと考えられる。これは壺形ハソウの肩部から胴部にかけても数本見られ、文様というよりも目印のようである。このような刻線をもつものは山隈以外でも確認されていることが報告されており（中村1993）、たとえばそれを使用する集団を示すような、何か意図があって付けられたものであると考えている。
 特徴5）口縁部が短く、天井部との境には強くつまみ出した稜がめぐる

蓋。破片資料のため全体の形がわからないが、おそらく天井部は丸くなり、施文の可能性は低い。

　特徴6）小隈では壷1点、甕2点が出土している。このうち壷が特徴的である。特徴1としてあげた波状文をもち、肩部から胴部まで粗めの平行タタキ痕が残り、さらに肩部ではその上から粗い目のハケ状工具で大雑把にヨコナデされており、山隈では見られない。

　以上、6点の特徴について説明したが、次では、これをもとに消費地で出土する山隈・小隈産須恵器の状況を見てみたい。

4．消費地における山隈・小隈産須恵器の出土状況について

　福岡市早良平野に位置する吉武遺跡群は、後期旧石器から近世まで続く拠点遺跡と報告されており（横山編2006）、古墳時代中期の遺構としては住居跡、古墳、土壙、溝状遺構などが数多く確認されている。ここでは多くの須恵器と陶質土器の出土が報告されている。

　山隈・小隈産須恵器の消費状況を把握するために、まず、多様な陶質の土器を出土したSK109の状況を見てみたい。

　SK109は不整形の土壙で、ここから出土した陶質の土器の器種は、蓋・杯蓋・杯身・把手付椀・高杯形器台・有蓋高杯・把手付無蓋高杯・壺形ハソウ・壺である（図2）。また、土師器では椀・高杯・蓋・甕、韓国の軟質土器甕が出土し、多様である。ここでは特徴1、2、4、5、6が確認

図3　灰白色の胎土、淡緑色の釉をもつ陶質の土器

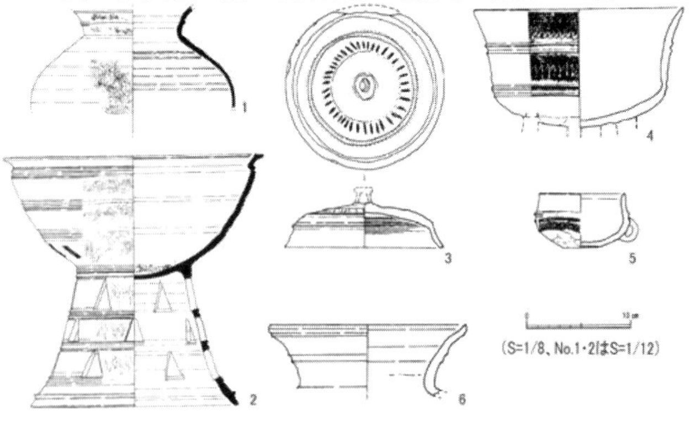

できる。特徴1が見られるのは図2-31で、これは特徴6も見られる。特徴2が見られるのは図2-28で平底を呈し、底部内面にはシボリ様痕跡が見られる。また、図2-24・26・27の把手付椀の底部内面にもシボリ様痕跡が見られる。特徴4が見られるのは図2-22で、高杯脚部の透孔間に「|」状の刻線が残る。また図2-19にはナデ消された刻線が確認できる。特徴5が見られるのは、図2-1～4である。山隈の資料が破片のため全体的な形態で判断することはできないが、口縁部が短く、丸みのある天井部に加えて精緻な胎土である点が共通している。

　以上が山隈・小隈産の可能性がある須恵器であるが（図2の□枠内）、これ以外の陶質の土器はどこからやってきたものか。図2-25・29は山隈・小隈産に類似する特徴をもつが、決め手を欠く。図2-5～18の蓋杯は陶邑系の形態で、図2-32の甕は外面に細かい平行タタキ痕が残り、球胴形を呈し、陶邑窯で類似するものが出土している。図2-20の胎土は灰白色で、炭のような粒子を含んでいる。このような胎土をもつものに吉武遺跡群S群28号墳の高杯形器台と壷のセットがある（図3-1,2）。これらは一見すると釉が器面にかかっているため淡緑色であるが、胎土は図2-20と同じであり、これも杯部内面のみであるが自然釉がかかる。また、I・J-11・12SD01出土の図3-3～6も同様である。これらの形態は、山隈・小隈では見られない。とくに図3-4の台付把手付椀やS群28号墳の高杯形器台は日本列島内の生産地では確認されていない形態で、これらは陶質土器、あるいは渡来して間もない工人が関わった未知の窯で生産されたものと考える。

　以上、SK109の様子を細かく見てきたが「山隈・小隈産」、「陶邑系」、「陶質土器あるいは陶質土器と近縁のもの」の少なくとも3種類の陶質の土器の存在がうかがえる。この他に図2-30の高杯形器台、図2-23の脚部片、図2-21の高杯は産地を推定する手がかりを見つけることができないが、SK109出土の陶質の土器の多様さを表している。また、これらの時期についても大きな時間差はないものと考えている。蓋の様相が異なるのは時間差ではなく生産地の違いによるものと考え、図2-31を参考にすると（池の上・古寺）2式（市来2006）*3に該当し、実年代では4世紀末～5世紀初頭にあたるセットと考える。SK109では、山隈・小隈の製品が他の複数の産地のものと一群を構成している点が特徴である。

5．SK109の観察から抽出した陶質の土器のグループについて

SK109の状況から、(池の上・古寺) 2 式期には、山隈・小隈産のAグループ、陶邑産あるいは陶邑系統の技術をひく*4Bグループ、陶質土器あるいは陶質土器と近縁のCグループの3グループの存在が確認できる(表1)。

表1 各グループの特徴

グループ	注目する特徴
A	波状文、シボリ様痕跡、甕、刻線、蓋、壺
B	蓋杯、端正なつくりの須恵器
C	灰白色の胎土、淡緑色の釉、縄蓆文
D	厚みがあり、胎土が精緻、器面の色調が灰～灰黒

Aグループは山隈・小隈産あるいは山隈・小隈系の須恵器である。Aグループの特徴についてはすでに述べているので、ここではB、Cグループについて説明したい。

Bグループ：陶邑産あるいは陶邑系の須恵器である。陶邑出土品と類似するものが対象となるが、陶邑では蓋杯の原形と思われるもの*5から定型化したものまでを生産しているため、とくに蓋杯に注目する。また、吉武遺跡群出土陶質の土器を概観すると、整った形態の須恵器がある程度存在する。たとえば、壺や甕の破片のうち体部まで残るものは整った球胴形を呈し、波状文が描かれるものはほとんど乱れることなく一周し、口縁部や頸部の突帯も整い、細部にいたるまで端正なつくりのものである。このような須恵器はほぼ同じような形をしているため、製作工程が統制された組織下で管理されていることを思わせる。つまり、早い段階から細かな生産体制を整備し得た生産地という視点からも陶邑、またはその関与の可能性を考えている。

Cグループは陶質土器あるいは陶質土器と近縁のものである。SK109で出土している胎土が灰白色で緑色の釉がかかるもののように日本列島の生産地で類似品が見られないものはこのグループに含む。他に縄蓆文の残るものなど、陶質土器でなくても近縁のものまで含まれる。

また、吉武遺跡群の陶質の土器を観察すると、グループにできなかったが異なる様相を持つ陶質の土器がいくつか見られるので説明しておきたい。有蓋高杯のうち厚みのある器壁で重量感があり、器面の色調が灰色～暗灰色のもの*6で、山隈の特徴5と共通する点を持つが山隈系にするには決

め手を欠くもの。数点のみの確認でグループとして成立するほどではないが、土師器を模倣した形態のものが出土している*7。また、不慣れなつくりの須恵器*8などがあげられる。

以上のように、吉武遺跡群の多様な陶質の土器から抽出したA：山隈・小隈産と山隈・小隈系、B：陶邑産と陶邑系、C：陶質土器と陶質土器系の各グループが、どのような関係であるのか。次では、グループの関係性に注目して陶質の土器の様相を見てみたい。

6．各グループの関係から見た消費状況について

A～Cグループの消費状況について、それぞれの関係に注意しながら把握したい。そのために、まず、時間的に異なる遺物の混入が少ない遺構*9で、陶質の土器がまとまって出土しているSK201、SK75を取り上げて様子を見ていきたい。

図4 SK201出土の陶質の土器

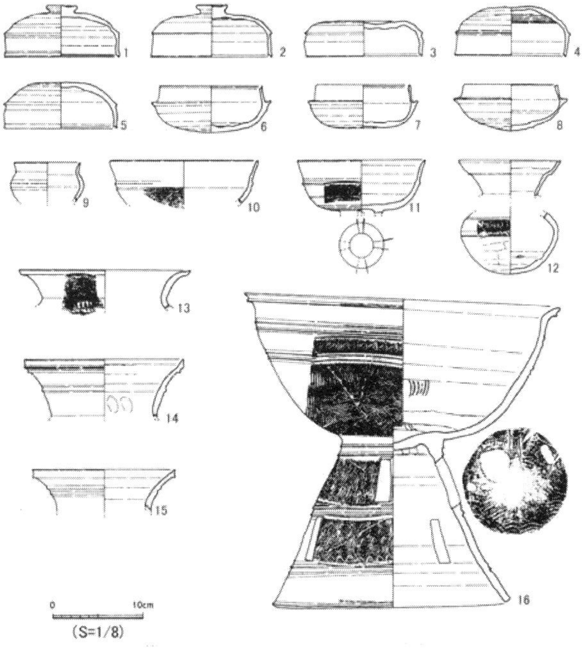

表2 各グループの数量比較

遺構名	Aグループ	Bグループ	Cグループ	判別難	合計 ※報告書掲載分のみ	備考
SK109	13	15	1	3	32	(池の上・古寺)2式
SK201	2	10	1	3	16	5世紀中～後半
SK75	0	35	0	1	36	5世紀後半(図5-17,37～39は時期異なる)

　SK201は不整形の土坑で、ここからは5世紀中～後半頃の蓋・蓋杯・高杯・碗・小壺あるいはハソウ・壺・高杯形器台が出土している（図4）。蓋・蓋杯・小壺あるいは壺形ハソウはBグループ、図4-13は頸部の短さや頸部と体部の境に粗めの平行タタキ痕が残ること、口縁端部形態から特徴3に類似するものと考えAグループに、Bグループの可能性もあるが胎土の色調や含有物、釉の色調からCグループと思われる図4-14がある。このように、SK201ではA～Cグループが見られるが、SK109と異なる点はA

図5 SK75出土陶質の土器

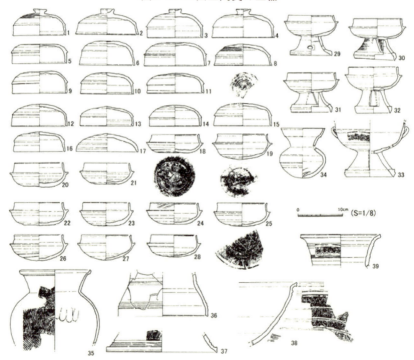

グループの数や器種数が少ないことである（表2）。

次にSK75であるが、これも不整形の土坑で、ここからは蓋・蓋杯・高杯・壺・小壺あるいはハソウ・高杯形器台が出土している（図5）。図5-17、37～39は他と比較すると時期が異なるので本検討からは外し[10]、それ以外を見てみると、有蓋高杯は陶邑TK23号窯跡または陶邑TK47号窯跡出土品に類似することからBグループに分類できる。蓋・把手付高杯・蓋杯・小壺あるいはハソウについても陶邑産あるいは陶邑系の技術を引いていることからBグループに分類する。また、これら蓋杯はほぼ同形であることから、同時に運ばれてまとめて消費されたことが考えられ、当時の流通と消費の一端をうかがうことができる。

以上の分析から、AグループとBグループで構成されるなかに少量のCグループや他の産地のものを含む多様な土器様相のSK109、A～Cグループを持つがBグループが主体のSK201、Bグループが占めるSK75、と3つの様相が見られ、SK109→SK201→SK75と新しくなるので、様相の違いは時間差を表している可能性がある。

7．須恵器の消費動向と流通

まず、SK109→SK201→SK75の様相変化から消費の動向を復元してみたい。4世紀末～5世紀初頭の陶質の土器は山隈や小隈など地元で生産されるものと陶邑系須恵器で構成されるなかに陶質土器や未知の窯で作られた可能性のあるものが含まれることから3ヶ所以上の生産地から供給していた。5世紀中～後半頃になると山隈・小隈の系譜をひくもの、また陶質土器の系譜をひくものとセットになりながらも陶邑産・陶邑系須恵器が主体となりはじめる。さらに5世紀後半になると陶邑産・陶邑系須恵器がほとんどを占める内容となる。ただし、小隈では採集資料から蓋杯などの陶邑系のものを生産した可能性がうかがえ、Bグループに含めたものの中には小隈産[11]を含む可能性もあるが、陶邑系統のものが占める割合が多くなることから、グループが単純化していく様子がうかがえる。また、SK109、SK201、SK75はいずれも高杯形器台を出土していることから、同様の性格をもつ土坑であると仮定すると、これらを使用する場面で使われた須恵器の入手先に言及することができる。つまり、陶質の土器を構成するグ

ループの単純化は、供給元の単純化を示しており、これに伴い流通のあり方も単純化していったことが考えられる。

　この背景について、若干考察してみたい。SK109での状況を分析すると、ここで多く見られた陶邑系須恵器の器種は蓋杯であり、SK109の段階における山隈・小隈では蓋杯の生産がうかがえる資料が希薄であることから、陶邑系須恵器でそれを補った可能性が考えられる。それを傍証するかのように、SK109より古い（池の上・古寺）1式期より陶質の土器を副葬している山隈・小隈産の代表的な消費地である池の上墳墓群や古寺墳墓群の各墓壙に副葬されていた陶質の土器に蓋杯はなく、陶邑あるいは陶邑系須恵器は見られない。つまり、陶質の土器を使用しはじめた頃は消費者側の慣習に合わせて必要なものを近隣で生産し消費する消費者主体の消費から、陶邑産・陶邑系の広がりが示すように、生産者の背景にある集団も含めた生産側の働きかけが幾分か含まれる受動的な消費に次第に変化していく様子を表していると考えられる。

8．おわりに

　今回、吉武遺跡群での事例を取り上げ、山隈・小隈産初期須恵器の消費のあり方を手がかりとして消費状況を見てきた。陶質の土器の組成が多様な内容から単純化していく消費動向は、消費の要因が消費側主体から受動的な消費に変化したことにあると考えた。これまで生産地を中心に研究が進められてきた須恵器生産の地方拡散は、このような消費動向とその拡大と関係しているのかもしれない。今回は、吉武遺跡群の状況を事例として導き出したが、他の遺跡でも同様のことがうかがえるかの確認も含めて、あらためて生産地と消費地の両面から須恵器のあり方について考える機会をもうけたい。

　中村浩先生が古希をお迎えになりましたこと、心よりお慶び申し上げます。今回取り組んだ消費地に注目した研究視点の重要性は、先生の御論考を拝読するなかで学んだところが大きいです。
　末筆ながら、本稿を成すにあたり、多数の資料見学にもかかわらず存分に調査させてくださり、また図版の使用をご許可くださった福岡市埋蔵文

化財センターや同職員の阿部泰之氏、今井隆博氏に心から感謝いたします。

＊註
1　山隈と小隈は、八並窯跡群を加えて朝倉窯跡群として知られているが、本稿では、各窯跡群の須恵器がどのように消費地で出土しているのかを把握するために、個別に扱っている。
2　山隈窯跡群出土の須恵器の時期については、報告されている壺・甕の口縁部を見ると丸く、あるいは四角くシンプルに作る形態が多いことから、初期須恵器の範囲におさまるものと考えている。
3　市来2006において、（池の上・古寺）1式は4世紀後半から5世紀中葉、（池の上・古寺）2式は4世紀末から5世紀初頭、（池の上・古寺）3式は陶邑田辺氏編年TK208型式併行期と設定した。
4　小隈では一帯から陶邑産のものと類似する形態の杯蓋が採集されているが、ここでは小隈で生産していた場合のものも含む。
5　いわゆる土釜形と呼ばれているものを指す。
6　横山編2006で報告のⅠ・J-11・12 SD01出土（49頁,Fig.37,06404番）や、5号水路SD02（53頁,Fig.41,06571番）、横山編2003で報告のS群27号墳周溝（108頁,Fig.100,1〜7番）がこれにあたる。
7　山崎編1986で報告のSD05出土遺物（報告書79頁,Fig.57,268・269番）がこれにあたる。
8　横山編2006で報告のSE01出土大甕（52頁,Fig.40,06668番）がこれにあたる。
9　たとえば土坑や住居跡などのことで、流路や溝など機能的に流動する可能性があり、比較的長期間にわたり使用された可能性のある遺構を外す。
10　図5-17は古墳時代後期、図5-38の類似品を出土した陶邑ON2号窯跡は樽型ハソウが出土しているので初期須恵器の範囲、図5-37の脚端部の形態、図5-39は口縁端部がシンプルなつくりであることから同じく初期須恵器の範囲が考えられる。
11　小隈窯跡群周辺では、蓋杯をはじめとする陶邑系の須恵器が採集されていることから、生産開始したのちのある時点で陶邑系の影響を受けた可能性が考えられる。

【引用・参考文献】
市来真澄（2006）「朝倉窯系須恵器の再検討」『Archaeology from the South』鹿児島大学考古学研究室25周年記念論集　鹿児島大学考古学研究室25周年記念論集刊行会、117〜126頁

市来真澄（2014）「大甕底部の制作技法と工程の一例—山隈窯跡群出土の大甕底部片について—」『韓式系土器研究』ⅩⅢ　韓式系土器研究会、63〜75頁

市来真澄（2015）「小隈窯跡の基礎的研究」『Archaeology From the South3』本田道輝先生退職記念論文集本田道輝先生退職記念事業会、207〜217頁

大西智和・中園聡（編）（1990）「山隈窯跡群の調査-福岡県朝倉郡三輪町所在の初期須恵器窯跡群-」『九州考古学』第65号、九州考古学会、49〜86頁

中村　勝（1993）「筑紫における刻線を有する須恵器と土師器」『古文化談叢』第30集（上）古文化談叢発刊20周年小田富士夫代表還暦記念論集（Ⅰ）九州古文化研究会、45〜62頁

・報告書　※紙幅により図版や報告文を使用した報告書のみ明記

山崎龍雄（編）（1986）『吉武遺跡群』Ⅰ　福岡市埋蔵文化財調査報告書第127集、福岡市教育委員会

横山邦継（編）（2003）『吉武遺跡群』ⅩⅤ　福岡市埋蔵文化財調査報告書第775集、福岡市教育委員会

加藤良彦（編）（2005）『吉武遺跡群』ⅩⅦ　福岡市埋蔵文化財調査報告書第864集、福岡市教育委員会

横山邦継（編）（2006）『吉武遺跡群』ⅩⅧ　福岡市埋蔵文化財調査報告書第911集、福岡市教育委員会

福岡市教育委員会（2008）『吉武遺跡群』ⅩⅩ　福岡市埋蔵文化財調査報告書第1018集

〈図版出典〉
図1：1,2,4〜7大西・中園編1990より転載　3,9筆者実測
図2：1〜32横山編2006より転載（福岡市埋蔵文化財センター所蔵）
図3：1,2福岡市教育委員会編2008より転載　3〜6横山編2006より転載（福岡市埋蔵文化財センター所蔵）
図4：1〜16加藤編2005より転載（福岡市埋蔵文化財センター所蔵）
図5：1〜39加藤編2005より転載（福岡市埋蔵文化財センター所蔵）
表1：筆者作成
表2：筆者作成

牛頸窯跡群出土のヘラ書き須恵器について

石木 秀啓

1．はじめに

　1988年、大谷女子大学中村浩教授により発掘調査が行われた牛頸ハセムシ窯跡群12地区において、ヘラ書き須恵器が出土した。文字は、大甕の頸部外面に国・郡・里名、人名、調納物名、量、年が書かれており、『延喜式』における貢納規定に合致するものであった。以来、様々な側面から研究が行われており、また発掘調査により新しいヘラ書き資料の出土も増えている。ここでは、牛頸窯跡群出土ヘラ書き資料を取り上げ、その意義について明らかにしていきたい。

2．ヘラ書き須恵器の概観

　牛頸窯跡群内で出土したヘラ書き須恵器については、別表のとおり44点が挙げられる。以下では、時期ごとにヘラ書きの記載内容について整理していく。
（1）7世紀前半代
　まず、本堂遺跡第7次調査谷部C区出土大甕(1)が該当する。「大神部見乃官」と大甕頸部外面に横向きに書かれており、前後の状況から見て文章として完結している。その意義については既に述べたことがあるが、牛頸窯と大神部の関係を示す最も遡る資料として注目される。
　また、惣利西遺跡2号住居跡(41)からは、凸面に「西北方角一」とヘラ書きされた玉縁付丸瓦が出土している。広端部を上位にしてヘラ書きされており、瓦を葺く位置を表すと報告されている。
（2）7世紀後半代
　このころより、ヘラ書き資料が増加する。本堂遺跡第7次調査谷部B区出土盤(2)は、底部外面に「瓦カ？」とされる文字が書かれる。また、塚原遺跡SK13(26)とP776(27)からは、「五」とヘラ書きされる杯蓋が出土している。これらは、いずれも一文字のみである。

表1 牛頸窯跡出土ヘラ書き須恵器一覧表（2016年3月現在）

No.	出土遺跡	時期	器種	ヘラ書き内容	文字位置	文字方向	文献
1	本堂遺跡7次調査谷部C区	7世紀前半～中頃	大甕	大神部見乃官	頸部外面	横向き	大野城市文化財調査報告書第81集
2	本堂遺跡7次調査谷部B区	7世紀後半？	盤	瓦ヵ？	底部外面		
3	ハセムシ窯跡群12地区灰原	8世紀前半	大甕	筑紫前国奈司郡／手束里大神郡得身／…□□／[　]／□[　]／井三人／調大　一隻和銅六年	頸部外面	縦書き	
4	ハセムシ窯跡群12地区灰原	8世紀前半	大甕	筑前国奈司／郡手東里／[]□[]□呂／[　]平万呂／[　]□三人奉／[　]一隻／[　]年ヵ	頸部外面	縦書き	
5	ハセムシ窯跡群12地区灰原	8世紀前半	大甕	□大神君百江／大神部麻呂／内桁人万呂／□井ヵ？三人奉／大　一隻和銅六年	頸部外面	縦書き	
6	ハセムシ窯跡群12地区灰原	8世紀前半	大甕	仲郡手[　]□[　]呂ヵ？	頸部外面	横向き	
7	ハセムシ窯跡群12地区灰原	8世紀前半	大甕	[　]年調大　一[　]	頸部外面	縦書き	
8	ハセムシ窯跡群12地区灰原	8世紀前半	大甕	□奉調大　一隻	頸部外面	縦書き	
9	ハセムシ窯跡群12地区灰原	8世紀前半	大甕	[　]国奈可郡／[　]東里	頸部外面	縦書き	大野城市文化財調査報告書第30集
10	ハセムシ窯跡群12地区灰原	8世紀前半	大甕	筑前国奈□／手束里人／大神君百江	頸部外面	縦書き	
11	ハセムシ窯跡群12地区灰原	8世紀前半	大甕	調	頸部外面	縦書き	
12	ハセムシ窯跡群12地区灰原	8世紀前半	大甕	[　]□／[　]呂／[　]奉／[　]年	頸部外面	縦書き	
13	ハセムシ窯跡群12地区灰原	8世紀前半	杯蓋	大田ヵ？	天井部外面		
14	ハセムシ窯跡群12地区灰原	不明	杯蓋	大田ヵ？	天井部外面		
15	ハセムシ窯跡群6地区灰原	不明	不明	夫	不明		
16	ハセムシ窯跡群6地区灰原	不明	杯蓋	夫	天井部外面		
17	ハセムシ窯跡群6地区灰原	不明	杯蓋	夫	天井部外面		
18	ハセムシ窯跡群6地区灰原	不明	杯身	□	底部外面		
19	ハセムシ窯跡群6地区灰原	不明	杯身	□	底部外面		
20	ハセムシ窯跡群6地区灰原	7世紀前半	杯身	定	底部外面		
21	ハセムシ窯跡群6地区灰原	8世紀前半	杯身	定	底部外面		
22	ハセムシ窯跡群6地区灰原	不明	不明？	大	不明		
23	ハセムシ窯跡群6地区灰原	7世紀後半	杯蓋	□	天井部外面		
24	ハセムシ窯跡群6地区灰原	不明	杯蓋	□	天井部外面		
25	ハセムシ窯跡群6地区灰原	不明	不明	□	不明		
26	塚原遺跡群SK13	7世紀後半	杯蓋	五	天井部外面		
27	塚原遺跡群P776	7世紀後半	杯蓋	五	天井部外面		
28	塚原遺跡群SK12	8世紀前半	杯	大	底部内面		
29	塚原遺跡群SK12	8世紀前半	皿	大	底部内面		
30	塚原遺跡群SK09	8世紀後半	皿	□定	底部内面		
31	塚原遺跡群SK07	8世紀前半	平瓶	大	外面		
32	塚原遺跡群横03	不明	鉢？	不明	外面		大野城市文化財調査報告書第81集
33	塚原遺跡睦擬乱構	8世紀前半	鉢？	[　]郡手[　]／[　]押坂[　]／[　]七年[　]	外面		
34	塚原遺跡群遺物包含層	8世紀前半	大甕	[　]束ヵ？里大神部得身ヵ？	頸部内面	横向き	
35	宮ノ本4号窯跡灰原	7世紀後半	高杯	已止□	杯部内面		太宰府市の文化財第19集
36	宮ノ本4号窯跡灰原	7世紀後半	高杯	已止次(比)止(□四丑巳)	杯部内面		
37	日焼遺跡2次SF025	不明	杯蓋	已	天井部外面		太宰府市の文化財第100集
38	日焼遺跡第2次SX085	不明	杯蓋	奉ヵ？	天井部外面		
39	京ノ尾遺跡6次SX008黒灰色土層	不明	杯蓋	已	天井部外面		太宰府市の文化財第85集
40	九州大学筑紫キャンパス内遺跡群表採	不明	大甕	[　]幹郡手[　]	頸部内面	横向き	九州大学埋蔵文化財調査報告第三回
41	惣利西遺跡2号住居跡	7世紀前半	丸瓦	西北方角一	凸面		春日市文化財調査報告書第15集
42	井手A-3地区4号窯跡	8世紀前半	大甕	那□	頸部内面	横向き	福岡県文化財調査報告書第80・89集
43	井手A-3地区4号窯跡	8世紀前半	大甕	那[　]	頸部内面	横向き	
44	井手A-3地区4号窯跡	8世紀前半	大甕	那幹郡[　]大神部□□養ヵ	頸部内面	横向き	

図1 牛頸窯跡出土ヘラ書き須恵器(7世紀前半代)(S=1/6)
(番号は一覧表と一致する)

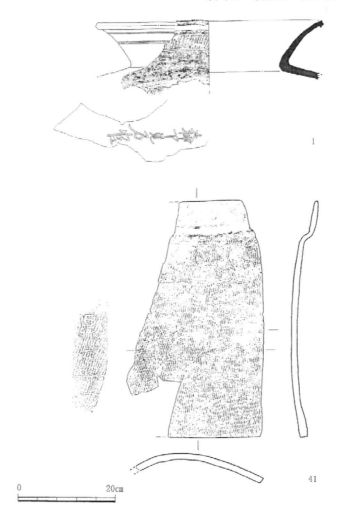

図2 牛頸窯跡出土ヘラ書き須恵器(7世紀後半代)(S=1/6)
（番号は一覧表と一致する）

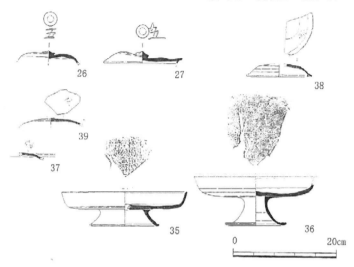

　宮ノ本4号窯跡灰原(35・36)からは、高杯の杯部内面に「巳止次（比）止」(「□四丑巳」)とヘラ書きされたものが出土しており、人名もしくは年号と考えられている。また、日焼遺跡2次SF025(37)と京ノ尾遺跡6次SX008黒灰色土層(39)からは、「巳（巳）」と同じ字形をもつヘラ書きを施した杯蓋が出土している＊1。その他、日焼遺跡第2次SX085からは、天井部外面に「奉カ？」とされるヘラ書きされる杯蓋が出土している。

（3）8世紀前半代

　この時期は、先に述べたハセムシ窯跡群12地区の資料が挙げられる。その他、ハセムシ窯跡群6地区、井手窯跡群A-3地区4号窯跡、牛頸塚原遺跡、九州大学筑紫地区遺跡群からも出土しており、最も多くのヘラ書き須恵器が見られる。

　ハセムシ12地区からは、最も多くのヘラ書き須恵器が出土している(3～14)。器種は、大甕に書かれるものと杯蓋に書かれるものがある。また、大甕に書かれるものは、頸部外面に縦書きされるものと、外面に横向きで書かれるものがある。

　頸部外面に縦書きされるものは、周知のように国・郡・里名、人名、調

図3 牛頸窯跡出土ヘラ書き須恵器（8世紀前半代①）（S＝1/6）
（番号は一覧表と一致する）

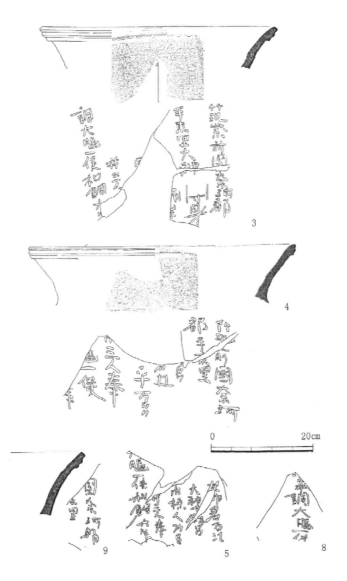

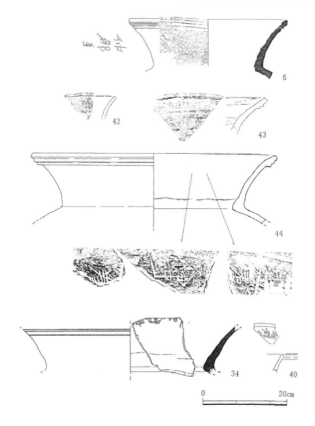

図4 牛頸窯跡出土ヘラ書き須恵器(8世紀前半代②)(S=1/6)
(番号は一覧表と一致する)

納物名、量、年の順に改行しながら書かれ、『延喜式』主計と符合するものと指摘されている。一方、外面に横向きで書かれるものは欠失部が多く全体が判読できないが、「仲郡」で始まり国名は省略されている。また、改行されることなく文字を書いているようで、最後は「呂カ?」と考えられる文字で終わる。杯蓋は、天井部外面に「大田カ?」と書かれ、2点確認できる。

　ハセムシ6地区では、杯蓋天井部外面もしくは杯身底部外面に「夫」「定」などと書かれる(15〜25)。字形の不明なものもあるが、合わせて11

点とまとまった出土を見る。
　井手A-3地区4号窯跡灰原からは、3点のヘラ書き須恵器が出土した(42～44)。大甕頸部内面に横向きで、「那・・」「那訶郡[　　]大神部□□養カ？」と書かれる。これも「那」から始まっており、国名が省略され改行されることはないようである。
　窯跡以外では、塚原遺跡群から9点出土している(26～34)。うち4点がこの時期にあたり、杯内面に「大」のヘラ書きがあるものや、包含層からは「□里大神部得□」と大甕頸部内面に横向きに書かれるものが出土している。また、鉢？の外面に「郡手□」「押坂」「七年」と改行して書かれるものがあり、和銅七年を表すものかと推測される。
　九大筑紫地区遺跡群からは、「訶郡手」と大甕頸部内面に横向きに書かれた資料が表採されている(40)。小片であるが、口縁部に沿って1行のみ書かれている。

（4）8世紀後半

　この時期の資料は窯跡からの出土はなく、集落遺跡の資料である。小片であるため、共伴遺物から時期を推定している。塚原遺跡SK07のものは、平瓶の把手に「大」とヘラ書きされる(31)。SK09のものは、杯底部内面に「□定」と書かれ(30)、ハセムシ6地区出土のものとよく似ており、その時期のものである可能性もある。

3．ヘラ書き須恵器の内容

　以上、牛頸窯跡群の窯跡や集落遺跡から出土したヘラ書き須恵器を概観した。時期は、7世紀前半から8世紀後半および、特に増加するのは7世紀後半から8世紀前半で、6世紀代や9世紀代にあたるものは今のところ確認されていない。以下では、ヘラ書きの内容を整理し、派生する諸問題について考察していく。

（1）一・二文字の資料について

　貢納を示すものが注目される一方で、一・二文字を刻むものがある。数的にはこの種の資料が最も多く、7世紀後半から増えるようである。主に蓋杯に書かれており、目立つ場所に書かれるものが多い。ただ、「五」は数、「大」は大神部を表すものと推測される他は、意味は明らかではない。

しかし、吉祥句などではなく、生産に関わるものとして見ることができるであろう。

(2) 記載文字の体裁

発見当初より注目されているのは、国・郡・里名に加え、人名・調納物名・量・年を記しており、この内容が『賦役令』第二条「凡調皆随近合成　絹絁布両頭及絲綿嚢　具注国郡里戸主姓名年月日　各以国印々之」に定める調納物への記載規定と合致することである。これらの資料は、いずれも大甕頸部外面に縦書きし、改行されながら書かれている。

一方で、大甕頸部に横向きで改行せずに書かれるものは、いずれも「仲・那珂」の郡名で始まり国名を欠いている。全文が分かるものは少ないが、ハセムシ12地区(6)例は郡・里・人名のみを書くようである。これがすべての資料にあてはまるかは明らかではないが、『賦役令』に定める記載規定とは一致していない。

(3) 郡・里名について

既に指摘される通り、郡名のヘラ書き資料としては「仲」「奈珂」「那珂」の3種があり、「仲」は古い呼称と考えられている。また、「那珂」銘の大甕片が出土した井手A-3地区4号窯跡とハセムシ12地区最下段下層灰原資料を比較すると、蓋杯の型式はハセムシ例が先行するものである。したがって、「仲」→「奈珂」→「那珂」への郡名表記の変更が読み取れ、和銅六年を含む8世紀前半代の極めて短期間のうちに行われたと考えられる*2。

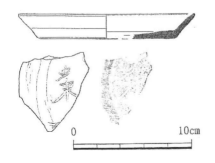

図5　薬師の森遺跡8次調査出土「多来」銘ヘラ書き須恵器(S=1/3)

郡名については、牛頸窯跡群は旧御笠郡にあたり、表記の相違について調納者の想定も含めた解釈が行われている*3。これに対し、塚原遺跡から出土した「大神部得身カ？」のヘラ書き(34)は、ハセムシ12地区(3)と共通する人名である可能性が高い。塚原遺跡は、牛頸窯跡群の須恵器工人集落の一つであり、後述するようにヘラ書きが行われたのはこの集落内と考えられることから、この種の

ヘラ書きを行ったのは須恵器工人であり、牛頸窯は古代には那珂郡であったことを示す傍証となろう。

　里名については、「那珂郡田来郷」との関連を指摘する意見がある*4。「手東里」と全体が判読できる資料はハセムシ12地区より3点出土しているが、うち1点(3)は明らかに「手東里」と書かれている。これについて、牛頸窯跡群から平野を挟み、北へおよそ3km離れた大野城市乙金地区では近年区画整理事業が進められ、大規模な発掘調査が実施されている。このうち、薬師の森遺跡第8次調査では8世紀後半にあたる須恵器杯底部外面に、「多来」とヘラ書きされた須恵器が出土しており、地名を示すものと考えられている。このことから、和銅六年は「手東」、8世紀後半は「多来」、和名抄編纂段階では「田来」と書かれ、「多来」は「田来」への変化を考えることができる。しかし、「手東」と「多来」との飛躍はなお大きく、今後の資料の増加を待たなければならない。

（4）人名について

　須恵器生産にあたる氏族としては、ミワ部の職掌の一つとしてとらえる説がある一方で、限定的にとらえる説も出されている。ここでは深く立ち入ることはできないが、牛頸窯跡群では7世紀前半代のヘラ書き資料から「大神部」が通時的に見られ、資料的にも最も多い氏族名であることが確認できる。この「大神部」は、「大神部見乃官」の内容と梅頭1次1号窯跡出土銀象嵌鉄刀から、牛頸窯の工人首長として操業に主体的に関わっていたと考えられる。

　また、「内椋人万呂」「押坂」「已止次（比）止」など、大神部以外の人名・氏族名も確認することができる。このうち、「内椋人万呂」の「椋」は、古代日本ではクラの意味で使われており、高句麗に起源を持ち、百済・新羅を経由して日本にもたらされた文字と考えられている。また、中国の『周書』に百済には「内椋部」「外椋部」という官司があったことが指摘されている*5。このことから、「内椋人万呂」は渡来系氏族であった可能性が考えられる。したがって、牛頸窯の操業にあたっては大神部を中心として多くの氏族が生産に参画しており、その中に渡来系の人々も含まれていると見られる。

4．ヘラ書き須恵器の検討

　ヘラ書き須恵器が出土した窯跡のうち、ハセムシ12－Ⅸ号窯跡と井手A－3地区4号窯跡は全長7mにおよび、8世紀前半代としては大型の窯跡

図6　牛頸窯跡群遺跡分布図

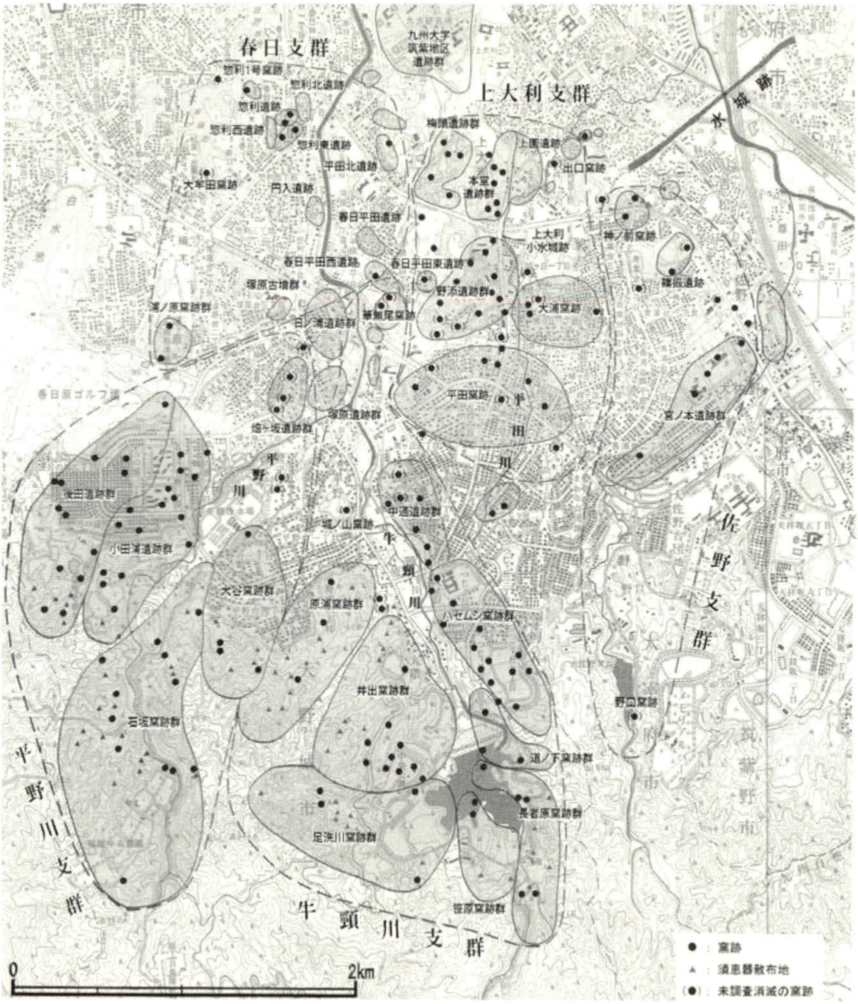

で、窯構造の類似が指摘されている。一方、ハセムシ6地区は小型の窯跡のみで構成されており、大甕は焼成しておらず、小型器種へのヘラ書きのみが確認される。
　この時期の窯跡は極めて多いが、ヘラ書き須恵器は限られた窯跡でしか焼かれていない。しか

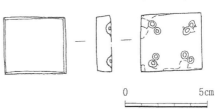
図7　日ノ浦遺跡SK21出土石製巡方
（S＝1/2）

し、ハセムシ12地区のヘラ書き須恵器の筆者は複数あることが指摘されており*6、書き手が限定されるため、焼成窯が限定されている訳ではない。むしろ、いずれの窯跡からも複数のヘラ書き須恵器が出土していることは、ヘラ書きという行為は時期・機会として限定された行為であったことを示している。
　では、こうしたヘラ書きはどこで行われたのであろうか。先述したように、8世紀前半代に位置づけられる資料については、ヘラ書き須恵器がまとまって出土している牛頸塚原遺跡を挙げることができる。塚原遺跡は、牛頸窯跡群のほぼ中央に位置し、住居内から粘土が出土し、須恵器を大量に廃棄した土坑も確認されていることから須恵器工人集落と考えられている。
　ヘラ書き須恵器の性質上、こうした集落の工房内で文字が刻まれるが、ハセムシ12地区のような調庸の貢進に関わる文書は、郡段階で作成されたとする説と郷段階での作成も考えられるとする説がある*7。このことに関して、塚原遺跡の北側に隣接し、一体の集落と考えられている日ノ浦遺跡SK21からは石製巡方が出土している。SK21は、9世紀初頭の土師器を中心とする遺物が出土し、巡方は縦3.3cm、横3.7cm、厚さ0.9cm、黒色を呈し、裏面に潜り穴を有する。
　このことから、牛頸窯跡群の工人集落である塚原・日ノ浦遺跡群には官人の存在を指摘することができ、これらの人々が文書形式のヘラ書きを行ったものと考えられる。またこれらの官人層は、牛頸窯の操業を主体的に担う「大神部」にあたることが想定できる。
　また、8世紀前半代に位置づけられる文書形式のヘラ書き須恵器は、一体として貢納を示すものとして理解されてきたが、ここで縦書きと横向き

に書かれた文書の意義の違いに注目したい。縦書きのものは、『賦役令』に規定されている内容どおりに体裁を整えて書かれているが、横向きに書かれたものは文字の全容が分かるものが少ないものの、郡名で始まり、国名は省略され、さらに調納物名、量、年月日のいずれかを省略している可能性が高い。この表記から見ると、『賦役令』に規定される内容とは異なっており、特に国名を記さないことは、貢納を前提としない文書であることを示している。したがって、横向きに書かれたヘラ書きは貢納を示すものではなく、製作者の所在地や名前を記載することが目的であったと理解できるであろう。

　一方、ハセムシ12地区のような縦書きのものは、体裁を整え、適宜改行を加えながら書かれている。ヘラ書きを行う際、決して書きやすい位置にあると思えない場所にあえて記している行為自体が、『賦役令』の規定を忠実に守ろうとしているように見え、これは貢納を目的とした文書であったと見ることができる。

　さらに、縦書きされる資料の製作年代の一点は和銅六年にある。これがどの程度継続されたかはさらに資料の増加を待たなければならないが、現在の資料で見る限りではこうした体裁のものが長期間に渡って製作されたとは考えにくい*8。先に述べたように、横向きに書かれるヘラ書きは郡名に「仲」「那珂」の文字が使われており、和銅六年を含む8世紀前半代のやや広い年代が考えられた。このことからすると、『賦役令』を忠実に守り表記を整え縦書きされるものと、国名を欠き横向きに書かれるものは、8世紀前半代に一時並行するが後者のみがやや長く残ることとなり、時期が異なることが考えられる。

5．まとめ

　以上、牛頸窯跡群では、7世紀前半から8世紀後半代の長期間にわたり、多量のヘラ書き須恵器が確認される。7世紀代のヘラ書きは人名を書くものが多く*9、工人及び工人首長を示すものと考えられ、8世紀代のものは貢納者・製作者を示す文書形式のものが認められた。また、大神部が工人として7世紀前半より存在し、工人首長として渡来系も含む他の氏族の参画も得ながら牛頸窯を統括していたことが明らかになった。この工人首

長は、那津官家に直接関わるもので、大宰府成立後かなり早い段階で官人層として組み込まれ、8世紀前半代の文書形式で書かれるヘラ書きは、こうした人たちの手によるものと考えられる。このように、全国的に見ても早い段階に文字文化を受容していることを示す牛頸窯跡群のヘラ書き須恵器は、具体的な工人像や生産体制を明らかにする重要な資料であり、特質の一つである。

　また、8世紀前半代の文書形式で書かれたヘラ書きで、貢納を示す縦書きのものは、当初から指摘されているように『賦役令』第二条の規定にしたがった結果と見ることが妥当と考えている。そのハセムシ12地区出土資料を観察していくと、縦書きに行われたヘラ書き資料はいずれも別個体であることが確認できる。個体数は9点におよび、筑前国の調雑物として大甕九口を貢納することを定める『延喜式』の規定に一致する数字である。この種のヘラ書きはハセムシ12地区でしか確認されておらず、今のところ消費地に流通した状況は確認できない。あるいは、9点すべてが和銅六年の貢納に対するものであった可能性も考えられる。しかし、大甕の極めて目立つ場所に書かれたことから貢納品には不適とみなされ、すべて窯出し後に灰原で廃棄されたのではないだろうか。

　一方、製作者を示す横向きに書かれたものは、大宰府条坊跡や鴻臚館跡・春日市トバセ遺跡など消費地への流通が確認される。その多くは、外見からは目立ちにくい大甕頸部内面に書かれており、ヘラ書き自体は消費地での使用に特に問題となるものではなかったのであろう。こうした製作者を示すヘラ書きも、ある意味『賦役令』第二条の規定にしたがった結果と見ることも可能である。ただし、その背景としては、牛頸窯跡群内の6・7世紀資料に極めて高い確率で記され、ヘラ書き文字が増加する8世紀前半以降急激に減少するヘラ記号との関連を考える必要がある。また、筑前国の調納品と貢納体制を考えるには、ハセムシ12地区出土資料をはじめ同時期の窯跡の分析が必要であるが、ここでは触れられなかった。今後の課題としたい。

6．おわりに

　中村浩先生には、大学院時代より公私ともに様々なご指導をいただいた。

今回、牛頸窯跡群のヘラ書き須恵器を取り上げるにあたり、先生の調査された資料に新たな資料も加え検討を行った。いくつかの課題に見通しを与えることができたが、新たな課題も明らかになった。

　牛頸窯跡群は、総基数600基におよぶ九州最大の須恵器窯跡群であり、未調査の窯跡も山中になお100基以上残っている。平成21年に国史跡に指定され、近年は整備活用に向けた取り組みを進めている。その一方で、研究についても少しずつではあるが進めているところであり、先生からいただいた学恩にいささかなりとも報いることができれば幸いである。最後に、古稀を迎える先生の今後益々のご健勝とご活躍を祈念したい。

＊註
1　「已（巳）」のヘラ書き須恵器は、嶋田氏が大宰府条坊跡からの出土を示しており、これらの事例から人名を省略して書いたものとするのが妥当と考える。
2　ハセムシ12地区資料の「仲」と「奈珂」の資料について、中村浩氏は再加熱による亀裂より前後関係を示唆する。また渡辺一氏は、大甕口縁部型式より時期差を指摘する。
3　巽淳一郎氏は、調納者を一般平民（正丁）として、郡外からの発注を想定する。
4　中村浩氏は、「東」が「来」である可能性と「手」が「田」に転訛した可能性を指摘する。菱田哲郎氏は、田来の誤記とする。
5　李成市（2005）「古代朝鮮の文字文化」『〈歴博フォーラム〉古代日本　文字のきた道』国立歴史民俗博物館、大修館書店
6　余語琢磨（1991）「「𤭯」名を持つ須恵器」『古代』第92号
7　寺崎保弘（2006）「古代の木簡」『列島の古代史6　言語と文字』岩波書店。吉川真治（2005）「税の貢進」『文字と古代日本3　流通と文字』吉川弘文館
8　渡辺一氏は、縦書きで記される資料の年代観を、ヘラ書き須恵器内で見られる「大神君百江」の重出と国名の表記の差異等より、和銅五〜七年のものと推測する。また、筑紫野市からは「八年」銘のヘラ書き須恵器が大宰府条坊内の調査で出土している。
9　嶋田光一氏は、福岡県内のヘラ書き須恵器を集成し、7世紀前半代は人名を示すものが多く、ハセムシ例を含む8世紀前半代とは字義が異なることを示す。

【参考文献】
池辺元明（1988）『牛頸窯跡群Ⅰ』福岡県文化財調査報告書第80集
池辺元明（1989）『牛頸窯跡群Ⅱ』福岡県文化財調査報告書第89集

石木秀啓編（2008）『牛頸本堂遺跡群Ⅶ』大野城市文化財調査報告書第81集
石木秀啓（2012）「筑紫の須恵器生産と牛頸窯跡群」『古文化談叢』第67集古文化研究会
後藤健一（2015）『遠江湖西窯跡群の研究』六一書房
佐藤信（2006）「漢字文化の受容と学習」『文字と古代日本5　文字表現の獲得』吉川弘文館
西海道古代官衙研究会（2006）『平成18年度西海道古代官衙研究会資料集―西海道墨書土器集成―』
嶋田光一（1999）「箆書須恵器の諸問題」『先史学・考古学論究Ⅲ』龍田考古学会
鈴木正信（2014）『大神氏の研究』雄山閣
巽淳一郎（1999）「古代の焼物調納制に関する研究」『瓦衣千年』森郁夫氏還暦記念論文集
巽淳一郎（2004）「I-4 墨書土器・刻書土器」『古代の官衙遺跡Ⅱ遺物・遺跡編』奈良国立文化財研究所
奈良文化財研究所（2002）『銙帯をめぐる諸問題』
中村浩編（1989）『牛頸ハセムシ窯跡群Ⅱ』大野城市文化財調査報告書第30集
西健一郎（1994）『九州大学埋蔵文化財調査報告―九州大学筑紫地区遺跡群―』第3冊、九州大学春日原地区埋蔵文化財調査室
林潤也（2014）「Ｖ-2.ヘラ書き須恵器」『乙金地区遺跡群9』大野城市文化財調査報告書第114集
菱田哲郎（2005）「須恵器の生産者」『列島の古代史4　人と物の移動』岩波書店
舟山良一・石川健（2008）『牛頸窯跡群―総括報告書Ⅰ―』大野城市文化財調査報告書第77集
丸山康晴・平田定幸（1985）『春日地区遺跡群Ⅲ』春日市文化財調査報告書第15集
中島恒次郎編（2008）『太宰府・佐野地区遺跡群24』太宰府市の文化財第100集
宮崎亮一編（2006）『太宰府・佐野地区遺跡群21』太宰府市の文化財第85集
山本信夫・中島恒次郎編（1992）『宮ノ本遺跡Ⅱ―窯跡編―』太宰府市の文化財第10集
渡辺一（2006）『古代東国の窯業生産の研究』青木書店

福岡県大野城市王城山古墳群の再検討
―新羅土器が集中する古墳群の解明に向けて―

上田 龍児

1．はじめに

　王城山古墳群は1970・72年に福岡県教育委員会（以下、県教委）が、2013年に大野城市教育委員会（以下、市教委）が発掘調査を実施し、それぞれ1977年、2016年に報告書を刊行した*1。新羅土器が集中する古墳群として以前より注目され、7世紀前後の日韓交渉を検討する上では欠かせない資料となっている。本稿では、王城山古墳群の形成過程に検討を加えた上で新羅土器の出土状況を吟味し、王城山古墳群の解明にむけて基礎的なデータを提示することを目的とする。

2．王城山古墳群の位置と支群の構成

（1）古墳群の位置

第1図　王城山古墳群の位置と7世紀前後の福岡平野の主要遺跡

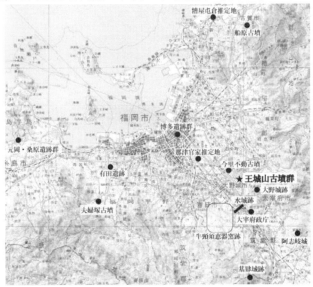

第2図 王城山古墳群と周辺遺跡

王城山古墳群は福岡平野東南部に位置し、海岸線からは10kmほど内陸側の平野最奥部にあたる（第1図）。福岡平野東南部の四王寺山・乙金山西麓には6・7世紀代を中心とした古墳が多数分布する。このうち乙金山麓に位置する善一田・王城山・古野・原口古墳群などを総称して乙金古墳群と呼んでおり、総数100基を超える大規模群集墳を形成する（第2図）。

王城山古墳群は乙金古墳群を構成する1つの支群で、周辺には同時代の集落である薬師の森遺跡、須恵器窯跡である乙金窯跡・雉子ヶ尾窯跡が分布する。665年築造の古代山城大野城跡も至近距離にある。

（2）支群の構成（第3図）

県教委調査時に古墳の立地・分布からA・B・C群の3つに大別した。A群は最西端に位置し、標高40～48

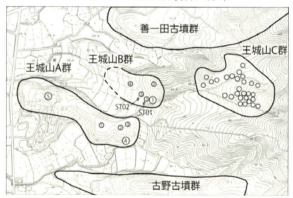

第3図 王城山古墳群の分布

mの丘陵尾根から南側の斜面にあたる。県教委が5基の古墳を調査した。B群はA群北側の小さな谷を隔てた標高40m～60m付近の尾根～緩斜面に位置し、市教委が5基の古墳を調査した。C群は最東端の標高70～95mの高所に位置し、県教委が18基の古墳を調査した。県教委調査時には、調査区外の西側に4基、東側に6基の古墳があった。東側の6基は現存するものの、西側の4基は調査を経ずに消滅した。県報告ではC群をさらに5つの小支群に区分できる可能性を指摘した。本稿でも地形と古墳の分布より、A・B・C群に大別する。

以下、煩雑さを避けるために各古墳を表記する際は、各群のアルファベット＋各古墳の番号＋号を表記し、「群」と「墳」は省略する。

3．古墳群の形成過程と階層構造

(1) 形成過程（第4・5・6図）

王城山古墳群の形成過程を扱った研究として土井基司氏の分析がある（土井1992）。土井氏の研究成果に従いながら、出土遺物と立地も加味して形成過程について検討した結果が第4・5・6図である＊2・3。全体的な傾向としてⅣA～Ⅴ期に造墓のピークがある。A1・2号はⅢB期以前にさかのぼる可能性もあるが、ⅢB期新段階にはA・B群で確実に造墓がある。C群は現状ではⅣA期に開始することになる。また、A群ではⅣA期、B群ではⅣB～Ⅴ期を最後に新規造墓を停止するのに対し、C群ではⅥ期まで新規造墓が認められる。なお、B群ではⅥ期の土坑墓がある（ST01・02）。

第4図 王城山古墳群の変遷(1)

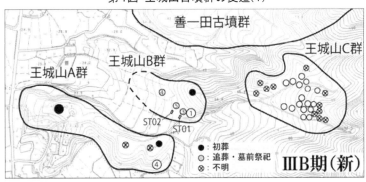

第5図 王城山古墳群の変遷(2)

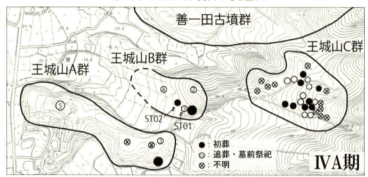

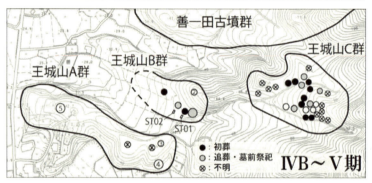

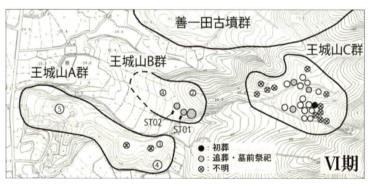

第6図 石室の変遷

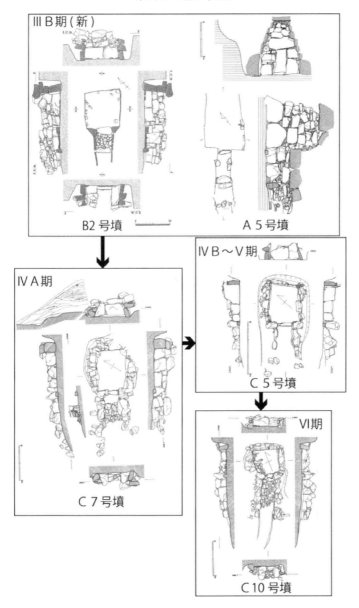

（2）階層構造の検討

墳丘・玄室の規模と副葬品の内容から、階層差の有無を検討する。

墳丘規模の比較　A群は全て墳丘規模が不明であるが、A4号は現況より直径15m前後、A5号は石室規模より15〜20m程度と想定したい。B群の最大はB1号（13.5m）、他も全て10mを超える。C群は平均8m前後で総じて小さい。

時期毎の傾向では、ⅢB期（新）ではB2号が11m、A5号は15〜20m（推定）である。ⅣA期最大はA4号（15m前後：推定）、B1号（13.5m）で、B5号（11.5m）・C9号（11m）がこれに次ぐ。この他はほとんどが10m以下の古墳で、ⅣA期の平均は9.4mとなる。ⅣB〜Ⅴ期ではB3・4号が11mと最大、これ以外は全て10m以下で、平均は8.3mである。Ⅵ期のC10号墳は6.2mと非常に小さい。

以上のように、群単位ではA＞B＞Cの順序で墳丘規模に大小がある。時期が下るにしたがい墳丘規模が縮小していく傾向を反映している側面もあるが、全ての群で造墓があるⅣA期をみてもこの傾向は当てはまる。

玄室規模の比較　A群ではA3号が4.0㎡、A4号が6.3㎡、A5号が7.1㎡である。B群ではB1号が6.4㎡の他は3〜4㎡前後である。C群はC1号が5.0㎡、C8号が5.0㎡で他はおおむね4㎡以下である。

時期毎の傾向は、ⅢB期（新）ではA5号が最大で、全時期を通じ最大となる。ⅣA期ではA4号とB1号が同規模で、他は4㎡前後が多く、ⅣB〜Ⅴ期も4㎡前後のものが多いが突出するものはない。Ⅵ期のC10号は2.0㎡と小さい。

玄室規模でもA群の優位性が認められる。個々の墳丘規模と玄室規模は明確な相関関係にはないが、玄室面積が6㎡を超えるものは墳丘規模も一回り大きく15m前後になるという傾向は指摘できよう。

副葬品の内容　副葬品は追葬や後世の改変により正確ではないが、残された資料をもって、傾向をつかむこととする。副葬品組成として、馬具・鉄刀のほか鉄鏃・工具類や装身具を伴うものをA類、A類の中で馬具を欠如するものをB類、馬具・鉄刀を欠如し、鉄鏃や刀子を伴うものをC類、装身具類のみをD類、副葬品無しをE類とする*4。

A群では副葬品の残存状況が良好なA3・4号がA類、B群はB5号の馬具が古墳に伴うものならばA類、B3号がB類、C群はA・B類を欠き、

表1　王城山古墳群古墳一覧表

支群	番号	墳丘					石室		玄室規模(m)			敷石	副葬品組成
		形	規模	高	列石	土器埋設	種類	形態	長	幅	面積		
A	1	—	—	—	—	—	横	単・両?	—	—	—	○	C
	2	—	—	—	—	—	横	単・両	1.7	1.7	2.9	○	B
	3	—	—	—	—	—	横	単・両	2.0	2.0	4.0	○	A
	4	円	15	3.5			横	複室	3.0	1.9〜2.3	6.3	—	A
	5	—	—	—	—	—	横	単・両	3.1	2.3	7.1	×	E
B	1	円	13.5	2.8	×	○	横	単室?	2.7〜3.0	2.3〜2.4	6.4	×	C
	2	円	11	2.3〜	×	○(杯)	横	単・両	2.0	2.0	4.0	×	C
	3	方	11	1.5〜	×	×	横	単・両	(1.9)	(2.2)		×	B
	4	円	11	—	×	×	横	単・両?	(2.0)	(2.0)	(4.0)	×	D
	5	円	11.5	1.1〜	×	×	横	単・両?	1.5	2.0	3.0	×	A
C	1	円	8		○	○	横	単・両	2.2〜2.3	2.2	5.0	×	E
	2	円	10	2.6〜	○	○	横	単・両	2.4〜2.6	1.7〜1.9	4.5	△	C
	3	円	7	1.7〜	○	○	横	単・両	2.2	1.5	3.3	○	D
	4	円	7.3	2.0〜	○	○	横	単・両	2.0	1.3	2.6	×	D
	5	円	8	1.7〜	○	○	横	単・両	2.2	1.7	3.7	×	D
	6	円	10.4	2.1〜	○	○	横	単・両	2.2	1.6	3.5	○	D
	7	円	6.7	2.4〜	○	○	横	単・両	2.3	1.7	3.9	×	E
	8	円	8.3	2.0〜	○	○	横	単・両	2.4	2.1	5.0	△	E
	9	円	11	2.5〜	○	○	横	単・両	2.2〜	(2.0)	4.4〜	×	E
	10	円	6.2	2.0〜	○	○	横	単・両	1.4	1.3〜1.6	2.0	○	E
	11	円	7.8	1.8〜	○	○	横	単・両	2.0	1.4	2.8	×	E
	12	円	9.6	1.5〜	×	○	横	単・両	2.0	1.9	3.8	○	C
	13	円	9	2.0〜	○	○	横	単・両	2.0	1.7	3.4	×	
	14	円	6.6	1.6〜	×	○	横	単・無	2.5	0.7〜0.8	1.8	×	C
	15	円	8.7	1.3〜	×	×	横	単・両	2.6〜2.8	1.8	4.9	○	C
	16	円	5.2	1.0〜	×	×	横	単・無	1.7	0.8	1.7	○	E
	17	円	6	1.5〜	×	×	横	単・両?	—	—	—	○	E
	18	円	7	1.8〜	×	×	横	単・両	1.1	1.8	2.0	○	E

全てC〜E類である。

　墳丘・石室規模と副葬品の相関関係　墳丘・石室ともA群に最大規模のものがあり、この傾向はⅢB〜ⅣA期にかけて続く。副葬品の内容もA群が最も豊富で、規模と良く相関する。C群は規模が最も小さく副葬品の内容も乏しい。以上より、墳丘・石室の大小と副葬品の優劣は概ね相関関係にあるといえる。したがって、群の違いは階層差を反映している可能性が高く、古墳の密集度がA群→B群→C群の順で高くなることも、こうした階層差に起因するものと考える。すなわちA群を頂点とし、B群＞C群へと連なる階層序列を構成することを指摘できる。古墳群の形成過程を踏まえると、ⅣA期以降に造墓階層が拡大していったことを示し、後述するよ

うに新羅土器の出現時期とも連動しており興味深い。なお、B・C群では共に新羅土器が複数あることや、墳丘内土器埋設、鉄釘の出土(釘付式木棺の採用)、紡錘車の供献・副葬など共通点が多く、同一の性格を有した集団と考えられる。A群とB・C群との関係は、A群の資料が乏しいため共通点を見出すことは難しいが、A＞B＞C群という明確な階層序列があり、やはり同様の集団と考えておく。

4．新羅土器の検討

(1) 年代観

　王城山古墳群で出土した新羅土器について、表2のように新羅土器①～⑩として記述する。以下では、先行研究・類例の検討から新羅土器の製作年代を想定する*5。

　新羅土器①：ヘラ描三角文＋スタンプ円文で、文様は宮川Ⅰa式にあたる。器形は体部に丸みがあり、古い様相を残している可能性もあるが、底部は平底で6世紀末～7世紀初頭と考える。

　新羅土器②：無文の壺で、類例は乏しい。国内では対馬・保床山古墳に類例があり、6世紀末～7世紀前半と想定したい。

　新羅土器③：無文の壺で、長頸壺のバリエーションと考える。器形は重心が低く体部下半の立ち上がりが丸みを帯び、重見分類壺AのⅢ型式新段階にあたる。7世紀前半～中頃に位置づけられる。

　新羅土器④：新羅土器の付加口縁台付長頸壺の系譜である。焼成が甘く、瓦質焼成のような褐色を帯びた色調である。他の新羅土器と比べ、胎土が粗く製作技法もやや稚拙で、新羅土器とするには躊躇する。須恵器に類例を見出すこともできないため、新羅系土器としたほうが妥当かもしれないが、ここでは新羅土器とした。類例としては韓国巨済島・鵝洲洞遺跡にあり、6世紀末～7世紀初頭頃と想定したい。

　新羅土器⑤：偏球形の短頸壺である。文様はヘラ描三角文＋スタンプ円文で宮川Ⅰa式にあたる。白井氏の検討では6世紀末～7世紀前半に位置づけた。

　新羅土器⑥：柱状の摘みがある落し蓋状の蓋である。白井氏は6世紀末～7世紀初頭に位置づけた。重見分類の蓋J1にあたり、長頸壺(壺A)

とセットになるものと考えられている。
　新羅土器⑦：環状摘みで、カエリを有する蓋である。白井氏は6世紀末～7世紀初頭に位置づけた。重見分類の蓋E1もしくはG1にあたり、前者は短頸壺、後者は椀とセットになると想定される。
　新羅土器⑧：スタンプ二重半円点文の長頸壺である。白井氏は7世紀中頃に位置づけた。重見分類壺A類のⅢ型式新段階にあたる。
　新羅土器⑨：ヘラ描三角文＋スタンプ円文の細片で、宮川Ⅰa式である。
　新羅土器⑩：水滴文＋スタンプ円文＋ヘラ描？三角文の細片で、宮川Ⅰb式である。

（2）出土状況
　新羅土器はB・C群で出土した。C群は古墳の密集度が高く新羅土器の本来の帰属が不明確で、B群は新羅土器の帰属が明らかである。B群の出土状況を概観した上で、C群の出土状況を吟味し、新羅土器の本来の帰属を想定したい。以下、古墳墳丘の各部位名称については、奥壁側に向かって左側の開口部側をⅠ区とし、反時計回りにⅡ・Ⅲ・Ⅳ区とする（第7図凡例）。
　a）B群の新羅土器（第7図）
　新羅土器①・②：B1号Ⅰ区墳裾で出土した。いずれも他の多くの須恵器・土師器とともに細片化した状態で散在して出土した。
　新羅土器③：B3号Ⅰ区墳裾で、多くの須恵器・土師器とともに細片化した状態で出土した。
　新羅土器④：B5号Ⅰ区墳裾で、多くの須恵器・土師器とともに細片化した状態で出土した。
　後世の改変も考慮する必要があるが、新羅土器①には確実に意図的な打ち欠きの痕跡があることや、壱岐・宗像を除く北部九州の6・7世紀の古墳で、食器類以外の新羅土器を石室内に持ち込むことが認められないことから、他の多量の土器とともにⅠ区墳裾で用いられたものと考える。なお、王城山古墳群や隣接する善一田古墳群で出土した土器の大半はⅠ・Ⅳ区墳裾、すなわち墳丘前面で出土しており、中でもⅠ区墳裾に出土量が偏る。墳丘後背面のⅢ・Ⅳ区側では遺物量が少ない傾向にあった。したがって、墳丘内に埋設した土器以外の土器は、その多くが墳丘前面、特にⅠ区墳裾

第7図 王城山古墳群B群の新羅土器出土状況

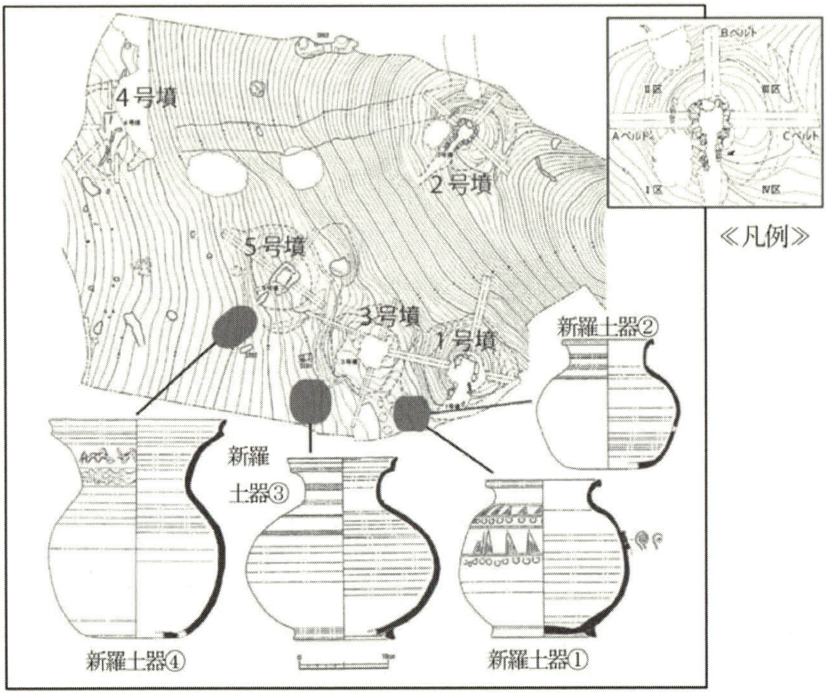

付近で使用されることが多かったと想定する。この仮説に基づき次にC群の新羅土器の出土状況を吟味し、本来帰属する古墳について推定したい。

b）C群の新羅土器（第8図）

　新羅土器⑤：C5号墳丘後背面の「東トレンチ」で、他の多くの須恵器（ⅣB～Ⅴ期主体）とともに細片化した状態で出土した。先の仮説に当てはめた場合、本来C9号に伴っていたと想定できる。

　新羅土器⑥：県報告「本文目次」では「Ⅲ22．6・9号墳間周溝中出土遺物」、本文中「Fig80」のキャプションでは「王城山C6・9号間出土遺物」となっているが、本文163頁の見出しでは「22．第6・7号墳間周溝中出土遺物」となっている。そのため、論文などで引用される際は、「6．7号墳間周溝出土遺物」として扱われてきた。県報告の写真を観察すると、PL．36(1)「C6号墳　奥壁側列石と周溝中土器出土状況」の中に、Fig80

掲載の土器群が写っており、新羅土器⑥と思われる個体も写っている。

「6．7号墳間」の「7」は「9」の誤植の可能性が非常に高い。新羅土器⑥はC6号Ⅱ区周溝から出たことになり、C9号開口部前面にあたることから本来はC9号に帰属するものと想定できる。

新羅土器⑦：県報告ではC9号玄室床面出土とし、奈良時代の須恵器蓋杯と共伴したという記述がある。県報告写真（PL.45(1)）やFig24を見る限り奈良時代の蓋杯は羨道部（玄門シキミ石付近）で出ている。

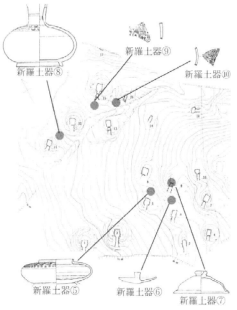

第8図 王城山古墳群C群の新羅土器出土状況

新羅土器⑦が玄室／羨道どちらで出土したかは明確にし得ないが、Fig24では奈良時代蓋杯付近に土器らしき表現があり、羨道出土の可能性が高い。

新羅土器⑧：C11号北東から南東の周溝で出ており、墳丘後背面にあたることから、本来帰属する古墳はC12号と考える。

新羅土器⑨・⑩：いずれも細片である。⑨がC15号羨道前、⑩がC16号Ⅰ区墳丘（墳裾？）から出土した。いずれも出土位置から考えて、他所からの流れ込みの可能性は低い。それぞれC15・16号に帰属すると想定する。細片ということを考慮すると、破砕散布等の可能性もあるが、接合関係は明らかではない。

（3）器種構成

新羅土器⑥・⑦は蓋、他は全て壺である。蓋のうち新羅土器⑥は長頸壺とセット、新羅土器⑦は短頸壺とセットになる可能性が高い。壺には短頸壺・長頸壺・広口壺があり、有文・無文がある。いずれも貯蔵器で食器類を含まない点が特徴である。

5. 古墳群の形成過程からみた新羅土器の位置づけ

上述の3・4で検討した結果を、表2のように整理した。

表2 王城山古墳群出土新羅土器一覧表

群	古墳	出土地点	新羅土器番号	器種	本来の帰属	新羅土器の年代観	伴出須恵器の年代	新羅土器の帰属が想定される古墳の築造・追葬(墓前祭祀)の時期		
								IVA	IVB〜V	VI
B	1	I区墳裾	①	壺	1号I区墳裾	6末7初	IVA〜VI	B1	●	○	○
		I区墳裾	②	壺	1号I区墳裾	6末〜7前	IVA〜VI				
	3	I区墳裾	③	壺	3号I区墳裾	7前〜中	IVA〜VI	B3		●	○
	5	I区流土	④	壺	IV号I区墳裾	6末7初	IVA〜VI	B5	●		
C	5	東トレンチ	⑤	短頸壺	9号I区	6末7前	IVB〜V				
	6	II区周溝	⑥	蓋	9号I/IV区	6末7初	IVA〜IVB	C9	●		
	9	羨道?	⑦	蓋	9号羨道?	6末7初	奈良時代?				
	11	東側周溝	⑧	長頸壺	12号I区墳裾	7前〜中頃	IVB〜V	C12		●	
	15	羨道入口前	⑨	壺(細片)	15号墳	6末7初	IVB	C15	●	○	
	16	I区	⑩	壺(細片)	16号墳	7前〜中	IVB	C16		●	

新羅土器の使用時期 新羅土器は古墳群最初期のIIIB期にはなく、築造のピークであるIVA〜V期に認められる。伴出する須恵器の年代観・帰属する古墳の築造時期と新羅土器の年代観で矛盾することがほとんどないことから、製作から搬入、使用までの時間が比較的短かったことを示す。また、新羅土器の年代観と古墳築造時期が一致することから、築造時もしくは初葬時に使用した可能性がある。墳丘内に埋納することはなく、多くが細片化し一部に打ち欠きが認められることから、築造時ではなく埋葬時に使用した可能性が高い。

新羅土器の使用方法 多くは貯蔵器で、蓋も貯蔵器とセットになる可能性が高いことから、全て貯蔵器に限定できる。出土地点は墳丘前面の墳裾付近に限定でき、石室内に持ち込むことはなかったようである。したがって、副葬品としての扱いではなく、供献品としての使用方法を復元できる。細片化していることや打ち欠きがあることから、破砕行為を伴うこともあったことを示す。

朝鮮半島からダイレクトに当地に運ばれたのか、内容物自体は別の場所

で消費され、容器のみが当地に運ばれたのかは不明であるが、新羅土器以外にも朝鮮半島系資料が充実する王城山古墳群で新羅土器が集中することから、新羅土器は象徴的な器物として、最終的に古墳へ持ち込まれたのであろう。近接する同時代の集落遺跡である薬師の森遺跡では、古墳時代の集落域の大半を発掘調査したが、これまでに確認した新羅土器は1点のみである*6。集落域における新羅土器の希少性を考慮すると、意図的に古墳に持ち込み葬送儀礼に使用したと考える。

新羅土器を使用する階層　3で検討したA＞B＞Cという階層構造をそれぞれ高位・中位・下位とするならば、階層的に高位のA群にはなく、中位～下位のB・C群に伴う。複数個体があるのはB1号の2点、C9号の3点で、それぞれの支群中ではⅣA期最大規模の墳丘を有する点は注目できる。また、C12号もⅣB～V期の中ではC群中最大規模の古墳である。したがって、新羅土器を使用する階層は、古墳を築造し得る階層の中では中位の階層の人々であったことが想定できる。

6．おわりに

　本稿では、王城山古墳群の形成過程と新羅土器の出土状況に主眼を置いて検討した結果、①新羅土器の搬入時期は古墳築造の最盛期である6世紀末～7世紀中頃に限定し、初葬時に使用されることが多かったこと、②貯蔵器を主体に古墳の墳丘前面で使用することが多く、供献品として扱われたこと、③古墳を築造しうる階層の中では中レベルの階層が使用したこと、を指摘した。以下では、先行研究による成果や他地域との共通性・差異を挙げまとめとしたい。

　①について、新羅土器の全国的な分布傾向は、7世紀を境に、北部九州から畿内へと分布の中心が変化することが明らかになっており（重見2012）、王城山古墳群の出土傾向は畿内における出土状況の画期と一致する。重見氏は畿内における新羅土器の増加や食器類から貯蔵器への変化の背景に「伽耶諸国周辺地域（新羅縁辺部）主体の交流から新羅（中心部）主体の交流へという変化を反映」したものとみた。

　②について、貯蔵器が多い点は全国的な傾向と一致する。ただし、畿内においては長頸壺を主体に難波津や飛鳥周辺など官衙的な遺跡から出土す

ることが多いのに対し、王城山古墳群では長頸壺・短頸壺・広口壺とバリエーションがある点や古墳出土例という点で畿内の様相とは差異がある。

　貯蔵器が主体である点に関しては、従来の指摘どおり内容物が搬入の対象で、新羅土器はコンテナとしての機能が考えられる（江浦1988・重見2012）。出土遺跡の性格に関して、江浦氏は官衙出土例を「国家レベル」、古墳出土例を「個人レベル」での搬入と捉えた（江浦1988）。これに対し重見氏は、新羅土器自体の扱われ方の違いを反映するものとし、北部九州では7世紀以降も新羅の土器自体に価値あるいは祭祀用という特別な意識が残っていたと推測した。

　③について、中レベルの階層の古墳から出土する傾向は、早良平野の夫婦塚古墳、宗像地域の手光波切不動古墳・相原2号墳や壱岐島の首長墳など、地域の高階層墓に新羅土器が伴うこととは対照的である。②とも関わる問題として、宗像地域や壱岐島では石室内に新羅土器を副葬する点や壱岐島の緑釉陶器の存在など扱われ方やその内容にも違いがある。早良平野・宗像地域はいずれも従来より朝鮮半島系の文物が集中する地域であり、それまで朝鮮半島系の資料を欠如する王城山周辺地域とは様相が異なる。

　以上から、王城山古墳群の集団は6世紀末〜7世紀初頭頃に新たに朝鮮半島との対外的な交渉・交流に参入した集団であると結論付けることができる。古墳に意図的に持ち込んで葬送儀礼に使用することから、新羅土器自体に特別な意識を持っていた集団で、その階層性から対外交渉・交流の場で実務的な役割を担っていたものと推測する。

　ここでは詳しく触れることができなかったが、王城山古墳群では横位平行タタキ・格子状タタキ・内面平行（放射状）当具を持つ複数の土器*7、軟質系長胴甕や小型農工具など朝鮮半島との関わりを示す資料が豊富にある。小型農工具からは渡来系鍛冶工人の存在が想定でき*8、その他の土器類からも被葬者の一部に渡来人もしくは朝鮮半島に系譜がある人々が居たことをうかがうことができる。また、王城山古墳群に対応する集落と想定している薬師の森遺跡では、一部に渡来人が居住していたことが明らかになっており、集落の出現当初（6世紀中頃〜後半）から朝鮮半島系資料を伴う。王城山古墳群で新羅土器が出現する時期は、薬師の森遺跡で朝鮮半島系資料が出現する時期や新羅が加耶を併合する時期よりも一段階遅れており、当該期に対外的な関係に微妙な変化が生じたことを示す。

今後は、王城山古墳群以外における新羅土器の出土状況や器種構成の違いによる使用方法の復元、新羅土器を使用する階層の分析などから、王城山古墳群の特質や7世紀前後の日羅交渉をより具体的にしていく必要がある。また、新羅土器の系譜についてもしっかり検討していきたい＊9。

祝辞
 中村先生には平成21〜23年の3ヶ年に亘り、福岡県大野城市所在の薬師の森遺跡・古野遺跡の発掘調査にお越しいただきました。いずれも夏真っ盛りの酷暑の中、ご多忙にも関わらず大谷大学の元気な学生達を引き連れて調査の指揮をとる姿から、多くの刺激と知見を得ることができました。また、本稿の主題となった王城山古墳群についても、現地および出土遺物に関して貴重なご意見をいただきました。
 末筆となりますが、中村浩先生が古稀を迎えられたことを心よりお祝い申し上げます。益々のご活躍とご健康を祈念いたしますとともに、今後ともご指導いただきますようお願い申し上げます。

謝辞
 本稿は2016年3月に刊行した『乙金地区遺跡群15』「総括」の一部を改稿したものである。発掘調査・報告書作成や本稿の執筆にあたっては以下の方々にご教示・ご協力をいただいた。記して感謝申し上げます。
 小田富士雄・亀田修一・久住猛雄・小嶋篤・重見泰・武末純一・辻田淳一郎・寺井誠・中村浩・西谷正・坂靖・桃崎祐輔（五十音順・敬称略）

＊註
1 福岡県教育委員会（1977）、大野城市教育委員会（2016）。
2 時期区分については、『牛頸窯跡群─総括報告書Ⅰ─』（大野城市2008）に基づき、ⅢB期＝6世紀後半、ⅣA期＝6世紀末〜7世紀初頭、ⅣB期＝7世紀前半、Ⅴ期＝7世紀中頃、Ⅵ期＝7世紀後半とする。乙金地区の須恵器編年や年代観、新羅土器との併行関係については今後さらなる検討が必要である。
3 紙幅の都合上、詳細について触れることができなかった。註1文献および土井（1992）を参照されたい。
4 下原（2013）を参考にした。
5 宮川（1987・2000）、白井（1999）、重見（2012）を参考にした。

6 薬師の森遺跡第36次調査地（2017年度刊行予定）で、7世紀前半〜中頃に位置づけられる新羅土器が1点出土した。
7 寺井（2008）を参考にした。
8 坂（2005）を参考にした。
9 地域性の問題も含め当地域出土新羅土器の系譜を明らかにする必要がある。

【参考文献】
福岡県教育委員会（1977）『九州縦貫自動車道関係埋蔵文化財調査報告（Ⅸ）』
小田富士雄（1978）「対馬・北部九州発見の新羅系陶質土器」『古文化談叢』第5集
西谷正（1984）「九州出土の朝鮮産陶質土器について」『九州文化史研究所紀要』29
宮川禎一（1987）「文様からみた新羅印花文陶器の変遷」『高井悌三郎先生喜寿記念論集　歴史学と考古学』
江浦洋（1988）「日本出土の統一新羅系土器とその背景」『考古学雑誌』74-2
土井基司（1992）「横穴式石室から見た群集墳の諸相－博多湾周辺地域を中心に－」『九州考古学』第67号
東亜大学校博物館（1998）『巨濟鵝洲洞遺跡』古蹟調査報告書第27冊
白井克也（1998）「博多出土高句麗土器と7世紀の北部九州‐筑紫大宰・筑紫遷宮と対外交渉‐」『考古学雑誌』83-4
白井克也（1999）「大野城市出土新羅土器の再検討－須恵器との並行関係ならびに流入の背景－」『福岡考古』第18号
宮川禎一（2000）『陶質土器と須恵器』日本の美術第407号
坂靖（2005）「小型鉄製農工具の系譜」『橿原考古学研究所紀要』第28冊
寺井誠（2008）「古代難波に運ばれた筑紫の須恵器」『九州考古学』第83号
大野城市教育委員会（2008）『牛頸窯跡群―総括報告書Ⅰ―』（大野城市文化財調査報告書第77集）
重見泰（2012）『新羅土器からみた日本古代の国家形成』学生社
下原幸裕（2013）「筑前における古墳文化終焉の一様相―観音山古墳群の再検討―」『九州歴史資料館研究論集』38
上田龍児（2013）「御笠川流域の古墳時代‐集落・古墳の動態からみた画期とその背景‐」『福岡大学考古学論集2』
上田龍児（2015）「北部九州における古墳出土の新羅土器‐6・7世紀を中心に‐」『九州古文化研究会第174回例会発表資料』
大野城市教育委員会（2016）『乙金地区遺跡群15』（大野城市文化財調査報告書第136集）

六世紀前半代の大室古墳群
― 大室古墳群の変容 ―

風間　栄一

１．はじめに－大室古墳群における古墳築造の展開－

　大室古墳群は長野県長野市に所在する総数500余基の大型古墳群である。さらに500余基の約8割にあたる400基余りが積石墳丘を持つとされ、積石塚古墳が集中する特異な古墳群として列島最大規模を誇る。
　大室古墳群における古墳研究については、明治大学文学部考古学研究室による継続的な学術調査によって様々な様相が明らかにされている。特にこの継続調査について総括を行った佐々木憲一と河野正訓は、大室古墳群を積石墳丘・合掌形石室を主とする「前半期大室古墳群」と土石混合墳丘・横穴式石室を主とする「後半期大室古墳群」に二大別し、前半期大室古墳群が古式群集墳に、後半期大室古墳群が新式群集墳にそれぞれ該当することを指摘している（佐々木2015・河野2015）。この古式群集墳と新式群集墳が同一地域に築造されたという点は、古墳群の大型化の要因として大室古墳群の持つ特性のひとつに加えることができる重要な指摘となろう。
　そして、この特性に関する理解をさらに一歩進めるためには、古式群集墳段階と新式群集墳段階の間に挟まれた六世紀前半代に古墳群の様相がどう変化しているかを追求する必要性がある。そこで、小稿では筆者が大室古墳群展開の整理を進めるために行った9期区分（図1）に基づき、大室3期（古式群集墳段階）と大室5期（新式群集墳形成初期）の間に挟まれた大室4期に該当する既調査古墳事例について具体的に検討し、大室4期の様相の一端を探ることを目的としたい。

２．大室4期に該当する古墳事例の検討

（１）大室195号墳（鈴木ほか2015）
　195号墳は大室谷支群ムジナゴーロ単位支群に所在し、1989年に明治大学文学部考古学研究室によって発掘調査が実施されている。墳丘は石のみを積み上げた積石墳丘である。墳丘形態は明確な墳丘端部の確認はないが、

図1 大室古墳群の時期区分

参考年代	時期区分	古墳編年(和田)	古墳編年(集成)	埴輪編年	土器編年 広域編年 須恵器(田辺)	土器編年 広域編年 須恵器(中村)	土器編年 地域編年 (榎田)	土器編年 地域編年	鉄鏃編年 広域編年 (屋代)	鉄鏃編年 広域編年 (鈴木)	鉄鏃編年 広域編年 (水野)	鉄鏃編年 地域編年 (平林)	鉄鏃編年 地域編年 (中村)
375	前期	四期	4期	II期						3期	I期	中期I段階	中期前葉	I期
400	中期前葉	大室0期	五期	III期	TG232			古 I期			IIa期	中期II段階		
			六期	5期				新		4期	IIb期	中期III段階	中期中葉古段階	II期
			七期	6期		TK73	I-1							
					TK216	I-2					III期			
	中期中葉	大室1期	八期	7期	IV期	(ON46)		II期 古		5期		IV期	中期中葉新段階	III期
		大室2期				TK208	I-3							
	中期後葉	大室3期	九期	8期		TK23	I-4	新					中期後葉	IV期
500						TK47	I-5			6期				
	後期前半	大室4期	十期	9期	V期	MT15	II-1	III期 古		7期	後期前半	中期V段階		V期
						TK10	II-2					後期I段階		
						TK10新								
	後期後半	大室5期	十一期	10期		TK43	II-4		IV期 古	8期	後期後半	後期II段階	I期	VI期
600		大室6期				TK209	II-5	都城(西)				後期III段階		VII期
							II-6	飛鳥I			0期				VIII期
	終末期	大室7期				TK217	III-1	飛鳥II	V期 古		1期前	終末期		II期	IX期
		大室8期				TK46	III-2	飛鳥III				(その後)		
700						TK48	III-3	飛鳥IV	新		1期後			III期	X期
						MT21	IV-1	飛鳥V	代		2期				

積石の広がりと等高線から直径12mを測る円墳と推定されている。埋葬施設は南北方向に主軸を持つ2基の並列した竪穴式石室が確認されている。報告に従い、石室A、石室Bと呼称する。

石室Aは墳丘東側に位置している。側壁は板石と割石を小口積みで構築し、両小口は板石を立てている。床面はやや小振の割石が敷き詰められている。内法長1.94m、幅0.9mを測る。天井石はすでに失われているため石室高は不明であるが、残存高0.64mを測る。石室内からは鉄刀（刀身片・刀装具）、鉄刀子2、鉄鏃8が出土している。土師器・須恵器片の出土も認められるが、石室内に副葬されたとみられるものはない。報告では石棺に近い小竪穴式石室とされている。内法長1.94m・幅0.9mは、155号墳（内法長2.15m・幅1.00m）や168号墳（内法長1.82m・幅0.84m）の合掌形石室に近い数値となる。両小口は板状石を立てているが、設置上面高に20cmの高低差があり、北側が高く南側が低い。この小口の高低差から竪穴系横口式石室の可能性が指摘されている。こうした構造は合掌形石室にみられ

る構造と同様で、小口の低い側が横口部となる可能性が高いと考えられる。

　8点が出土した鉄鏃は長頸鏃5・短頸鏃2・短茎鏃1から構成されるが、これらの鉄鏃は台形関の一群（図2の▼付）と棘状関の一群（図2の無印）に分別できる。前者は長頸三角形鏃・長頸腸抉柳葉鏃・短頸三角形鏃であり、水野編年後期Ⅰ段階（水野2003）に、後者は長頸柳葉鏃と短茎三角形鏃で、後期Ⅱ～Ⅲ段階と捉えられる。特に前者のうち、8（図2の●付）は森8号墳（千曲市）に事例があり（佐藤1992）、石室内から出土した須恵器短頸壺からⅡ型式1段階（大室4期）併行期と捉えうる。

　石室Bは墳丘西側に位置している。長壁と北側短壁は板石を小口積みで構築し、南側短壁のみ板石を立てている。床面は小振の割石が敷き詰められている。内法長3.4m・中央幅1.25mを測る。天井石はすでに失われて

図2　195号墳実測図（報告より引用改変）　遺構：S=1/100　遺物：S=1/8

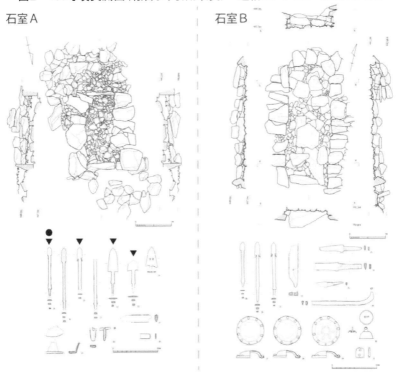

いるため石室高は不明であるが、残存高0.6mを測る。石室内からは鉄刀、鉄刀子、鉄鏃、馬具（無脚雲珠・鈴・飾り金具）、玉類（小玉・丸玉）が出土している。土師器・須恵器片の出土も認められたが、石室内に副葬されたとみられるものはない。構造・規模ともに石室Aとは異なり、報告では「横穴式石室の要素を備えた竪穴式石室の一種」とされている。特に南側短壁の外側には床面と同じレベルで小振りな平石が並べられていると報告されているが、これが墳丘外まで羨道として延びる、あるいはすでに破壊されたとみることは墳丘測量図からも現在の積石墳丘の状況からも考えづらい。構造の違いから南側短壁に入口の意識があることは確実視でき、竪穴系横口式石室と捉えることが最も妥当であろう。

　3点出土した鉄鏃は長頸三角形鏃1と長頸腸抉柳葉鏃2で、いずれも台形関となる。石室Aで出土した台形関の一群と同時期であり、水野編年後期Ⅰ段階に位置付けられる。馬具は雲珠・鈴・飾り金具と轡などの主要部材が欠損している。鉄鏃群とは時期が異なる位置付けに異論はなく、大室6期に追葬されたものと考えられる。

　以上のように、195号墳は2基の並列する竪穴系横口式石室を埋葬施設とする。石室Aは斜面上方側となる南側に横口部を持つ竪穴系横口式石室で、大室4期に築造され、大室5～6期に追葬が行われたと考えられる。B石室も斜面上方側に横口部をもつ竪穴系横口式石室で、大室4期に築造され、大室6期及びその後（大室7～8期か）に追葬が行われたと考えられる。なお、報告では195号墳の「築造は第187号墳以前、TK43型式期を含むそれ以前の6世紀」と慎重な見解が提示されているが、石室A・Bともに六世紀前半代に遡る遺物の存在が認められることから大室4期の築造と捉えることができる。

（2）**大室SM04号墳**（鶴田ほか1999）

　SM04号墳は1989～1990年に実施された上信越自動車道建設事業に伴う村東山手遺跡の面的な発掘調査によって確認された古墳である。同地点は大室古墳群大室谷支群（村東単位支群）と村東山手遺跡の複合遺跡で、大室古墳群に伴う発掘調査（21～25・ハ号墳）は村東山手遺跡とは別に調査が実施され、報告されている（大塚ほか1991）。

　墳丘はすでに失われ、埋葬施設も横穴式石室の一部が確認されたにすぎ

なく、墳丘形態・規模ともに明らかにはならなかった。周辺から出土した埴輪・土師器・須恵器から六世紀前半代に築造された古墳と報告されている。

横穴式石室と推定された埋葬施設は東壁の一部が確認されたにすぎない。確認された東壁は約2.5mに5石が配置され、最も残存のよい箇所で幅70cm・奥行80cm・厚さ40cmの石材が二段積まれている程度である。また、北側には幅50cm・厚さ25cm・高さ20cmの板状石が確認され、奥壁の可能性も指摘されている。一方、検出された人骨が埋葬姿勢を保っていないことから移動されていて、残存部分が横穴式石室羨道部に該当する可能性も指摘されている。

残存が悪いため、検出部分が横穴式石室玄室とも羨道とも想定が可能である。ただし、北側に続く石積範囲内においてこれらに対応する羨道や玄室の痕跡がまったく確認されていないことや、検出時の石材の集中状況から、確認された東壁周辺で埋葬施設が完結しているとみるべきであろう。

検出された東壁は旧表土とみられる黒色土を掘り込んで石材

図3 SM04実測図（報告より引用・改変）
遺構：S=1/80　遺物：S=1/8

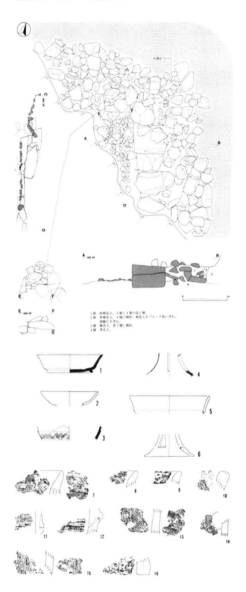

をほぼ水平に設置し、長手方向を主軸に直交させた小口積みである。多くの横穴式石室でみられる長手積みや腰石構造ではなく、使用石材の大きさや配置状況は195号墳石室Aや石室Bに近い。また、北側で奥壁とされた石材は厚さ25cmの板状石が立てて用いられた状況で、合掌形石室や箱形石棺、竪穴系横口式石室で認められる小口や短壁と同様な構造と考えられる*1。このように残存部分の特徴は195号墳の竪穴系横口式石室に構造的に類似し、さらに後述するようにSM04と195号墳とはほぼ同時期の築造であることから195号墳と同じ竪穴系横口式石室の可能性が最も高いと推定される。

　墳丘は東壁の裏側で人頭大の石材を多量に含む黒色土と褐色土の混合土が1～1.5mの範囲で認められている。その外側にも小振の礫を含む黒色土が確認されていて、土石混合墳丘の可能性が高い*2。

　出土遺物については、土師器（高杯）・須恵器（高杯）は六世紀前半代の様相を示し、特に土師器高杯の脚部にスカシ孔をもつ須恵器模倣形態は笹澤編年Ⅳ期中段階（笹澤1988）や榎田編年Ⅲ期新段階（広田1999）を中心にほぼこの時期に特定される。埴輪は小片が100点ほど出土しているが、接合個体がほとんどない細片で、全体像がわかるものはない。また、明らかな形象埴輪片もない*3。各破片からは、①調整はタテハケ一次調整、②外面に赤彩が認められる、③スカシ孔は円形、④突帯は面が不明瞭な断面台形で突出度が低い、⑤黒斑が確認できる、という特徴が挙げられる。これらの特徴に加えて口縁部や底部形態、非常に粗いハケメ（3～4本／1cm）等は同じ大室谷支群村東単位支群の241号墳出土埴輪に類似し、近似した時期と考えられる。241号墳は出土遺物から六世紀前半と考えられ、出土土器の位置付けからもSM04出土埴輪は六世紀前半の所産と捉えられる*4。

　以上より、SM04は墳丘規模や形態は不明であるが、竪穴系横口式石室を埋葬施設とする土石混合墳丘の古墳と推定される。出土した土師器・須恵器・埴輪から大室4期に築造され、奈良時代前半まで追葬が行われたと捉えられる。

（3）**大室107号墳**（大塚1969）
　107号墳は標高約570mと大室谷支群でも最も標高が高い位置に所在する

古墳のひとつである。1951年に明治大学により発掘調査が実施されている。

直径10mを測る円墳である。墳丘は調査以前から積土墳とされていたが、「径10cm前後の礫が含まれていた。しかし大室古墳群の主流を占める積石塚の様相とは大きな差異を示し、むしろ積土塚という表現が適切」（大塚1969、80頁）と報告され、石材の使用量が少ない土石混合墳丘と考えられる。

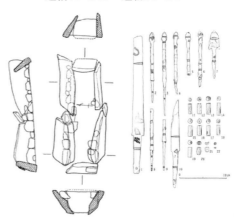

図4　107号墳実測図（報告より引用改変）
遺構：S=1/80　遺物：S=1/8

埋葬施設は全長2.15m、幅 0.6m（東端）～0.9m（西端）、深さ0.5mを測る箱形石棺である。床面は底板の使用や礫敷きはなく、叩き締められた状況であった。また、天井石は既に失われていた。この箱形石棺では、長側板や小口板が約30～45度に内傾し、長側板の内側には20～30cm大の複数の割石があたかも支石として設置されていた。報告者の大塚初重は「合掌形石室の系譜をつぐと思われる箱形石棺」（大塚1969、103頁）と評価し、桐原健（桐原2015）や中村新之介（中村2015）はこれを合掌形石室とする。

さて、あらためて箱形石棺の実測図をみると、西側小口部の断面は合掌形を呈し、傾斜角度が30～45度という点は大室古墳群における合掌形石室の天井傾斜角度と一致している（風間2015）。しかし、南東側の長側板と西側の小口板は内傾せずに直立に近く、すべてが内傾した合掌形とはなっていない。意図的とも偶然とも取れるこの形態が合掌形石室とどの程度関連を持つかを考えるためには、大塚が提起した「合掌形石室の構築と共通した意識の存否」を検討する必要性があろう。大室古墳群における箱形石棺の調査事例としては 185号墳（佐々木ほか2015）があるが、長側板や小口板は底板と同一レベルに設置されている。積石墳丘はもとより土石混合墳丘でも墳丘築造後に墓壙を造ることは非常に困難であるため、墳丘構築過程の中で構築墓壙が整えられたと考えることが自然であろう。これに対し、

合掌形石室では長側板や小口板は床面(底板)よりも深く設置されている。箱形石棺と同じように設置面(構築墓壙)が整えられたとは考え難く、墳丘構築の途上で長側板と小口板が設置され、その内外が墳丘とともに一定の高さまで積み上げられたと考えられる*5。このように整理すると、107号墳では底板の使用はないが、側板・小口板は叩き締められた床面と同一高に設置されていて、箱形石棺の構築方法に準じている。長側板内側の割石の役割を考慮しなくてはならないが、合掌形石室の構築とは大きく異なっていることが指摘できよう。

　出土遺物は箱形石棺内から大刀1・刀子1・鉄鏃・玉類(管玉・棗玉・ガラス玉)が出土している。鉄鏃は長頸三角形鏃と短頸腸抉三角形鏃から構成され、いずれも台形関となる。すでに中村新之介が指摘しているように中村編年V期(中村2015)に該当し、六世紀前半(大室4期併行)と捉えられる。玉類は管玉9・棗玉2・ガラス玉1が出土している。北信地域の玉類を分析した斎藤あやによってⅢ期(六世紀前半)に時期区分されている(斎藤2015)。

　以上より、107号墳は箱形石棺を埋葬施設とする直径10mの土石混合墳丘の円墳で、大室4期に築造されたと捉えられる。

3．まとめ－大室4期における古墳群の変容－

　大室4期は先行する3期や後続する5期に比べて圧倒的に古墳数が少なく、古墳造営活動が低調になったことが確実である。しかしながら、該期事例として検討した3基の古墳はいずれも先行する3期とは異なる要素を備えた古墳築造を行っていて、単に古墳造営活動が低調という認識のみでは推し量れない重要な転換点を含んでいると評価される。

　195号墳石室A・石室B、SM04は竪穴系横口式石室と捉えた。先行する3期は積石墳丘内に合掌形石室をもつ古墳が主体となる。竪穴系横口式という点においては合掌形石室も出現時から横口構造を備えると指摘されていて(土生田2006)、この継続と捉えることも可能である。しかし、現在までのところ、合掌形石室では追葬の痕跡は認められず、下部構造が石棺様であることからも単一埋葬のための施設であると考えられる。それに対し、今回指摘した3基の竪穴系横口式石室はいずれも追葬が認められて

いることから、同じ横口構造を備えた埋葬施設の形態変化による継続とは考え難い。墳丘は107号墳・SM04が土石混合墳丘と捉えた。先行する3期では石のみによる積石墳丘であり、該期に登場した新しい墳丘形態である。SM04では新たな竪穴系横口式石室と組み合うが、107号墳では3期から継続する箱形石棺の古墳に導入されている。これは195号墳の竪穴系横口式石室が石のみの積石墳丘内に構築されていることも合わせて、新しい要素を兼ね備えた新たな古墳の登場という単純な背景では理解できない。

このように、古墳造営活動の低調となる大室4期に竪穴系横口式石室と土石混合墳丘が導入されている。石のみの積石墳丘内に合掌形石室（箱形石棺）を構築し、墳丘上には埴輪（あるいは壺）を立て並べるという規範とも評価できる規則性に則って古墳造営が為されていた3期の様相とは一線を画し、その変容ぶりは際立っている。一方で該期には241号墳や356号墳といった3期から継続する合掌形石室墳の造営も行われており、3期から4期の継続と変容は入り交じったモザイク状となっている。大室古墳群最大の特徴である積石墳丘・合掌形石室の終焉を理解するためにはこの継続と変容のモザイクを丹念に解きほぐしていくことが次の課題となろう。

　学生時代、毎年のように中村浩先生の指導の下実施された発掘調査に参加し、古墳や窯跡の調査を通じて得た沢山の知見は、二十数年経った今でも私にとってかけがえのない大きな財産となっています。
　あらためて先生からこれまでに賜った学恩に感謝し、古稀を迎えられることをお慶び申し上げます。

　また、小稿を草するにあたり、先学諸兄からは御教示を賜り、関係機関からは資料実見に伴う御便宜を図っていただきました。末筆ながら記して感謝します。
　飯島哲也　河野正訓　忽那敬三　佐々木憲一　鶴田典昭　西山克己
　宮代栄一　長野県立歴史館　明治大学文学部考古学研究室
　明治大学博物館　　（順不同、敬称略）

＊註
1　石材の使用方法は同じであるが、幅が50㎝と狭く、高さが20㎝と低い点は問題

点を残す。
2 ただし、出土した埴輪にはまったく接合資料がなく、石のみで構築された積石塚古墳でよくみられる状況に近い。墳丘の表面に近い部分は石のみが使用され、積石墳丘として仕上げられた可能性も想起される。
3 径が小さい破片等がみられ、形象埴輪が含まれる可能性は残る。
4 大室谷支群では後期後半代以降の古墳において埴輪の使用が認められないことから、SM04出土埴輪が大室谷支群で最も新しい埴輪となる。すると大室谷支群では大室3期の埴輪導入から大室4期の最後の埴輪まで一貫して野焼き焼成が継続していることとなり、周辺との比較において注目される事象である。
5 合掌形石室の155号墳や225号墳では床面として設置された底板下より鉄刀や鉄鏃等の遺物が出土し、155号墳の報告者である田村隆太郎や225号墳の報告者である草野潤平によって古墳築造途上の儀礼との関連性が指摘されている(大塚ほか2006、佐々木ほか2015)。こうした現象は合掌形石室の構築工程において、石室内部では床面(底板)の設置時に重要な工程の転換があり、儀礼が執り行われたと理解される。なお石室外側については168号墳の調査成果(小林ほか2008)より、天井石を設置する段階に工程の転換があったと考えられる。

【引用文献】
大塚初重(1969)「長野県大室古墳群」『考古学集刊』第4巻第3号、東京考古学会
大塚初重・小林三郎・平田禎文(編)・安藤道由・鈴木直人(1991)『上信越自動車道埋蔵文化財発掘調査報告書3-長野市内 その1-大室古墳群』((財)長野県埋蔵文化財センター発掘調査報告書13)(財)長野県埋蔵文化財センターほか
大塚初重・小林三郎(編)ほか(2006)『信濃大室積石塚古墳群の研究Ⅱ-大室谷支群・大石単位支群の調査-』東京堂出版
風間栄一(2015)「第Ⅲ章2.保存修理工事 241号墳 3.整備方針 合掌形石室の天井復元について」『史跡大室古墳群エントランスゾーン保存整備事業報告書』長野市
河野正訓(2015)「大室古墳群の群構造とその変遷」佐々木ほか(2015)考察篇所収
桐原 健(2015)「棗玉と切子玉」『長野県考古学会誌』150、長野県考古学会
小林三郎・大塚初重・石川日出志・佐々木憲一・草野潤平(編)ほか(2008)『信濃大室積石塚古墳群の研究Ⅲ-大室谷支群・ムジナゴーロ単位支群第168号墳の調査-』六一書房
斎藤あや(2015)「玉類の変化の画期と流通-北信地域の大室古墳群を中心に-」佐々木ほか(2015)考察篇所収
佐々木憲一(2015)「第5章 総括」佐々木ほか(2015)報告篇所収

佐々木憲一・河野正訓・高橋透・新井悟（編）ほか(2015)『信濃大室積石塚古墳群の研究Ⅳ－大室谷支群ムジナゴーロ単位支群の調査－』報告篇・考察篇、明治大学文学部考古学研究室

笹澤　浩（1988）「古代の土器」『長野県史』考古資料編　全一巻（四）遺構・遺物、長野県史刊行会

佐藤信之（1992）「8号墳」『史跡森将軍塚古墳』更埴市教育委員会

鈴木直人・高橋透・中村新之介・河野正訓・谷畑美帆・畑中成美・古庄千織・佐々木憲一（2015）「第195号墳」佐々木ほか(2015)報告篇所収

鶴田典昭（編）・石原州一・阿部芳郎・河西学・茂原信生・櫻井秀雄（1999）『上信越自動車道埋蔵文化財発掘調査報告書8－長野市内　その6－村東山手遺跡』（長野県埋蔵文化財センター発掘調査報告書44）長野県埋蔵文化財センターほか

中村新之介（2015）「古墳時代北信における鉄鏃－大室古墳群を中心に－」佐々木ほか(2015)考察篇所収

土生田純之（2006）「積石塚古墳と合掌形石室の再検討－長野・大室古墳群を中心として－」『古墳時代の政治と社会』吉川弘文館

広田和穂（1999）「第Ⅴ章第1節　3古墳時代中期～後期」『上信越自動車道埋蔵文化財発掘調査報告書12－長野市内　その10－榎田遺跡』（長野県埋蔵文化財センター発掘調査報告書37）長野県埋蔵文化財センターほか

水野敏典（2003）「鉄鏃にみる古墳時代後期の諸段階」『後期古墳の諸段階』（第8回東北・関東前方後円墳研究会大会発表要旨資料）東北・関東前方後円墳研究会

関東出土の軟質土器

酒井 清治

1．はじめに

　日本列島には多くの渡来人が渡ってきたが、渡来人が残した土器から渡来人の存在や出自が論議されてきた。

　渡来人が5世紀に故地において使用した土器は、煮沸具を中心とした軟質土器である。列島に渡来しても軟質土器を製作しており、韓式系土器と呼ばれている。舶載したものと列島で製作したものを区別すべきであるが困難な場合が多く、本稿では軟質土器としておく。

　関東出土の軟質土器は、近年増加してきているものの近畿、九州と比較すると数はわずかで、渡来人との関わりを検討しようとしても限界がある。軟質土器の出土についても、平底鉢（韓国では深鉢形土器とする）・甑・竈・壺・甕のセットが出土すれば渡来人の存在が確実で、そのセットが崩れる程渡来人の存在が不明確になると考えられているが、関東のように軟質土器の出土が少なく、複数個体の出土もほとんどない地域では、渡来人の存在を土器から探ることが出来なくなってしまう。

　かつて関東において複数個体出土する遺跡は千葉市大森第2遺跡第68号住居跡だけであったが、その後いくつかの遺跡から出土しており、複数個体出土する軟質土器を検討し、渡来人との関わりなどについて考えてみたい。

2．関東において複数固体出土する軟質土器

（1）千葉市大森第2遺跡第68号住居跡

　大森第2遺跡は、千葉市大森町222番地の台地上にある。京葉道路の発掘で、90軒の住居跡のうち和泉期の住居跡33軒が検出され、うち6軒から須恵器が出土した。また、鬼高期の住居跡4軒も発掘され、うち1軒から須恵器が出土した。

　68号住居跡は、発掘区端に一部分が三角形状に確認され、区域外の約1

/2は未発掘である。出土品は土師器の坩・高坏・土製品・石製模造品・土製小玉とともに、朝鮮半島系土器の軟質土器である平底鉢1点、列島では出土例の少ない平底坏（韓国では盌とする）2点が出土した（酒井1985）。

①格子文タタキ平底坏（第1図1）

口径12.1、底径7.4、器高4.9cmである。平行文タタキ平底坏と同様体部が膨らむが、口唇部が肥厚し外斜する特徴を持つ。外面は中位に格子文タタキが文様のように巡るが、上位にも施されており口縁部のナデで消えかかっている。体部最下位には右から左へのケズリを施す。

内面は、中位上方に小さく平たい面があり、アテメの可能性がある。胎土は0.2mmの砂粒が多量に含まれているが、表面には目立たず、胎土は泥質で、色調はにぶい褐色である。

②平行文タタキ平底坏（第1図2）

口径11.3、底部径8.4、器高4.4cmである。平底から緩やかに内彎する。口唇部は平坦面を作りわずかに内斜する。外面は平行文タタキが体部中位に巡る。体部最下位には右から左へのケズリを施す。

内面には中位から上位に小さな平らな平坦面があり、アテメの可能性がある。胎土は0.1mmの石英粒を多量に含み、表面にも現れている。焼成は良好で堅く重い土器で、色調は赤燈色である。

③斜格子文タタキ平底鉢（第1図3）

口径10.5、底部径7.3、器高8.9cmと小型である。平底から直線的に開き、胴部上位でくの字に屈曲し窄まり、頸部で大きく折れて水平に近く広がる口縁部に至る。口縁部はわずかに窪みを作ることが特徴である。底部と体部の境に、底部円板作りによる粘土接合痕がある。体部外面は斜格子文タタキ*1痕が見られる。体部最下位は粘土接合痕を消すように、右から左へのケズリを施す。底部は、4.3×4.1cmの方形痕が見える。

内面は、横位のナデが巡り、体部と底部の接合部には指頭による強いナデが施される。砂粒は少なく、色調はにぶい褐色である。

（2）東京都足立区花畑遺跡Ⅱ49号落込み

花畑遺跡（足立区№20遺跡）は、東京都足立区保木間5丁目38番地の毛長川右岸で標高3mほどの自然堤防上にある。上流約2kmには陶質土器の平底瓶と縄蓆文叩きに螺旋文を巡らす壺や、多くの初期須恵器を出土した伊

第1図 関東出土の朝鮮半島系土器と関連土器

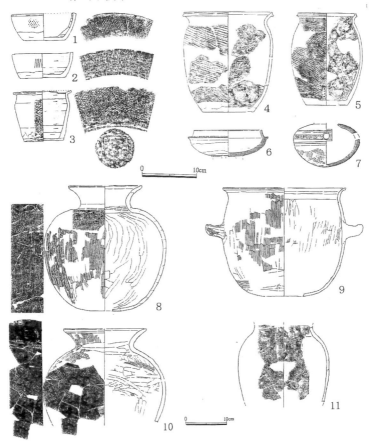

1～3 千葉市大森第2遺跡　4～7 足立区花畑遺跡
8～11 渋川市吹屋・糀屋遺跡

興遺跡がある。
　花畑遺跡第Ⅱ次調査では古墳時代、中世の遺構が見つかったが、古墳時代中期後半から後期前半の住居跡・土坑・井戸・溝・落込みが検出され、初期須恵器・石製模造品をはじめ、多くの出土品から、祭祀関連遺構の存在が想定でき、伊興遺跡との関係が考えられる。
　落込みは第Ⅱ次調査で39基が検出されており、古墳時代前期が7基、中

期が32基でいずれも浅く、形状は不整で用途も不明であるが、土師器、あるいは須恵器などが出土する。

49号落込みは、A区西端に位置し一部未掘であるが、確認できた規模は長軸0.69m、短軸0.37m、深さ0.33mの楕円形である。49号落込みから陶質土器の有蓋高坏1点、軟質土器平底鉢2点が、須恵器TK208型式の甑と土師器壺とともに出土した（市川ほか2015）。

①平行文タタキ平底鉢1（第1図4）

口径は推定15.9cm、器高は残存高17.5cm、底径は推定9.0cmで口径よりも器高が高く、最大径は口縁にある。平底の底部はほぼ欠損しているが、胴部は膨らみながら緩やかに立ち上がり、上位の胴部最大径を経て頸部で括れ、口縁部は大きく外反し、口唇部端面は沈線が巡ることが特徴である。

底部円板作りであり、胴部外面はやや右下がりの平行タタキ文が見られるが、下位はさらに右下がりとなる。タタキののち口縁部をヨコナデし、胴部最下段は右から左へのヘラケズリを施す。内面は、同心円文の当て具痕が見られるが、下位は当て具によると思われる窪みが見られる。胎土は粒形が角、亜角の砂粒を多量に含み、石英、赤色・黒色粒も見られる。焼成は甘く、赤褐色から褐色で、特に上半部は煤が付着し、煮沸具として使用されたようである。

②平行文タタキ平底鉢2（第1図5）

口径が推定10.3cm、器高は16.2cm、底径は7.4cmで、最大径は洋樽形の胴部中位にある。平底であるが周縁が高くやや上げ底になる。口縁部はゆるく外反し、口唇部端面は平底鉢1と同様沈線が巡る。

底部円板作りであり、胴部外面は右下がりの平行文叩きで、最下段は水平に近いタタキとなる。タタキののち、口縁部をヨコナデし、最下段は右から左へのヘラケズリを施す。内面は当て具の痕跡はあるが、無文である。底部から体部への屈曲部には、指頭によるナデが巡る。胎土は平底鉢1と同様、粒形が角、亜角の石英、長石など砂粒を多量に含む。焼成は甘く、黒褐色から黄褐色である。

③陶質土器有蓋高坏（第1図6）

口径は12.2、坏部高4.7cmである。脚部は欠損し、坏部はほぼ完存するが、脚部接合のためロクロ回転でヘラにより4周ほど螺線状刻線が入れられる。坏部底面に長方形の透しを切り込んだ上辺の痕跡がみられることか

ら、長方形三方透かしである。坏部口唇部は内斜する面を持つ。内外面に自然釉が見られ光沢を持つ。坏部底面は、回転および一部手持ちヘラケズリののち、ナデにより平滑になる。高温で焼成され堅緻で、器肉はセピア色を呈し、白色粒をわずかに含む良質な土である。

(3) 吹屋糀屋遺跡2号土器集中遺構・Ⅲ区ローム上遺構外

　吹屋糀屋遺跡は群馬県渋川市吹屋字糀屋に所在する。遺跡は榛名山東麓の利根川と吾妻川に挟まれた河岸段丘上にあり、近くに黒井峯遺跡などがある。遺跡は榛名山の火山灰である5世紀末、あるいは6世紀初頭といわれているFA（Hr-FA）と、6世紀中葉のFP（Hr-FP）が降下し、FA下のローム上面からは竪穴建物跡31軒、掘立柱建物跡2棟、土器集中遺構4基が見つかっている。

　遺跡Ⅲ区の43号と46号住居跡の間から、2・3・4号土器集中遺構が、やや東から1号土器集中遺構が見つかったが、祭祀行為の一形態と想定されている。2号土器集中遺構の図示された土器36点の多くは土師器の甕で、そこから軟質土器の甕1点と把手付き堝1点が出土した。また、ローム上遺構外から出土した土器は300点以上が図示されているが、石製模造品も出土することから祭祀等の可能性も想定されているものの、断定はできないようである。ここから軟質土器の甕1点と長胴甕1点が出土した（山口2007）。

　①縄蓆文タタキ甕（第1図8）
　Ⅲ区2号土器集中遺構出土。底部は平底に近い丸底であるが叩き出しか不明である。胴部は球胴で、口縁部は大きく外反し、厚みがあり重い。
　外面は縄蓆文タタキが施され、文様の粗さは第1図11の長胴甕と類似する。タタキが確認できるのは上部のみで、叩き具による平坦面が確認できる。下位はハケメで消されている。ハケメは埴輪の刷毛目と違い、櫛歯文に近く粗い。タタキの後に口縁部をヨコナデする。内面は下から上へのナデが施され、当て具の痕跡は不明である。
　外面には黒斑が肩と相対する胴下半にある。胎土は多量の砂粒や小石を含み、最大1cmの砂利が見える。片岩も多く、本遺跡の軟質土器では最も砂粒が多いが、角閃石は見えない。色調は茶褐色である。
　②把手付き堝（第1図9）

Ⅲ区2号土器集中遺構出土。底部は第1図8の甕と同様平底に近い丸底である。球形の胴中位やや上に把手が付き、口縁部は短く外反する。把手は片方だけ残存するが、朝鮮半島、近畿の出土例よりも短い。ナデ痕が明瞭で、把手上面にヘラによる切れ目が入る。一方の把手は欠失しているが、内面から差し込んで装着しており、剥離した痕跡が明瞭である。
　外面は細かく浅い埴輪のハケメに近いタテハケで、タタキは格子文と思われる痕跡が見えるが、不明確である。内面はタテナデでわずかな部分にハケメが見える。内外面とも器面が荒れ、特に外面底部は第1図8の甕と同様擦れて摩滅する。黒斑は胴部下半に一か所あるが、火に掛けた煤痕は不明確である。胎土は、1～3mmの砂粒が多く、片岩も少ないが含む。第1図8の甕のような大きめの石は少ないが、一部に最大8mmの石（石英）が見られる。色調は茶褐色で明るい色である。
　③格子文タタキ甕（第1図10）
　Ⅲ区ローム上遺構外出土。胴部下位は欠失するが、球胴で第1図8の甕に類似する。口縁部は丸く立ち上がり外反し、口縁内面は整形痕が見えないほど摩耗し滑らかであるのは、別の器形を乗せた可能性もある。厚みがあり重く整形も丁寧なつくりである。外面は格子文タタキの後、胴部中位以下はヘラナデ、中位から肩部は右下から左上への粗いハケメが施される。肩部から頸部近くと口縁部は、下から上へのハケメが施され、その後口縁はヘラによるヨコナデが見られる。内面は胴部下位にアテメ状の窪みが残り、上位を右から左へのヘラナデを行う。胴最上部は、外面のタテハケに合わせてタテナデを行う。
　黒斑は口縁部のみに見える。胎土は、小さな砂粒を含み、片岩もわずかに見られる。
　④縄蓆文タタキ長胴甕（第1図11）
　Ⅲ区ローム上遺構外出土。長胴甕と考えられるが、やや肩部が張る特徴を持ち類例が少ない。口縁は頸部が丸く外反し、第1図8・10の甕と類似する。胴部は縄蓆文タタキが全面に見られるが、上半は縦方向の縄目が、中位から下半は横方向とタタキ方向が異なるが、タタキの切り合いはなく前後は不明である。タタキの後に、外面の中位から上位にかけてハケメが見られるが、縄蓆文を消すまでには至っていない。ハケメは細かく、第1図9の堝と類似する。また、タタキの後に口縁部をヨコナデする。

内面は下から上へのユビナデでを行いアテメを消すが、中位にわずかに青海波文が見られる。胎土は最大7㎜で、5㎜以下の砂粒が目立つが数は少ない。片岩を少し含み、角閃石もごくわずかに見られる。茶褐色から橙褐色である。

（4）群馬県高崎市剣崎長瀞西遺跡

　群馬県高崎市剣崎町の八幡台地上に位置するが、北側に烏川、南側に碓氷川が東南流する。集落は台地の北東縁辺に沿った場所に広がり、北東斜面から入る支谷でⅠ区とⅡ区に区切られ、住居跡から軟質土器が出土した。また、Ⅰ区には、従来から知られていた三角板革綴式短甲などを出土した剣崎長瀞西古墳を含めて円墳11基、方形墳3基、積石塚5基、竪穴式小石槨2基がある。方形墳である10号墳からは、大加耶系の長鎖式金製垂飾付耳飾が出土し、葺石部分から軟質土器片も見つかった。積石塚はいずれも方形で川原石を積み、最も大きな100号墳でも4.2×3.7ｍと小形である。13土壙は、加耶系のＸ字銜留付環板轡を装着したままの犠牲馬と考えられる馬骨が出土した。

　住居跡は、支谷を挟みⅠ区、Ⅱ区に広がり、竈を持たないものが16軒、竈を持つものが33軒検出された。このうち軟質土器片を出土した住居は14軒で、同時期の住居の中でも支谷の縁辺に沿って分布する。軟質土器は、破片数を含めて56点あるが、格子文タタキの甑2個体と平行文タタキの長胴甕1個体および把手2点、小把手1点が確認できる（黒田2004）。

　①格子文タタキ甑（第2図1・2）

　甑（1）は、小さい平底から膨らみを持ちながら立ち上がり、口縁部は大きく外反する。残存する蒸気孔は底部周縁に並列し、孔は推定1.3㎝かそれよりも小さい。おそらく1㎝程度の蒸気孔が間隔を保ち開けられた多孔式で、蒸気孔は寺井誠分類a2類かa3類（寺井2016）であろうが、中心にやや大きめの円孔が開く可能性もある。

　甑は胴部の形態から2種類あるようで、把手も先端が截頭と丸みを持つ2種ある（第2図3・4）。把手はいずれも上面にヘラによる刻みを入れており、下面に刺突の痕跡が見られる。把手の接着方法は、胴部に開けた孔に内面から差し込み接合している。甑は両者とも格子文タタキで、2は胴部中位に指による二本接したナデが巡り把手の位置を示す。口縁部の形態

第2図 関東出土の朝鮮半島系土器と関連土器(2)

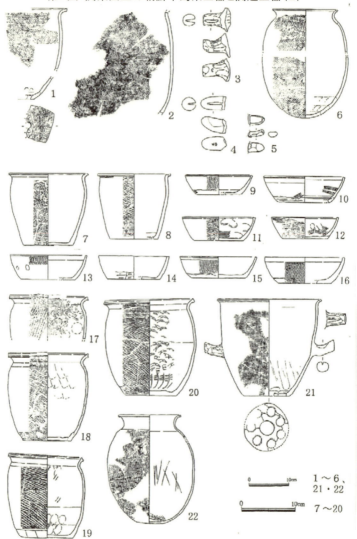

1～6 高崎市剣崎長瀞西遺跡　7 光州東林洞Ⅱ遺跡　8～11 同Ⅲ遺跡
12 光州長燈遺跡　13～16 光州山亭洞遺跡　17・18 馬山玆山洞遺跡
19・20 馬山合城洞遺跡　21 寝屋川市蔀屋北遺跡　22 大阪市長原遺跡

についても、前述した大きく外反する形態と、小さく外反する破片があり、やはり2個体が想定でき、いずれも軟質土器の特色を保持している。なお、小形の把手が1点出土しているが、甑か不明確である（第2図5）。

　②平行文タタキ長胴甕（第2図6）

　長胴甕は、丸底で中位が最大径の長胴である。口縁部は丸く外反する。外面胴部中位から頸部にかけて垂直からやや右に傾いた平行文タタキが、下半部は底部叩き出しによる不定方向の平行文タタキが施される。口縁部はタタキの後ヨコナデされている。内面は底部付近に粘土接合痕が残る。

3．複数固体出土軟質土器の特徴

（1）大森第2遺跡

　大森第2遺跡の軟質土器は、一般的な平底鉢1点とともに、列島では出土例の少ない平底坏（韓国では盌とする）2点が出土する。3個体ともそれぞれ斜格子文、平行文、格子文とタタキ文が異なり、胎土、焼成も相違する。平底鉢は韓国各地で出土する器形であるが、地域によって形態やタタキ文など差異がある。

　土田は百済の領域拡大に伴い、漢城から順次南へ縄蓆文タタキが広がっていくと考えている（土田2012）。忠清道、全羅道地域では、格子文タタキが主体である。大森第2遺跡平底鉢は、斜格子文タタキであることから、漢城地域よりも南で、全羅南道までの百済・馬韓地域の土器といえよう。

　重藤輝行は、九州の馬韓・百済系土器を検討する中で、福岡市吉武遺跡群第2次SD07の平底鉢を取り上げた。この2点の平底鉢は口縁部などが大森第2遺跡例に類似し、鳥足文と格子文タタキである（重藤2016）。土田は「深鉢形土器に鳥足文を施文する例は、4点しか確認されていないが、そのほとんどが全羅南道に集中している」と崔栄柱の論文を引用している（土田2012）。

　大森第2遺跡平底鉢の類例は、全羅南道の光州東林洞遺跡Ⅱ23号住居跡（第2図7）・同Ⅲ151号溝（第2図8）・同Ⅲ162号溝、光州山亭洞遺跡56号住居跡から格子文タタキが出土している。大森第2遺跡の平底鉢は、形態、斜格子文タタキ、口唇部内面が浅く匙面状に窪む口縁形態などから、百済よりも馬韓（栄山江流域も含まれるが、それよりも広い全羅道）地域の製品と

結論づけておく。

平底坏は百済・馬韓に多い器形である。大森第2遺跡の格子文タタキ平底坏は、口唇部の肥厚と外斜（外傾）が特徴的で、このような口縁は、東林洞遺跡Ⅲ74号溝（平行・不明）（第2図 9・10）・同Ⅲ 151号溝（平行）（第2図11）、羅州長燈遺跡51号住居跡（格子）（第2図12）がある。大森第2遺跡の平行文タタキ平底坏は、口唇部にわずかな平坦面をもつが、類例は東林洞遺跡Ⅱ37号住居跡（格子）・同Ⅲ74号溝（平行）、山亭洞13方形建物跡（平行）（第2図13）・同1号溝（無文・平行）（第2図14・15）・同地表収拾（鳥足）（第2図16）がある。

大森第2遺跡の類例は光州・羅州周辺に多く、東林洞遺跡Ⅲ151号溝からは平底鉢、平底坏が共伴し、Ⅲ74号溝からは平底坏の二つの形態が共伴することから、馬韓の光州・羅州付近から大森第2遺跡へ渡ってきた人々によってもたらされたのであろう。その時期は5世紀後半代と考えられる。

（2）東京都足立区花畑遺跡

花畑遺跡Ⅱ次調査49号落込みの軟質土器平底鉢は、平行文タタキであること、第1図4には同心円文アテメが見られることが特徴である。また、口唇部に沈線が巡ること、底部円板作りであり、その接合部付近をヘラケズリすることである。

平行文タタキと同心円文アテメは慶尚道の加耶に主体的に見られ、百済・馬韓地域には見られない。また、口唇部の沈線形態は、慶尚北道にもあるが慶尚南道の地域に多いようである。このような特徴を含めて類例を探すと、慶尚南道馬山市玆山洞141-21番地一帯の住居環境改善による道路地域の発掘で複数出土している。B地区3-4トレンチ拡張部から、軟質土器平底鉢・甑・壺・長胴甕などとともに、陶質土器有蓋高坏・同蓋・把手付き盌などが出土した。陶質土器は、慶尚南道西部で出土する縦1列の二段透し無蓋高坏や、小加耶系の高坏蓋が出土する。報告ではこれらⅧ層の土器を5世紀1/4〜2/4分期の間に比定している（東亞文化研究院2005）。

玆山洞の軟質土器は、タタキが平行文であるが、平底鉢や壺に同心円文アテメが見られるものもあり、平底鉢には無文・平行文・格子文のアテメもある。玆山洞の平底鉢の多くは、口唇部に沈線が巡り、花畑遺跡例と共通点を持つ（第2図17・18）。

馬山合城洞遺跡15号石槨墓（第2図20）や87号石槨墓（第2図19）からも同様の平底鉢が出土する。共伴する陶質土器は、15号石槨墓から小加耶の有蓋高坏・台付壺・壺、交互透しを持つ無蓋高坏、昌寧式のつまみに透しを入れる蓋、87号石槨墓からは、小加耶系の有蓋高坏・壺、把手付盌が出土する。時期は莅山洞よりも降ると考えられる。合城洞の軟質土器平底鉢は、陶質土器とともに1点ずつ出土するが、14号石槨墓や87-1号木槨墓でも同様であり、平底鉢だけが選択されていることは注目される。15号と87号例は、内面に青海波文アテメが見られるが、14号例は格子状のアテメである（慶南考古学研究所2007）。

平底鉢で類似の口唇部は、馬山だけでなく漆谷郡鳩岩洞56号墳や釜山市堂甘洞27号墳にもある。このほか類似した口唇部が、金海余来里遺跡で6世紀前半の25号竪穴から長胴甕が、咸陽牛鳴里遺跡から甑が出土しており、馬山だけでなく慶尚道に広がりを見せるが、類似の口唇部を持つ平底鉢は少ない。列島においても同様で、八尾市郡川16号墳の平底鉢、大阪長原遺跡の長胴甕、奈良大和高田市土庫長田遺跡の甑、和歌山鳴神遺跡の甑、大阪城跡OS06-2次の甑などにあるが、やはり平底鉢は少ない。

花畑遺跡例は、口唇部や同心円文アテメから列島に類例は少なく、出土する2点は共通する胎土であることから、朝鮮半島産の馬山を中心とした地域で製作された可能性が高い。また、共伴する陶質土器有蓋高坏の坏部も、脚部接合部から二段三方透かしと考えられ、基部が太い特徴からも、咸安地域の安羅加耶系の土器であろう。朝鮮半島で製作された軟質土器2点、陶質土器1点が1基の落込みから共伴した点から、馬山周辺の渡来人が直接もたらしたといえよう。なお、共伴する甑（第1図7）は陶邑産でTK208型式であることから、5世紀中葉頃であろう。

上流約2kmの伊興遺跡には陶質土器の平底瓶と縄蓆文タタキに螺旋文を巡らす壺が、多くの初期須恵器とともに出土している（酒井1996）。伊興遺跡は多くの初期須恵器や祭祀遺物から、海上と河川を結ぶ結節点としての拠点であろう。渡来人もこのような西方の文物が運ばれる地域に居住したと考えられる。

(3) 吹屋糀屋遺跡

甕（第1図 8・11）は縄蓆文タタキ、甕（第1図10）は格子文タタキ、塯

（第1図9）はタタキ不明確の軟質土器である。第1図8・10の甕は器形・技法が類似し、報告では甕とする。出土土師器は壺がほとんどなく甕が主体であるが、第1図8・10の甕と比較すると軟質土器の方が厚みがあり重く、頸部が細く、丁寧な作りであることから壺の可能性もある。軟質土器はいずれもタタキのあとにハケメで整形しており、堝は完全に消した可能性もある。また内面は、長胴甕（第1図11）のみ青海波文の当て具痕がわずかに確認できたことから、当て具痕があったことは確かであるが、ほとんどナデで消されている。

　これらの胎土で共通することは、量差はあるものの大きな砂粒を含むことと、片岩の含有である。また、吹屋糀屋遺跡の土師器は、片岩を含まないが角閃石を含み、軟質土器には角閃石をほとんど含まないことから、当地で製作した製品ではなく、片岩の分布する群馬県南端鏑川流域の藤岡付近で作られ搬入されたことが考えられる。いずれの器形も当地の土師器にはない器形で、甕（第1図8）・把手付き堝（第1図9）は丸底であること、タタキ成形を行うことから渡来人が製作したのであろう。

　この渡来人が藤岡で製作した土器が、約50km離れた吹屋糀屋遺跡へなぜもたらされたのであろうか。①渡来人が藤岡から渋川の地へ移動し、それに伴い搬入された。②軟質土器の製作拠点が藤岡にあり、渡来人のネットワークの中で渋川に居住する渡来人の元へもたらされた、が考えられる。いずれの場合でも4個体では少なく、出土量の多い平底鉢・甑など他の器種がなく、渡来人が居住していたならば甕と堝に限定されるのは疑問も残る。いずれも煮沸具であり、渡来人の生活什器である。甕と堝（第1図8・9）の底部は摩滅し、甕（第1図10）は口縁内面が摩耗しており、甑を乗せた可能性もあり、近接して4個体出土していることから、渡来人が使用した可能性が高い。

　軟質土器は、2号土器集中遺構では、土師器坏・埦・鉢・高坏・多くの甕と出土し、ローム上遺構外では、須恵器蓋坏・甑・高坏・甕、土師器坏・埦・高坏・坩・ミニチュア土器・小型甕・甕・石製模造品と出土する。この出土器種の構成は、住居跡出土品とそれほど変わりがない。須恵器から見たこれらの時期は、5世紀中葉以降であろう。吹屋糀屋遺跡全域を見ても軟質土器に一般的な平底鉢・甑・壺は見られず、渡来人が器種を煮沸具に限定して入手したのであろう。約50km離れた特定の製作地から手に入

れていることから、渡来人の土器入手には広域ネットワークがあったと理解したい。

　関東でも最も軟質土器が多い群馬県利根川右岸において、すべてに片岩が入ることはなく、生産地が藤岡だけに限定されていなかったようである。吹屋糀屋遺跡の軟質土器需給関係の問題点については、項を改めて述べたい。

（4）群馬県高崎市剣崎長瀞西遺跡

　剣崎長瀞西遺跡では、甑2点（甑把手2点を含む）、長胴甕1点と、甑と異なる小さな把手が出土することから、合計4点は確認できる。

　前述したように、甑は多孔式で、蒸気孔は寺井分類a2類かa3類である。寺井は形態を平底で頸部があるP1類の可能性を述べるが、故地等の検討はしていない。

　まずこの甑の特徴は平底であり、多孔式で口縁部が大きく外反することである。さらに詳細に見ると底部をケズリで整えること、体部最下位に甑で特徴的なケズリが巡らない。また、体部から底部へ丸くすぼまることも特徴である。このような口縁が外反し、底部がすぼまり小さい平底である甑を半島に探すと、全羅南道から慶尚南道西部の甑に類似している。しかし、剣崎長瀞西遺跡の甑口縁部は大きく外反し、底部を削ることが特徴で半島に類例はほとんどない。この形態の甑は列島の中では、百済・馬韓系の土器が多い大阪蔀屋北遺跡（第2図21）、福岡吉武遺跡群第2次SD07に類例があり、列島で作られた可能性が高い。

　長胴甕の口縁部は丸みを持って外反することが特徴で、大阪長原遺跡NG95次調査の東北地区（東集落）（第2図22）出土例と類似する。長原遺跡の長胴甕は、口縁端部の内面がくぼむ特徴があり、剣崎長瀞西遺跡と共通する。長原遺跡には平行文と長足文タタキがあり、長原I期前半から後半と考えられており、I期前半の長足文土器は5世紀前半頃の清州新鳳洞古墳群42土壙墓から出土しており、忠清道地域から渡来人が伝えたとする（田中2010・土田2012）。剣崎長瀞西遺跡の軟質土器甑と長胴甕は、百済・馬韓地域の系譜を引くようであるが、高崎市域には格子文タタキの軟質土器が多いことと共通することから5世紀後半と考えられる。剣崎長瀞西遺跡の長鎖式金製垂飾付耳飾、X字衘留付環板轡は加耶系とされており、土

器と系譜が異なることは今後の課題である。

　剣崎長瀞西遺跡の渡来人は、すでに多くの人々から積石塚、耳飾り、馬具の轡、あるいは軟質土器との関わりや、さらには周辺に同様の軟質土器を出土する遺跡も分布していることから、馬匹生産に関わったと想定されている。

4．タタキメとハケメを持つ軟質土器

　吹屋糀屋遺跡の軟質土器は、タタキを行ったのちにハケメで整形するが、軟質土器では管見によればほとんどなく、その技法系譜について検討してみる。

　列島の軟質土器の甑を集成し、故地の検討をした寺井は、蔀屋北遺跡の羽釜をハケ調整が施されていることから土師器化しているとする。また、大和高田市土庫長田遺跡の甑に縦の粗いハケがあることから、在地の技法で作られているとする。一方陶邑や大庭寺など窯跡と関わる遺跡から出土する、カキメや同心円文当て具痕を残す甑については、須恵器の技法で作られたとする（寺井2016）。

　坂は纒向遺跡第90次調査SD1001で出土する前期初頭の、ほとんど類例のない格子タタキとハケメを持つ瓦質の土器について、洛東江下流の金海など河口部沿岸地域の、タタキとハケを併用する土器と関連性があるとした（坂・中野2016）。纒向遺跡のタタキメとハケメを持つ土器は時期的にも例外で、軟質土器にはハケメを持つ例はほとんどない。

　中久保は、ハケ調整の小型平底鉢・長胴甕などを対象に、韓式系軟質土器と製作技法が異なり、外来、在来の両系統がみられることから、この土器の出現に渡来系集団の定着や在来集団との相互交流によって、新来の煮炊器が定着しはじめると考え、これを「定着型軟質土器」と呼んだ。そして、渡来系集団が定着する様相が顕著な長原遺跡などを、渡来系集団定着型集落とした。一方、定着型軟質土器が少ない、あるいはあっても在来の技術系統にある煮沸器が多い遺跡を、在来集団主体型集落とした（中久保2009、中野・中久保2013）。

　このような土器について中久保は、タタキを持つ軟質土器工人とハケメを持つ土師器工人が、相互交流を行い作られた土器としたが、軟質土器工

人はなぜタタキ技法を捨てたのであろうか。

　軟質土器工人は列島において、朝鮮半島で製作していた技術で軟質土器を作ることができなくなったためではなかろうか。朝鮮半島においては、集落から当て具が数多く出土することから、叩き具と当て具を使用し、底部の方形痕から回転台で製作を行い、焼成には床面傾斜の緩やかな登窯を使っていた（酒井2013、土田2016、鄭・李2016）。ところが列島においては、集落から土製・陶製当て具はほとんど出土せず、方形痕が初期しか見えないことから回転台も使用しなくなっていた。登窯から軟質土器・硬質土器、当て具が出土するのは、神戸市出合窯跡や陶邑の大庭寺窯など初現期の須恵器窯だけであり、軟質土器の窯は未発見である。これらから、渡来人は軟質土器の製作・焼成技術を放棄、あるいは変質させ、土師器の製作・焼成技術を取り入れていったのであろう。

　畿内においてはタタキとハケメを持つ過渡的な軟質土器がないこと、軟質土器の登窯が見つからないことから、各集落で軟質土器製作に対する規制があった場合も想定される。それでも渡来人は、平底鉢・甑・壺・堝・甕の技術などをハケメに変えても作り続けていたようで、しばらくは自らの食習慣を変えることがなかったのであろう。

　ところが、吹屋糀屋遺跡の4点の軟質土器のうち、3点はタタキののちハケメを施す。1点だけは全面ハケメであることから、中久保のいう定着型軟質土器に含まれよう。しかし、タタキののちにハケメを施す3点の軟質土器は、定着型軟質土器と異なる技法である。なぜタタキ成形を行ったのにハケメで消す必要があったのであろうか。

　関東の5世紀中葉頃の土師器は、ハケメが一般的でない。吹屋糀屋遺跡のタタキとハケメを持つ軟質土器工人は、西方においてタタキ技法を保持したまま、ハケメ技法を習得したのであろう。その工人は、渡来後短期間のうちに藤岡の地へ移住してきたと考えられる。藤岡においてタタキ技法で成形しながらハケメも使用したが、内面はヘラや指によるナデが行われることから、定着型軟質土器にまで至らない軟質土器といえよう。叩いた後にハケメを施すことから、畿内から離れているがゆえに、渡来的様相の強い過渡的な渡来系定着型軟質土器が作られたのであろう。

　吹屋糀屋遺跡の軟質土器は、タタキメをハケメで消そうとする行為であり、事実1点はタタキメが見えない。このことは、タタキを見せないよう

にする行為で、定着型軟質土器にタタキが見られずハケメで整形することと同様で、出自を消そうとしたことが考えられる。6世紀はそのようなタタキを見せない行為の延長にあるため、土器から渡来人の末裔を探すことが困難といえる。

　毛野においては、6世紀になると多くの新羅・加耶・百済系の武器・武具・馬具・装身具が出土し、特に集成編年の10期前半には「舶載品ラッシュ」と呼ばれるほど多い（内山2011）。しかし、この時期軟質土器が出土しないことは、6世紀の渡来人は軟質土器を携行することはなくなり、7世紀も同様であったためであろう。

5．まとめ

　複数固体の軟質土器から見ると、大森第2遺跡では、馬韓の中でも光州付近から、花畑遺跡では、加耶地域の中でも馬山を中心とした地域から、渡来人が直接携えて来たと考えられる。一方群馬の吹屋・糀屋遺跡では、渡来後畿内等で土師器のハケメを習得した軟質土器工人（おそらく1世）が、短期間に藤岡へ移住し軟質土器を生産した。その土器が吹屋・糀屋遺跡へ運ばれた。剣崎長瀞西遺跡の土器は、半島の軟質土器の様相を持つものの、渡来後すぐに群馬の地で生産された可能性がある。

　このように4遺跡の複数固体軟質土器から見た場合、渡来人は直接あるいは1世の間に関東へ移住してきたようである。渡来人が自らの意思で渡来後短期間に東国へ移住したと考えられず、在地首長層の要請も大きかったのであろう。このような渡来人は、関東においてどのような役割を担っていたのかは、若狭・土生田・亀田らによって詳細に検討されているのでそれに譲る（若狭2011・土生田2012、亀田2012）が、群馬では馬匹生産であろう。

　渡来人が短期間に移住させられたならば集団が考えられ、技術保持者が想定できるが大森第2遺跡、花畑遺跡の土器からはそれが見えない。また、吹屋・糀屋遺跡の土器が約50km離れた藤岡から供給されていることは、渡来人が居住する集落の近辺で生産しておらず、広域ネットワークで供給が行われた。しかし、器種限定から入手の難しさ、タタキの消失から軟質土器生産に対する規制があった可能性を想定した。

中村浩先生の古稀記念を祝して駄文であるが書かせていただきました。学生時代に泉北資料館に数日間泊まらせていただき、陶邑の窯や須恵器を拝見できたことが、その後の須恵器研究の基礎となっています。それ以来の長きに亘る学恩に感謝します。

＊註
1　酒井1985では縄蓆文タタキとしたが、類例から斜格子と訂正する。

【参考・引用文献】
市川康弘ほか（2015）『花畑遺跡Ⅱ』川口土木建築工業㈱・大成エンジニアリング㈱
内山敏行（2011）「毛野地域における六世紀の渡来系遺物」『古墳時代毛野の実像』季刊考古学・別冊17、雄山閣
亀田修一（2012）「渡来人の東国移住と多胡郡建郡の背景」『多胡碑が語る古代日本と渡来人』吉川弘文館
黒田　晃（2004）「群馬県高崎市剣崎長瀞西遺跡」『韓式系土器研究』Ⅷ　韓式系土器研究会
酒井清治（1985）「千葉市大森第2遺跡出土の百済土器」『古文化談叢』15、九州古文化研究会
酒井清治（1996）「東京都足立区伊興遺跡出土の陶質土器について」『韓式土器研究』Ⅵ　韓式土器研究会
酒井清治（2013）『土器から見た古墳時代の日韓交流』同成社
重藤輝行（2016）「4～5世紀の九州地域の土器と渡来人集落」『日韓4～5世紀の土器・鉄器生産と集落』、「日韓交渉の考古学—古墳時代—」研究会
田中清美（2010）「長原遺跡出土の韓式系土器」『韓式系土器研究』ⅩⅠ、韓式系土器研究会
土田純子（2012）「日本出土百済（系）土器：出現と変遷－打捺文様土器を中心として－」『古代学研究』193、古代学研究会
土田純子（2016）「考古学資料からみた漢城期百済の領域拡大過程研究」『古文化談叢』76、九州古文化研究会
寺井　誠（2016）『日本列島における出現期の甑の故地に関する基礎的研究』平成25年～平成27年度(独)日本学術振興会科学研究費補助金基盤研究（C）研究成果報告書、大阪歴史博物館

中久保辰夫（2009）「古墳時代中期における韓式系軟質系土器の受容過程」『考古学研究』56-2、考古学研究会
中久保辰夫（2010）「陶邑における韓式系軟質土器の受容過程」『韓式土器研究』ⅩⅠ、韓式系土器研究会
中野　咲・中久保辰夫（2013）「韓半島系土器のあり方からみた集落分類」『古代学研究』199、古代学研究会
土生田純之（2012）「東国における渡来人の位相と多胡郡建郡」『多胡碑が語る古代日本と渡来人』吉川弘文館
坂　靖（2013）「古墳時代中期の遺跡構造と渡来系集団」『古代学研究』199、古代学研究会
坂　靖・中野　咲（2016）『古墳時代の渡来系集団の出自と役割に関する考古学的研究』平成24年度〜平成27年度科学研究費助成事業　基盤研究（Ｃ）研究成果報告書、奈良県立橿原考古学研究所
山口逸弘（2007）『吹屋糀屋遺跡』群馬県埋蔵文化財調査事業団調査報告書第404集、群馬県渋川土木事務所・群馬県埋蔵文化財調査事業団
若狭徹（2011）「上毛野における五世紀の渡来人集団」『古墳時代毛野の実像』季刊考古学・別冊17、雄山閣
鄭一・李知泳（2016）「栄山江流域の三国時代窯跡について」『東アジア古代史・考古学研究会交流会地域発表及び初期須恵器窯の諸様相－予稿集－』大阪朝鮮考古学研究会
東亞文化研究院（2005）『文化遺跡試掘調査報告書』
慶南考古学研究所（2007）『馬山合城洞遺跡』
湖南文化財研究院・韓国道路公社（2007）『羅州長燈遺跡』
湖南文化財研究院・大韓住宅公社（2007）『光州東林洞遺跡Ⅱ』
湖南文化財研究院・大韓住宅公社（2007）『光州東林洞遺跡Ⅲ』
湖南文化財研究院・光州広域市都市公社（2008）『光州山亭洞遺跡』

百済漢城期・熊津期の須恵器(系)に関する考察
― 新資料を中心に ―

土田　純子

1．はじめに

　百済で確認できる倭（系）遺物は、大きく土製品（土師器・須恵器・埴輪）と鉄製品（甲冑・鉄鏃・鉄鉾）に区分できる。その数量は中国陶磁器に比べ少なく相反する様相を呈する。また、日本で出土する百済（系）土器の数量と比較しても、その差は歴然としている。
　ここでは近年百済（栄山江流域は除く）で発見され、検討が十分に行われていない須恵器（系）について、実見したものを中心に考察する。

2．漢城期・熊津期の須恵器(系)

（1）ソウル石村洞古墳群5号墳南側採集
　報告書（李鮮馥ほか 2014）には杯身として記載されているが、実見結果、杯蓋片（図6）であった。胎土は0.3cm未満の白色砂粒をまばらに含む。焼成は灰青色硬質であるが、断面は褐色を呈す。稜は短く突出し、口縁端部に沈線状の段を持つ。内面は回転ナデ、外面は稜約0.7cm内側まで回転ヘラケズリを施す。TK23型式期の須恵器に該当する。
　百済中央での須恵器の出土は、ソウル夢村土城出土品（図7）に次いで2例目である。しかも王墓域と称される石村洞古墳群での出土は初である。

（2）高敞鳳徳里古墳群1号墳4号竪穴式石室
　1号墳4号竪穴式石室からは蓋杯、壺、中国青磁盤口壺、金銅飾履、金製耳飾、盛矢具、大刀、馬具と共に子持甕と鈴付高杯がセット（図5）で出土した（馬韓・百済文化研究所 2012）。おそらく国内初の高敞出土子持甕は、日韓文化交流の一側面を考察できる遺物になろう。
　子持甕（図3）*1は、甕（有孔広口壺）の胴部上位に4つの小壺が付く形態である。実際の観察では、穴の周辺に2条の横沈線、その上下に方向が異なる斜縦方向の連続刻み目（点列文）を施している。胴部中位〜下位に

図 漢城期・熊津期出土須恵器(系)の時間的位置(5：縮尺不同、その他：S＝1/8)

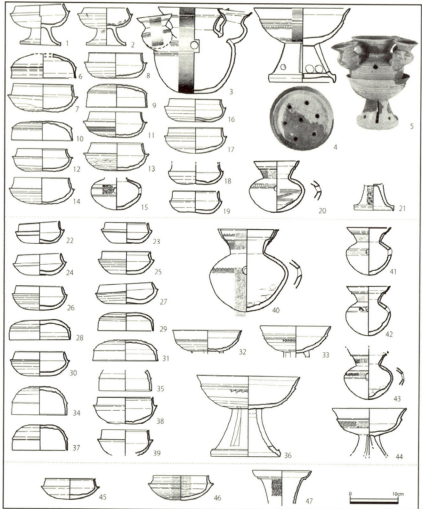

1・2．完州上雲里遺跡ラ地区3号墳丘墓1号甕棺墓，3～5．高敞鳳徳里古墳群1号墳4号竪穴式石室，6．ソウル石村洞古墳群5号墳南側採集，7．ソウル夢村土城第3号貯蔵穴，8．清州新鳳洞古墳群A地区32号土壙墓，9～14．同古墳群B地区1号土壙墓，15～17．高敞鳳徳里遺跡ナ地区方形推定墳南側周溝，18．高敞紫龍里遺跡1号墳周溝，19．同遺跡2号墳東側周溝，20．同遺跡3号墳西側周溝，21．舒川鳳仙里遺跡3地域3-Ⅰ区域1号貯蔵穴，22．群山山月里遺跡ナ地区6号横穴式石室，23・24．同遺跡8号横穴式石室，25～29．高敞鳳徳里遺跡ナ地区溝1，30．同遺跡力地区地表採集，31．公州艇止山遺跡地表採集，32・33．同遺跡23号住居堆積層上層，34．扶安竹幕洞祭祀遺跡力2区傾斜面，35．同遺跡力・ナ2区間の傾斜面，36．同遺跡ナ2区北側平坦面，37．益山信洞里遺跡6地区11号竪穴，38．扶安白山城3次調査1号環濠北側床面，39．井邑新月里遺跡ナ地区採集，40．高敞紫龍里遺跡2号墳7-1号土壙墓，41．同遺跡6号墳1号土壙墓，42．同遺跡4号墳1号土壙墓，43．同遺跡4号墳盛土，44．同遺跡6号墳周溝，45．同遺跡5号墳周溝と6号墳周溝，46．公州金鶴洞古墳群20号墳(横口式)石槨墓，47．公州艇止山遺跡4号楕円形竪穴堆積層上層

はカキメ、底部には平行タタキ、頸部には2帯の波状文が見られる。小壺は胴部最大径周辺に2条の横沈線、その上に格子状文、頸部に波状文が観察できる。装飾小壺は胴部側面に穴を開けて甕本体とつながっている。

この土器には青磁の釉薬を彷彿させる青緑色の釉がかかっている。報告者である李文炯（2014）は、この釉の分析で酸化カルシウム（CaO）の含量が多く検出され、石灰釉薬（High lime glazes）系列としている。つまりこれは土器に釉薬をかけた事例となる。これが事実なら、おそらく朝鮮半島で最も早い段階の釉をかけた事例となろう。しかし中国陶磁器の釉と比較した場合、人工的な印象ではなく、自然釉に近いと思われた。

これと関連し李文炯（2014）は、子持甕の起源を日本の関連性を想定しながらも、中国の五連罐を模倣し国内で製作された可能性を提示している。子持甕はTK208型式期に該当する福岡羽根戸古墳群出土品や、（伝）兵庫県出土品（愛知県陶磁資料館 1995）と類似する。日本の子持甕は、TK208～TK209型式期まで存続し、その型式変化もたどれる（山田 1998）。鳳徳里出土子持甕の源流についてはセットで出土した鈴付高杯を検討した後、述べる。

鈴付高杯の口縁部は外反し、外面には断面円形状の突帯とその下方に波状文を加飾している（図4）。杯部の下位にはカキメが見られる。杯部内面には他の土器を入れて焼いた痕跡が見られるが、その形状から子持甕ではない。脚部には細長方形の透かし穴と丸穴が各々4つ開けられている。脚の底部は粘土で塞がれ、その中に土製の玉が2つ入り、振ると甲高い音が出た。粘土で塞がれた底部には、穴が7つ開けられている。鈴付高杯にも自然釉が見られ、釉調は子持甕と似る。

日本では鈴付高杯は5点確認されているという（愛知県陶磁資料館 1995）。このうち、粘土で塞いだ底に開けられた穴の形態に差があるが、全体的に5世紀前葉の島根金崎古墳出土品（愛知県陶磁資料館 1995）と最も類似する。

注目したいのは高杯の脚端部である。これは舒川鳳仙里遺跡出土品（図21）同様、百済の高杯では見られない形状である。

子持甕と鈴付高杯は共伴する中国陶磁器から、5世紀第3四半期と見られる*2。それに比べ日本ではこれより早い時期のものがある点、子持甕の場合5世紀前葉～7世紀初まで存続し、その変遷も日本国内で追跡でき

153

る点、韓国国内では鳳徳里が初例という点などから勘案すると、日本と高敞で同時に出現した器種ではないことが分かる*3。また、明るい自然釉などから、日本からの搬入品というよりは、日本との関連の中で在地で製作されたものと思われる。

　さらに言えば、子持甕は甕に小壺が4つ装飾され、鈴付高杯は脚の内部に玉を2つ入れて音を出す機能を付けている。このように硬質土器に器物を装飾したり、音を出す機能をした器種は百済・馬韓土器では見られない*4。つまり土器に他の機能を付ける風土ではなかったのである。このような発想は、外部からもたらされたとするのが適当であり、その影響は日本からと考える。

　李文炯は中国の五連罐を模倣したと考えているが、鈴付高杯も共伴している点、現時点百済で五連罐の出土例がない点、中国は罐であるが、高敞出土品は甕である点、中国では小壺の他に人物、動物などの形状を貼り付けている点などから、中国陶磁器を模倣したと言う解釈は無理がある。

　鳳徳里古墳の被葬者は、金銅飾履、中国陶磁器などの副葬から、百済中央と関連が深い在地有力者と見られる。一方で、百済だけでなく倭の勢力とも関係を結んでいた*5。これは5世紀、高句麗の南進が本格化し、高句麗が百済との交戦で主導権を握る構図のなか（梁起錫 2013：136）、鳳徳里の勢力が見出した活路の1つであったと思われる。

（3）高敞紫龍里遺跡

　紫龍里遺跡からは、6基の周溝墳丘墓が確認され、須恵器または須恵器系が墓と周溝から出土している。報告者（柳哲ほか 2013）は墓の造営順序を、1号墳・2号墳→3号墳・6号墳→4号墳→5号墳と解釈している。2号墳7-1号土壙墓、4号墳1号土壙墓、6号墳1号土壙墓からはTK23～TK47型式期の須恵器が、4号墳盛土層からはTK47型式期の須恵器が出土する。また5号墳周溝と6号墳周溝からは同じ個体の破片が出土し、MT15型式期と見られる。このことから、この周溝墳丘墓はTK23型式期段階からMT15型式期段階に築造されたものと判断できる。また、MT15型式期の杯身は5号墳周溝に伴ったものと思われる。

　紫龍里遺跡からは9点の須恵器（系）が出土しているが、ここでは一部を紹介する。

①２号墳７－１号土壙墓
　７－１号土壙墓出土甕は長頸壺、蓋杯などと共伴する（図40）。甕は白色砂粒を含む胎土で、焼成は灰青色硬質、外面と内面の底には自然釉が付着する。底部は若干尖り気味で、肩部が張り最大径が胴部上位に位置する。斜め上方に立ち上がる頸部から水平ぎみに外反した後、斜め上方に立ち上がる口縁部へと続き、口縁端部に沈線状の段を持つ。口縁部は一部欠損する。口縁部、頸部、胴部外面に波状文を加飾する。胴部下位と底部は平行タタキが見られるが、底部は違う方向のタタキメが重複している。TK23～TK47型式期の須恵器に該当する。

②５号墳周溝と６号墳周溝
　報告書には５号墳周溝と６号墳周溝で出土した各々の杯身が掲載[6]されているが、実見結果、２つの杯身片は同じ個体であった（図45）。
　杯身は0.2㎝未満の白色砂粒を含む胎土で、焼成は灰青色硬質だが、断面は褐色を呈す。出土品は内傾する口縁部で、口縁端部に沈線状の段を持ち、受け部はほぼ水平にのび、シャープさを感じさせる。受け部と立ち上がりの境界には段が見られる。内面は回転ナデ、外面は受け部端付近まで回転ヘラケズリ（時計回り）を施す。MT15型式期の須恵器に該当する[7]。

③６号墳周溝
　無蓋高杯は0.2㎝未満の白色砂粒を多く含む胎土で、焼成は灰青色硬質だが、断面は褐色を呈す（図44）。杯部から斜め上方に立ち上がる口縁部へ続き、口縁端部は尖りぎみである。杯部上位には波状文を加飾し、文様の直下には横沈線がはしる。口縁部は回転ナデであるが、杯部下位は回転ヘラケズリ、脚部はカキメが見られる。脚部には３箇所の方形透かし穴を開ける。TK47型式期の須恵器に該当する。

（４）益山信洞里遺跡６地区11号竪穴
　杯蓋の破片（図37）であるが、復元可能である（崔完奎ほか 2005）。出土品は0.1㎝未満の白色砂粒を多く含む胎土で、焼成は灰青色硬質である。杯蓋の天井部は扁平で、稜の下には凹線がめぐる。天井部外面は回転ヘラケズリ（時計回り）を施し、口縁端部に沈線状の段を持つ。TK47型式期の須恵器に該当する。

（5）扶安白山城3次調査1号環濠北側床面

　1号環濠北側床面から出土した灰青色硬質焼成の杯身（図38）は、他の遺物は伴っていない（金祥奎ほか 2011）。出土品は白色砂粒を含む胎土で、焼成は灰青色硬質である。直立した口縁部で、口縁端部に沈線状の段を持ち、受け部は上外方へのびる。受け部と立ち上がりの境界には沈線が見られる。一方、外面と内面は回転ナデを施す点と、底部外面の中央が凹み、その周囲に幅約3cmの輪状帯が観察できる点*8などから、出土品は須恵器系であろう。時期はTK47型式併行期に該当する。

3．おわりに―須恵器（系）の出土意義

　須恵器（系）はソウル、忠清道でも見られるが、全羅北道の高敞での出土量が20と多い。もちろん全羅南道でも須恵器（系）は出土するが、単一地域として言えば光州や羅州と比較できるだろう。全羅南道から高敞までの地域で比較的多くの須恵器が出土する反面、高敞以北になると益山、群山で出土し、北上するに従いその数も減っていく。これは日本との地理的位置とも関係があろうが、ここでは高敞で出土する須恵器（系）の意義について考えたい。

　高敞では須恵器だけでなく、前方後円墳もある。高敞七岩里に2基確認されるが、地元住民に対する聞きとりで、高敞七岩里にはもう1基前方後円墳が存在していたという。これが事実とすれば、七岩里には3基の前方後円墳が1km圏内に築造され、少なくとも3世代にわたりこの地で倭の影響が持続していたと判断できる。全羅道の前方後円墳は光州を除き、そのほとんどが単独であるため、1世代の造営で終焉したと考えられている。そのため3基の前方後円墳が密集して造営されたことは、韓国の前方後円墳でも異例である。また高敞は全羅道で造営された前方後円墳の最北端になる。

　ではどうして高敞で倭（系）の考古資料が集中するのだろうか。これは高敞の立地が関係している。倭の船は対馬から全羅道の南海岸へ、南海岸を西に行き黄海（西海）を北上する。高敞以北の海は水深が浅く、岩礁と小さい島が多いため、大きい船舶が航海するには不便だと記されている（海洋水産部 2002：21）。また潮流が非常に速いという（海洋水産部 2002：40）。

泰安半島では実際高麗時代の船が少なくとも４隻沈没していることが水中発掘で判明している。
　高敞のすぐ上には辺山半島があり、航海の安全を祈願した扶安竹幕洞祭祀遺跡が位置する。このことから高敞以北の航海は非常に困難であったと予想されるが、竹幕洞祭祀遺跡の対岸約15.5kmの蝟島*9とも関連付けることができる。『大東地志』*10には、蝟島で風を利用すると船は中国に向かうと記されている。竹幕洞祭祀遺跡が位置する辺山半島およびその近隣は、おそらく古代から日本と中国を結ぶ中継地として利用され、百済も高句麗の平壌遷都後、新たな中国路線としてこの付近から中国へ渡った可能性もある。
　全羅道地域が百済に編制される時期が６世紀中葉頃と最も遅い理由も、中国への黄海ルートとそれに伴う航海技術、大小の湾の存在などが在地勢力の経済基盤であったとも考えられる。
　また海運だけでなく、陸路でも高敞は重要であった。おおよそ全羅北道と全羅南道間を東西に横切る蘆嶺山脈は、高敞の東側を通っているため、山地を通る他の路より高敞は比較的移動がしやすい立地条件にあったものと考えられる。陸で全羅北道と全羅南道を移動する場合も、山脈が走っていないこの地を通ったほうが利便的であった。
　おそらく高敞は倭人が次の目的地へ向かうための、一時的な休息地であったと思われるが、海の状況で彼らの滞在は長期間に及んだ可能性もある。意図したものであれ、不本意な事情であれ、比較的多くの倭人がこの地に居て、倭文化のたまり場になっていたと思われる。
　このように高敞での倭（系）の考古資料の集中は、高敞の立地とそれに伴う環境、これに関連した倭人と地方有力者との関係など様々な要素と思惑による結果であると言える。
　漢城期・熊津期出土須恵器（系）の器種は蓋杯が最も多く、その次に𤭯、無蓋高杯が続く。倭からもたらされた器種は小形品が主体であった（酒井 2013：261）。しかし泗沘期になると、都城において壺または甕の出土量が多くなる傾向が見られる。これは運搬された内容物に焦点をあてることができ、５世紀代のあり方とは異なっている（山本 2005、酒井 2013：303）。
　百済出土倭（系）土器は、日本で出土する百済（系）土器の数量と比べても少ない。つまり百済・馬韓からは人と物が多く日本に行っているが、

百済・馬韓へは倭人がそれほど来ていないことになる。また、百済出土倭（系）土器は6世紀前葉まで墓で出土する率が多いが、泗沘期以降は壺または甕中心で、生活遺構からの出土が大部分である。一方、日本出土百済（系）土器は、生活遺構と関連する遺跡で出土しており、異なる様相を見せている。この両者の違いは5世紀代、日本での定住を目的とした百済・馬韓人、百済地域での一時滞在または中国への通過地点とした倭人の活動と関連があるのかもしれない。

＊註
1 2012年に発刊された報告書には、写真だけ掲載されていたため、図3・4はスケールの表示がない李文炯（2014）の論文から抜粋した。筆者は報告書の計測値を利用して、図面のスケールを調整した。
2 李知熙（2015：71）は子持甕と鈴付高杯をTK47型式期とする。
3 高敞出土品を日本と高敞で同時に出現した器種と見る研究者もいる。
4 瑞山大山中学校には高杯の脚上に粘土盤を置き、その上に杯（盌）を2つ設置した（多）杯付高杯と呼ばれる特異な土器が所蔵されている（百済文化開発研究院 1984）。これについては軟質である点、土器を装飾するという意味を持たない器形である点（近藤 1987）、出土状況が分からない点などから、百済・馬韓地域では装飾土器がないと考えている。
　また図録（百済文化開発研究院 1984）には、論山と公州新元寺から採集された鈴付高杯を百済土器と報告しているが、現在この土器は百済土器と見なすことはできない。
5 日本の装飾須恵器である子持甕と鈴付高杯はどのような経緯で出現したものなのか。その起源については早くから朝鮮半島との影響と想定されてきた（楢崎 1966ほか多数）。特に5世紀前葉の釜山福泉洞古墳群53号墳副槨出土台付燈盞（台上に4つの盞が取り付けられた形態）の場合、器高が低い子持器台の祖形とする指摘がある（朴天秀 2010：418）。
　一方、鈴が付いた土器も5世紀中葉の昌寧桂南里1号墳主槨出土品（李殷昌ほか 1991）など加耶土器で見られる。このように土器に器物を装飾したり、器物を振って音を出すという発想は、加耶地域の特徴であると見ることができる。
　朝鮮半島南部の土器工人により、日本で甕や高杯などの器種に器物を装飾するものが出現する。つまり土器を装飾するという発想が日本へ伝えられるとすぐ、日本化した各種の装飾須恵器が登場するのである（間壁 1988）。したがって鳳徳里出土品は、加耶の装飾陶質土器の発想と日本の須恵器が結合した産物

と言える。

　一方、早い時期の子持腿と鈴付高杯は、大阪陶邑窯跡群よりも地方で盛行する様相が見られる。これは5世紀前後、各地に出現する初期須恵器の故地が加耶に限定されない多様性が観察できることと関連があろう（田中 2009：43-44）。

　このように子持腿と鈴付高杯は、倭の首長が独自に加耶の各地域と関係を結んだ結果、日本で誕生した器形であると理解する。

6　報告書の図面301と336がこれに該当する。
7　李知熙（2015：70）はTK208型式期としている。
8　この幅約cmの輪状帯がどのように形成されたものなのか不明である。輪状帯には方向が一定でないケズリ調整が見られる。
9　蝟島は全羅北道扶安郡に属し、面積は11.72km^2、約1,000人が住む島である。
10　朝鮮時代後期（1861～1866年頃）、金正浩が編纂した全国の地理誌である。

【参考文献】　＊図面の出典は紙面の制約上省略した。
〈日本語〉
愛知県陶磁資料館（1995）『古代造形の美 装飾須恵器展』
近藤広（1987）「装飾付須恵器の伝播について」『花園史学』第8号、花園大学史学会
酒井清治（2013）『土器から見た古墳時代の日韓交流』、同成社
田中史生（2009）『越境の古代史』、筑摩書房
楢崎彰一（1966）「形象および装飾付須恵器について」『日本原始美術』6、講談社
間壁葭子（1988）「装飾須恵器の小群像」『倉敷考古学研究集報』第20号、倉敷考古学館
山田邦和（1998）『須恵器生産の研究』、学生社
〈韓国語〉
海洋水産部（2002）『韓国의 海洋文化：西南海域』上
金祥奎ほか（2011）『扶安 白山城Ⅲ』、全北文化財研究院
百済文化開発研究院（1984）『百済土器図録』
崔完奎・趙仙栄・朴祥善（2005）『益山 信洞里 遺蹟』、円光大学校馬韓・百済文化研究所
馬韓・百済文化研究院（2012）『高敞 鳳徳里 1号墳』
朴天秀（2010）『加耶土器』、ジニンジン
李殷昌ほか（1991）『昌寧 桂城里 古墳群―桂南1・4号墳』、嶺南大学校博物館
李鮮馥ほか（2014）『石村洞古墳群Ⅱ』、ソウル大学校博物館
李智熙（2015）『韓半島 出土 須恵器 時空間的 分布 研究』、慶北大学校大学院修

士学位論文
李文炯（2014）「高敞 鳳徳里 1号墳의 対外交流와 年代観」『古墳을 통해 본 湖南地域의　対外交流와 年代観』、国立羅州文化財研究院
柳哲ほか（2013）『高敞 紫龍里・石南里遺蹟』、全州文化遺産研究院
山本孝文（2005）「百済 泗沘期 土器様式의 成立과 展開」『百済 泗沘時期 文化의 再照明』、国立扶餘文化財研究所
梁起錫（2013）『百済의 国際関係』、書景文化社

須恵器窯跡等を利用した考古地磁気学と地磁気の変化

畠山唯達・渋谷秀敏

1．はじめに

　考古学と同一の資料や遺跡を対象とし、理工学的研究手法を用いて新たな情報・知見や制約を与える考古理学の分野にはさまざまなものがある。本稿では、その中でも考古地磁気学について紹介する。考古地磁気学は考古遺構・遺物中に記録された残留磁化より地球の磁場が持つ特性を明らかにし、さらに、その特性を活かして考古遺跡の年代や被熱温度などの状況を推定する学問である。日本における考古地磁気学、とくに考古地磁気方位に関しては、世界に対して誇れるだけの質と量を持っている。その礎を築いたのは、中村浩先生を中心とした大阪府教委などによる陶邑窯跡群の調査に呼応し考古地磁気学測定を大規模に行った大阪大学基礎工学部川井研究室であった。ここでは大阪大学の研究グループによる陶邑遺跡その他の焼土に対する考古地磁気学研究と標準曲線の確立まで、その後の考古地磁気年代推定研究、および、最近始まった新たな世代による考古地磁気研究について紹介する。

　考古地磁気学（Archaeomagnetism）とは、考古学（Archaeology）と古地磁気学（Paleomagnetism）を組み合わせた造語のようである。古地磁気学は過去の地磁気を研究する学問で、岩石中に残された「地磁気の化石」（残留磁化）を測定して復元することを主眼としている。地球の磁場は地下2,900km以深にある外核中で液体金属中に電気が流れることによって発生していることがわかっているが、磁力線の形や強さは絶えずカオス的に変動しており、現時点の科学では、物理的に過去から未来に渡って推定・推測することが困難である。しかし、岩石などが高温から冷やされたときに、その周囲の地磁気の影響を受けて磁化する（弱い磁石になる）ので、過去に噴出した溶岩など高温から冷却したことが明らかな物質であれば、その当時の地球磁場の記録を保持していることになる。これが残留磁化で、実験室中で残留磁化を測定し、その当時の地磁気を復元することが古地磁

気学における第一の目的である。

　考古学によって発掘されるものには、人為的に加熱されたもの（土器・土器窯・製鉄炉・竃跡等）も多い。さらに、岩石が扱う「地質年代」と比べ「考古学年代」は若く、精度・確度が各段に高い。この点に着目すれば、考古学における被熱遺構・遺物が古地磁気学にとって絶好のターゲットであることは容易に理解できよう。

２．考古地磁気学の発展と陶邑窯跡群に対する考古地磁気研究

　考古地磁気学は欧州において19世紀末期～20世紀初頭に創始され、エイトケン[1]やテリエ[2]によって20世紀半ばまでに学問の下地が形成された。一方、本邦においては、永田武[3]や渡辺直径[4・5]によって戦中・戦後に研究が開始されたようである。その後、わが国の考古地磁気学は1960年代に大規模に行われた陶邑遺跡の発掘によって大きく発展した。大阪府などによる陶邑の発掘と連携した大阪大学の川井直人のチームが二百数十基の窯の良く焼けた床面より試料を採集し、組織的に測定を行った。その結果は他の被熱遺構の結果と合わせまとめられ、詳細な報告がなされた[6～12]。また、同研究チームが他の時代・場所の遺跡で明らかにした考古地磁気方位データも統合し、広岡公夫[13]や渋谷秀敏[14]は過去2000年間に西日本で地磁気の変化がどのようなものであったかの概要を明らかにした。

　考古地磁気学的な測定・研究は、様々な種類の被熱遺構・遺物に対して行われてきたが、結果的に、須恵器窯跡の床面試料や出土した須恵器破片は、以下のような理由で研究に最も適した対象物であることが分かった。

- ●高温で焼成され頑丈であること、また、床面の保存状態が総じて良いこと。特に、窯焼成部中央付近では床面が埋没後の変形等を受けづらく、非常によい定方位試料（現場の方向を保ったまま採取される試料）の採取をすることができる。そのため、求められる古地磁気方位データの信頼性も各段に高くなる。一方で、出土する須恵器そのものも頑丈であるため、地磁気の強度データを抽出する古地磁気強度実験にも適している。
- ●還元焼成のため、磁化が強い磁鉄鉱（マグネタイト）が磁化を担っていること。野焼きや最終段階までに空気を取り入れる焼成法では、土

器および窯表面における鉄の酸化状態は磁化の弱い赤鉄鉱（ヘマタイト）となる可能性がある。一方で須恵器はおおむね還元焼成であるため、表面から奥までおおむね磁鉄鉱である。
- ●大規模に発掘され、ノウハウがあること。あらためて述べるまでもなく、陶邑遺跡による考古学者と古地磁気学者の協力により、大規模な発掘に呼応する形で研究ができたことが大きい。
- ●土器編年がしっかりしており、年代推定として信頼性が高いこと。須恵器は日本の焼成土器の中で最も編年が確立されており、地域ごとの関係性についても多くの研究がある。そのため、とくに地磁気変化モデルが確立される過程において、須恵器編年による時間軸の定義が重要視されてきた。

3．考古地磁気年代推定法による古窯等の年代調査

一方で、明らかにされた地磁気の変化を結んで描かれた変化の曲線（いわゆる標準曲線）を用いると、年代不詳の被熱遺構から採取した試料に対する考古地磁気測定を行い方位の比較をすることで年代の推定をすることができる（考古地磁気年代推定[15]）。広岡による標準曲線[16・17]の提出後30年間に渡って広岡の他、時枝克安[18]、前中一晃[19]、酒井英男[20]をはじめとする日本各地の考古地磁気研究者は、二千基以上の考古遺跡において年代推定を行い考古学に貢献してきた。

このように、80年代初頭には一定の成果と完成を見た日本の考古地磁気学であるが、完成と思われたゆえの問題を残している。最大のものは考古地磁気学から古地磁気学（地球電磁気学）へのフィードバックが無くなってしまったことだろう。広岡の標準曲線が発表された段階では、日本各地で測定された考古地磁気方位データは、疑うことなく質量ともに世界最高であった。しかし、当時として標準曲線の完成度が高かったために、以降これを利用した年代推定に邁進することになる（考古学者から古地磁気学者への要請も「年代推定」に偏ったものとなったようだ）。そのため、基礎的研究である標準曲線そのものの更新がされなくなったのである。地磁気を論ずるために古地磁気学者が集う学会での考古地磁気に関する発表は少なくなり、考古地磁気を仕事の一部とする古地磁気学者もその成果の公表を分

けて考えるようになった。一方で、世界の考古地磁気学はその間にも進歩を続けた。一例として、欧州では2002年よりEUの予算によるAARCH（「文化遺産保全のための考古地磁気学的応用」）計画[21]が走り、欧州の考古地磁気研究者と考古学研究者が大規模に連携し、測定・解析・年代推定の各方面で大きな進歩を遂げた[22]。

　たしかに、その間にも考古地磁気が提起する地磁気に関した問題提起はあった。たとえば、広岡、酒井、真鍋健一らは「日本国内の地磁気変化曲線には地域性があるかどうか」という問題を検討してきた。しかし、それぞれの地域ごとに十分な期間の遺跡から、時間変化を論ずるだけの十分な古地磁気データを得ることは大変難しく、古地磁気データと詳細な土器編年をもって検討されたのは広岡による北陸地域[23]、および広岡と藤澤良祐における東海地域と西日本の変化曲線の比較[24]だけである。その結果によれば、細かい差異があるものの、基本的にはそれぞれの地方でデータが多い時代や前後においては、元の標準曲線とよく似ており、有意に異なるものだとは言い難い。現在の我々の解釈では、地球の核で生成し地球表面で観測される磁場の分布の本質は波長3,000kmより長いものだけであるので、日本列島内では「観測地の緯度・経度によって曲線は平行移動するが形は大きく変わらない」というのが無難な見解だと考えている[25]。つまり、本州内であれば地域によらず、緯度・経度を考慮した標準曲線の平行移動で年代推定のマスターとして使用できるということである。しかし、日本列島サイズでも地方ごとに系統的な変化をする可能性もある。たとえば、90年代以降に提出された九州の牛頸窯跡群のデータは同時期の陶邑からのデータと比べて少し西偏を示しており、これには意味があるかもしれない。というのは、現在のモンゴル〜シベリア付近には地磁気を双極子的なものからずらす、非双極子磁場（分布図の特徴からしばしば目玉と呼ばれる）が存在しており、日本付近の地磁気偏角はその大きな影響を受けている。日本列島の位置はこの目玉の南東部に沿う形になっていて、この影響で九州付近では方位が異なるのかもしれない。

4．日本の考古地磁気学の再考

　日本における考古地磁気学研究の状況は2009年頃から大きく動き出す。

前述のAARCH計画に触発された岡山理科大学の鳥居雅之の提唱によって「日本の考古地磁気学の再考」がはじまった[26]。その一環として、2009〜2011年に渡って3回の研究集会が開催され、わが国の考古地磁気学現状の検討と発展の方向性に関して、熱心な討議が行われた。そこで計画されたのは(1)陶邑遺跡考古地磁気測定結果の見直しと再測定、(2)過去に測定された考古地磁気データの洗い出しとデータベースの整理、ならびにそれを利用した標準曲線の改定、(3)古地磁気コミュニティに働きかけて考古地磁気測定をする研究者を増やすこと、などである。

(1)については、1960〜70年代に大阪大学で測定された陶邑窯跡群の古地磁気方位データにはおおきなばらつきがあることが、当時から指摘されていた[9,14]。個々の窯から採取される複数の試料間にある誤差は非常に小さいのに、同時代と推定される窯同士の方位がかなりばらつくのである。さまざまな検討もむなしく、当時はその原因がわからなかった。しかし、広岡が大阪大学から福井大学、富山大学を経て大阪大谷大学へ持ち運んでいた未消磁の試料が残っており、これを再測定することで原因に迫れるようになった。大阪大学で行われた初期の測定との決定的な違いは「使用する磁力計」と「消磁の有無」である。大阪大学の測定では磁気シールド無しの無定位磁力計が使用されていたが、測定結果は周囲の人工物に起因する複雑な磁場環境や試料のサイズ・形状・磁化強度の影響を大きく受けていた。1980年代後半から、現在でも一般的な磁気シールド付スピナー磁力計が普及し、測定精度・感度は飛躍的に向上した。一方、消磁とは、試料が冷却時に残留磁化を獲得した後に自然や人工の環境下で二次的に付加してしまった磁化を取り除くテクニックである。考古地磁気の分野では1990年代前半より用いられるようになった。これら技術的な進歩による測定結果向上は顕著で、1970年代までに発表された陶邑遺跡のデータと比べてその後の測定をまとめた東海地方の考古地磁気データ[24]は時間ごとに区切ったデータセットの集中度が各段に高くなっている。

(2)については、広岡らがまとめていた考古地磁気データを引き継ぐ形で、筆者らがそこから信頼できる独立な考古学年代のついたもの抽出しデータベース化する作業をすすめ[27]、このデータベースを用いて地磁気変化の標準曲線の再策定作業を行っている。さらに、各種発掘報告書に残された我々が把握していない考古地磁気測定結果を発掘する作業もおこなっ

ており、考古地磁気方位の測定総数は三千基にも迫ることもわかってきた。そのうち、千ほどは各地の須恵器窯跡で、大きなウェイトを占めている。

　(3)については、前述したように鳥居は考古地磁気学が古地磁気学と分断されていることを憂慮していたようだ。また、このころには、日本の考古地磁気学を主導してきた各地の研究者が次々と現役を退くようになっていた。日本の古地磁気コミュニティに働きかけ上述の研究集会を開いたりする形で、考古地磁気学の良さを広め、古地磁気学の若手研究者を考古地磁気学にいざなってきた。前述のように、考古地磁気学が導き出すデータは、他の古地磁気学のターゲット（岩石や堆積物）のデータと比べて圧倒的に精度・確度・年代値が良い。たとえば、地磁気方位の変動は数万年間で概ね半径20～30度の範囲を行ったり来たりするが、玄武岩等から導き出される古地磁気方位は2～5度程度の精度で変化の中から1点（噴出時点）のデータを提供する。また、堆積物は連続的な観測値を導き出すが、精度はもう少し悪い。一方で、考古地磁気学のデータは1サイトにおける精度が概ね1～2度となり、データの集大成である標準曲線からは、過去2000年間に直径25度の範囲で地磁気方位が変化する様子が詳細にわかる。良質な考古地磁気データを増やし地磁気の詳細な変化に迫るというモチベーションは、多くの古地磁気研究者の参入を促した。

5．今後の考古地磁気学

　このように、日本における考古地磁気学は新たな段階に入ったといえる。今後数年間の研究の方向性について述べ、本稿の結びとしたい。

　現在の考古地磁気学研究における最大の課題は考古地磁気強度推定である。地磁気は三次元ベクトル量であるが、上記議論してきた内容は、そのうち主に方位（偏角・伏角）についてである。もう1つの成分であるベクトルの長さ（地磁気強度）は、方位を求めるのとは全く異なる複雑な測定法を必要とするうえ、試料依存性が強く、うまくいかないことも多い。日本の考古地磁気強度研究は永田以来、笹島貞雄などによって発展し[28]、1980年代に酒井らによって最も大規模に行われた[29]。また、歴史時代に噴火した溶岩についても測定が行われ、考古地磁気データと対比がなされてきた[30]。現在までにデータの総数は100～200ほどと考えられるが、これは

方位データの総数と比べて圧倒的に少ない。他の諸国ではむしろ強度データの方が優勢な場所が多く、日本でも今後もっと測定を増やす必要がある。現在、考古地磁気強度測定の世界では、ろくろ等を用いて作成された土器内部の磁性粒子の並びが偏ることで生じる残留磁化の異方性[31]、および、土器等が加熱・冷却した時と実験室中で再加熱・冷却をする時の速度の違い[32]の問題が重要視され、それらを考慮した測定結果を提出することが強く求められている。とくに異方性の問題は須恵器をはじめとする土器に顕著にみられるため、現在我々は土器片だけでなく異方性がないか小さいと考えられる土器窯床面を用いた古地磁気強度測定に取り組んでいる。また、従来行われてきた手法であるテリエ法（コー・テリエ法[33]）の他に古地磁気強度測定のための新手法がいくつも考案[34・35]されて、考古地磁気研究にも応用されつつある[36]。これによって、より確実性の高い考古地磁気強度データが提供されるようになり、いずれは三次元的な古地磁気情報が考古遺跡から提供されるのが当然となる日が来るであろう。

　一方、考古地磁気方位研究に関して、試料採取や測定手法は一定の到達点にいると思われる。考古地磁気方位の精度・確度は採取する被熱床面の状態に最も強く依存する。その後の採取・成形・測定における精度は1～2度前後であると考えらえるが、現在我々は、さらなる精度向上を目指し、窯跡床面において1度の精度での試料採取・成形を目標とした手法を開発・改良し使用している[37]。一方で、高精度の古地磁気方位が抽出できるという状況を利用した、年代推定以外の情報を抽出する実験も行われるようになった。たとえば、実験室内再加熱によって残留磁化の温度成分をより分ける方法（熱消磁）による遺跡の被熱温度の推定[38・39]や、壁面と床面の残留磁化方位が異なることを利用した埋没後の壁面の傾倒角の推定[40]などが挙げられる。このような研究は年代推定とは別の面から考古学に対して貢献できるものと考えられ、今後の発展が期待される。

　また、考古地磁気の研究と歴史時代に噴火した溶岩や湖沼堆積物に記録された残留磁化の比較も行われるようになってきた[41]。現在のところ、考古地磁気に比べると方位の精度が少し悪いが、試料採取や測定法が改良されてきたため、今後は地磁気標準曲線との対比から、未知の噴火年代や地震・津波の年代を推定することができるようになることが期待される。

　年代推定法については、これまで行われてきた単純な絵合わせから現在

欧州等では主流となっている事後確率密度分布を使った数値的な年代推定法[42]へ移行していくものと考えられる。また、国内における古地磁気強度の標準曲線が確立されれば、三次元データを使用した年代推定法も本格的に行われるようになるだろう。

【参考文献】

[1] Aitken, M.J., 1961, *Physics and Archaeology*, Interscience Publishers, 181pp., (邦訳『物理学と考古学』浜田達二訳、みすず書房、1965)

[2] Thellier, E., 1936, Aimantation des briques et inclinaison du champ magnetique terrestre, Paris Univ. Inst. Phys. du Globe Ann, 14, 65-70.

[3] Nagata T., Arai, Y., Momose, K., 1963, Secular Variation of the Geomagnetic Total Force during the Last 5000 Years, J. Geophys. Res., 68, 5277-5281.

[4] Watanabe, N., 1958, Secular Variation in the Direction of Geomagnetism as the Standard Scale for Geomagnetochronology in Japan, Nature, 182, 383-384.

[5] Watanabe, N., 1959, The direction of remanent magnetism of baked earth and its application to chronology for anthropology and archaeology in Japan: An introduction to geomagnetochronology, Jour. Fac. Sci., Univ. Tokyo, Sec. V, 2, 1-188.

[6] Kawai, N., Hirooka, K., Sasajima, S., Yaskawa, K., Ito, H. and Kume, S., Archaeomagnetic studies in southwestern Japan, Ann. Geophys., 21, 574-577, 1965.

[7] 川井直人・広岡公夫・笹島貞雄・前中一晃・久米昭一・安川克己・伊藤晴明（1966）「大阪府および近隣地域の窯跡における考古地磁気について」『陶邑須恵器窯跡群調査報告Ⅰ』大阪府文化財調査報告書第15輯、大阪府教育委員会、99〜104頁

[8] 広岡公夫・中島正志・時枝克安・川井直人（1970）「陶邑古窯跡群の熱残留磁気測定結果について」『陶邑－堺市泉北ニュータウン内埋蔵文化財発掘調査概要』大阪府企業局・大阪府教育委員会、71〜86頁

[9] 鳥居雅之・中島正志・浅井至・小出圭司・夏原信義・川井直人（1976）「大野池地区須恵器古窯跡群の考古地磁気学的研究」『陶邑Ⅰ』大阪府文化財調査報告書第28輯、194〜212頁

[10] 中島正志・鳥居雅之・夏原信義・川井直人（1977）「栂地区須恵古窯跡群の熱残留磁化測定結果について」『陶邑Ⅱ』大阪府文化財調査報告書第29輯、大阪

府教育委員会、162～173頁
[11] 中島正志・夏原信義・川井直人（1978）「陶邑古窯跡群における、5世紀の考古地磁気測定結果について」『陶邑Ⅲ』大阪府文化財調査報告書第30輯、大阪府教育委員会、147～151頁
[12] 渋谷秀敏・夏原信義・中島正志・川井直人（1979）「陶邑古窯址群の熱残留磁化測定結果を用いた、5～8世紀の地磁気永年変化の推定」『陶邑Ⅳ』大阪府文化財調査報告書第31輯、177～188頁
[13] Hirooka, K., 1971, Archaeomagnetic study for the past 2000 years in Southwest Japan, Mem. Fac. Sci. Kyoto Univ. ser. Geol. & Mineral., 38, 167-207.
[14] Shibuya, H., 1980, Geomagnetic secular variation in Southwest Japan for the past 2000 years by means of archaeomagnetism, Ms. Thesis, Dept. Material Phys., Fac. Engineering Sci., Osaka Univ., 54pp.
[15] 中島正志・夏原信義（1981）『考古地磁気年代推定法』考古学ライブラリー9、ニューサイエンス社、96頁
[16] 広岡公夫（1977）「考古地磁気および第四紀古地磁気研究の最近の動向」『第四紀研究』15、200～203頁
[17] Hirooka K., Results from Japan, in "Geomagnetism of baked clays and recent sediments", eds. Creer, K. M., Tucholka, P. and Barton, C. E., Elsevier, 150-157, 1983.
[18] 時枝克安（2003）「貝谷遺跡の製鉄炉1号2号の地磁気年代」『貝谷遺跡(2)・丸山金屋子遺跡、志津見ダム建設予定地内埋蔵文化財調査報告書』21、199～204頁
[19] 前中一晃（1990）「考古地磁気年代測定と永年変化曲線」『花園大学紀要』21、51～74頁
[20] 酒井英男・広岡公夫・中島正志・夏原信義（2016）「考古地磁気年代推定法」『考古学と自然科学』日本文化財科学会、1～17頁
[21] The European research training network "Archaeomagnetic Applications for the Rescue of Cultural Heritage (AARCH)", http://dourbes.meteo.be/aarch.net/frameset_en.html
[22] Linford, P., 2006, Archaeomagnetic dating? Guidelines on producing and interpreting archaeomagnetic dates?, English Heritage, 32pp.
[23] 広岡公夫（1997）「北陸における考古地磁気研究」『中・近世の北陸―考古学が語る社会史―』560～583頁
[24] 広岡公夫・藤澤良祐（2003）「東海地方の地磁気永年変化曲線」『日本文化財

科学会誌』45、29～54頁
[25] 畠山唯達（2013）「日本における地磁気永年変化の地域性」地球電磁気・地球惑星件学会第134回講演会．
[26]「日本の考古地磁気学刷新をめざす基礎的研究」平成21～23年度科学研究費補助金（代表：鳥居雅之）
[27] 畠山唯達（2013）「日本考古地磁気データベース」
http://mag.center.ous.ac.jp/
[28] Sasajima, S., Maenaka, K., 1966, Intensity studies of the Archaeo-secular variation in West Japan, with special reference to the hypothesis of the dipole rotation, Mem. Coll. Sci. Kyoto Univ., B33, 53-67.
[29] Sakai H., Hirooka, K., 1986, Archaeointensity determination from western Japan, J. Geomag. Geoelectr, 38, 1323-1329,
[30] Yoshihara, A., Kondo, A., Ohno, M., Hamano., Y., 2003, Secular variation of the geomagnetic field intensity during the past 2000 years in Japan, Earth Planet. Sci. Rett., 210, 219-231.
[31] Veitch, R.J., Hedley, I.G., Wagner, J-J., 1984, An investigation of the intensity of the geomagnetic field during Roman times using magnetically anisotropic bricks and tiles, Arch. Sc. Geneve, 37, 359-373.
[32] Leonhardt R., Saleh, A., Ferk, A., 2010, Archaeomagnetic field intensity during the Roman period at Siwa and Bahryn Oasis, Egypt: implication for the fedelity of Egyptian archaeomagnetic data, Archaeometry, 52, 502-516.
[33] Coe, R.S., 1967, Paleointensities of the Earth's magnetic field determined from Tertiary and Quaternary rocks, J. Geophys, Res., 72, 3247-3262.
[34] Tauxe, L., Staudigel, H., 2004, Strength of the geomagneticfield in the Cretaceous Normal Superchron: New datafrom submarine basaltic glass of the Troodos Ophiolite, Geochem. Geophys. Geosys.,
DOI:10.1029/2003GC000635
[35] Tsunakawa, H., Shaw, J., 1994, The Shaw method of paleointensity determinations and its application to recent volcanic rocks, Geophys. J. Int., 118 781-787.
[36] Yamamoto, Y., Torii, M., Natsuhara, N., 2015, Archeointensity study on baked clay samples taken from the reconstructed ancient kiln: implication for validity of the Tsunakawa-Shaw paleointensity method, Earth, Planets and Space, 67, 63.
[37] 畠山唯達・北原優・納本和孝・鳥居雅之（2016）「考古地磁気学における試

料採取および成形―測定精度の向上に向けて」『Naturalistae』20、1～12頁
[38] 酒井英男・平井徹・広岡公夫（1991）「磁化測定による考古遺物の熱履歴の検討」『富山大学考古学研究報告』5、157～165頁
[39] 森永速男（2006）「落地遺跡飯坂地区で検出された焼土・礫石の磁気的性質と考古地磁気年代」『上郡町文化財調査報告』4、105～116頁
[40] 畠山唯達・北原優・玉井優・鳥居雅之（2014）「岡山県備前市佐山地域3古窯の古地磁気学的研究」『備前邑久窯跡群の研究－西日本における古代窯業生産の研究－』岡山理科大学考古学研究室、85～105頁
[41] Ali, M., Oda, H., Hayashida, A., Takemura, K., Torii, M., 1999, Holocene palaeomagnetic secular variation at Lake Biwa, central Japan, Geophys. J. Int.136, 218-228.
[42] Lanos, P., 2004, Bayesian inference of calibration curves:application to archaeomagnetism, Tools for constructing chronologies: crossing disciplinary boundaries（eds. Buck, C. and Millard, A.）, Splinger-Verlag, London, 43-82.

目沼瓢簞塚古墳の円筒埴輪列
―昭和27年の古墳調査と埴輪分析―

犬木　努

1．はじめに

　目沼瓢簞塚古墳は、埼玉県北葛飾郡杉戸町（旧豊岡村）に所在した全長約38mの前方後円墳である。1952（昭和27）年に埼玉大学の発掘調査により、遺存状況の非常に良好な円筒埴輪列が確認され、広く注目を集めた。その後、高校の日本史教科書の一部にも掲載されている。

　本古墳の学史的意義は、大きく次の3点に集約できる。

　第一に、70本もの円筒埴輪列が検出され、当時としては例をみない調査事例であった点、第二に、整理作業を担当した本間正義によって円筒埴輪の同工品分析が行われた点、第三に、発掘調査直後に、古代史研究者・石母田正が本古墳出土埴輪の分析結果について論文で言及している点である。

　目沼瓢簞塚古墳の発掘調査報告書は刊行されておらず、調査の全容は不明であるが、小稿では、その学史的重要性に鑑み、同古墳の発掘調査に関する基礎情報を整理することを目的とする。

2．目沼瓢簞塚古墳の発掘調査体制

　目沼瓢簞塚古墳の発掘調査体制の概略について、大塚初重による略報（大塚1957）や当時の「埋蔵文化財発掘届」（田中祐2013）などを参照しながら概観する。

　発掘主体は「埼玉大学文理学部歴史研究室、同教育学部社会科研究室」、代表者は「埼玉大学教授　深見秋太郎」、発掘担当者は後藤守一（日本考古学協会委員、文化財保護委員会専門委員）である。

　調査期間は、1952（昭和27）年4月1日〜7日である。1950（昭和25）年8月29日に文化財保護法が施行されたのち、埼玉県下で初めて行われた前方後円墳の発掘調査である。

　当時の調査関係者の回想文などを参照すると、同古墳の発掘調査は以下のような体制・陣容で行われたことがわかる（所属・職制・年齢は調査当時）[*1]。

【明治大学】後藤守一　［明治大学文学部教授、発掘担当者］63歳
　　　　　　大塚初重　［明治大学文学部大学院生（助手）］　25歳
【埼玉大学】三友國五郎［埼玉大学文理学部歴史研究室教授］48歳
　　　　　　小野文雄　［埼玉大学文理学部歴史研究室講師］41歳
　　　　　　本間正義　［埼玉大学文理学部歴史研究室助手］33歳

　戦後、旧制浦和高等学校及び埼玉師範学校・埼玉青年師範学校を母体として埼玉大学が設置されたのが1949（昭和24）年なので、それから約3年後に発掘調査が行われたことになる。埼玉大学側の担当者である三友、小野、本間の三氏は考古学研究者ではないので、以下、簡単に経歴などをまとめておく。
　三友國五郎は、1931（昭和6）年に京都大学文学部史学科を卒業する。歴史地理学を専門とし、各地の条里制などについての論考がある*2。1952（昭和27）年に鹿児島大学より埼玉大学文理学部に転任しており、目沼瓢箪塚古墳の発掘調査が行われたのは、まさに転任直後ということになる。なお、三友は、のちに京都大学教授（考古学講座）となる有光教一と同期卒業である（有光1984）。三友が地理学専攻、有光教一は考古学専攻であった。埼玉大学定年後は、鹿児島女子短期大学教授を経て、埼玉に戻り、埼玉考古学会会長を務めている。
　小野文雄は、1941（昭和16）年に東京文理科大学史学科を卒業する。日本近世史および埼玉県地方史全般を専門とし、埼玉大学文理学部助教授、同教養学部教授を経て、1977（昭和52）年に埼玉大学を定年退官している*3。
　本間正義は、1940（昭和15）年に東京帝国大学文学部美学美術史学科を卒業する。1949（昭和24）年11月から1953（昭和28）年9月まで埼玉大学文理学部助手として勤務する。日本近代美術を専門とし、後年には東京国立近代美術館次長、国立国際美術館長、埼玉県立近代美術館長を歴任している*4。専門分野は考古学ではないが、埼玉大学の助手時代に参加した目沼瓢箪塚古墳の発掘調査では、学生を率いて中心的な役割を果たしている（本間1972）*5。

3．目沼瓢箪塚古墳発掘調査の成果―円筒埴輪列の検出―

　目沼瓢箪塚古墳の発掘調査における最大の成果は、非常に良好な円筒埴輪列を検出したことである（図1・2）*6。円筒埴輪列自体の発掘調査は、

図1 目沼瓢簞塚古墳全体図（出典：埼玉県教育委員会1959）

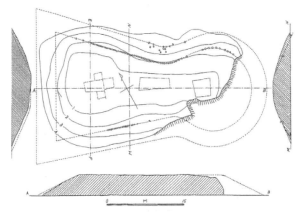

戦前は群馬県保渡田八幡塚古墳、同赤堀茶臼山古墳、同上芝古墳など、戦後は三重県石山古墳や大阪府黒姫山古墳などで行われたが、当時、円筒埴輪列を構成する埴輪を全て取り上げるような調査はほとんど行われていない。円筒埴輪列は、古墳の外表施設の一部と見做され、葺石などと同じく、発掘調査後、現地に残しておくのが常だったからである。

　そのような中で、目沼瓢簞塚古墳は、古墳の規模は大きくなく、形象埴輪もほとんど出土しなかったが、検出された原位置の円筒埴輪を全て取り上げた点が特筆される。1950年代から1960年代にかけて、円筒埴輪列を全て取り上げた調査事例としては、千葉県我孫子市高野山1〜4号墳、千葉県香取市（旧小見川町）城山1号墳、大阪府堺市経塚古墳、兵庫県神戸市五色塚古墳などが挙げられる程度で、全国的に見ても稀少な事例である。

4．本間正義の埴輪同工品分析と石母田正の部民制論

　古代史研究者・石母田正が42歳の時に発表した論考「古墳時代の社会組織―「部」の組織について―」の中に、目沼瓢簞塚古墳についての記述が見られる（石母田1955；【参考資料①】）。該当箇所は以下の通りである*7。

　「埼玉県北葛飾郡豊岡村の目沼の瓢簞塚なる前方後円墳で発掘された約七十箇の埴輪は、手法上三つまたは四つの形式に分類され、異った製作者の手に成ることをしめしているが、どの一つの形式をとってみても、製作者の熟練と手馴れた手法をしめしている。一般農民が片手間に作ったもの

図2 目沼瓢箪塚古墳の円筒埴輪列(出典:斎藤1956)

をよせ集めたものとすれば、その手法はもっと雑多なものとならねばならないから、これも限定された専門的土器製作者の生産になるものと見ねばならない。」(石母田1955:293〜294頁)。

　この記述については、「後藤守一教授の御教示による」という注が付されている(石母田1955、307頁、注6)。目沼瓢箪塚古墳の発掘調査が行われたのが1952(昭和27)年4月、石母田の論考が所収された『日本考古学講座』第5巻が刊行されたのが1955(昭和30)年7月である。当時、法政大学法学部教授の職にあった石母田は、目沼瓢箪塚古墳発掘調査の時点で39歳、「古墳時代の社会組織」を著した時点で42歳であった*8。石母田自身は目沼瓢箪塚古墳の発掘現場を見学していないと思われるが、『日本考古学講座』第5巻の編集責任者でもあった後藤守一から、目沼瓢箪塚古墳の発掘調査の状況や出土埴輪の整理状況について最新の情報を耳にするのはごく自然な流れであったと思われる。

　目沼瓢箪塚古墳の発掘調査およびその後の整理作業については、大塚初重が以下のようにまとめている(大塚1957;【参考資料②】)。

　「円筒列はすべて埼玉大学に運び、本間正義氏による製作手法上、数形式の差異があり、各形式の円筒はそれぞれ異った生産者を暗示しうるという考えを提出された。これは、一個一個の円筒の実測、刷毛目の実際、隆起帯、側孔についての具体的資料の帰納から出発している。」(大塚1957)。

　これによれば、本古墳出土埴輪の分析を行ったのが本間正義であること、また、埴輪製作者の抽出に至る分析の根拠が、刷毛目・突帯・透孔にみる個体差であったことが窺える。短い記述ではあるが、本間の分析が、近年盛んに行われている「埴輪同工品識別」の萌芽的事例であることが明確に

示されている。本間の分析作業の詳細が辿れないのは非常に残念であるが*9、石母田の部民制論に一定の影響を及ぼしていること、さらには、近年の埴輪同工品分析にも影響を与えていることを再確認する必要がある。

5．おわりに—その後の目沼瓢箪塚古墳—

最後に、1970年代以降、現在に至る、目沼瓢箪塚古墳に関する主な研究に言及しておく。

まず、轟俊二郎は、「下総型」埴輪の事例として目沼瓢箪塚古墳を取り上げている（轟1973）。轟は、詳細な観察・計測を行うとともに一部埴輪の実測図も提示した（図3）。また筆者は、本古墳出土円筒埴輪全個体を詳細に検討した上で、それらが5人の埴輪工人によって製作されたことを示すとともに、本古墳を「下総型」埴輪の「古段階」に位置づけている（犬木2013・2014）。その後も、各機関等により目沼古墳群出土埴輪の資料化および再検討が進められている（高久2002、杉戸町役場2003、大谷2013、田中瑞2014・2015など）*10。

2013（平成25）年10月には、目沼瓢箪塚古墳出土埴輪が杉戸町有形文化財に指定されたことを記念して、各機関が所蔵する同古墳出土埴輪の「里帰り展」およびシンポジウムが開催された（杉戸町教育委員会・埼玉大学教養学部2013a・b）。

目沼瓢箪塚古墳出土埴輪の資料化および分析作業は、その学史的重要性にもかかわらず、十分に行われているわけではない。1952年の発掘調査から60年余りが経過して、調査関係者の大半は他界したが、今日的視点による資料化に向けて、今後も様々な作業が必要である。

図3 目沼瓢箪塚古墳出土の円筒埴輪（出典：轟1973）

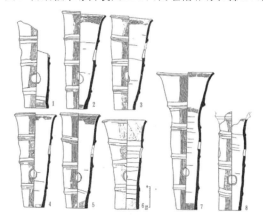

《追記》
　本稿は、古谷毅編（2015）『家形埴輪の群構成と階層性からみた東アジアにおける古墳葬送儀礼に関する基礎的研究』（科研費報告書、東京国立博物館）に所収の拙稿「目沼瓢箪塚古墳の発掘調査とその学史的意義」を改題・改稿の上、再構成したものである。口頭報告時に貴重な意見を賜った古谷毅氏をはじめとする柳井茶臼山古墳研究会の諸氏に心より感謝申し上げる。

《付記》
　中村浩先生と初めてお会いしたのは、1992（平成4）年1月のことである。当時大学院生（博士課程）であった私は、非常勤職員（アルバイト）として東京国立博物館考古課に通い始めたばかりであったが、同博物館の客員研究員であった中村先生が、須恵器の準備が追い付かないほどのスピードで淡々と実測していく姿を見て、率直に驚いたものである。それから四半世紀が過ぎ、私自身、当時の中村先生の年齢を既に越えている。その私が、未だに各種遺物の実測作業を継続しているのは、上記のような原体験があるからに違いない。中村先生の益々のご健勝とご活躍を祈念申し上げるとともに、さらなるご指導・ご鞭撻を賜りたく思っております。

＊註
1 発掘調査に参加した主要メンバーの生没年、出生地などは以下の通りである。
　後藤守一：1888(明治21)年8月10日、神奈川県逗子市生まれ。1960(昭和35)年7月30日没。享年71歳。
　三友國五郎：1904(明治37)年、埼玉県熊谷市生まれ。1983(昭和58)年3月1日没。享年79歳。
　小野文雄：1911(明治44)年7月12日、山口県玖珂郡本郷村（現・岩国市）生まれ。2005(平成17)年7月3日没。享年93歳。
　本間正義：1916(大正5)年12月25日、新潟県長岡市生まれ。2001(平成13)年10月10日没。享年84歳。
　大塚初重：1926(大正15)年11月22日、東京都板橋区生まれ、現在もなお活躍中。
2　三友國五郎の経歴および研究活動・業績は、柳田1971、三友1971、米倉・藤岡1983、有光1984、岡崎1984、柳田1984、柿沼2013による。
3　小野文雄の経歴および研究活動・業績は、埼玉大学教養部1977、小野1994、小野文雄先生を偲ぶ会編2005による。
4　本間正義の経歴および研究活動・業績は、本間1987・1988a・1988bによる。
5　本間1972文献は、本間1987文献に再録されている。
6　大塚1957文献に図面は掲載されていないが、埼玉県教育委員会の『古墳調査報告書』に円筒埴輪列の全測図が掲載されている（図1；埼玉県教育委員会1959）。発掘調査時の写真は、調査直後から様々な考古学概説書や高等学校の日本史教科書などに掲載されている（図2）。
7　石母田1955文献は、翌年に刊行された『古代末期政治史序説 下』（石母田1956）に所収されるとともに、その後、1964年に同書の上下巻を合冊して刊行された『古代末期政治史序説』（石母田1964）に所収されている。なお、同文献は『石母田正著作集』第2巻に収められている（石母田1988）。
8　石母田正は、1912(大正元)年9月9日、北海道札幌市生まれ。1986(昭和61)年1月18日没。享年73歳。
9　2013（平成25）年10月5日に杉戸町で行われたシンポジウムの席上において、大塚は、整理作業を担当した本間が、目沼瓢箪塚古墳出土の円筒埴輪を埼玉大学の校庭に本来の配列通りに並べていたという内容を、後藤からの伝聞として述懐している。
10　田中瑞木は、「三友國五郎コレクション」に含まれている下総型円筒埴輪について、目沼瓢箪塚古墳出土埴輪と断定していないが（田中瑞2015）、筆者の検討により、目沼瓢箪塚古墳との間に同工品および同一刷毛目が確認されており、同古墳出土と見做すことが可能である（犬木2014）。

【参考文献】

有光教一（1984）「追想三友国五郎君」『埼玉考古』第22号、埼玉考古学会、1～2頁

石母田正（1955）「古墳時代の社会組織―「部」の組織について―」『日本考古学講座』5、河出書房、289～307頁

石母田正（1956）「補遺Ⅰ 古代社会と物質文化―「部」の組織について―」『古代末期政治史序説 下』未来社、548～571頁

石母田正（1964）「補遺Ⅰ 古代社会と物質文化―「部」の組織について―」『古代末期政治史序説―古代末期の政治過程および政治形態―』未来社、548～571頁

石母田正（1988）「古代社会と物質文化―「部」の組織について―」『石母田正著作集』第2巻、岩波書店、179～199頁

石母田正（1990）『石母田正著作集』第16巻、岩波書店

犬木　努（2007）「轟俊二郎と『埴輪研究 第1冊』」『日中交流の考古学』同成社、260～276頁

犬木　努（2013）「下総型埴輪の風景―形態変化・工人編制・分布域―」『埴輪研究会誌』第17号、埴輪研究会、1～37頁

犬木　努（2014）「同工品識別による埴輪生産構造論―「下総型埴輪」論の現段階―」『古墳出土品がうつし出す工房の風景』大阪大谷大学博物館報告書第61冊、大阪大谷大学博物館、68～85頁

大谷　徹（2013）「杉戸町目沼古墳群出土の埴輪・須恵器について―「下総型埴輪」に伴う馬形埴輪の検討―」『埴輪研究会誌』第17号、埴輪研究会、93～109頁

大塚初重（1957）「埼玉県北葛飾郡瓢箪塚古墳」『日本考古学年報』5、日本考古学協会、79頁

大塚初重（2013）「埴輪研究史上に占める目沼瓢箪塚古墳埴輪の意義」『目沼瓢箪塚古墳埴輪 町有形文化財指定記念講演会 発表要旨』杉戸町教育委員会・埼玉大学教養学部、7～10頁

大塚初重（2016）『掘った、考えた』中央公論新社

岡崎　敬（1984）「三友先生の想い出」『埼玉考古』第22号、埼玉考古学会、3頁

小野文雄（1994）『蠹書虫断想――一教師文筆の轍―』埼玉新聞社

小野文雄先生を偲ぶ会編（2005）『小野文雄先生を偲ぶ 年譜・著作目録』

柿沼幹夫（2013）「郷土が生んだ考古学者 三友國五郎」『熊谷市史研究』第5号、熊谷市教育委員会、1～6頁

埼玉県教育委員会（1959）『古墳調査報告書 第3編 南埼玉郡・北葛飾郡・岩槻市・春日部市・古墳調査』

埼玉県郷土文化会（1952）「北葛豊岡村目沼古墳の発掘」『武蔵野史談』第1巻第3号、埼玉県郷土文化会、114頁

埼玉大学教養部（1977）「小野文雄教授の事績」『埼玉大学紀要 人文科学篇』第26巻、埼玉大学教養部、頁番号無し
斎藤　忠（1956）「古墳」『図説日本文化史大系１　縄文・弥生・古墳時代』小学館、240〜269頁
塩野　博（2004）『埼玉の古墳 北埼玉・南埼玉・北葛飾』さきたま出版会
杉戸町教育委員会・埼玉大学教養学部（2013a）『ハニワの里帰り―目沼ひょうたん塚古墳の埴輪たち―』
杉戸町教育委員会・埼玉大学教養学部（2013b）『目沼瓢箪塚古墳埴輪 町有形文化財指定記念講演会 発表要旨』
杉戸町役場（2003）『杉戸町史 考古資料編』
高久健二（2002）『目沼瓢箪塚古墳と埼玉の古墳文化』埼玉大学21世紀総合研究機構埋蔵文化財資料室
田中瑞木（2014）「埼玉大学所蔵杉戸町目沼７号墳出土円筒埴輪の検討」『埼玉考古』第49号、埼玉考古学会、37〜44頁
田中瑞木（2015）「埼玉大学所蔵「三友國五郎コレクション」の円筒埴輪について」『埼玉考古』第50号、埼玉考古学会、111〜117頁
田中祐樹（2013）「目沼瓢箪塚古墳の文化財指定への取り組みと活用について」『目沼瓢箪塚古墳埴輪 町有形文化財指定記念講演会 発表要旨』杉戸町教育委員会・埼玉大学教養学部、１〜６頁
轟俊二郎（1973）『埴輪研究第１冊』私家版
本間正義（1972）「佐吉多万雑話 瓢箪塚の発掘」『東京新聞 埼玉版』1972年10月22日（日）朝刊、東京新聞浦和支局
本間正義（1987）『私の古美術論集』私家版
本間正義（1988a）『私の近代美術論集』１、美術出版社
本間正義（1988b）『私の近代美術論集』２、美術出版社
三友國五郎（1971）「私の略歴」『埼玉考古』第９号、埼玉考古学会、16〜20頁
柳田敏司（1971）「はしがきにかえて」『埼玉考古』第９号、埼玉考古学会、１〜２頁
柳田敏司（1984）「三友国五郎先生を悼む」『埼玉考古』第22号、埼玉考古学会、４頁
米倉二郎・藤岡謙二郎（1983）「三友国五郎氏の逝去を悼む」『歴史地理学』第122号、歴史地理学会、35〜37頁

【参考資料①】石母田正（1955）「古墳時代の社会組織」より抜粋（293〜294頁）
土器製作者＝土師が集団的に定着している集落が成立するということは、いうまでもなく土器製作者が手工業者として一般農民から分離・独立していることを前提としている。須恵器の生産者については、技術的にみてもその分離・独立は明

白であるが、考古学の資料によれば、土師器および埴輪の生産者についても同様であると一応は認められる。まず第一に、製作された埴輪の大量なことである。（中略）第二に埴輪製作の手法である。埼玉県北葛飾郡豊岡村の目沼の瓢箪塚なる前方後円墳で発掘された約七十箇の埴輪は、手法上三つまたは四つの形式に分類され、異った製作者の手に成ることをしめしているが、どの一つの形式をとってみても、製作者の熟練と手馴れた手法をしめしている。一般農民が片手間に作ったものをよせ集めたものとすれば、その手法はもっと雑多なものとならねばならないから、これも限定された専門的土器製作者の生産になるものと見ねばならない。第三に埴輪製作の技術的な点からみても、同じことがいわれる。複雑な形象埴輪はいうまでもなく、埴輪円筒にしても、高さ三、四尺に達するようなものは、製作にかなりの高度の技術を要するものとみられるから、一般農民の製作し得るものとは考えがたく、やはり専門的手工業者の存在を前提とする。以上の理由から、大量の埴輪をめぐらした古墳が存在するということは、その周辺に埴輪を製作する専門の手工業者の集団が存在したものと考えてよい。（中略）一つの古墳を造築するさいに、そこに樹てるべき大量の埴輪がその支配下にある一般農民に賦課されたとしても、その製作は、前記のように専門の埴輪製作者が農民に代って製作するという分業が行われていたとみられる。

【参考資料②】大塚初重（1957）「埼玉県北葛飾郡瓢箪塚古墳」より抜粋
南東方向へ千葉県との境を流れる江戸川の西岸、沖積地をのぞむ低台地に営まれた前方後円墳である。前方部を西北西に向け全長約38mを算する。墳形の変形著しく、殊に後円部は半ば近く封土を欠失している。主体部は砂岩をもって簡単に築いた竪穴式系統の石室であったらしいが、構造の大半を失って詳細は不明である。調査中、銅釧破片及び埴輪（美豆良・腕各1個）が主体部辺りで発掘された点から、既に盗掘され、その際の混合物であろうと思われる。以上の如き主体部の状態に反して、墳丘北側中段の埴輪円筒列は良好な保存状態を示していた。70個の円筒が折損の殆どない状況で発見され、埴輪円筒列の実際のあり方についての研究を進展させることができた。円筒列は当初二重にめぐっていたらしいが、墳丘裾の円筒列を並列したままの状態として発掘し得なかった。円筒列はすべて埼玉大学に運び、本間正義氏による製作手法上、数形式の差異があり、各形式の円筒はそれぞれ異った生産者を暗示しうるという考えを提出された。これは、一個一個の円筒の実測、刷毛目の実際、隆起帯、側孔についての具体的資料の帰納から出発している。埴輪は埼玉大学保管。

大谷古墳の埴輪とその生産

河内 一浩

1．大谷古墳の重要性

　ここで取り上げる埴輪は、和歌山市大谷に所在する"大谷古墳"から出土した資料である。古墳は丘陵上に築かれた前方後円墳で、昭和32年から昭和33年にかけて調査が実施された。和歌山市教育委員会が主体とした発掘事業であるが調査は依頼先の京都大学文学部考古学研究室を行っている（京都大学文学部考古学研究室1959）。結果は、後円部に直接埋納された組合せ式の石棺が埋葬施設であることが確認された。その石棺の中や石棺の周囲から装身具類、鉄製武器武具類、農工具、馬具類が出土した。中でも馬冑や馬甲は我が国で初めて発見されたことで有名となり、同時に出土した鈴が付いた轡や杏葉、パルメットを意匠した雲珠などわが国では余り類をみない優品として知られている。これらは朝鮮半島との交渉を示す遺物群として重要である。
　交渉のあった時期、つまり古墳が築かれた年代については、埋葬施設が石棺を直葬することや石棺の形態も特殊で家形石棺の中では系譜を求めることが難しく、馬具や武器などからも時期限定が困難である。時期が特定できる須恵器が出土していないのもその一因といえる。そのため、出土した円筒形埴輪が有効視され、モノサシとして活用できるようにした川西宏幸氏の編年に基づいたⅤ期に帰属する一群とされている。その年代は古墳時代後期（5世紀後葉から6世紀前葉）と考えられてきた。
　しかしながら、県内の後期円筒形埴輪については、古墳間や一つの古墳の中でも供給された埴輪の違いが明確で、単純な生産体制ではないようだ。
　そこで、改めて大谷古墳の円筒形埴輪を観察し、そこから見出された特質を提示する。平成26年に大谷古墳が立地する丘陵の谷を挟んだ西で埴輪窯が発掘調査中に発見され、埴輪は現在整理中であるものの公表された資料の中には大谷古墳に類似する資料が見られたことも合わせて、現時点での大谷古墳の埴輪の生産について検討するのが本稿の目的である。

2．大谷古墳の埴輪

　昭和32年の調査で後円部裾に樹立されていた大谷古墳の円筒形埴輪は、出土した39本のうち6点が報告書（以下、『大谷古墳』とする）に提示されている*1（京都大学文学部考古学研究室1959）。底部から口縁部まで確認されている円筒形埴輪は、4条突帯5段の形態を有する。その規格は、計測できた器高が46cm～47.5cmと52cmである。確認できるスカシ孔は円形で、基本は下から2段目と4段目に二孔ずつ組み違いに穿かれている。焼成は無黒斑であるが報告書では焼成方法の違いで、赤褐色を呈した軟質の「赤焼円筒埴輪」と鼠色をした須恵質の硬い「須恵質円筒埴輪」に二分している。本稿では、『大谷古墳』で二分された焼成状態に準拠し前者をⅠ類、後者をⅡ類と呼称する。

　二分した円筒形埴輪をさらに外面調整からⅠA類、ⅠB類、ⅡA類の三つに細分した。ⅠA類は、タテ方向のハケメ調整を施す一群である。ⅠB類は写真1に見る条痕が観察できる調整方法の一群である。中には明確な条痕が観察できない調整もある。ⅡA類もタテ方向のハケメ調整である。

　なお、ⅡA類には写真2のように、全体が押し潰されたように歪んでいる特徴を有する。写真2の資料は、和歌山県立紀伊風土記の丘資料館収蔵品の山口コレクションであるが、元は大谷古墳の埴輪を最初に見つけた和歌山在住の郷土史家山口善一氏が採集された埴輪である。同埴輪は『大谷古墳』に山口5と紹介されている資料である。同じような埴輪は、『大谷

写真1　ⅠB類の外面調整　　　写真2　ⅡA類　　　　　写真3　ⅡA類
　　（紀伊風土記の丘所蔵）　　（紀伊風土記の丘所蔵）　（和歌山市教育委員会所蔵）

写真4 ⅠD類底部外面の手法　　写真5 ⅠD類底部内面の手法

古墳』に報告されているH11が該当し、昭和32年の調査時に出土した埴輪を確認したところH12やH37も同じであった。また、『大谷古墳』には記載がなかったが伏虎中学校の旧蔵資料の中にも存在した（写真3）*2。従って、Ⅱ類はⅠ類よりは多くはないもののある程度の量が存在することが窺える。昭和58年に和歌山市教育委員会が実施した史跡整備に伴う事前の調査でも破片が出土している（大野他1996）。資料を確認したところ報告の第2図に提示されている3、5、7の3点があった。このことにより、後円部の北東側に集中することが分かった。

　図1は、大谷古墳の円筒形埴輪の実測図である。

　1は、京都大学の調査で出土した内の1点で、現在和歌山市立博物館で常設展示している。分類したⅠA類に該当する。

　2と3は、元和歌山市伏虎中学校にあった資料で、現在和歌山市教育委員会が保管している。2はⅠB類で、3はⅠA類である。『大谷古墳』の報告書では、伏虎1に該当し、中学校保管中に存在した口縁部は、現在は欠損している。

　4から12は、山口善一氏の旧蔵資料で、現在は紀伊風土記の丘資料館が所蔵している。4は、ⅡA類で、『大谷古墳』で記載のある山口5である。底部から口縁部まで遺存するが、歪みが著しい。焼成は須恵質で、調整は粗いタテハケを施す。Ⅰ類と比べると器壁が厚く、胎土は砂質であった。

　5は、ⅠA類で、『大谷古墳』では山口3報告されている。1条目の突帯を含む2段目まで遺存する。

　6は、写真1に見られる調整で、分類したⅠB類に該当する。『大谷古墳』では山口2で、3条目までの突帯を含む3段目まで遺存する。

図1 大谷古墳の円筒形埴輪の実測図

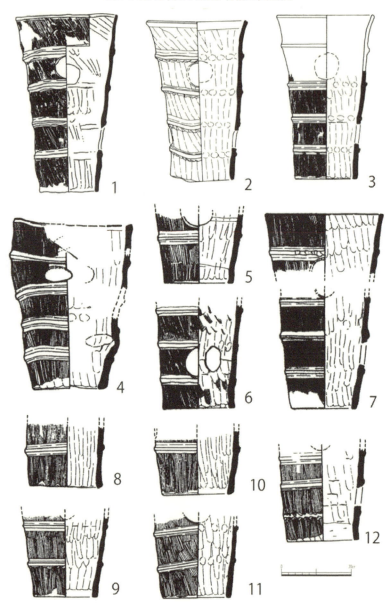

7は、ⅠA類で、『大谷古墳』の山口1に該当する。3条目までの突帯を含む3段目まで遺存する。僅かに残る4段目にスカシ孔が確認できる。底面はヘラ切りか平坦である。接点はないが同一個体と考えられる口縁部の破片が存在する。ヘラ記号が認められたが、欠損部が多く全体像は不明である。

　8は、ⅠA類で、『大谷古墳』の山口6である。底部と2段目までの破片である。遺存する2段目の残存率が低く、確認できない。したがって、2段目のスカシ孔については保留とする。

　9は、ⅠA類である。2条目突帯まで遺存するが、3段目わずかに残る。第2段目にはスカシ孔は確認できない。おそらくは11と同じように3段目にスカシ孔を穿つものと推測される。現状の破片からはスカシ孔が認められない。突帯は断続ナデAが観察される。

　10は、ⅠA類で、1条の突帯を含む2段目にスカシ孔が認められる。

　11は、ⅠA類である。2条突帯を含む3段目が遺存するが、スカシ孔は2段目に無く3段目に穿たれている。他のスカシ孔の穿孔位置が異なる一群である。

　12は、3条目の突帯まで遺存し、僅かに残る4段目にスカシ孔が認められる。突帯は、断面が扁平な形状を呈するが最下段の突帯は粘土紐を貼り付けた後に工具で押さえる「押圧技法」が見られる。外面調整に粗いタテハケを施す。写真4と5に見られるような底部底面付近の内外面をヨコ方向にヘラケズリ、底面もヘラで削って平らにしている。この埴輪をⅠD類とする。なお、この手法をもつ底部片は、昭和58年に実施した和歌山市教育委員会の調査でも出土し、報告の第2図の10が該当する。

3．「大谷モデル」の設定と工人系譜

　以上、大谷古墳から出土した円筒形埴輪は4条突帯5段の形態を有する。外面調整にはヨコハケを施さない、タテハケもしくは板ナデで終了する。また、内面については底部から口縁部までタテ方向のユビナデ調整を施す手法を持つものが大半である。調整をタテハケで終了し、断続ナデAが見られる。河内や大和で後期に見られる円筒形埴輪である。これらの特徴を有する円筒形埴輪をここでは便宜上「大谷モデル」と設定しよう*3。

大谷モデルのなかで、ⅡA類の円筒形埴輪については当古墳でのみ確認できる製品できる。さらに手法から大谷モデルに幾つかの工人が携わっていることから、その系譜を考えてみよう。ハケメや板ナデを施す工人集団はおそらく畿内の製作手法を熟知する。対して、確認された数少ない手法に、かつて川西宏幸氏が指摘した外面にタタキを施したのちタテハケ調整している破片がある＊4（川西1978）。いずれも焼成は須恵質では無く土師質なので、この一群をⅠC類とする。タタキは突帯の側面に残る例もあり、埴輪製作にあたり一部にせよタタキ板を使う工人が製作に従事したことが推察される。この点は、淡輪の三古墳の埴輪生産と通じると考えた川西氏の説は、間違いは無かろう。
　そのほか、ⅠD類とした押圧技法の突帯や底部内外面をヘラ削りする土師質の一群がある。同じ技法や手法は、古墳時代中期後葉築造の陵山古墳の円筒形埴輪に見ることができる＊5。従って、大谷古墳の埴輪には前段階に見られた淡輪系、近内系、そして畿内系の手法が見られた。大谷古墳の埴輪製作にあたって編成された結果である。なお、古墳時代後期に属する紀伊型埴輪が出現する前々段階にあたると考えている＊6。

4．過去の埴輪生産の研究

　和歌山県内において埴輪を焼成した窯については、大野嶺夫氏は井辺前山古墳群が立地する丘陵の一角に存在する事を1996年に紹介したのを嚆矢とする（大野1996）。この埴輪窯は、「森小手穂埴輪窯跡」と名称が付けられた（森1972）。その後、1987年に和歌山県教育委員会が実施した調査では窯体や灰原は確認でなかった（和歌山県教育委員会1987）。出土した円筒形埴輪の口縁端部が肥厚する円筒形埴輪に限定されることから、私がかつて紀伊型とした円筒形埴輪の生産地として評価している（河内1988）。
　それに対して畿内型の円筒形埴輪を焼成した窯は、和歌山市吉礼に分布する砂羅谷窯址群とした。昭和53年に大谷女子大学が調査し、窯の周辺で量はさほど多くないが円筒形埴輪が出土している（大谷女子大学資料館1999）。
　また、一部の研究者によって鳴神団地の埴輪出土地が埴輪窯として考えられていた。それは、岩橋千塚の大谷山支群の丘陵の一角から大量の埴輪が黒い層から出土していることから埴輪窯であると評価された。しかし、

筆者はこれを疑問視していた（河内1987）。そして、鳴神団地の工事の際に埴輪採集を継続的にされていた山口善一氏の表採資料を観察する機会を得、埴輪片には生焼けや歪が全くないことを確認し、何より山口氏が現地で撮影した写真に埴輪列が認められことから埴輪窯でなく古墳であることを決定付けた（河内2011）。さらに、山口氏のメモされていた地番を地籍図で確認したところ出土地点が確定でき、畔畔の形状から周濠をもつ50m級の前方後円墳である可能性があり、一部の研究者にはかつて「鳴神団地古墳」と呼称されていたことも指摘しておいた（河内2012b）。

　以上、確認されている埴輪の窯は、紀ノ川南岸に位置する二ケ所のみである。出土した埴輪から紀ノ川北岸にも生産地が推察されるようになった。推定は平成25年に現実となった。和歌山市平井の丘陵で二基の埴輪窯が発見されたのである。そこは紀ノ川下流域北岸、楠見遺跡や大谷古墳に隣接する土地である。県文化財センターが発掘し現在整理作業中であるが、公開されている資料の中に「大谷モデル」の円筒形埴輪が存在する。したがって、平井遺跡埴輪窯で生産された埴輪は大谷古墳と言うことになる。タタキのある埴輪が平井遺跡から出土しているのでさらに根拠が高まる。

5．まとめにかえて

　以上、大谷古墳の円筒形埴輪と県内の埴輪生産地の様相をみてきた。そこから導き出した特質とは、「大谷モデル」なる近畿中枢地域で製作された後期埴輪の一型式と認識した。モデルはさらに焼成と外面調整から5種類に細分でき、このうち分類したⅡA類、ⅠC類、ⅠD類は少数派である。

　最も多く生産されたのはⅠA類で、若干の大きさにバラつきがみられた。多くは土師質焼成の中で、ⅡA類とした須恵質の円筒形埴輪は焼き歪みが著しく、砂質の胎土も大谷古墳周辺では例を見ない。つまり大谷古墳のみに供給された埴輪といえる。

　少数派として捉えたⅠC類のタタキのある埴輪は近在する木の本古墳群の埴輪生産の延長であり、またⅠD類の押圧技法による突帯成形や底部のヘラケズリは同じ紀ノ川流域の陵山古墳に見られた。このことは、大谷モデルは大谷古墳が築かれる前段階に紀ノ川下流と上流にそれぞれ存在した埴輪製作工房の工人や畿内の技法に精通する工人が集結され、製作された

と考える。その製作された埴輪を焼成したのが平井遺跡から発見された埴輪窯であった可能性が極めて高いことを指摘することに留めておく*7。この点については報告書刊行後に改めて見解を述べることにする。

　以上、大谷古墳の重要性は埴輪からも副葬品や埋葬施設と同じように地域間の交流史を証明できるのである。

　最後になりましたが、古希をお迎えになる中村浩先生には学生時代からご指導たまわり、羽曳野市教育委員会在籍の折には"化粧研究"に理解を頂き大谷女子大学で講演の機会を得ました。

　編集の冨加見泰彦さんには多大なご迷惑をかけましたこと、お詫び申し上げます。また、大谷古墳の埴輪実見・実測にあたり、京都大学文学部考古学研究室の阪口英毅氏、京都大学総合博物館の村上由美子氏、和歌山県立紀伊風土記の丘の藤森寛志氏、和歌山県教育委員会文化遺産課の仲原知之氏、和歌山市教育委員会文化振興課の前田敬彦氏、和歌山市立博物館の益田雅司氏に多大な協力を得た。平井遺跡の埴輪については和歌山県文化財センターの藤井幸司氏に御教示を得た。ここに記して感謝の意を表したい。

*註
1　和歌山市立博物館に2本収蔵されている（和歌山市立博物館2000）。
2　和歌山市立伏虎中学校にかつて保管されていた大谷古墳の円筒形埴輪は、昭和27年8月に伏虎中学の教諭であった広本満氏が後円部東北方の鞍部において円筒埴輪を発見し、一部を発掘した資料である。
3　大谷古墳の円筒形埴輪についてはすでに藤井幸司氏が検討されている（藤井2003）。埴輪製作技法の復元的研究を試みられ、氏が分類したAc－Ⅱ群となる。この類型は、5世紀後半に出現している。
4　昭和32年の調査で出土した円筒形埴輪に中にタタキがある破片は、筆者が確認したのはわずか6点であった。川西氏は、この内2点を紹介されていることがわかった。
5　橋本市立あさもよし資料館で確認した。この埴輪については別稿を用意している。
6　大谷古墳の埴輪は須恵器編年（陶邑編年）のTK23型式と考えている。因みに紀伊型埴輪の出現はMT15型式以降と考えている。
7　県内の後期埴輪生産は、大谷古墳のように築窯した近隣地に供給する例のほか、

大谷古墳の手法を用いる白浜町の権現平１号墳の埴輪胎土は平井遺跡に類似することからのその生産地は紀ノ川北岸の可能性が高い。だとすれば、遠方からの供給となる。

【参考文献】
大野左千夫　奥田尚　前田敬彦（1996）「大谷古墳の墳丘と石棺材について」『和歌山地方史研究』29・30

大野嶺夫（1996）「和歌山市の形象埴輪の窯址」『古代学研究』46

河内一浩（1987）「和歌山県における遺跡出土の埴輪について」『和歌山県埋埋蔵文化財情報』第18号

河内一浩（1988）「古墳時代後期における紀伊の埴輪について」『求真能道』（巽三郎先生古希論集）

河内一浩（2011）「和歌山・鳴神埴輪窯の再検討」『堀田啓一先生喜寿記念献呈論集』

河内一浩（2012a）「山口コレクションの埴輪」『平成22年度紀伊風土記の丘年報』第38号

河内一浩（2012b）「紀伊・鳴神団地古墳の再検討‐山口コレクションの埴輪整理から」『日本考古学協会第78回総会研究発表要旨』

河内一浩（2013）「大谷古墳の円筒形埴輪‐紀伊風土記の丘資料館蔵品（山口善一採集資料）から‐」『紀伊風土記の丘研究紀要』創刊号

河内一浩（2015）「和歌山県における埴輪研究」『紀伊考古学研究』第18号

川西宏幸（1988）「田身輪の首長」『古墳時代政治史序説』

川西宏幸（1977）「淡輪の首長と埴輪生産」『大阪文化誌』第2巻第4号（大阪文化財センター）

京都大学文学部考古学研究室（1959）『大谷古墳』（和歌山市教育委員会）

同志社大学考古学研究室（1972）『井辺八幡山古墳』

藤井幸司（2003）「円筒埴輪製作技術の復原的研究」『埴輪‐円筒埴輪製作技法の観察・認識・分析‐』（第52回埋蔵文化財研究会集会発表要旨集）

和歌山市立博物館（2000）『大谷古墳とその遺物』

※写真１～５　河内撮影
図１の１は藤井2003から引用。２・３は和歌山市教育委員会所蔵。河内実測による。４から12は河内2013からの引用。

中世陶器の胎土分析
―山陰地方出土瓷器系陶器の産地推定―

白石　純

1．はじめに

　この胎土分析では、愛知県常滑市を中心とする知多半島で生産された常滑焼と日本海側最大の生産地である越前焼の二大瓷器系陶器の自然科学的な胎土分析を実施し、両生産地の胎土的特徴を検討した。そして、山陰地方の各遺跡より出土している瓷器系陶器の産地推定を試み、今後の胎土分析による瓷器系陶器の生産と流通の基礎データとすることが目的である。

　常滑焼の成立は、12世紀の初頭といわれている。流通は平安時代末期に広く太平洋沿岸を中心としていたが、鎌倉時代になると流通圏は、全国に拡大・充実していった。瀬戸内海の広島県福山市に所在する中世瀬戸内の港町として有名な草戸千軒町遺跡では、備前焼の生産地に接しているにもかかわらず、鎌倉時代には常滑焼が多量に出土する。そして、室町時代になると、伊勢湾沿岸から関東方面に限定されてくる[1]。

　越前焼は、常滑焼などの瓷器系陶器の影響を受けて成立したといわれ、福井県越前市安養寺町と丹生郡越前町にかけての各丘陵斜面に200基以上存在している[2,3]。成立は、12世紀後半頃で甕、壺、片口鉢を中心に焼かれている。流通範囲は、12世紀代は福井県内に留まっていたが、13世紀～15世紀には北海道から山陰地方まで販路が拡大していった。また、筆者は越前焼の胎土分析を行い、生産地内での越前焼は、各支群で胎土に差異がみられた[4]。そして、越前焼は常滑焼と形態的に非常によく似ていることが従来からいわれており、特徴ある部位（口縁部や底部など）以外では見わけがつきにくようである。

　また、1991年に山口県萩市の北東端の上七重地区の高位段丘面上（標高約200m）の谷入口の斜面部で焼締め陶器片（常滑系の技法で焼かれた）が出土する窯（上七重窯）が発見された[5,6]。
この窯は出土した甕、鉢などから14世紀前半頃に推定されている。この分析では、この窯跡も比較試料として分析した。

2．分析方法・試料

　自然科学的な分析法には、蛍光Ｘ線分析法を用いた。
　蛍光Ｘ線分析法は、胎土の成分(元素)量を測定し、その成分量から胎土の違いについて検討した。測定した成分(元素) は、SiO_2・TiO_2・Al_2O_3・Fe_2O_3・MnO・MgO_2・CaO・Na_2O・K_2O・P_2O_5の10成分である。測定装置はエネルギー分散型蛍光Ｘ線分析計（エスアイアイ・ナノテクノロジー製SEA5120A）を使用した。分析試料は、乳鉢で粉末にしたものを加圧成形機で約15トンの圧力をかけ、コイン状に成形したものを測定試料とした。したがって、一部破壊分析である。
　測定条件は、管球ターゲットRh、励起電圧は50kV・15kV・7kV、管電流は4μA～1000μA、測定時間は300秒、雰囲気は真空で測定した。
　分析試料は、常滑焼が出地田、芝山F、椎池、高坂の各地点から出土した31点で、越前焼は総計327点である。内訳は織田支群（山中窯・西山窯）、平等支群（上鍵谷窯・城ヶ谷窯・平等西窯・平等剣神社窯・口西平窯・正信坊窯・小足谷窯・木松郎窯・上外ヶ谷窯・大釜屋窯・上大師谷窯）、熊谷支群（下向窯・奥釜井谷窯・釜屋谷窯・水上窯・馬戸窯・フススベ窯・上垣内窯）、小曽原支群（奥蛇谷窯）、曽原支群（白石地区）の22基である。また、山口県萩市上七重窯の分析試料は15点である。器種は甕、壺類がほとんどで、これ以外に鉢がある。
　そして、産地推定を実施した山陰地方の各遺跡出土瓷器系陶器試料は、第25図～第28図と第１表に示した126点である。

3．分析結果

　測定した10成分のうち、試料に顕著な差がみられたのは、SiO_2、Fe_2O_3、K_2Oの3成分であった。この3成分を用いて散布図を作成し、各生産地と消費地出土瓷器系陶器の胎土の違いを検討した。

（1）各生産地試料の比較
　第1図のSiO_2－K_2O散布図は、常滑と越前の分布領域が半分ほど重なっている。また、越前は支群により胎土が異なっている。特に織田、平等支

群は常滑とK₂O量の違いで識別できる。つまり、K₂O量が約2.5%以上に越前がそれ以下に常滑と越前の熊谷支群、曽原支群が分布する。なお、常滑は越前の織田支群、平等支群、小曽原支群と熊谷支群、曽原支群の中間に分布領域がある。また、上七重はK₂O量が約3.5%〜4.5%の間に分布し、他の窯と明確に識別が可能であった。

第2図の$K_2O-Fe_2O_3$散布図では、常滑がFe_2O_3の違いで2つの胎土にわかれ、越前との比較では、越前と半分ほど領域が重なっている。なお、この散布図でも上七重は常滑、越前と胎土が異なり識別できる。

（2）山陰各地出土瓷器系陶器の産地推定
①米子市久米第1遺跡・米子城跡（1次）・大谷遺跡・観音寺古墳群

米子市内の各遺跡より出土した瓷器系陶器の産地を推定した。米子城跡は、加茂川の河口部に広がる近世の城郭である。大谷遺跡は目久美遺跡の西側に位置する低湿地遺跡である。観音寺古墳群は日野川左岸の丘陵上に位置する古墳時代から中世の遺跡である。器種はすべて擂鉢である。このうち久米第1遺跡、米子城跡（1次）、大谷遺跡は越前焼と考古学的に産地が推定されており、観音寺古墳群は瓷器系陶器となっている[7]。

第3図SiO_2-K_2O散布図、第4図$K_2O-Fe_2O_3$散布図から久米第1遺跡（試料番号1　以下番号のみ記する）、米子城跡(2)、大谷遺跡(3)は越前に推定、観音寺古墳群(4)は、常滑に推定された。

②松江市イガラビ遺跡・出雲国造館跡・叶ザコ遺跡・澄水寺跡

松江市内のイガラビ遺跡・出雲国造館跡・叶ザコ遺跡・澄水寺跡より出土した常滑（考古学的に）の甕を分析した[7]。その結果、第5図SiO_2-K_2O散布図、第6図$K_2O-Fe_2O_3$散布図よりイガラビ遺跡(5)、出雲国造館跡の6（甕）は常滑に、叶ザコ遺跡(7)・澄水寺跡(8)の甕は越前に推定された。

③松江市禅定寺遺跡・北台遺跡、出雲市古志本郷遺跡

禅定寺遺跡、北台遺跡出土と出雲市古志本郷遺跡では考古学的な分類で禅定寺、北台が常滑、古志本郷が越前？に推定されている[7]。

第7図SiO_2-K_2O散布図と第8図$K_2O-Fe_2O_3$散布図より禅定寺の9、10、11、北台の13、14、古志本郷の16が常滑で、北台の12、古志本郷の15が越前と推定された。

④出雲市三田谷Ⅰ遺跡

三田谷Ⅰ遺跡は神戸川出雲平野に出る右岸の河岸段丘上に位置する。この遺跡の包含層出土の甕9点は考古学的に、常滑に分類されている*7。第9図SiO_2-K_2O散布図、第10図$K_2O-Fe_2O_3$散布図では、19、20、22の3点が越前の領域に、それ以外は、常滑に推定された。

⑤出雲市青木遺跡

青木遺跡は出雲平野の北側に位置し、古代は、役所関連の遺構や宗教施設が確認され、中世の包含層や土坑から瓷器系陶器が出土している。今回分析したのは、甕19点、鉢6点の25点である。このうち、考古学的な分類で常滑が18点、越前が7点と分類されている*7。

第11図SiO_2-K_2O散布図、第12図$K_2O-Fe_2O_3$散布図では、考古学的分類で越前と推定された31、42、43、44、45、49、50の7点は、分析でも越前に推定された。また、常滑と推定されたもので28、34、37、38、39の5点は、越前に推定された。そして、それ以外の26、27、29、30、32、35、36、40、41、46、47の11点は常滑に推定された。また、33の甕底部が萩市の上七重に推定された。

⑥出雲市蔵小路西遺跡

出雲平野の中央付近に位置し、遺跡内の東西から大溝が検出され、出土遺物などから館跡と推定される遺跡である。蔵小路西遺跡より出土した28点の瓷器系陶器のうち、考古学的な分類では常滑が16点、越前が9点、不明が3点である*7。器種は甕17点、壺1点、鉢10点となる。

第13図SiO_2-K_2O散布図、第14図$K_2O-Fe_2O_3$散布図から、産地推定を行った。その結果、考古学的に常滑と推定されたものは、すべて常滑の領域に分布し、越前と推定されたものは、61、63、64、72、78の5点が越前に推定された。また67は産地が不明であった。

⑦出雲市壱丁田遺跡、下古志遺跡、寿昌寺遺跡

壱丁田遺跡は出雲平野の中央付近に位置し、神戸川右岸の自然堤防上に所在する。下古志遺跡は神戸川の左岸に位置する。また寿昌寺遺跡は神戸川の右岸、出雲平野の南側丘陵と平野の接点に位置する。この分析では、この3遺跡から出土した甕である。考古学的な分類では壱丁田遺跡が常滑、寿昌寺遺跡が越前と推定されている*7。

第15図SiO_2-K_2O散布図、第16図$K_2O-Fe_2O_3$散布図より、壱丁田の33図18は常滑、下古志の36図13は越前、寿昌寺の16図1、80図1は常滑、27図

6は越前に推定された。

⑧出雲市大井谷Ⅱ遺跡

寿昌寺遺跡や築山遺跡が所在する大井谷の丘陵部に位置し、寺院関連遺跡と考えられる。考古学的分類では、常滑が5点（甕・壺・鉢）、越前が1点（甕）と分類されている*7。第17図$SiO_2－K_2O$散布図、第18図$K_2O－Fe_2O_3$散布図より、常滑は84、87、88で、越前は86、89が推定された。また85は産地不明であった。

⑨出雲市築山遺跡

神戸川の右岸、出雲平野の南側丘陵と平野の接点に位置する。考古学的な分類では、常滑が17点（甕）、越前が2点（鉢）、瓷器系？が2点（甕）に分類されている。

第19図$SiO_2－K_2O$散布図、第20図$K_2O－Fe_2O_3$散布図より、常滑に推定されたのは、92、93、94、95、96、98、100、101、103、105、107、108の12点、越前に推定されたのは、90、91、97、99、104、106の6点である。また、産地がはっきりしなかったのは102であった。

⑩出雲市日御碕神社境内遺跡

島根半島の西端に位置する日御碕神社の境内に位置し、古代から続く遺跡である。この遺跡出土の甕2点は、考古学的な分類では瓷器系陶器となっている*7。

第21図$SiO_2－K_2O$散布図、第22図$K_2O－Fe_2O_3$散布図より109、110は常滑と推定される。

⑪出雲市矢野遺跡第2地点

出雲平野のやや北側に位置し、矢野遺跡第2地点は、現在の出雲ドーム付近である。この地点では、建物跡や土坑が検出されている。考古学的な分類では、土坑などから出土した16点のうち14点が常滑に推定されている。残り2点は瓷器系陶器と分類されている*7。

第23図$SiO_2－K_2O$散布図、
第24図$K_2O－Fe_2O_3$散布図での産地推定では、114、116、119が越前に、それ以外は常滑と推定された。

4．おわりに

以上の分析結果から、以下のことが推定される。

(1) 各生産地の比較では、常滑と越前の領域が半分ほど重なり、識別が難しい。ただ、越前は各支群の違いで胎土が異なる。つまり、K_2O量が約2.5％以上には越前の織田、平等、小曽原の各支群が分布し、常滑と識別できるようである。しかし、熊谷支群が常滑と重なり識別できない。

(2) 山陰各地の遺跡出土試料の産地推定では、考古学的な分類と胎土分析結果がほぼ一致し、常滑と越前の分布領域は第1図、2図のようにK_2O量が約2.5％付近を境界に破線ラインで、K_2O量が少ないところが常滑領域で、多いところが越前領域と推定される。このように、考古学的分類をもとに産地推定を行ったところ、常滑と越前が胎土分析でも識別が可能性であると推定される。また、出雲市青木遺跡出土のもので試料番号33（甕）が山口県萩市の上七重窯に推定された。この窯からも少量ではあるが、供給されていることがわかった。今後、これら生産地、消費地のデータを増やして再検討し越前焼、常滑焼の時期や地域ごとの流通について検討する必要がある。

この分析を報告するにあたり、中村　浩先生、冨加見泰彦先生には、原稿締め切りに間に合わず、大変ご迷惑をお掛けいたしました。深謝いたします。

また胎土分析では以下の方々や機関より試料の提供やいろいろお世話になった。最後ではありますが記して感謝いたします。

川越光洋、柏本秋生、木村孝一郎、佐伯純也、坂本豊治、中野晴久、西尾克己、花谷浩、廣江耕史、三原一将、出雲市教育委員会、島根県教育委員会、常滑市教育委員会、福井県埋蔵文化財センター、松江市教育委員会、米子市教育委員会

＊註
1　中野晴久（2010）「常滑焼（瓷器系）」『古陶の譜 中世のやきもの－六古窯とその周辺－』印象社
2　田中照久（2010）「越前焼（瓷器系）」『古陶の譜 中世のやきもの－六古窯とその周辺－』印象社

3 木村孝一郎（2012）「越前古窯跡群における生産地遺跡の様相」『石川考古学研究会会誌』第55号
4 白石純（2016）「越前焼の胎土分析」『越前焼総合調査事業報告』福井県教育庁埋蔵文化財センター所報6
5 岩崎仁志（2000）「防長地域の中世陶器窯」『陶員』第13号、山口県埋蔵文化財センター
6 柏本秋生（2011）「上七重窯窯」『山陰地方における越前・常滑系陶器』第10回山陰中世土器検討会資料集
7 山陰中世土器検討会（2011）「資料紹介　鳥取県（因幡・伯耆）、島根県（出雲・石見・隠岐）」『山陰地方における越前・常滑系陶器』第10回山陰中世土器検討会資料集

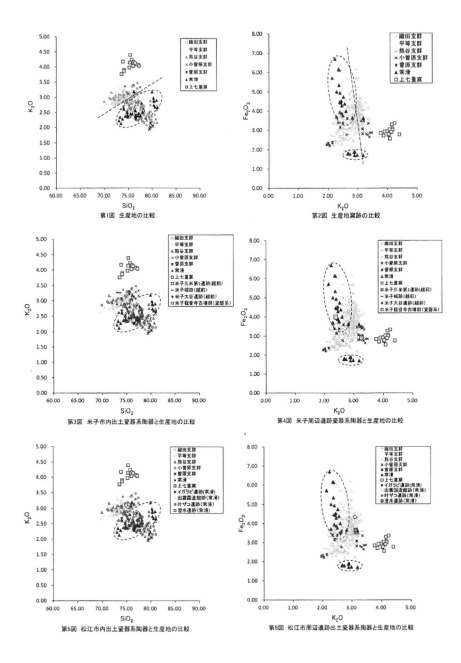

中世陶器の胎土分析（白石　純）

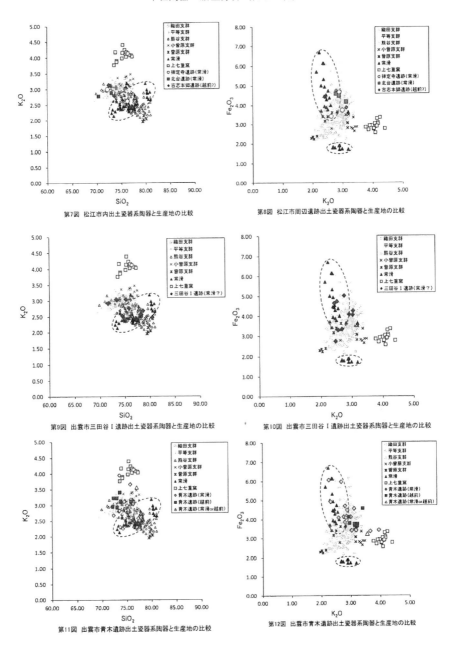

第7図　松江市内出土瓷器系陶器と生産地の比較
第8図　松江市周辺遺跡出土瓷器系陶器と生産地の比較
第9図　出雲市三田谷Ⅰ遺跡出土瓷器系陶器と生産地の比較
第10図　出雲市三田谷Ⅰ遺跡出土瓷器系陶器と生産地の比較
第11図　出雲市青木遺跡出土瓷器系陶器と生産地の比較
第12図　出雲市青木遺跡出土瓷器系陶器と生産地の比較

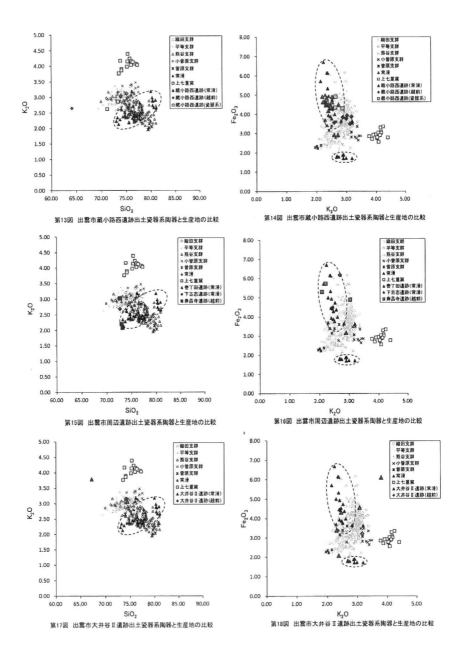

第13図 出雲市蔵小路西遺跡出土瓷器系陶器と生産地の比較

第14図 出雲市蔵小路西遺跡出土瓷器系陶器と生産地の比較

第15図 出雲市周辺遺跡出土瓷器系陶器と生産地の比較

第16図 出雲市周辺遺跡出土瓷器系陶器と生産地の比較

第17図 出雲市大井谷Ⅱ遺跡出土瓷器系陶器と生産地の比較

第18図 出雲市大井谷Ⅱ遺跡出土瓷器系陶器と生産地の比較

中世陶器の胎土分析（白石 純）

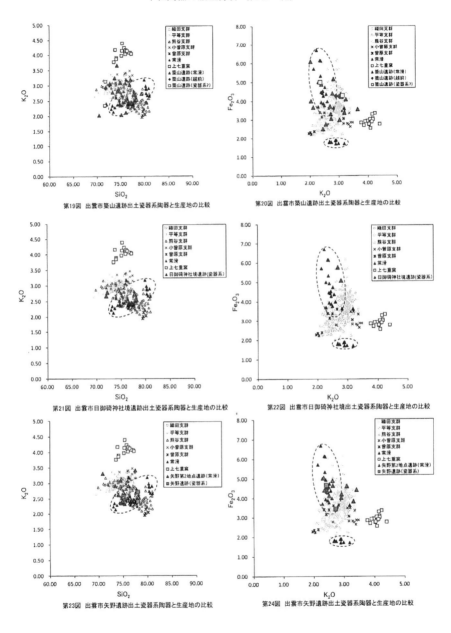

第19図 出雲市築山遺跡出土瓷器系陶器と生産地の比較
第20図 出雲市築山遺跡出土瓷器系陶器と生産地の比較
第21図 出雲市日御碕神社境遺跡出土瓷器系陶器と生産地の比較
第22図 出雲市日御碕神社境出土瓷器系陶器と生産地の比較
第23図 出雲市矢野遺跡出土瓷器系陶器と生産地の比較
第24図 出雲市矢野遺跡出土瓷器系陶器と生産地の比較

203

第1表 胎土分析を行った山陰地域の各遺跡出土瓷器系陶器一覧表(＊7より一部改変)

番号	遺跡名	器種	産地(考古学的)	産地推定(胎土分析)	掲載番号	掲載文献
1	久米第1遺跡	擂鉢	越前焼	越前	34図1	久米第1遺跡(1989)米子市教育委員会
2	米子城跡1次	擂鉢	越前焼	越前	20図44	米子城跡(1993)米子市教育委員会
3	大谷遺跡	擂鉢	越前焼	越前		報告書未刊行
4	観音寺古墳群	甕	瓷器系陶器		38図	観音寺古墳群(1990)米子市教育委員会
5	イガラビ遺跡	甕	常滑焼	常滑	24図81	松江市工業団地内発掘調査報告(1990)
6	出雲国造館跡	甕	常滑焼	常滑		出雲国造館跡発掘調査報告書(1980)松江市教育委員会
7	叶ザコ遺跡	甕	常滑焼	越前	3図	八雲村・叶ザコ遺跡出土の常滑焼「松江考古8号」
8	澄水寺跡	甕	常滑焼	越前	5図	松江市・澄水寺跡出土の陶磁器「松江港古8」
9	禅定寺遺跡	甕	常滑焼	常滑	37図162	禅定寺遺跡(2006)松江市教育委員会
10	禅定寺遺跡	甕	常滑焼	常滑	37図163	禅定寺遺跡(2006)松江市教育委員会
11	禅定寺遺跡	甕	常滑焼	常滑	65図16	禅定寺遺跡(2006)松江市教育委員会
12	北台遺跡	甕	常滑焼	越前	8図13	北台遺跡発掘調査報告書(1998)八雲村教育委員会
13	北台遺跡	甕	常滑焼	常滑	8図14	北台遺跡発掘調査報告書(1998)八雲村教育委員会
14	北台遺跡	甕	常滑焼	常滑	8図15	北台遺跡発掘調査報告書(1998)八雲村教育委員会
15	古志本郷遺跡	甕	越前焼？	常滑	43図25	古志本郷遺跡I(1999)島根県教育委員会
16	古志本郷遺跡	甕	越前焼？	常滑	221図22	古志本郷遺跡I(1999)島根県教育委員会
17	三田谷I遺跡	甕	常滑焼	常滑	102図36	三田谷I遺跡vol.3(2000)島根県教育委員会
18	三田谷I遺跡	甕	常滑焼	常滑	102図37	三田谷I遺跡vol.3(2000)島根県教育委員会
19	三田谷I遺跡	甕	常滑焼	越前	102図38	三田谷I遺跡vol.3(2000)島根県教育委員会
20	三田谷I遺跡	甕	常滑焼	常滑	102図39	三田谷I遺跡vol.3(2000)島根県教育委員会
21	三田谷I遺跡	甕	常滑焼	常滑	102図40	三田谷I遺跡vol.3(2000)島根県教育委員会
22	三田谷I遺跡	甕	常滑焼	常滑	102図41	三田谷I遺跡vol.3(2000)島根県教育委員会
23	三田谷I遺跡	甕	常滑焼	常滑	102図42	三田谷I遺跡vol.3(2000)島根県教育委員会
24	三田谷I遺跡	甕	常滑焼	常滑	102図43	三田谷I遺跡vol.3(2000)島根県教育委員会
25	三田谷I遺跡	甕	常滑焼	常滑	102図44	三田谷I遺跡vol.3(2000)島根県教育委員会
26	青木遺跡	甕	常滑焼	常滑	153図912	青木遺跡I(2004)島根県教育委員会
27	青木遺跡	甕	常滑焼	常滑	153図913	青木遺跡I(2004)島根県教育委員会
28	青木遺跡	甕	常滑焼	越前	153図914	青木遺跡I(2004)島根県教育委員会
29	青木遺跡	甕(押印文)	常滑焼	常滑	153図915	青木遺跡I(2004)島根県教育委員会
30	青木遺跡	甕(押印文)	常滑焼	常滑	153図916	青木遺跡I(2004)島根県教育委員会
31	青木遺跡	鉢	越前焼	越前	153図918	青木遺跡I(2004)島根県教育委員会
32	青木遺跡	甕	常滑焼	常滑	191図1007	青木遺跡I(2004)島根県教育委員会
33	青木遺跡	甕	常滑焼	上七重	206図1076	青木遺跡I(2004)島根県教育委員会
34	青木遺跡	甕	常滑焼	越前	216図1114	青木遺跡I(2004)島根県教育委員会
35	青木遺跡	甕	常滑焼	常滑	237図1492	青木遺跡I(2004)島根県教育委員会
36	青木遺跡	甕	常滑焼	常滑	237図1493	青木遺跡I(2004)島根県教育委員会
37	青木遺跡	甕	常滑焼	越前	237図1494	青木遺跡I(2004)島根県教育委員会
38	青木遺跡	甕	常滑焼	常滑	237図1495	青木遺跡I(2004)島根県教育委員会
39	青木遺跡	甕	常滑焼	越前	237図1496	青木遺跡I(2004)島根県教育委員会
40	青木遺跡	甕(押印文)	常滑焼	常滑	237図1497	青木遺跡I(2004)島根県教育委員会
41	青木遺跡	甕(押印文)	常滑焼	常滑	237図1498	青木遺跡I(2004)島根県教育委員会
42	青木遺跡	鉢	越前焼	越前	237図1499	青木遺跡I(2004)島根県教育委員会
43	青木遺跡	鉢	越前焼	越前	237図1500	青木遺跡I(2004)島根県教育委員会
44	青木遺跡	鉢	越前焼	越前	237図1501	青木遺跡I(2004)島根県教育委員会
45	青木遺跡	鉢	越前焼	越前	237図1502	青木遺跡I(2004)島根県教育委員会
46	青木遺跡	甕体部	常滑焼	常滑	52図448	青木遺跡I(2004)島根県教育委員会
47	青木遺跡	甕	常滑焼	常滑	52図449	青木遺跡I(2004)島根県教育委員会
48	青木遺跡	鉢	越前焼	越前	52図450	青木遺跡I(2004)島根県教育委員会
49	青木遺跡	甕	常滑焼	越前	61図537	青木遺跡II(2006)島根県教育委員会
50	青木遺跡	鉢	常滑or越前	常滑	68図571	青木遺跡II(2006)島根県教育委員会
51	蔵小路西遺跡	甕	常滑焼	常滑	8図3	蔵小路西遺跡(1999)島根県教育委員会
52	蔵小路西遺跡	鉢	越前焼	常滑	12図1	蔵小路西遺跡(1999)島根県教育委員会
53	蔵小路西遺跡	甕	常滑焼	常滑	12図2	蔵小路西遺跡(1999)島根県教育委員会
54	蔵小路西遺跡	甕	常滑焼	常滑	12図3	蔵小路西遺跡(1999)島根県教育委員会
55	蔵小路西遺跡	甕	常滑焼	常滑	12図4	蔵小路西遺跡(1999)島根県教育委員会
56	蔵小路西遺跡	甕	常滑焼	常滑	12図5	蔵小路西遺跡(1999)島根県教育委員会
57	蔵小路西遺跡	甕	常滑焼	常滑	12図6	蔵小路西遺跡(1999)島根県教育委員会
58	蔵小路西遺跡	甕	常滑焼	常滑	12図7	蔵小路西遺跡(1999)島根県教育委員会
59	蔵小路西遺跡	甕	常滑焼	常滑	12図8	蔵小路西遺跡(1999)島根県教育委員会
60	蔵小路西遺跡	甕	常滑焼	常滑	12図9	蔵小路西遺跡(1999)島根県教育委員会
61	蔵小路西遺跡	鉢	越前焼	越前	12図10	蔵小路西遺跡(1999)島根県教育委員会
62	蔵小路西遺跡	甕	常滑焼	常滑	12図11	蔵小路西遺跡(1999)島根県教育委員会
63	蔵小路西遺跡	鉢	越前焼	越前	48図18	蔵小路西遺跡(1999)島根県教育委員会

中世陶器の胎土分析（白石　純）

64	蔵小路西遺跡	鉢	越前焼	越前	48図19	蔵小路西遺跡(1999)島根県教育委員会
65	蔵小路西遺跡	壺	越前焼	常滑	57図4	蔵小路西遺跡(1999)島根県教育委員会
66	蔵小路西遺跡	甕	瓷器系陶器	常滑	57図5	蔵小路西遺跡(1999)島根県教育委員会
67	蔵小路西遺跡	鉢	常滑焼	不明	62図2	蔵小路西遺跡(1999)島根県教育委員会
68	蔵小路西遺跡	甕	越前焼	常滑	62図3	蔵小路西遺跡(1999)島根県教育委員会
69	蔵小路西遺跡	鉢	常滑焼	常滑	64図8	蔵小路西遺跡(1999)島根県教育委員会
70	蔵小路西遺跡	鉢	越前焼	常滑	65図1	蔵小路西遺跡(1999)島根県教育委員会
71	蔵小路西遺跡	甕	越前焼	常滑	77図1	蔵小路西遺跡(1999)島根県教育委員会
72	蔵小路西遺跡	鉢	瓷器系陶器	越前	80図4	蔵小路西遺跡(1999)島根県教育委員会
73	蔵小路西遺跡	鉢	越前焼	常滑	82図9	蔵小路西遺跡(1999)島根県教育委員会
74	蔵小路西遺跡	鉢	越前焼	常滑	82図15	蔵小路西遺跡(1999)島根県教育委員会
75	蔵小路西遺跡	甕	常滑焼	常滑	83図5	蔵小路西遺跡(1999)島根県教育委員会
76	蔵小路西遺跡	甕	常滑焼	常滑	108図3	蔵小路西遺跡(1999)島根県教育委員会
77	蔵小路西遺跡	甕	常滑焼	常滑	108図4	蔵小路西遺跡(1999)島根県教育委員会
78	蔵小路西遺跡	鉢	常滑焼	常滑	145図2	蔵小路西遺跡(1999)島根県教育委員会
79	壱丁田遺跡	甕	常滑焼	常滑	33図18	壱丁田遺跡発掘調査報告書(1998)出雲市教育委員会
80	下古志遺跡	甕	瓷器系陶器	越前	C36図13	下古志遺跡　出雲市教育委員会
81	寿昌寺遺跡	甕	越前焼	常滑	16図1	寿昌寺遺跡・築山遺跡(2004)出雲市教育委員会
82	寿昌寺遺跡	甕	瓷器系陶器	越前	27図6	寿昌寺遺跡・築山遺跡(2004)出雲市教育委員会
83	寿昌寺遺跡	甕	瓷器系陶器	越前	80図1	寿昌寺遺跡・築山遺跡(2004)出雲市教育委員会
84	大井谷Ⅱ遺跡	鉢	常滑焼	常滑	40図21	大井谷Ⅰ・Ⅱ遺跡(2001)出雲市教育委員会
85	大井谷Ⅱ遺跡	鉢	常滑焼	不明	40図22	大井谷Ⅰ・Ⅱ遺跡(2001)出雲市教育委員会
86	大井谷Ⅱ遺跡	甕	常滑焼	越前	62図7	大井谷Ⅰ・Ⅱ遺跡(2001)出雲市教育委員会
87	大井谷Ⅱ遺跡	甕	常滑焼	常滑	62図8	大井谷Ⅰ・Ⅱ遺跡(2001)出雲市教育委員会
88	大井谷Ⅱ遺跡	壺	常滑焼	常滑	88図10	大井谷Ⅰ・Ⅱ遺跡(2001)出雲市教育委員会
89	大井谷Ⅱ遺跡	甕	越前焼	越前	88図9	大井谷Ⅰ・Ⅱ遺跡(2001)出雲市教育委員会
90	築山遺跡	甕	常滑焼	越前	106図12	築山遺跡Ⅰ(2009)出雲市教育委員会
91	築山遺跡	鉢	越前焼	越前	27図22	築山遺跡Ⅲ(2009)出雲市教育委員会
92	築山遺跡	甕	常滑焼	常滑	33図39	築山遺跡Ⅲ(2009)出雲市教育委員会
93	築山遺跡	甕	常滑焼	常滑	33図40	築山遺跡Ⅲ(2009)出雲市教育委員会
94	築山遺跡	甕	常滑焼	常滑	36図162	築山遺跡Ⅲ(2009)出雲市教育委員会
95	築山遺跡	甕	常滑焼	常滑	36図163	築山遺跡Ⅲ(2009)出雲市教育委員会
96	築山遺跡	甕	常滑焼	常滑	36図164	築山遺跡Ⅲ(2009)出雲市教育委員会
97	築山遺跡	鉢	越前焼	越前	36図165	築山遺跡Ⅲ(2009)出雲市教育委員会
98	築山遺跡	甕	常滑焼	常滑	36図166	築山遺跡Ⅲ(2009)出雲市教育委員会
99	築山遺跡	甕	常滑焼	常滑	36図167	築山遺跡Ⅲ(2009)出雲市教育委員会
100	築山遺跡	甕	常滑焼	常滑	36図168	築山遺跡Ⅲ(2009)出雲市教育委員会
101	築山遺跡	甕	瓷器系陶器	常滑	36図169	築山遺跡Ⅲ(2009)出雲市教育委員会
102	築山遺跡	甕	常滑焼	不明	103図5	築山遺跡Ⅲ(2009)出雲市教育委員会
103	築山遺跡	甕	常滑焼	常滑	103図6	築山遺跡Ⅲ(2009)出雲市教育委員会
104	築山遺跡	甕	常滑焼	越前	103図7	築山遺跡Ⅲ(2009)出雲市教育委員会
105	築山遺跡	甕	常滑焼	常滑	103図8	築山遺跡Ⅲ(2009)出雲市教育委員会
106	築山遺跡	甕	常滑焼	越前	103図9	築山遺跡Ⅲ(2009)出雲市教育委員会
107	築山遺跡	甕	常滑焼	常滑	103図10	築山遺跡Ⅲ(2009)出雲市教育委員会
108	築山遺跡	甕	常滑焼	常滑	110図342	築山遺跡Ⅲ(2009)出雲市教育委員会
109	日御碕神社境内遺跡	甕	瓷器系陶器	常滑	22図10	出雲市埋蔵文化財調査報告書第117集(2007)出雲市教育委員会
110	日御碕神社境内遺跡	甕	瓷器系陶器	常滑	22図21	出雲市埋蔵文化財調査報告書第117集(2007)出雲市教育委員会
111	矢野遺跡第2地点	甕	常滑焼	常滑	15図9	矢野遺跡第2地点(1991)出雲市教育委員会
112	矢野遺跡第2地点	甕	常滑焼	常滑	15図10	矢野遺跡第2地点(1991)出雲市教育委員会
113	矢野遺跡第2地点	甕	常滑焼	常滑	15図11	矢野遺跡第2地点(1991)出雲市教育委員会
114	矢野遺跡第2地点	甕	常滑焼	越前	15図12	矢野遺跡第2地点(1991)出雲市教育委員会
115	矢野遺跡第2地点	甕	常滑焼	常滑	15図13	矢野遺跡第2地点(1991)出雲市教育委員会
116	矢野遺跡第2地点	甕	常滑焼	越前	15図14	矢野遺跡第2地点(1991)出雲市教育委員会
117	矢野遺跡第2地点	甕	常滑焼	常滑	15図15	矢野遺跡第2地点(1991)出雲市教育委員会
118	矢野遺跡第2地点	甕	常滑焼	常滑	47図2	矢野遺跡第2地点(1991)出雲市教育委員会
119	矢野遺跡第2地点	甕	常滑焼	越前	74図1	矢野遺跡第2地点(1991)出雲市教育委員会
120	矢野遺跡第2地点	甕	常滑焼	常滑	74図2	矢野遺跡第2地点(1991)出雲市教育委員会
121	矢野遺跡第2地点	甕	常滑焼	常滑	74図3	矢野遺跡第2地点(1991)出雲市教育委員会
122	矢野遺跡第2地点	甕	常滑焼	常滑	74図4	矢野遺跡第2地点(1991)出雲市教育委員会
123	矢野遺跡第2地点	甕	常滑焼	常滑	74図5	矢野遺跡第2地点(1991)出雲市教育委員会
124	矢野遺跡第2地点	甕	常滑焼	常滑	74図6	矢野遺跡第2地点(1991)出雲市教育委員会
125	矢野遺跡	甕	常滑焼	常滑	229図9	矢野遺跡(2010)出雲市教育委員会
126	矢野遺跡	甕	常滑焼	常滑	406図23	矢野遺跡(2010)出雲市教育委員会

第25図 胎土分析した瓷器系陶器（＊7より一部改変）

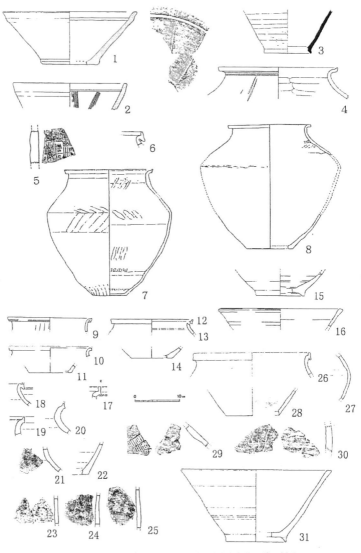

1.久米第1遺跡　2.米子城跡1次　3.大谷遺跡　4.観音寺古墳群　5.イガラビ遺跡
6.出雲国造館跡　7.叶ザコ遺跡　8.澄水寺跡　9～11.禅定寺遺跡
12～14.北台遺跡　15・16.古志本郷遺跡　17～25.三田谷Ⅰ遺跡　26～31.青木遺跡

第26図 胎土分析した瓷器系陶器（＊7より一部改変）

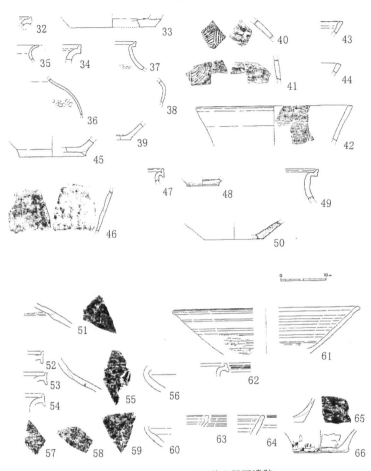

32～50.青木遺跡　51～66.蔵小路西遺跡

第27図 胎土分析した瓷器系陶器（＊7より一部改変）

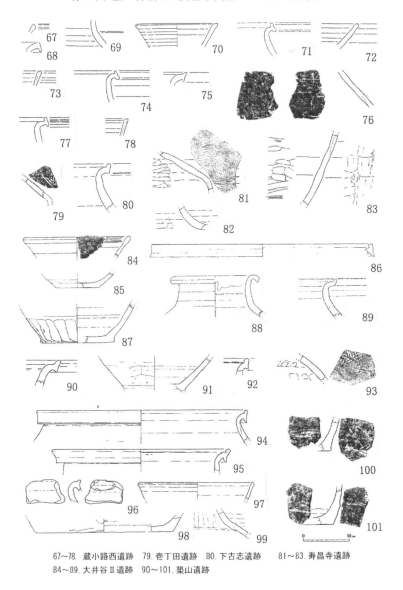

67～78．蔵小路西遺跡　79．壱丁田遺跡　80．下古志遺跡　81～83．寿昌寺遺跡
84～89．大井谷Ⅱ遺跡　90～101．築山遺跡

中世陶器の胎土分析（白石　純）

第28図　胎土分析した瓷器系陶器（＊7より一部改変）

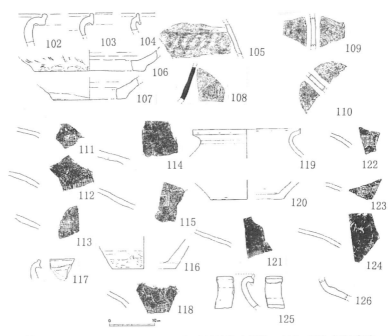

102〜108.築山遺跡　109・110.日御碕神社境内遺跡　111〜126.矢野遺跡

ベトナム中部からラオス中南部にかけての「伸ばし」成形の展開と地域差
―カンボジア東北部の伝統的土器製作の位置付けをめぐって―

徳澤 啓一
平野 裕子
Chhei VISOH
Sureeratana BUBPHA

1．はじめに

　筆者らは、中国西南部から東南アジア大陸部にかけて、伝統的土器製作（以下「土器製作」と略記する）に関する現地調査を継続してきた。これらの地域の土器製作に関する民族誌を総覧し、かつ、それぞれの村寨における製作技術及び生産様式を整理することで、系譜性や地域性等を導き出すができると考えている。

　これまで、カンボジア国内では、南部のタケオ（Takeo）州、カンポート（Kampot）州における土器製作を実見し、ベトナム南部のアンザン（An Giang）省、キェンザン（Kien Giang）省の土器製作との類似性を指摘し、クメール族とクメール・クロムの土器製作の系統として、カンボジア南部からベトナム南部にかけての地域間の繋がりを明らかにしたことがある（徳澤ほか2009・2010）。

　こうした中で、2012年12月、徳澤とビソット、ブッパは、カンボジア北東部のラッタナキリ（Rattanakiri）州からストゥントレン（Stung Treng）州にかけて、土器製作に関する現地調査を実施した。

　本稿では、これまでの徳澤と平野によるベトナム中部（徳澤ほか2009など）、徳澤とブッパによるラオス南部から中南部（徳澤・BUBPHA 2012、BUBPHA・TOKUSAWA 2012）の現地調査を踏まえて、カンボジア北東部の土器製作の内容を整理し、ベトナム中部、ラオス南部から中南部、そして、カンボジア北東部にかけての「伸ばし」成形の展開と地域差を明らかにしたい。

図1 ラッタナキリ州及びストゥントレン州における伝統的土器製作の分布
（太丸：伝統的土器製作を継続している村寨、細丸：伝統的土器製作を停止した村寨）
（The Rough Guide Map Vietnam, Cambodia and Laos 1/1,200,000 抜粋一部改変）

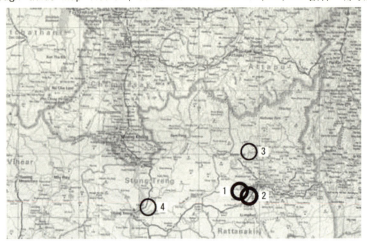

2．カンボジア北東部の伝統的土器製作

　当該地域のうち、ラッタナキリ州において土器製作の村寨3ヶ所、ストゥントレン州において土器製作の村寨1ヶ所を確認することができた。このうち、バンルン（Banlung）町近郊のラーンスラエ（Laen Srae、以下「PLS」と略記する）村（図1-1）、ラーンチャムカー（Laen Cham Kar、以下「PLCK」と略記する）村（図1-2）を取り上げることにしたい。

　なお、トンレサン（Tonle San）川北岸に所在するコペック（Kohpeak）村（図1-3）、チャン―ターノイ（Chan Ta Ngoy）村（図1-4）では、すでに土器製作を停止していた。また一方で、ストゥントレン州のシェムパン（Siem Pang）付近では、2ヶ所の村寨で土器製作が継続されている可能性があるという。

　なお、本稿では、PLSとPLCKの土器製作を記載するものの、伝統的な製作技術や生産様式がきわめて類似していることもあり、PLSでは、「伝統的」な土器製作の内容を記述し、PLCKでは、PLSとの差異や現代的な土器製作に変容した内容を整理することにしたい。

(1) ラーン・スラエ (Laen Srae) 村

位置　本村寨は、ラッタナキリ州バンルン (Banlung) 郡ラーンスラエ村であり、北緯13度38分4秒、東経106度49分58秒に位置する。バンルン町近郊の土器製作の村寨である（図1-1）。

製作者　PLSでは、トムポン族が居住し、近年まで「伝統的」な土器製作を継続してきた。しかしながら、欧米のNGOによって、QOL向上のための生活及び職業技術に関する開発支援が行われた。これによって、粘土の粉砕機、土錬機、蹴轆轤等が導入され、「伝統的」な土器製作がきわめて低調になった。かつてPLSでは、全世帯で土器製作が行われていたものの、現在3名の製作者が従事するに過ぎない。製作者は45歳から70歳までの女性であり、かつてのように、夫や息子等の男性の関与はなくなったという。

製作器種　PLSでは、糯米と粳米の両方を生産しているとおり、炊飯用鍋と湯沸し鍋が併存している。また、副食調理用の鍋、そして、湯沸し鍋と同じ形態のアルコール蒸溜用鍋がある（図2）。トムポン族の言語では、鍋をクア (Kua) という（図3）。

素地製作　水田の床土等を採掘し、天日で乾燥させて、踏臼で粉砕する。これを篩掛けし、夾雑物を取り除く。砂等の混和物はない。生地粘土に加水し、手足で混錬する。現在では、NGO

図2 Pla Tape (1/6) [PLS]

（口径19.0cm, 最大径27.1cm, 器高28.5cm）

図3 製作器種 [PLS]

図4 円柱形状の成形台と竹製の桟板 [PLS]

図5 成形道具 [PLS]

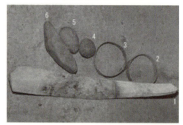

が提供した機械で素地製作し、一晩寝かしてから成形で使用している。

　成形　木製の円柱形状の成形台の上で、竹製のアンペラを敷いて、人間轆轤、あるいは、手回し回転台の要領で成形する（図4）。幅広で厚みのある粘土帯を作出し、環状に輪繋ぎする。桟板上の粘土帯を手指で伸ばし、口縁部から胴部中位を作出する。胴部下半から底部にかけて、粘土紐を積み上げて、手指で伸ばし、底部閉塞する。その後、手指によるノバシと環状切削工具によるケズリ、叩き板によるタタキで成形し、滑礫でミガキを施す。製作工具の名称は、叩き板コンテイン（Containg、図5-1）、環状切削工具クノワン（Knowan、図5-2,3）、滑礫カン（Kang、図5-4,5,6）である。このうち、コンテインは、クアの胴部下半から底部にかけての丸底の形態にあわせて、水牛の肋骨を切り出して調整する（図6）。また、コンテインは、タタキに加えて、側縁を用いて、ヘラナデの要領でノバシに使用する。

　焼成　成形後、2～3日乾燥させてから焼成する。土坑等の焼成施設を持たず、風通しが良すぎない開地で焼成する。長辺70～80cm、短辺50～60cmの長方形の範囲であり、きわめて小規模な焼成である。焼成配置は、まず稲藁を敷き詰めて、こ

1:Containg（長さ31.2cm、幅4.6cm、厚さ0.7cm、重量85g）、2:Knowan（最大径8.5cm、幅1.9cm、厚さ0.7cm、重量4g）、3:Knowan（最大径7.3cm、幅1.9cm、厚さ0.1cm、重量4g）、5:Kang（長さ5.6cm、幅3.5cm、厚さ1.8cm、重量62g）、6:Kang（長さ11.6cm、幅3.4cm、厚さ2.3cm、重量164g）

の上に半裁した竹を並べて敷燃料とする。敷燃料の上に成形体を正位で列状に配列する。1回の焼成あたり10〜20個を焼成する。成形体は段積みしない。成形体の上に稲藁を被覆し、天井部から裾部にかけて、台形状の焼成配置を構成する。焼成時間は、午後2〜6時に点火し、1時間程度である。短時間で鎮火するものの、翌朝までそのまま放置する。焼成途中で稲藁等を投入せず、自然煙道が開口したまま焼成が進行する。PLSの焼成は、空気交換率の高い開放気味の草木灰被覆野焼きである（図7）。

図6 Containgの材料となる水牛の肋骨 [PLS]

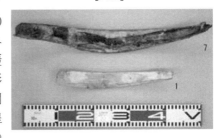

7: Containgの原型である水牛の肋骨（長さ31.2cm，幅4.6cm，厚さ0.7cm，重量85g）

図7 焼成配置模式図 [PLS]

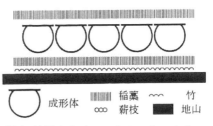

焼成体の黒斑等の焼成痕跡の産状

焼成に関するインタビューを裏付けるような焼成痕跡の産状を観察できる。外面を見ると、胴部上半から胴部下半にかけて覆い接触に由来する黒斑が見られない（図2-a）。また、外底面には、敷燃料の稲藁と半裁した竹との棒状の接地面黒斑が見られる（図2-c）。内面を見ると、口縁部には、掛燃料の稲藁との筋状の覆い接触黒斑が見られ、内底面には、掛燃料の稲藁が落下して斑点状の覆い接触黒斑が形成されている（図2-b）。

販売 村寨の周辺で販売している。また、周辺の村寨から購入に来る。クアの価格は、十年前は50,000リエルであったものの、現在では10,000リエルに値下がりしたという。また、換金以外にも物々交換することがあり、クア1個あたり、クア容量分の米、あるいは、コンデンスミルクの缶（200cc）20杯分の米、織物等の特産品ある村寨ではサロン1本分の生地と交換する等の方法がある。クアと物々交換のレートは10年前と変わらないという。

215

(2) ラーンチャムカー (Laen Cham Kar) 村

位置 本村寨は、ラッタナキリ州バンルン郡ラーンチャムカー村であり、北緯13度37分10秒、東経106度52分28秒に位置する。バンルン町近郊の土器製作の村寨である（図1-2）。

製作者 PLCKでは、PLSと同じようにトムポン族が居住し、近年まで「伝統的」な土器製作を継続してきた。しかしながら、欧米のNGOの支援によって、機械化技術が導入され、「伝統的」な土器製作はきわめて低調になった。かつてPLCKでは、全世帯で土器製作が行われていたものの、現在6名の製作者が従事するに過ぎない。製作者は女性である。また、PLSと異なり、粘土採掘、焼成、販売等に限定されているものの、夫や息子等の男性の積極的な関与があるという。

製作器種 本来は、PLSと同様である（図8,9）。しかしながら、PLCKでは、近年土産物用のミニチュアを製作するようになった（図10）。これらは、器高5～10cm程度であり、「伝統的」なクアの器形を踏襲したものがほとんどである。

素地製作 本来は、PLSと同様である。しかしながら、近年、NGOが土器製作に全面的に関与するようになり、早朝の粘土採掘からNGOの構成員が同行し、製作者と協働しながら、生産性の向上に関する製作技術の改変が行われている。粉砕機で粘土を粉砕し、篩に掛けてから土錬機で混練するようになった。

成形 これもPLSと同様である。しかしながら、近年製作されるようになったミニチュアは、手回し回転台や蹴轆轤等が導入されているとおり（図11）、粘土紐積み上げ成形が行われている。また、成形にあたって、儀礼行為が介在し、「上手に作れますように」、「売れますように」という祈願をしながら、鶏1羽と酒1瓶を供献していたという。

焼成 本来は、PLSと同様である。また、PLSとPLCKともに、素地製作、成形と異なり、薪窯、ガス窯等は導入されず、草木灰被覆野焼きが継続されている。ただし、PLSでは、半裁した竹が敷燃料であるものの、PLCKでは、樹皮付きの薪が用いられる。また、焼成配置を焼成失敗品のクアを倒立させて囲繞するという違いもある。なお、ミニチュアに関しては、敷燃料、掛燃料ともに、蘆、葦が用いられ、空気交換率の高い開放的な草木灰被覆野焼きで、30分程度の短時間で焼成されるという（図13）。

ベトナム中部からラオス中南部にかけての「伸ばし」成形の展開と地域差（徳澤ほか）

図8 Pla Tape（1/4）[PLCK]　　図9 Pla Tape（1/4）[PLCK]

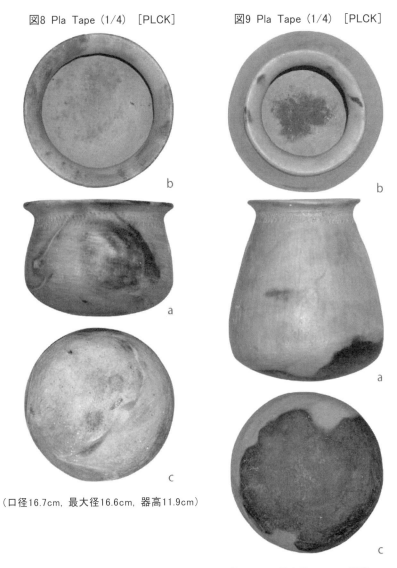

（口径16.7cm，最大径16.6cm，器高11.9cm）

（口径12.9cm，最大径17.1cm，器高19.5cm）

図10 土産物用のミニチュア [PLCR]

図11 蹴轆轤 [PLCR]

図12 成形道具 [PLCR]

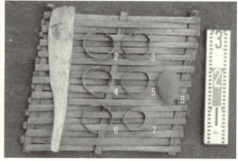

1:Containg(長さ36.0cm,幅7.0cm,厚さ6mm,重量157g)、2:Knowan(最大径8.5cm,幅1.7cm,厚さ2mm,重量4g)、3:Knowan(最大径7.7cm,幅1.3cm,厚さ7mm,重量3g)、4 Knowan(最大径8.0cm,幅1.5cm,厚さ1mm,重量4g)、5:Knowan(最大径7.3cm,幅1.3cm,厚さ1mm,重量3g)、6:Knowan(最大径8.0cm,幅1.2cm,厚さ1mm,重量4g)、7:Knowan(最大径5.7cm,幅1.3cm,厚さ7mm,重量2g)、8:Kang(長さ8.0cm,幅6.0cm,厚さ2.8cm,重量197g)

図13 焼成配置模式図 [PLCR]

成形体　稲藁　竹
薪枝　地山

焼成体の黒斑等の焼成痕跡の産状　外底面において、敷燃料に由来すると考えられる不定形の接地面黒斑が見られる（図9-c）。また、口縁部内面及び内底面において、掛燃料に由来する覆い接触黒斑が目立つ（図8-b、9-b）。

販売　PLSと同じように、村寨の周辺の住民が主な顧客である。しかしながら、PLCKでは、販売に男性の積極的な関与があるとおり、バンルン近郊に加えて、国道78号線の沿線の各町村に流通しており、PLSと比較してより広域に流通している。また、ミニチュアは、主としてバンルン

のホテル等に卸されているものの、プノンペン、シェムリアップ等のホテルや土産物店でも見ることができる。

3. ベトナム中部沿岸部から中部高地にかけての土器製作

　当該地域のうち、ベトナム中部沿岸部の土器製作に関しては、ビントゥアン（Binh Thuan）省ビンドゥック（Binh Duc）村（チャム語名パレイ・リゴク（Palei Ligok）村）とニントゥアン（Ninh Thuan）省バウチュック（Bau Truc）村（チャム語名パレイ・チュロク（Palei Chulok）村）の2ヶ村を取り上げて、製作技術及び生産様式を整理したことがあるため（徳澤・平野ほか2009ほか）、紙幅の関係上、本稿での記載を割愛し、ベトナム中部高地の土器製作を取り上げることにしたい。

　ベトナム中部高地に関しては、ルイス・コート氏らの調査によって、4ヶ所の土器製作の所在が明らかにされている（Cort and Lefferts 2010）。また、米国スミソニアン・フーリア・サックラー・ギャラリーが所蔵するハウゲ（Hauge）・コレクションやハノイのベトナム国立民族学博物館の設置準備の際に収集されたコレクション等の中にベトナム中部高地産土器を見ることができる。

　本稿では、ビントゥアン（Binh Thuan）省カックンコット（Kakhung Kot）村（以下「KKK」と略記する）の土器製作を取り上げて、カンボジア北東部の土器製作と比較することにしたい。

　製作者　KKKは、チュオンソン（Truong Son）山脈の南麓に位置するコホー（Koho）族の村寨であり、すでに土器製作を停止している。製作者は、1960年頃まで、3名が存命していたものの、現在、ホンさんだけとなった（2008年8月時点）。ホン（Hong）さんは、13人兄弟のうち、7番目の長女であり、4人の妹がいる。しかしながら、長女のホンさんを除いて、土器製作を継承していない。また、ホンさんは、7人の子供のうち2人の女子がいるものの、誰も土器製作を継承していない。ホンさんの世帯は、製作者であった祖母とホンさんを除いて、主として、農業従事しているという。2,000㎡の水田を所有し、5〜11月、天水田による雨季1期作を実施していたが、近年、糯米から収量の多い粳米に転作した。これに伴って、粳米を常食するようになり、糯米は、月1回程度の食事頻度になった。また、

KKKでは、換金作物として、トウモロコシ、サトウキビを栽培するようになった。これに伴って、農薬を使用するようになった。河川が農薬汚染され、汲み水をしなくなり、専ら、水道に頼るようになったという。また、土器製作は、乾季、フルタイムで製作していた。

製作器種　かつて8種類程度であったが、3種類程度となってしまった。2008年8月の現地調査では、湯取り法で炊飯している粳米用の炊飯鍋が見られ、また、肉を煮たり、トウモロコシを茹でたり、湯沸かしに用いる調理鍋（図14）、水甕（図15）を見ることができた。いずれも口頸部に断面三角形状の浮文が付加されることが特徴である。

原材料調達　土器製作に必要な原材料は、素地製作で使用する生地粘土と砂、焼成で使用する稲藁と薪などである。コーホー族等の山地民の場合、薪の調達が容易であるものの、生地粘土及び砂、稲藁は、平地民と比較して、獲得がきわめて難しい。ホンさんは、山を下りて、背負子一杯の粘土を掘削してくるという。60歳のホンさんにはきわめて困難な重労働であり、70歳の夫あるいは息子等の補助はなかった。ただし、稲藁は、世帯が所有する山の下にある水田から調達できた。

成形　鼓形の臼を倒立させた成形台の上で人間轆轤の要領で成形していたという。成形を実見できていないことから、詳細を記述することが難しいものの、PLS及びPLCKと同じように、幅広の粘土紐を積み上げて匣鉢形状原型を作出し、「伸ばし」によって成形する方法、ないしは、ラオス南部のアッタプー（Attapu）県バーン・チョンポイ（Baan Chompoi、図17-8）、バーン・ターヒン・タイ（Baan Thahin Tai、図17-9）、バーン・マイ・ナー・コック（Baan Mai Na Kok、図17-10）、バーン・サプワン（Baan Sapwan、図17-11）のように、粘土円柱を掘り下げながら、側壁を伸長させて匣鉢形状原型を作出し、「伸ばし」によって成形する方法であったと考えられる。また、成形道具は、環状切削道具コー（Khol、図16-1）、磨き用として豚の干し肉料理で用いる殻の硬い木の実ハッチャン（Hachan、図16-2）を用いていた。また、実見できなかったものの、木製の叩き板が組成していたという。

焼成　PLS及びPLCKと同じように、焼成数20個体程度のきわめて小規模な焼成であったという。また、パレイ・リゴク村と同じように、焼成直後、樹液を降り掛けて、玉状、筋状の黒色の散らし文様が施されていた。

ベトナム中部からラオス中南部にかけての「伸ばし」成形の展開と地域差（徳澤ほか）

図14 Tra （1/8）[KKK]　　　図15 Tra （1/8）[KKK]

（口径29.5cm, 最大径38.0cm,
器高23.4cm）

（口径25.6cm, 最大径34.5cm,
器高25.2cm）

図16 成形道具 ［KKK］

販売 20年位前、電気・ガスが敷設され、台所が近代的となったことから、薪や炭を熱源とした調理、すなわち、土鍋を使用した調理から逸脱し、ほどんどの鍋が金属製に移行したという。そのため、2008年に入ったくらいから、土器製作の注文が無くなってきたという。それまでは、ホンさんの世帯は、電話を所有してなかったので、バーラム、ダーロック（ラムドン省）から定期的に仲買人が買い付けに来ていた。なお、市場等で直接販売することはなかったという。

4．「伸ばし」成形の分布と地域差

中国雲南省から東南アジア大陸部にかけての土器製作に関しては、成形技法の差異にもとづいて、タイプAからFまでの類型に整理されている（楢崎ほか1999、図16）。このうち、PLSとPLCK、KKKに見られるとおり、ベトナム中部沿岸から中部高地、カンボジア北東部からラオス南部、ラオス中南部にかけての地域では、タイプCの「伸ばし」成形で占められており、ベトナム−ラオス−カンボジア国境付近の土器製作を特徴付けている（Cort and Lefferts 2010・図17-C）。ここでは、プラテープ等の器形と成形技法の関係をもとに、「伸ばし」成形の地域差を検討したい。

（1）プラテープ等の器形の地域差

ベトナム中部沿岸の土器製作に関しては、パレイ・チュロク村（図17-6）の水甕プッタンギア（Phu Thang Gia）が現代的にアレンジされた長頸で平底の器形となっているものの、パレイ・リゴク村（図17-5）のプッタンギア、炊飯鍋コック・ヤー（Kok Ia）、そして、最も歴史の長い把手付き炊飯鍋コッ・カン（Kok Can）に見られるとおり、胴部が大きく膨らみ、球状の丸底を呈する。中部高地のKKKに関しては、底部と胴部の境付近が張り出すものの、同じように、球状の丸底を呈することから（図13・14）、第1工程において、粘土円柱を掘り下げながら、側壁を立ち上げて、匣鉢

形原型を作出する。第3工程以降、タタキで胴部から底部を成形し、叩き板の側縁をヘラ状工具のように用いることで器形を調整していたと考えられる。

カンボジア北東部のプラテープ等の器形を見ると、胴部下半と底部の境付近に最大径をもち、平底気味の丸底を呈する。また、最大径から口頸部にかけて内傾しながら直線的に窄まるという特徴がある。一方、ラオス南部のバーン・チョンポイ（図17-8）、バーン・ターヒン・タイ（図17-9）、バーン・マイ・ナー・コック（図17-10）、バーン・サプワン（図17-

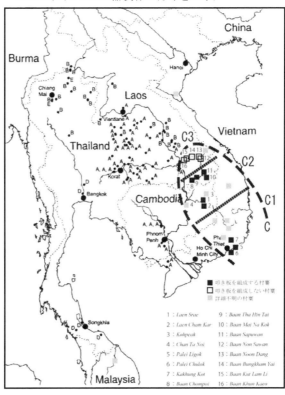

図17 東南アジア大陸部における土器製作の類型
（楢崎ほか2000 を抜粋一部改変、Cort and Lefferts 2010のタイプCの土器製作の分布を加筆）

11）では、胴部最大径が胴部上半にあるという大きな形態差があるものの、平底あるいは平底状を呈することがカンボジア北東部と共通している（徳澤・BUBPHA 2012）。

ラオス中南部のバーン・ノーンサワン（Baan Noon Sawan・図17-12）、バーン・ノーン・ダン（Baan Noon Dang・図17-13）、バーン・ブンカム・ヤイ（Baan Bungkham Yai・図17-14）、バーン・クット・ラム・リー（Baan Kut Lam Li・図17-15）、バーン・クン・ケーオ（Baan Khun Kaeo・図17-16）を見ると、胴部中位ないしは胴部下半に最大径をもち、稜状に突出する最大形を呈するものもある。最大径から口頸部にかけて内傾しな

がら直線的に窄まるという特徴がある（德澤・BUBPHA 2012，BUBPHA・TOKUSAWA 2012）。

　以上のように、ベトナム中部沿岸から中部高地（図16-C1）、カンボジア北東部からラオス南部（図16-C2）、ラオス中南部（図16-C3）のとおり、内陸に入るにつれて、球状の底部から胴部と底部の境を意識させられる形態になっていく傾向が顕著といえる。

（2）成形技法と器形の関係

　ベトナム中部沿岸から中部高地（図16-C1・以下「C1」と略記）、カンボジア北東部からラオス南部（図16-C2・以下「C2」と略記）の成形を見ると、第1工程において、粘土円柱を掘り下げながら、側壁を立ち上げて、匣鉢形原型を作出する。これに対して、ラオス中南部（図16-C3・以下「C3」と略記）では、幅広の粘土帯の上に粘土紐を積み上げて、円筒形状原型を作出する。すなわち、C1、C2 と C3 では、匣鉢形状原型と円筒形状原型という底部を作出する工程に大きな違いがある。すなわち、予め底部（粘土）円盤が用意されたり、成形工程の早い段階で底部が作出されると、その後、底部の乾燥が進むことにより、ノバシによる底部の成形が難しくなる。

　そのため、C1、C2 では、乾燥が進んだ匣鉢形状原型の変形、すなわち、底部の成形に叩き板が大きな役割を果たすことになる。タタキとノバシの組み合わせによって、原型を徐々に膨らませながら全体の器形を整えていくことに特徴がある。とりわけ、C1 では、タタキの役割が大きいが、C2 では、叩き板が組成するものの、タタキの役割が小さく、叩き板も薄手で軽量であり、側縁を用いてヘラ状工具の役割を兼ねることに特徴がある。そのため、C1 では、球状の丸底に変形されるものの、C2 では、乾燥がかなり進んだ状態の底部の変形程度を最小限にしたことで、底部が平底、ないしは、平底気味にならざるを得なくなったと考えられる。

　一方、C3 では、叩き板を組成しないとおり、粘土帯あるいは粘土板の積み上げ直後のヘラ状工具や手指によるノバシによって、原型変形を専らとする。すなわち、粘土帯あるいは粘土紐の積み上げとその直後のノバシによって、部位単位の成形を完結させていくことに特徴がある。そのため、長い乾燥時間を挟んだ後の原型端部が稜状の突出として胴部最大径にその

まま残存し、そこから新たな粘土紐を積み上げ、これを大きくノバシ、底部が膨らまされることになる。

５．「伸ばし」成形の地域差

　以上のとおり、カンボジア北東部の土器製作に関しては、リーダム・レファート及びルイス・コートが指摘するとおり、ベトナム中部沿岸から中部高地、ラオス南部、ラオス中南部にかけてのタイプＣの「伸ばし」成形の範疇に包括されることに異論はない。しかしながら、第１工程原型の形態、成形工程と原型の乾燥程度と器形の関係、叩き板の形態と役割等に注目することで、タイプＣの展開の中にC1、C2、C3の地域差が浮かび上がってくる。
　ベトナム、ラオス、そして、カンボジアの３ヶ国が接する山間地では、ベト族、ラオ族、クメール族に取り囲まれたチャム、コホー、チュール、オイ、ブラウ、トムポン等の少数民族の関係性を整理することで、これらの地域差の背景を明らかにすることが必要になってくると考えている。

謝辞
　中村浩先生には、大阪大谷大学をご退職されてから、岡山理科大学で博物館学芸員課程の講義をご担当いただいております。また、中村先生がお越しになると、博物館の話題は当然ながら、須恵器や窯のお話、カンボジアの土器製作のお話をいただき、多面にわたるご指導をいただいております。お迎えになられる古稀をお祝い申し上げますとともに、どうかお体にお気を付けいただき、今後の益々のご活躍を祈念致したいと存じます。
　また、カンボジア北東部の現地調査を実施するにあたり、上智大学の石澤良昭先生、丸井雅子先生にご指導・ご援助をいただきました。ベトナム中部の調査では、ハノイ国家大学のドー・キエン氏にお世話になりました。スミソニアン・フーリア・サックラー・ギャラリー所蔵のハウゲ・コレクションに関する資料調査では、ルイス・アリソン・コート先生にご便宜を図っていただきました。これらの先生方に深くお礼を申し上げます。
　なお、本調査は、2012年度文部科学省科学研究費補助金基盤研究（Ｂ・海外）「西南中国及び東南アジア大陸部における伝統的土器製作の比較研

究」(研究代表者：德澤啓一) の成果の一部であり、本稿の文責は、德澤にある。

【主要参考文献】

Leedam Lefferts Jr. and Luise Allison Cort 2003 'A Preliminary Cultural Geography of Contemporary Village-based Earthenware Production in Mainland Southeast Asia,' In Miksic J. N. (ed.) *Earthenware in Southeast Asia*, Singapore: Singapore University Press, pp.300-310.

德澤啓一・平野裕子・Do Kien (2009)「ベトナム中部におけるチャム族の伝統的土器製作―東南アジア大陸部の伸ばし成形の比較を通じて―」『東南アジア考古学』29号、東南アジア考古学会、37〜60頁

Leedam Lefferts Jr. and Luise Allison Cort 2010 'Where did the Oy of Ban Choumphouy get their pot-making from?,' In K. L. Adams and T. J. Hudak (ed.) *Multidisciplinary Perspectives on Lao Studies*, Tempe, AZ, pp.165-181.

Leedam Lefferts Jr. and Luise Allison Cort 2010 'Pots and How they are made in Mainland Southeast Asia,' *Transactions of the Oriental Ceramic Society*, The Oriental Ceramic Society Vol. 75, pp.1-15

德澤啓一・Sureeratana BUBPHA (2012)「ラオス南部における焼き締め陶器製作及び土器製作の展開―土器様式及び技術様式の地域間交流関係の整理にむけて―」『社会情報研究』第10号、地域分析研究会、101〜152頁

Sureeratana BUBPHA and Keiichi TOKUSAWA 2012 "U-NAm, Ang Nam, and People in Prespective of Ceramic Ecology in Salavan Province, Lao PDR", in Proceedings of the 2nd Mekong Studies Conference, Salavanh, Lao PDR. Vol.1, ed. By Sommai Chinnak. Ubon Ratchathani University Press, pp.205-234. (In Thai)

高麗陶器生産に関する一試考
―高麗陶器窯の検討―

主税　英徳

1．はじめに

　高麗陶器とは、韓半島において高麗時代（918～1392）を中心に生産された、主として青灰色を呈する陶器の汎称である。貯蔵、運搬、食器などの主に日常容器として広く使用されてきた。器種については、大型品から小型品まで様々なサイズのものがあり、また、統一新羅時代に系譜をもつものから青磁を模倣したものなど、多種多様に及ぶ。
　高麗陶器への学術的関心は、高麗青磁に比べると高くはなかったが、近年、高麗時代遺跡の発掘調査が増加し、高麗陶器の出土例も増えたこともあり、以前に比べると、研究も次第に盛んになりつつある状況にある。しかし、高麗陶器研究は未だ基礎的な段階にあるといえる。器種の呼称、編年観、窯構造の変遷など、研究者間によって様々な見解が提示され、共通した概念を持つことまで至っていない現状がある。
　このような状況をふまえ、本稿では、高麗陶器の基礎研究の一つとして、高麗陶器生産について、窯構造の検討から考えてみることとしたい。

2．研究略史と問題の所在

　これまでに行われてきた高麗陶器の窯と生産を対象とした研究について整理を行う。
　高麗陶器研究は、鄭明鎬氏によって、現代まで継承されてきた民衆の容器製作における伝統の一つとして高麗陶器が位置づけられたことから始まっていく（鄭明鎬1986）。その後、1990年代後半以降における韓国の大規模な開発事業に伴って発掘調査が急増し、高麗陶器時代についても、窯跡、寺院、墳墓、建物跡と多くの遺跡が調査された。このことにより、高麗陶器の出土資料も増えたことより、編年をはじめとして様々テーマで研究が展開していくようになる。

高麗陶器窯について、本格的な分析を行ったのが柳基正氏である。柳基正氏は、登窯の属性について整理を行い、羅末麗初から高麗時代の陶器（土器）窯を対象に、規模や平面形態、窯の各部位について分析を行った。その結果、高麗陶器窯には、規模からみると長室と短室の大きく二つの窯が存在すること、また、窯構造の変遷からみると、12世紀を境にして生産の萎縮が次第にはじまり、朝鮮時代になると窯の小規模化と小型化がみられると指摘した（柳基正2005）。
　柳基正氏の分析を引き継ぐようなかたちで、窯構造に関する研究を行ったのが金女珍氏である。金女珍氏は柳氏の提示した属性分析について、窯ごとに全ての属性をあてはめることは困難だとし、高麗時代の陶器窯に反映する属性のみ抽出して分析を行った。さらには、窯の構築された方角や河川との距離を含めた立地、あるいは灰原や工房などの窯関連施設のあり方にも言及した（金女珍2007）。
　近年では、ユン・ヒギョン氏が、平面形態、焼成部、燃焼部などの属性から、窯構造について6型式を設定し、時期ごとに生産様相について言及している。9・10世紀にみられた大規模な生産が、10〜11世紀になると見られなくなることから生産の萎縮があり、12〜13世紀では、磁器や金属器が普及することからさらなる萎縮があることに言及している。また、13世紀後半から14世紀になると、円形の平面形態をなす窯になり、かつ京畿道に限定されると指摘している（ユン・ヒギョン2011）。
　韓惠先氏は、これまでに調査された高麗陶器窯の現況や出土遺物について整理を行った上で、運営、製作体系に関する検討を行った。高麗青磁の生産との比較も行いつつ、国と高麗陶器生産の関係や寺院と窯の生産・消費などにも言及した（韓惠先2013）。
　以上、窯と生産を対象にした研究をみてきたが、大きく二つの課題を見ることができる。一つめは、窯の年代観についてである。年代的位置づけを明らかにするために、自ら高麗陶器の分類と編年を行っているものも見られる。しかし、年代的根拠としては、報告書に記載されている年代に準じていることが多い。そのため、遺跡全体の年代観を個別の遺構の時期としてとらえる手法が見受けられる。二つめは、生産様相の変化について、考古学からみた根拠があまり明示されていない点である。文献に記載されている記事である、磁器や金属器の普及などの事象を優先させ、それに関

連づけて、陶器の生産面を解釈しているように見受けられる。

このような課題をふまえ、本稿では以下のような方法で、「窯」からみた高麗陶器の生産様相の一端を検討したい。まず、年代観については、大型壺の編年を用いたい。これは、以前、拙稿において、呈示した編年である（主税2013）。この編年についてはさらなる検討の余地を残すものの、高麗陶器の編年が確立していない現状では、ある一定程度の年代的位置づけが可能であると考える。次に、大型壺が出土した高麗陶器の窯を対象に、規模、構造、立地状況に関する分析を行い、先行研究の成果と比較し、生産様相について検討を行いたい。

3．対象資料

高麗陶器窯は、韓惠先氏の研究を参考にすると、これまでに38遺跡105基について調査が実施されているようである（韓惠先2014）。このうち、本稿における主な対象資料は、時期特定が可能な大型壺が出土しており*1、

図1 対象資料の分布

表1 対象資料一覧
（表内のNo.は図1と対応）

No.	窯跡名	報告書名
1	始興芳山洞	海剛美術館2001・2004
2	華城華才里	韓神大學校博物館2010
3	龍仁星福洞	韓神大學校博物館2004
4	驪州安金里	中央文化財研究院2007
5	安城和谷里	朝鮮官窯博物館2006
6	鎭川校成里	韓國先史文化研究院2008
7	鎭川會竹里	忠淸北道文化財研究院2010a
8	陰城梧弓里	韓國保護文化財團2001
9	忠州水龍里	忠淸北道文化財研究院2010b
10	唐津大雲山里	忠淸文化財研究院2005
11	瑞山舞將里	忠淸埋藏文化財研究院2000
12	公州佳橋里	公州大學校博物館2000
13	金泉大聖里	慶尙北道文化財研究院2002
14	星州上彦里	慶尙北道文化財研究院2008
15	靈岩鳩林里	梨花女子大學校博物館1998・2001
16	康津三興里	国立光州博物館2004

かつ残存状況がある程度良い窯である。計16遺跡21基になる（図1・表1）。

4．窯の分析

上記の対象資料について、大型壺の編年を基にして、時期別に整理し、規模、窯構造、立地について分析を行った。なお、これ以降に表現するⅠ期、Ⅱ期などは大型壺の編年からみた時期をあらわしている。各時期の年代については、おおよそ大型壺Ⅰ期：9世紀、大型壺Ⅱ期：10・11世紀、大型壺Ⅲ期：12世紀、大型壺Ⅳ期：13世紀、大型壺Ⅴ期：14世紀頃になる（主税2013）。分析結果は以下のようになる（表2）＊2。

表2　分析結果一覧

No.	窯跡		大型壺型式	窯型式	立地状況
1	隂城梧弓里	16号窯	Ⅰ	A	単独
2	公州佳橋里	陶器窯	Ⅰ	A	単独
3	龍仁星福洞	A-19号窯	Ⅰ	A	窯5基と群集
4	唐津大雲山里	陶器窯	Ⅰ	A	単独
5	靈岩鳩林里	東11区窯	Ⅱ	A	群集
6	始興芳山洞	陶器窯	Ⅱ	A	青磁窯1基と隣接
7	瑞山舞將里	1号窯	(Ⅲ)	B	1号窯と隣接
8	瑞山舞將里	2号窯	(Ⅲ)	B	2号窯と隣接
9	驪州安金里	陶器窯	Ⅲ	B	青磁窯と隣接
10	鎭川校成里	陶器窯	Ⅲ	B	単独
11	金泉大聖里	1号窯	Ⅲ	B	2・3号窯と隣接
12	金泉大聖里	2号窯	Ⅲ	-	1・3号窯と隣接
13	金泉大聖里	3号窯	Ⅲ	-	1・2号窯と隣接
14	忠州水龍里	1-가地点1号窯	Ⅳ	C	2号窯と隣接
15	安城和谷里	2号窯	Ⅳ	(C)	陶器窯1基、白磁窯
16	康津三興里	E-3号窯	Ⅳ	D	1・2号窯と隣接
17	康津三興里	F-1号窯	Ⅴ	D	単独
18	鎭川會竹里	Ⅲ-2-다區域1号窯	Ⅴ	D	2号窯と隣接
19	鎭川會竹里	Ⅲ-2-다區域2号窯	Ⅴ	?	1号窯と隣接
20	華城佳才里	2号窯	Ⅴ	E	2号窯と隣接
21	星州上彦里	1号土器窯	Ⅴ	E	単独か？

（1）規模

図2は、各窯について時期別に、窯体水平長と最大幅の比率の関係を示

図2 規模（窯体水平長と最大幅）

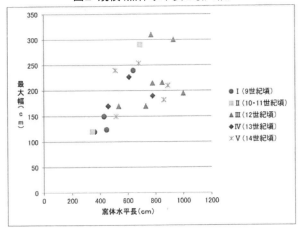

したものである＊3。

結果、時期ごとにおける明確な変化は確認できなかった。各時期のものが全体的に散在している状況にある。ただ、窯体水平長600cm・最大幅200cmを境にして、分布の差が見られる。仮に、大型と小型と分類するならば、この値を基準に分けることができるかもしれない。

いずれにしろ、規模については、時期によって一律的に変化するとはいえない。同じ時期の窯であっても、規模の大小が異なるものがあることは、地域性、もしくは窯の性格などが規模の差に反映している可能性がある。

（2）窯構造

次に、窯構造について見てみる。これについては、拙稿（主税2013）においても少し触れていたが、再度検討を行うこととしたい。窯構造について、排煙施設、奥壁と床面の傾斜をもとにして、以下のような型式分類を行った（図3）。

　窯A：排煙施設をもたず、奥壁が直立、もしくは緩やかに斜めに立ち
　　　　上がるもの。
　窯B：排煙施設をもち、奥壁が傾斜しながら立ち上がるもの。
　窯C：排煙施設をもち、焼成部上部から床面傾斜が急になりながら立
　　　　ちあがるもの。

図3 窯構造の型式(主税2013より転載)

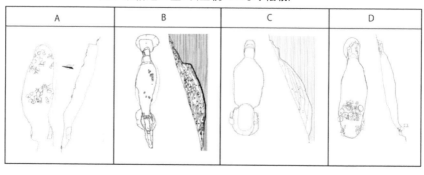

図4 (下)星州上彦里1号窯
　　(右)華城佳才里2号窯
(各報告書より一部改変・転載、1/200)

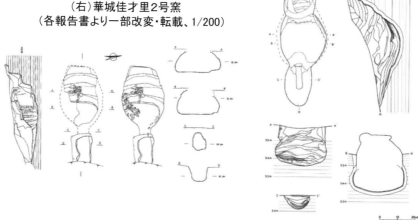

　窯D：排煙施設をもち、焼成部床面が均一な傾斜をもつもの。
　これらの型式と共伴遺物からみた大型壺の型式との対応関係をみると表2のようになる。その結果、大型壺の変遷がある程度対応して変化していることが把握できる。
　しかし、大型壺V期において、上記の窯A～D類にあてはまらない窯構造のものが認められた。星州上彦里1号窯と華城佳才里2号窯である。これらの窯構造をここでは便宜上、「窯E」とする（図4）*4。窯構造の特徴としては、焼成部の平面形態は楕円形状をなす。また、焼成部上部からは床面傾斜が急になるが、星州上彦里1号窯の場合は、階段状をなして

いる*5。排煙施設については、残存状況があまり良くなく、詳細はよくわからない。

　窯AからD類へは、排煙施設、奥壁と床面の傾斜という共通した属性が変化しており、変化の方向性として一定程度の理解ができよう。しかし、窯E類と窯A〜D類との関係については、類例も少ないため、現状ではよくわからない。

（3）立地状況

　対象にした高麗陶器窯において、群集か単独か、もしくは青磁窯などの関係など、立地状況について、時期別に検討を行った（表2）。

　立地状況は大きく①単独、②陶器窯2〜3基で群集、③陶器窯5基以上で群集、④青磁・白磁窯と隣接、の4つのパターンを把握できる。しかし、これらのパターンが全時期を通して確認でき、時期による変化とはいえない。このようなパターンはおそらく地域性、もしくは窯の運営や生産体制などに関係しているのではないかとも考えられる。

5．窯からみた高麗陶器生産の一様相

　最後に、これらの分析結果を先行研究で言及されていることと比較しながら、整理することで、窯からみた高麗陶器生産の一様相について考察を行う。

　まず、「生産の萎縮」についてである。先行研究において、柳基正氏とユン・ヒギョン氏は、12世紀頃を境にして、生産の萎縮があると指摘している。その背景として、それまでに見られた大規模な生産が見られなくことや、磁器や金属器の普及と消費の拡大により、陶器の需要が減少するためであると考えられている（柳基正2005、ユン・ヒギョン2011）。

　今回の分析からわかる12世紀（Ⅲ期）頃の様相としては、規模は大小のものが確認できるが、全体的に大型化している傾向を把握できる。また、窯構造については、窯B類において、前時期と比べて、排煙施設が付属するなど発達した状況がうかがえる。窯の立地状況としては、群集のものは確認できず、単独、もしくは陶器窯や青磁窯と隣接していることが多い。

　すなわち、窯の規模、構造からみると、前時期よりも発達しているとい

える。また、生産された器種構成の分析結果によると12世紀になると、青磁にある器種を模倣したものを生産するようになる（主税2013）。このような現象をもって、生産の萎縮はなかったと現段階では明確にいえないものの、12世紀において、高麗陶器の生産になんらかの画期があったとは考えることができる。

　次に、「13～14世紀における生産様相」についてである。柳基正氏は、朝鮮時代に近づくにつれて、小型化していくとしている（柳基正2005）。ユン・ヒギョン氏は、円形の平面形態のものになっていくと言及している（ユン・ヒギョン2011）。

　しかし、規模からみると、14世紀（Ⅴ期）になっても、全ての窯が小型化する訳でない。また、窯構造においても焼成部床面が均一である窯D類もこの時期にみられる。よって、単純に小型化や円形になるとはいえないと考える。

　ただし、窯構造の分析の際にも触れたが、この時期に、窯E類とした星州上彦里1号窯と華城佳才里2号窯のような形態のものも確認できる。今回の分析において14世紀（Ⅴ期）において、窯D類と窯E類の2つの型式のものがあることがわかった。今後、前時期までの窯構造との関係も含め、さらなる検討が必要である。

６．おわりに

　高麗陶器の窯構造について、大型壺の編年を用いて、年代的位置づけを行った。その上で、規模、窯構造、立地状況などの変遷について検討を行った。結果、規模、立地状況について、全時期を通して多様な状況を示していることを把握した。また、窯構造については、14世紀（Ⅴ期）になると、二つの異なる窯構造を確認できた。これらの背景には、高麗陶器生産における地域性や窯ごとの生産体制・運営方法などが影響している可能性があると考えられる。

　しかし、具体的に地域性や生産体制などを把握するまでには至っていない。今後は、対象資料を広げて、高麗陶器の生産について、さらなる検討を進めていきたい。

本研究は、平成24年度に財団法人高梨学術奨励基金の助成の成果をまとめた「韓半島産陶器考古学研究－窯業生産からみた高麗時代から朝鮮時代の変化様相」『高梨学術奨励基金年報　平成24年度　研究成果概要報告』の一部を基礎にして、大幅に加筆修正したものである。

＊註
1　大型壺が窯内、および灰原から出土し、生産した窯が推定できるものも含む。
2　金泉大聖里2・3号窯は、本稿で挙げた窯構造型式にあてはめることができない構造をしているため、表内では「－」と表記した。このような特殊な構造は、地域性の可能性が考えられる。
3　基本的には、報告書に記載されている計測値を用いている。ただし、明らかに計測値が異なっているようなものついては、平面図から計測した値を用いた。
4　星州上彦里1号窯については、報告書に記載されている全長の計測値に合わせて、図面の縮尺を調整した。
5　このほか、焼成部が階段状をなす高麗陶器窯としては、金泉大聖里2号窯が確認できる。

【参考文献】※韓国語文献は、便宜上、ハングルを極力漢字に直した。
韓惠先（2014）『高麗時代　陶器　研究』梨花女子大學校大學院博士学位請求論文
金女珍（2007）『高麗時代　陶器生産施設과　生産品에　대한　研究』韓神大學校大學院碩士論文
主税英徳（2013）「高麗陶器大型壺の分類と編年－生産からみた画期－」『古文化談叢』第70集、223～241頁。
鄭明鎬（1986）「高麗時代의　질그릇（土器）」『考古美術』171・172、韓国美術史學会、90～117頁。
ユン・ヒギョン（2011）「高麗時代　陶器窯의　変遷에　관한　研究」『文物』創刊号、韓國文物研究院、67～93頁。
柳基正（2005）「羅末麗初～高麗時代　土器窯의　變遷過程과　井洞里　土器窯의　操業時期」『扶餘井洞里遺蹟』、忠淸文化財研究所、246～247頁。

【報告書】
海剛美術館（2001）『芳山大窯－始興市　芳山洞　初期青磁・白磁窯址　発掘調査報告書－』
海剛美術館（2004）『始興　芳山洞　陶器窯址　発掘調査報告書』
韓國先史文化研究院（2008）『鎭川　校成里　南山遺蹟』

韓國文化財保護財団（2001）『陰城 梧弓里・文村里遺蹟』
韓神大學校博物館（2004）『龍仁 星福洞 統一新羅窯址』
韓神大學校博物館（2010）『華城 佳才里 中世 遺蹟』
慶尚北道文化財研究院（2002）『金泉 大聖里窯址 発掘調査報告書』
慶尚北道文化財研究院（2008）『星州 上彦里遺蹟』
公州大學校博物館（2000）『佳橋里陶器窯址』公州大學校博物館学術論書00-2
国立光州博物館（2004）『康津 三興里Ⅱ』
中央文化財研究院（2007）『驪州 安金里遺蹟』
忠清文化財研究院（2005）『唐津 大雲山里 호구마루 遺蹟』
忠清北道文化財研究院（2010a）『鎮川 會竹里遺蹟Ⅱ』
忠清北道文化財研究院（2010b）『忠州 水龍里 산막골遺蹟』
忠清埋蔵文化財研究所（2000）『瑞山 舞將里窯址』
朝鮮官窯博物館（2006）『安城 和谷里窯址－朝鮮白磁및 高麗陶器窯址 試・発掘調査報告書－』
梨花女子大學校博物館（1998）『靈岩 鳩林里 土器窯址 発掘調査－1次発掘調査中間報告－』
梨花女子大學校博物館（2001）『史蹟338號 靈岩 鳩林里 土器窯址 2次発掘調査報告書』

　中村先生とは、琉球大学の学部生のときに、初めてお会いし、牛頸窯跡群の発掘調査を一緒にさせていただきました。そのとき、古墳時代を勉強していたに私とっては、それまでは本でしか拝見できていなかった先生に初めてお目にかかることができ、「この先生が、あの中村先生か！」と心から感動したことを覚えております。それから、先生には、発掘調査方法から遺物・遺構の実測方法といった技術面だけではなく、考古学という学問へ取り組むための姿勢まで多くのことを学ばせていただきました。また、修士課程修了直後に、琉球大学の池田先生のカンボジア調査に随行させていただいたときにも、中村先生とお会いでき、そこでは、考古学を学んでいる日本人としてどのようにすれば海外に貢献できるかということも御教示いただきました。
　このような多くの御教授を通して、高麗陶器や窯構造をはじめとする生産というテーマに関心をもつことができたきっかけの一つになったと確信しております。中村先生から御教授いただいたことをなかなか活かせず、まだまだ至らぬことも多々ありますが、今後も、先生から賜った学恩の数々をすこしでもお返しできるように、日々精進していきたいと思います。今後ともご指導ご鞭撻を賜りますようお願い申し上げます。

古代・中世の諸相

「動作連鎖」の概念で観るお亀石古墳
―新堂廃寺の造瓦との比較から瓦積みの外護施設を考える―

栗田　薫

1．はじめに

　大阪府富田林市大字中野に所在するお亀石古墳は、南河内最古の寺院とされる新堂廃寺から北西約300mの羽曳野丘陵上に存在する（図表1）。また同丘陵裾部には新堂廃寺の屋瓦を焼成していたオガンジ池瓦窯があり、これら三遺跡がセットとして、2002年に国の史跡指定を受けている。

　かつて筆者はお亀石古墳の築造年代について、少なくとも7世紀前半中頃までには築造されていたとの見解を発表した（栗田2002）。すなわち、お亀石古墳の外護施設として積まれていた平瓦の一枚が創建期の新堂廃寺中門の所用瓦と同じ造瓦器具を使用して、オガンジ瓦窯で焼成されていたことを明らかにした上で（図表2）、7世紀初頭から中葉までの、いくつかの異なる見解があったお亀石古墳の築造年代を、その当時、新堂廃寺の創建年代に比定されていた7世紀初頭に照らし合わせて想定したのであった。しかしその後、新堂廃寺とオガンジ池瓦窯出土瓦の研究が格段に進展し（栗田2003、2005）、これらの研究を基礎にして、まず新堂廃寺の創建年代について検討しなおし、新堂廃寺の創建年代が6世紀末に遡る可能性があると指摘したことから（栗田2007）、現在ではお亀石古墳の築造年代は7世紀初頭にまで遡らせるべきと考えている。ただしこれはあくまでも大阪府教育委員会に保管されているたった一枚の平瓦からの検討でしかない。

図表1　お亀石古墳全景
（横山2003：[本文編]巻頭写真を転載）

　本論では、一枚の平瓦だけではなく、お亀石古墳の瓦積み外護施設にある瓦群を、製造から築造という工程に置き戻して考える「動作連鎖の観点」で観なおすことで、お亀石古墳の築造に関わる問題だけでなく、瓦研究の発展にもおおいに寄与する可能性のあることを提唱したいのである。

図表2 同じ桶で作られた平瓦（粟田2002：24頁図9を改変して転載）

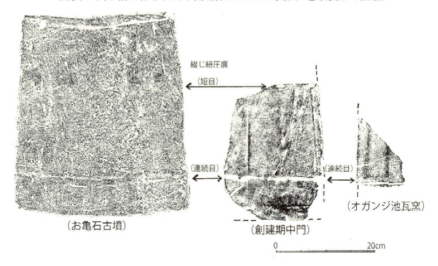

2．お亀石古墳の調査

　お亀石古墳は、早くから横口式石槨が露呈していて、多くの研究者の目に触れる機会があったことから、研究者の間ではその系譜や年代について議論が重ねられてきた（梅原1914、坪井1961、猪熊1976、北野1985、広瀬1995）。お亀石古墳に初めて調査のメスが入ったのは、新堂廃寺の本格的な調査と同じ1960年で、調査の結果、横口式石槨墳という特殊な構造に加えて、家形石棺の周囲に平瓦を主とする屋瓦が積み上げられていることに注目が集まった。瓦積みの調査は石棺を囲んで西側（奥壁）と北側半分でなされたが（図表3）、さらに東側に向かって続くことも確認され、全体として南側を除く「コ」の字状に置かれていたと想定された（図表4）。その上で、これらの瓦が新堂廃寺の屋瓦として所用されていた瓦と同じであると認識され、お亀石古墳の被葬者が新堂廃寺の壇越とされる根拠になったのである（藤澤1961）。その後2001年には、史跡指定のための範囲確認調査として墳丘の形状を確認する調査が行われ、その結果、一辺21.5mの正方形墳、あるいは東西長21.5m×南北幅20.1mの長方形墳で、墳丘北辺には底幅2mの墳丘区画溝が設けられ、墳丘南辺から東辺にかけて平坦面のあったこ

図表3 家形石棺と外護施設
（北野1972:『富田林市史』第4巻図版第38（2）を転載）

図表4 お亀石古墳石室実測図
（北野1985：p.448 370を加筆して転載）

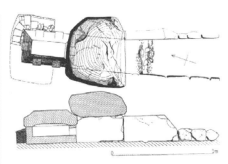

とが明らかにされた。長く円墳とされてきた墳形が、方墳であると訂正されたのである（横山2002）。

1960年のお亀石古墳の調査の正式な報告書は公刊されていないが、『富田林市史』で調査の状況を詳しく窺うことができる（北野1985）。なお、この時の発掘調査で検出された平瓦のうちの一枚だけが、遺物として取り上げられ、現在も大阪府教育委員会で保管されている。

3．大阪府教育委員会に保管されている平瓦の観察

軟質で、明橙色の完形品。長さ39.7cm、狭端幅30.5cm、広端幅36.0cmを測る（図表5）。桶巻き作りで、2.0〜2.5cmの厚さの粘土板を素材にしていて、粘土板の重ね目は狭端側から見るとZ字状に巻き付けられている（5－1）。凹面には桶の枠側板とそれらの綴じ紐の圧痕が残る。狭端側で約5.4cm、広端側で約6.4cmを測る枠側板で構成された桶で、平瓦1枚あたりに合計6枚分（左右に各1／2枚ずつと中央に5枚）の枠側板からなることが、その圧痕から分かる。これらの枠側板を連結するための綴じ紐圧痕は、広端側から狭端側に向かって約7.0cmの位置に1列と、狭端側から広端側に向かって約12.5cmの位置に2列が認められる。3列はともに太さ約1.0cmの紐でアウトラインステッチ（半返し縫い）を施したように綴じられている。広端側の1列は綴じ紐圧痕が枠側板のほぼ全体に連続する縫いの表目（連続目）として認められる（5-2）。他方、狭端側の2列はほとんど間隔を空

図表5 お亀石古墳出土平瓦の造瓦技術の痕跡

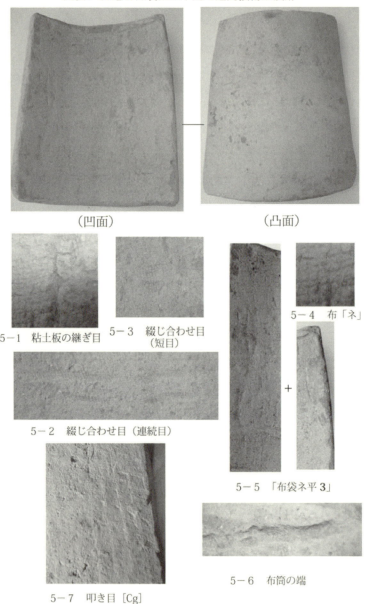

(凹面)　　　　　　　　　(凸面)

5-1　粘土板の継ぎ目

5-3　綴じ合わせ目（短目）

5-4　布「ネ」

5-2　綴じ合わせ目（連続目）

5-5　「布袋ネ平3」

5-6　布筒の端

5-7　叩き目 [Cg]

242

けずに接するように並列するが、その隣り合う2枚の枠側板を繋ぐ紐として枠側板の縁部から約1.9cmの範囲にだけ短く紐（短目）が浮かびだされている（5-3）。すなわち、上と下の列では紐の綴じ方が表裏逆の関係になっている。桶に被せられた布筒は3cmあたりに縦糸20本、横糸16本の比較的に目の粗い布で、新堂廃寺では「布ネ」とされたものである（5-4）。この「布ネ」を布筒に仕上げるために両側縁に離れて1ヶ所ずつ縫い綴じ痕が認められる。このステッチのある布筒を「布袋ネ平3」と呼称している（5-5）。狭端側から広端部側に向かって約1.0cmの位置に布筒の端の縫い綴じが認められる（5-6）。分割は凹面側からの切り込みで行われている。桶からはずしての瓦本体の分割についての目印が分割界線であったのか、分割界点であったのかは、分割後に加えられた両縁破面の面取り調整

図表6　軒丸瓦B・C群を軸にした造瓦単位
（山中一郎・粟田薫2009:.23頁第3図を改変して掲載）

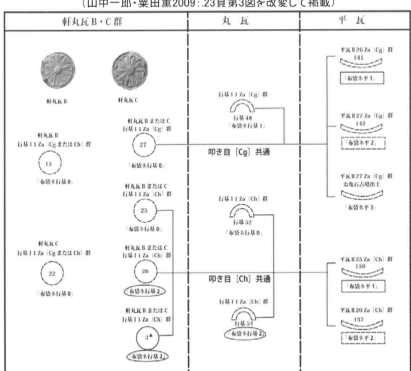

のために分からない*1。両端面にも面取り調整が施されているが、狭端面は凹面側に、広端面は凹凸の両面側とも認められる。凸面には縦ナデ調整の下に斜格子タタキ調整［Cg］が施されている（5-7）。新堂廃寺・オガンジ池瓦窯出土瓦を認識するのに、型式表記ではなく、技術学的観点による属性表記を採用し（粟田2003）、この種の平瓦は平瓦Ⅱ27 Za[Cg]群と呼称している。そしてこの平瓦Ⅱ27 Za[Cg]群は、新堂廃寺の瓦研究から軒丸瓦B・C群の造瓦単位の産であることも分かっている（図表6）。

4．お亀石古墳瓦積み外護施設の読み

お亀石古墳の横口式石槨の外護施設として積み上げられた瓦の総数が何枚あったのか、調査時には確認されていない。しかし、調査時に棺底から高さ70cmの位置で瓦の検出がなされていたことからすると、観察してきた一枚の瓦の厚みが2.0〜2.5cmなので、単純に計算すれば、1段に30枚前後の平瓦が置かれていることになる。写真では若干の乱れはあるものの、9列以上が検出されていることから270枚は重ねられていたことになり、さらに想定どおり「コの字」状に配されていたとすれば、約2倍の540枚は置かれていたことになる。そしてこれらの平瓦が凹面を上に積み上げられていたと報告されている*2。

ここで問題となるのは、これらのすべてが同じ時に一括して製造されたかどうかであろう。今のところ大阪府教育委員会に保管されている一枚を

図表7 お亀石古墳の瓦積み外護施設検出状況
（右写真；北野1972：『富田林市史』第4巻図版第39(1)を転載）

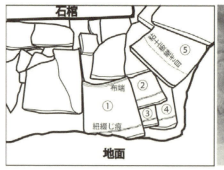

244

詳細に観察できただけであるが、幸いにも1960年に撮影された写真でもいくらかの造瓦技術を窺い知ることができる（図表7）。例えば⑤にみる「Z型」の粘土板の継ぎ目や、①にみる布筒の端、①〜④にみる枠側板の紐綴じ痕（連続目）などである。その痕跡から①〜④としたものはすべて同じ桶（平瓦Ⅱ27）で製造されたものであると同定できるのである。

大阪府教育委員会に保管されている一枚の平瓦が、⑤でないことは粘土板の継ぎ目の位置が異なることからも確実であるが、①としたものは痕跡が類似する。しかし、残念ながら実際にはどの瓦であったのか分かっていない。もしそれが①であれば4枚が、別のものであれば5

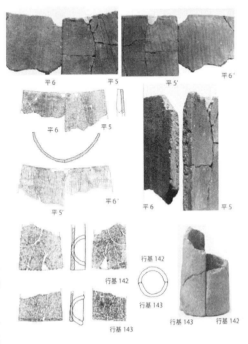

図表8 同じ粘土板から造られた平瓦・丸瓦（粟田2003：［図版編］図60・写真114, 図55・写真110を転載）

枚は同じ桶で製造されたことになる。もちろんすべての瓦がこの桶で製造された可能性もあるが、そうではなく別の桶であった可能性も否定できない。

今のところ確実なのは桶（平瓦Ⅱ27）で製造されたものが確実に外護施設に使用されているということである。しかもこの同じ桶（平瓦Ⅱ27）で製造された瓦が外護施設の東北隅にかたまって置かれている事実は、製造時の一括性を推測させる。この仮説を検証するためには、これらの瓦の接合が必要になろう。すなわち、桶の上に置かれた粘土板の状況に置き戻すのである。新堂廃寺では平瓦Ⅱ0 Za[Aa]群（平5・6）と行基Ⅰ1 Za<ⅹⅹⅰ>群（行基142・143）でこの作業に成功している（図表8）。新堂廃寺の平瓦では2枚しか接合できていないが、一回の作業で4枚に分割されることか

ら、お亀石古墳のような特殊な状況下では、同じ桶使用の特注品であれば桶上に置き戻すことは可能なはずである。単純に計算すれば、540枚と想定した平瓦は135回の桶巻き作業で作られたことになるのである。

　一方、もしお亀石古墳の瓦が平瓦Ⅱ27 Za[Cg]群だけではなかった場合は、別の意味での接合作業が必要になる。まず、お亀石古墳の瓦群が軒丸瓦B・C群の造瓦単位のなかに収まるのか、それ以外の造瓦単位のものも含まれるのかである。どちらであっても新堂廃寺出土資料との接合確認は必須であろう。なぜなら、もしお亀石古墳と新堂廃寺の瓦が接合関係になれば、粘土板素材を同じくする兄弟瓦が分けられての使用となる。それはお亀石古墳の瓦が特注品でなかったことが示唆され、改めて余った新堂廃寺所用瓦を使用したのか、あるいは屋根から降ろした瓦の再利用なのかという問題も噴出してこよう。

　また、お亀石古墳の外護施設から新堂廃寺の所用瓦と同じ桶だけでなく、布筒、叩き板も含めて同じ道具が使用されていることが分かれば、お亀石古墳と新堂廃寺の瓦が、ほぼ同じ頃に製造されたことが示唆される*3。加えてより消耗の激しい布筒の傷み具合から時間差をおえることが出来れば、どちらが先に製造に着手されたのかも分かるであろう*4。もちろんこれらの観察の前提条件として、それぞれの瓦が新堂廃寺の中のどの伽藍で使用されていたものだったのかを識別できていることは自明のことである。

5．「動作連鎖の観点」の必要性

　瓦の技術学的研究が、お亀石古墳と新堂廃寺の関係を知るのに重要な鍵になることは理解できよう。そしてその研究の基本は「動作連鎖の概念」なのである。お亀石古墳の瓦も、新堂廃寺の瓦も、ともにオガンジ池瓦窯で焼成されたことは確実であるが、そこに至るまでに粘土の準備、布筒の準備、成形（粘土板の桶巻き）、整形（叩き調整）、分割、乾燥、窯入れ、焼成と、動作が連鎖して技術的行為が具現化されていったものである。そして窯出し後、お亀石古墳では外護施設として積み上げられ、新堂廃寺は屋根に葺かれる。新堂廃寺の廃絶後、屋根の瓦は伽藍の周囲に散乱した状態で埋もれてしまったのである。そして私たちが見ているのは、この最後の姿でしかない。だから時の流れを逆行させるように観ていかなければなら

ない。すなわち、その状況になっていった過程を復原的に考えていくのである。そして最も具体的にその過程を理解させてくれるのが、瓦の製造技術なのである。そして製造の同時性を確実に証明できるのは桶上へ置き戻す接合である。その接合資料からは、隣り合って出土したものは当然のこと、遺構間で接合したものは、もっと大きな意味をもたらせてくれる。年代の問題だけではなく、使用の在り方も含めてである。

　瓦の製造技術の固定度の高さは、すでに指摘されている。ただし平瓦の兄弟関係が4枚しかなく、なおかつほぼ同じサイズであることから、お亀石古墳の外護施設の場合、仮に製造順序に従って外護施設へ積みあげる復原が可能になったとしても、それぞれの位置に置かれている必然性を見出すことは難しいだろう*5。しかし特注品であったら、製造から出荷までの瓦の管理のなされ方が窺えるかもしれない。また一方、特注品でなかったなら、どの伽藍で使用された瓦と兄弟関係にあるのかを見た上で、どのような経緯でお亀石古墳にもたらされるに至ったのかを検討しなければならない。新品か再利用品かだけではなく、新品であれば、最初から寺院用と古墳用が別々に製造されていたのか、寺院で余ったものなのか、なども含めて検討されるべきであろう。

　このような研究は「動作連鎖の観点で観る」方法でしか成し遂げられないし、この観点の研究であれば、検証すべき課題をまだまだ提起してくれるであろう。

［献辞］
　中村浩先生と初めてお会いしたのは40年前頃と記憶しています。先生とは大阪府立泉北考古資料館（当時）での「陶邑」の報告書作りや大谷女子大学資料館開館にあたっての展示準備をご一緒させていただきました。昨日のことのように懐かしく思い出します。その後お仕事でご一緒する機会はほとんどありませんでしたが、大阪大谷大学大学院の博士後期課程の開設にあたっての入学をお勧めいただき、2008年度には博士号を授与していただきました。
　ささやかな展望を述べるに留まった論文ではありますが、学恩に感謝して捧げるとともに、先生のますますの御活躍をお祈り申し上げます。

＊註
1　新堂廃寺出土資料から分割界線であったことは分かっている。
2　写真だけではよく分からないが、「平瓦は完形品を凹面を上にして並べた状況がよく認められた」（北野1985；447頁）とある。
3　今のところ、新堂廃寺の中門から出土した平瓦で、平瓦Ⅱ27 Za[Cg]群と同定できる資料が出土している。ただし布筒については「布ネ」使用ではあるものの、まったく同じ「布袋ネ平3」と同定できる資料は見つかっていない。一方同じ地点から「布袋ネ平3」と同定できる資料も出土しているが、それらは平瓦の残りが悪いため桶の特定ができず、平瓦Ⅱ20 Za[Cg]群としか同定できていない。
4　新堂廃寺の瓦研究では、瓦笵の傷だけではなく、叩き板の傷み具合、布筒の傷み具合からも時間差を確認している（栗田2003）。
5　製作順序を出土原位置に置き戻す観点からの分析は、池上・曽根遺跡のサヌカイト集積遺構で試みている（栗田2010）。

［引用文献］
栗田　薫（2002）「お亀石古墳の築造年代—新堂廃寺出土平瓦との比較をとおして—」森郁夫ほか編『藤澤一夫先生卒寿記念論文集』帝塚山大学考古学研究所、16〜32頁
栗田　薫（2003）「第Ⅲ章　遺物の読み」、栗田薫編『新堂廃寺跡・オガンジ池瓦窯・お亀石古墳』富田林市教育委員会、84〜243頁
栗田　薫（2005）「新堂廃寺・オガンジ池瓦窯出土瓦の研究」山中一郎編『大阪府富田林市所在　新堂廃寺・オガンジ池瓦窯出土瓦の研究　京都大学総合博物館平成17年度春季企画展示のための研究成果』京都大学総合博物館、17〜174頁
栗田　薫（2007）「新堂廃寺創建の年代」、『志学台考古—年代・産地・分析等—』第7号、大阪大谷大学文化財学科、22〜46頁
栗田　薫（2010）「Ⅲ－3－2　集積（集石）遺構構成資料の分析」『弥生時代石器の技術学的研究』真陽社、164〜208頁
猪熊兼勝（1976）「飛鳥時代墓室の系譜」奈良国立文化財研究所編『研究紀要Ⅲ』（奈良国立文化財研究所学報第28冊）、39〜55頁
梅原末治（1914）「近時調査せる河内の古墳（上）（河内調査報告8）」『考古学雑誌』第5巻第3号、61〜67頁
北野耕平（1972）「考古編」富田林市史編集室編『富田林市史』第4巻、551〜553頁
北野耕平（1985）「第5章　古墳時代の富田林　15お亀石古墳」富田林市史編集室

編『富田林市史』第1巻、444〜451頁

坪井清足（1961）「墓制の変貌」浅野清・小林行雄編『世界考古学体系第4巻　日本Ⅳ歴史時代』平凡社、89〜99頁

広瀬和雄（1995）「横口式石棺の編年と系譜」『考古学雑誌』第80巻第43号、34〜74頁

藤沢一夫（1961）「新堂廃寺とその性格」浅野清・坪井清足・藤沢一夫編，『河内新堂・烏含寺の調査』（大阪府文化財調査報告第12輯）、29〜36頁

横山成己（2003）「第Ⅱ章　遺構の発掘　第3節　お亀石古墳」粟田薫編『新堂廃寺跡・オガンジ池瓦窯・お亀石古墳』富田林市教育委員会、56〜81頁

山中一郎・粟田薫（2009）『瓦研究の新方法―富田林・新堂廃寺の瓦塼類資料の研究から―』京都大学総合博物館（考古学）

斑鳩文化圏存否
―大和における法隆寺式軒瓦の分布―

上原 真人

1．法隆寺式軒瓦と斑鳩文化圏の概念規定

（1）法隆寺式軒瓦の定義

　法隆寺西院伽藍創建時（7世紀後葉～8世紀初頭）に金堂や塔の軒先を飾った軒丸瓦と軒平瓦を基準とし、その系譜をひく文様の軒瓦を法隆寺式軒瓦と呼ぶ。図1に若草伽藍に始まる法隆寺出土軒瓦、図2に中宮寺・法輪寺出土軒瓦、図3に法起寺・額田寺（額安寺）出土軒瓦、図4に平隆寺・長林寺出土軒瓦をほぼ時代順に並べ、通し番号を振る。以下、叙述に際し、この通し番号を用いる。うち10～16、30～35・43～47、55～58・68～73、91～97・104～106が法隆寺式軒瓦に該当する。

　つまり、法隆寺式軒瓦とは、複弁八葉蓮華文軒丸瓦と忍冬唐草文軒平瓦のセットである。軒丸瓦は面径の3分の1以上を占める大きな中房内に、1＋6～8＋10～16と蓮子を3重に配し、平坦な外区に線鋸歯文がめぐる。17は13と同文異范の外区線鋸歯文を連珠文に改刻した范型による製品だが、17の文様系譜下にある19・37・59と共に法隆寺式には含めない。これに対し、55・95～97・104・105は斜縁外区に面違鋸歯文がめぐるが、これは法隆寺式の範疇に含める。外区連珠文は法隆寺式出現以後に軒丸瓦の瓦当文様として採用されたが、斜縁外区の面違鋸歯文は法隆寺式軒丸瓦が出現する以前の川原寺式軒丸瓦の系譜を引く文様要素だからである。セットになる軒平瓦の型式からも、この判断は正当化できる。

　一方、軒平瓦は宝珠形中心飾の左右にパルメット状唐草を3転し、各文様単位の根元に結節を設ける。同じ文様系譜の軒平瓦においては、中心飾が丸いのが古く（10・12・30・93）、ハート形が新しい（14・16・32・34・35・43～45・57・58・71～73・91・92・94・106）。その初源型式は法隆寺東院下層の斑鳩宮跡から出土し、法隆寺西院伽藍創建にさかのぼる（10・30）。それらは素弁六葉蓮華文（9）や忍当弁六葉蓮華文（29）軒丸瓦と組み合い、法隆寺式複弁八葉蓮華文軒丸瓦の出現に先行する。法隆寺式軒瓦の成立を西院伽藍創建と結びつける場合、軒丸瓦と軒平瓦のセットを重視する

図1 法隆寺で出土した7〜8世紀前半の主要軒瓦
[奈文研『南都七大寺出土軒瓦型式一覧(1)法隆寺』1983年]

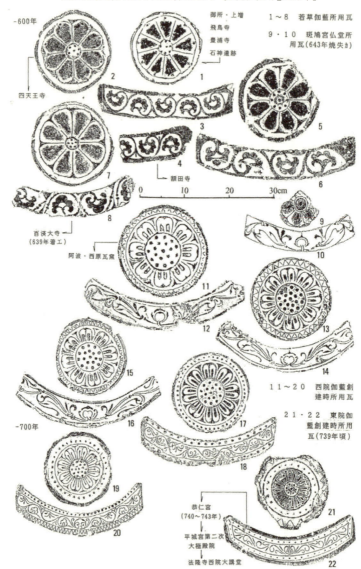

斑鳩文化圏存否（上原真人）

図2 中宮寺・法輪寺で出土した7〜8世紀の主要軒瓦
［石田1936、平田2006、奈博・帝塚山大2006、斑鳩町教委2013］

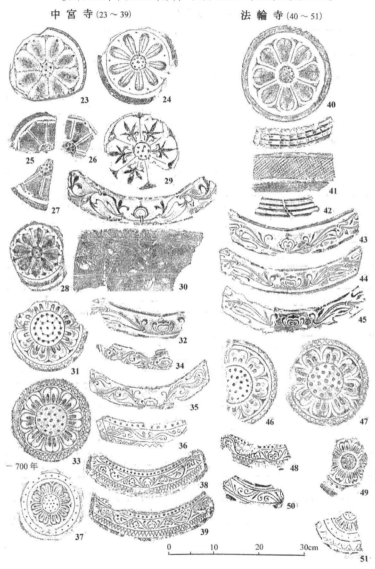

図3 中起寺・額田寺で出土した7〜8世紀の主要軒瓦
[石田1936、奈博1970、前園・関川1977、上原2001]

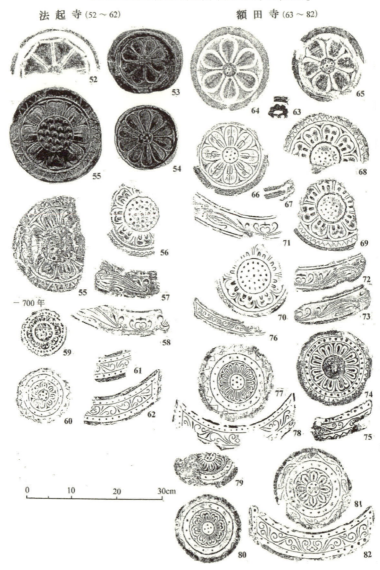

図4 平隆寺・長林寺で出土した7〜8世紀の主要軒瓦
[石田1936、白石・亀田1984、河上ほか1990]

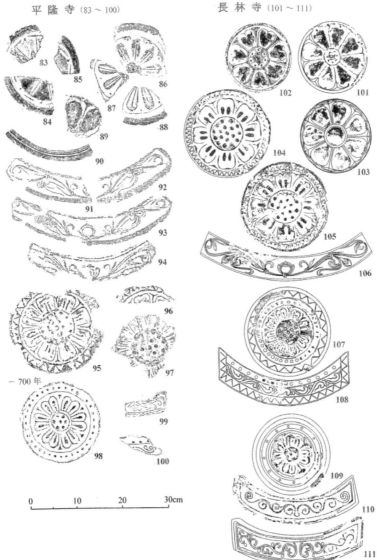

理由の一つである。

（2）法隆寺式軒瓦の分布

　法隆寺式軒瓦は、斑鳩町とその周辺の法隆寺・中宮寺・法起寺・法輪寺・平隆寺・長林寺・額田寺以外に、大和国内では奈良市山村廃寺、橿原市醍醐廃寺、畿内では山城国3ヶ寺、摂津国5ヶ寺、河内国5ヶ寺、和泉国1ヶ寺（計14ヶ寺）、東山道では近江国5ヶ寺・伊賀国1ヶ寺・尾張国1ヶ寺（計7ヶ寺）、南海道では紀伊国1ヶ寺・阿波国1ヶ寺・讃岐国3ヶ寺・伊予国9ヶ寺・土佐国1ヶ寺（計15ヶ寺）、山陽道では播磨国8ヶ寺・美作国1ヶ寺・備後国1ヶ寺（計10ヶ寺）、山陰道では伯耆国2ヶ寺、西海道では豊前国5ヶ寺・豊後国1ヶ寺（計6ヶ寺）で出土している［奈文研2009］。概して西日本中心に分布し、東日本に伝播しなかった文様である。

　ただし、図1～4に掲載した斑鳩町とその周辺の法隆寺式軒瓦は、セットで使用されたのに対し、他地域では必ずしも軒丸瓦と軒平瓦とが揃って出土していない。現時点で軒丸瓦と軒平瓦がセットで出土した事実を確認できるのは、大和国醍醐廃寺、摂津国芦屋廃寺（芦屋市）・堂ヶ芝廃寺・細工谷遺跡（大阪市）、益須寺（守山市）・三田廃寺（伊賀市）、善通寺・仲村廃寺（善通寺市）、播磨下太田廃寺（姫路市）・中井廃寺（たつの市）の10ヶ寺にすぎない。

　畿外でも、播磨国と伊予国は法隆寺式軒瓦の分布が濃密である。しかし、播磨国においては、国府以東では法隆寺式軒平瓦、以西では法隆寺式軒丸瓦の分布が顕著で、個別寺院での使用状況だけでなく、地域分布においても軒丸瓦と軒平瓦のセット関係は成立していない。また、伊予国に分布する法隆寺式軒瓦は、ほとんどが軒丸瓦で、軒平瓦は中ノ子廃寺（松山市）のみで出土している。さらに、西海道において法隆寺式軒瓦が濃密に分布すると評価されている豊前・豊後国で展開したのは法隆寺式軒平瓦のみで、法隆寺式軒丸瓦は存在しない。つまり、西院伽藍創建時に成立した法隆寺式軒瓦のセット関係は、斑鳩町とその周辺においては厳格に守られたが、情報発信源から離れるにしたがい、厳密さを失ったのである。斑鳩町とその周辺に分布する寺院から「斑鳩文化圏」という概念が提起された一つの理由である。

（3）斑鳩文化圏の認識と変貌

　法隆寺式軒瓦にもとづく「斑鳩文化圏」の認識は古い。当初、それは法隆寺非再建論と結びついていた。非再建論の旗手、関野貞は瓦研究の先駆者でもあり、中国大陸や朝鮮半島の調査成果を踏まえ、飛鳥時代の屋瓦（1～10、23～30、40・41、52～54、63～65、83～89、101～103）の多くが、朝鮮半島＝百済の強い影響下にあった事実に気づいた。しかし、百済系軒瓦と異なる法隆寺式軒瓦は、非再建論にとって不利だ。西院伽藍が厩戸皇子創建の法隆寺なら、法隆寺式軒瓦は7世紀前葉の瓦でなければならない。

　そこで、関野は次のように説明した。飛鳥時代の軒丸瓦（巴瓦）には、百済系と法隆寺系とがある。前者は百済最後の都である扶余で出土する瓦とそっくりで「百済伝来の者として広く当代の伽藍に使用せられた」。これに対して、法隆寺本尊を製作した鳥仏師が「百済輸入の単調なる形式に満足せず斬新奇抜な意匠を試み」たのが後者だ［関野1928］。「百済伝来の者に比すれば雄渾の気象に於て彼を凌駕」する「此新案の瓦当」は「其後聖徳太子に関係ある伽藍額安寺、法輪寺、法起寺、長林寺等に続々採用せられた」。また、軒平瓦（唐草瓦）も「当時朝鮮にては殆ど唐草瓦を使用せ」ず、飛鳥寺等は「百済式の巴瓦を発見するも、之に相当せる唐草瓦の曽て出土したことは無い」「然るに法隆寺の境内より当時の立派な唐草瓦が多数発見され、是れと同形式の者が法起寺法輪寺額安寺山村廃寺等の境域から出土している」「法隆寺創立の際、我工匠が新たに彼に無き所の唐草瓦を意匠せしとせば、吾人は当時の我国民の創作的天才に驚かざるを得ぬ」と力説した。明言していないが、鳥仏師作の法隆寺金堂釈迦三尊の脇侍光背が複弁蓮華文である事実は、関野の自信を支えたはずである。

　人間の製作物の背景に時代性・地域性・文化系譜を読み解く建築史学や考古学において、「天才」を説明手段とするのは「禁じ手」に近い。法隆寺式軒瓦を天才鳥仏師が生み出したという説明は、非再建論を主張するための議論で、資料自体を歴史的に位置づけていない。そして、非再建論の根幹は昭和14（1939）年の若草伽藍発掘で崩壊する［石田1941］。

　しかし、法隆寺式軒瓦を鳥仏師の発明とする説は、瓦の集成と比較を通じて早くから疑問視されていた。たとえば、保井芳太郎は、軒丸瓦の文様や軒平瓦をともなう事実から、法隆寺式軒瓦を「飛鳥時代のものとする従来の説には従ひ得ない」「白鳳時代に引下ぐべきもの」と述べた［保井

1932]。また、藤澤一夫は、山村廃寺の初現的な法隆寺式軒平瓦が7世紀中頃に成立した山田寺式の系譜を引く軒丸瓦と組み合う事実や、大阪市四天王寺において法隆寺と同じ木型（笵）で作った百済系軒丸瓦が出土するのに、法隆寺式軒瓦が出土しない事実を踏まえて、法隆寺式軒瓦は「白鳳時代しかも恐らくはその後半に属せしむべき」ものと結論した［藤澤1936］。

　非再建論が崩壊し、法隆寺式軒瓦が白鳳時代（7世紀後半～8世紀前葉）の所産と認定されても、斑鳩町とその周辺に特徴的に分布するという事実に変更の余地はなく、「斑鳩文化圏」概念は余命を保つ。保井芳太郎は大和国の上代寺院を「飛鳥の諸寺」と「斑鳩の諸寺」とに分けて集成し、後者は「太子関係と地域相接する為とによって古瓦等にも相通ずるものがあり」「この外に添上郡に於て中臣寺・山村廃寺等があるがこれ亦法隆寺風の瓦を出すに於てこの圏内に入るべきものである」「この地方が南大和とは異なる地方色をもって居た」と評価した。ただし、一方で聖徳太子が斑鳩宮に拠点を置いた7世紀前葉に斑鳩文化圏と呼ぶべき文化圏があったと理解し［森2008］、法隆寺式軒瓦の分布域を「第2次斑鳩文化圏」と呼ぶ議論もある［森2006］。しかし、これは研究史と齟齬するだけでなく、事実認識の上でも正当ではない。以下、次節において、瓦当文様に限れば「斑鳩文化圏」と呼ぶべき均質性は、法隆寺式軒瓦において発現し、その前後の時期には明瞭ではない事実を再確認する。

２．各寺院所用瓦から斑鳩文化圏を検証する

（１）行政区としての斑鳩文化圏

　法隆寺・中宮寺・法起寺・法輪寺の斑鳩四寺が所在する斑鳩町（旧平群郡夜麻郷）は、現在の行政区では生駒郡に属する。生駒郡は明治30（1897）年に平群郡と添下郡とが合併して成立。斑鳩四寺および三郷町平隆寺・大和郡山市額田寺は、律令制のもとでは平群郡に属していた。

　ただし、額田寺のある平群郡額田（部）郷は大宝律令により国・郡制が成立する以前は、現在の生駒郡安堵町＝旧平群郡飽波郷とともに飽波評に属していた。飽波評は史料で確認できる郡に引き継がれない唯一の評である［狩野1984］。つまり、8世紀には同じ平群郡に属していたが、法隆寺式軒瓦成立時の額田寺は郡（評）レベルで所属行政区が異なっていた。

一方、河合町長林寺は旧広瀬郡下倉郷、奈良市山村廃寺は旧添上郡山村郷、橿原市醍醐廃寺は高市郡雲梯郷に属し、斑鳩四寺および平隆寺・額田寺とは律令制下の所属郡がまったく異なる。法隆寺式軒瓦を比較すると、旧平群郡夜麻（山）郷に属する斑鳩四寺では 軒丸・軒平瓦ともに本来の特徴を備えたものが一定量出土する。これに対し、旧平群郡平群郷および旧広瀬郡下倉郷に属する平隆寺95〜97、長林寺104・105の法隆寺式軒丸瓦は外区にめぐる鋸歯文が面違鋸歯文となる。基準となる法隆寺西院伽藍金堂創建瓦および旧夜麻郷に分布する法隆寺式軒丸瓦は基本的に突線で外区鋸歯文を表現する。法起寺55は平隆寺と同じ面違鋸歯文がめぐるが、56は中宮寺と同じ突線鋸歯文である。さらに、山村廃寺の法隆寺式軒平瓦と組み合う軒丸瓦は、外区に細かい突線鋸歯文がめぐる点は法隆寺式軒丸瓦と共通するが、肝心の花弁表現がまったく異なる単弁八葉蓮華文で、山田寺式軒丸瓦の系譜を引く［藤澤1936］。

（2）情報伝播と距離

　考古資料における基準型式との落差は、一般に時間差・地域差・工房差・工人差にもとづき、場合によっては模倣者の理解度や技術力を反映する。たとえば、法隆寺式軒丸瓦の基準型式11（金堂所用瓦）と13・15の差、すなわち蓮弁の照りむくりが弱くなり文様が平面化するのは、同じ西院伽藍造営工房の製品である以上、おもに時間差・工人差にもとづく。一方、地域差は伝播に要する時間差や工房差だけでなく、情報発信源からの距離に比例した情報理解度の格差を強く反映することになる。

　インターネットが発達した現代は、同じ情報や同じモノが一瞬のうちに共有できる。しかし、かつては発信源（産地）からの距離に比例して、情報や物資は稀薄となり、本来の姿を喪失する、すなわち情報としてゆがみ、不正確になるのだ。たとえば、石器時代の石材産地と消費地における製品の分布に関しては、産地から離れれば製品の分布は稀薄となり、かつ製品の大きさも貧弱になる。産地からの距離は波紋のような同心円を想定できるが、道路網や舟運が発達すると、分布は同心円ではなく交通路に沿った形で展開する。物資に限らず、瓦当文様のような文化情報にも、この法則が原理的に適用できる。法隆寺式軒瓦という文化情報を受容しても、伊予・豊前国では、軒丸瓦と軒平瓦の組み合わせという基本情報も十分理解さ

れなかったのである。

　同じ平群郡夜麻郷に属する中宮寺・法輪寺・法起寺では、基準・発信源となった法隆寺西院伽藍の法隆寺式軒瓦と同笵もしくは酷似した文様の瓦を採用した。ところが、同じ平群郡でも西に外れた平群郷の平隆寺や南隣の広瀬郡にある長林寺では、軒丸瓦の外区鋸歯文に関する情報が正しく受容されていない。さらに東の山村廃寺では、法隆寺式とは違う文様の軒丸瓦が法隆寺式軒平瓦と組み合う。山村廃寺の法隆寺式軒平瓦は初現的文様なので、法隆寺式成立以前の10や30が直接影響した可能性もある。しかし、ここでは情報発信源＝西院伽藍からの距離（物理的距離だけでなく、行政区が同じか否かという政治的距離も含む）が遠いため、正確に情報を受容できなかった結果と解釈しておく。

　しかし、額田寺と醍醐廃寺の法隆寺式軒瓦に関しては、この法則は適用できない。情報発信源からの距離が遠いのに、額田寺や醍醐廃寺は斑鳩四寺に劣らず、組み合せや文様に関わる法隆寺式軒瓦の情報を正確に受容している。

（3）距離以外の規定要素

　その理由は必ずしも明確ではないが、分布論に常套的説明法である「発信源からの距離」以外の要因が作用したことは間違いない。つまり、自然放置状態ならば、発信源からの距離に比例して分布や情報は稀薄かつ不正確になる。しかし、何らかの社会・政治・経済・文化・宗教的要因が作用すれば、遠距離でも濃密かつ正確に情報が伝わることがある。

　たとえば、額田寺は額田部氏の氏寺だが、聖徳太子が建てた道場＝熊凝精舎で、舒明天皇の百済大寺、天武天皇の高市大寺、文武天皇の大官大寺、平城宮の大安寺の前身寺院と信じられるようになる（天平19年『大安寺縁起并流記資財帳』）［上原2014］。額田寺を聖徳太子創建の熊凝精舎とする伝説は中世には確実に存在し、おそらく古代に遡る。つまり、額田寺は聖徳太子ゆかりの寺という伝承が強く作用し、7世紀の所属郡（評）が異なるにもかかわらず、大規模修造時に法隆寺式軒瓦の情報を正確に受け継いだ可能性がある。

　720年に完成した『日本書紀』において、厩戸皇子はすでに神話的色彩で強く彩られ「豊耳聡聖徳」「豊耳聡法大王」「法主王」の異名がある。法隆

寺式軒瓦は厩戸皇子の時代ではなく、聖徳太子信仰が隆盛する直前に成立・伝播したことになる。ここでは聖徳太子信仰という文化・宗教的要因が、法隆寺式軒瓦の分布のあり方、すなわち斑鳩文化圏の形成に関与した可能性を考える。

　そもそも、670年に全焼した法隆寺はどうして再建できたのか。また何故、再建されたのか。上宮王家はすでに滅亡し、再建資金を担う直接のパトロンはいない。国家的経済援助があったか、斑鳩地域を中心とした信仰集団＝知識が核にあったか分からないが、再建を推進したメンタルな力として太子信仰がある。少なくとも、額田寺以外の法隆寺式軒瓦出土寺院も、聖徳太子信仰で裏打ちされている。すなわち、中宮寺・法輪寺・法起寺も中世には聖徳太子あるいは山背大兄皇子ゆかりの寺として名が挙がる。山村廃寺は本来の寺院名が不明なので除外するが、平隆寺や長林寺は中世の聖徳太子関係書物に名が挙がる。ただし、太子が直接造営した7ヶ寺あるいは46ヶ寺としてカウントしているわけでなく、平群氏の氏寺、推古天皇造営の寺と位置づけられている。

　一方、橿原市醍醐廃寺はかつて聖徳太子建立46ヶ寺の一つ大后寺と考えられ、飛鳥地域にありながら法隆寺式軒瓦が出土する理由とされてきた［保井1932］。しかし、大后寺は小治田寺＝奥山廃寺とする説［吉川2013］に説得力があり、醍醐廃寺が斑鳩文化圏外で「情報発信源からの距離」の法則に合致しない法隆寺式軒瓦出土地である理由付けがしにくくなった。

（4）斑鳩文化圏以前

　法隆寺式軒瓦分布の背景に聖徳太子信仰を考えるのは、上宮王家が健在だった7世紀前半には、斑鳩文化圏が形成されていない事実を踏まえている。法隆寺の前身＝若草伽藍創建時には、飛鳥寺や豊浦寺と同笵の百済系軒丸瓦1、すなわち飛鳥地域に直結した軒丸瓦が採用された。ただし、手彫唐草文軒平瓦3・4と組み合う点で、飛鳥地域とは一線を画す。この特徴は山背大兄皇子の時代にも踏襲され、斑鳩地域で独自に変遷した百済系軒丸瓦5・7とスタンプ式唐草文軒平瓦8により若草伽藍は充実する。

　ところが、若草伽藍＝僧寺に対する尼寺＝中宮寺創建瓦は、若草伽藍と同調しておらず、独自に飛鳥地域に直結する百済系・「高句麗系」軒丸瓦23〜27を採用する［斑鳩町教委2013］。中宮寺23は法隆寺2と同笵だが、中宮

寺の主要瓦ではない。24は豊浦寺、25〜27は奥山廃寺（小治田寺）の創建瓦と同文で、若草伽藍では出土しない。法起寺創建瓦52や平隆寺創建瓦83〜88も中宮寺創建瓦24〜27と同文である。つまり、中宮寺や法起寺・平隆寺は、若草伽藍とは無関係に、飛鳥地域から新たに導入した瓦で創建されたのである。

　一方、法輪寺前身寺院は、百済系軒丸瓦の最後を飾る軽寺式（船橋廃寺式）軒丸瓦40と重弧文軒平瓦41・42で創建された［平田2003］。軽寺式軒丸瓦と重弧文軒平瓦の組み合わせは軽寺で成立するが、法輪寺では施文原体を何度も止めながら回転施文した重弧文軒平瓦を工夫する。同じ施文法の重弧文軒平瓦は尾張元興寺でも採用され、東海地方ではそれを模した「目」字スタンプ文押捺の軒平瓦を生む［上原1997］。法輪寺前身寺院でも、若草伽藍で変遷した同時代の軒瓦ではなく、飛鳥地域における最新型式の軒瓦を独自に導入している。

　これ以外に、法起寺前身寺院では若草伽藍や中宮寺・法輪寺の7世紀前半の瓦とは違う軒丸瓦53・54を使っている。すなわち、斑鳩四寺創建時においては、若草伽藍で手彫り唐草文軒平瓦を飛鳥寺・豊浦寺同笵の軒丸瓦と組み合わせた点や、法輪寺で軽寺式軒丸瓦に組み合う重弧文軒平瓦施文法に独自性がある点などを除けば、それぞれが飛鳥地域から強い影響を受けつつ、個別に創建瓦を選択している。四寺創建瓦の差は若干の時期差を反映するが、嚆矢となる若草伽藍が創建以後も独自の造瓦活動を継続したにもかかわらず、その工房や製品が他の三寺創建や造営にほとんど関わっていない事実が重要である。

　なお、斑鳩四寺と所在郷を異にする平隆寺創建軒瓦83〜90は、中宮寺と共通性があっても、飛鳥地域からの個別の影響を考えるべきだろう。少なくとも、所在評（郡）を異にする額田寺創建軒瓦63〜67や長林寺創建軒瓦101〜103は、63が若草伽藍創建時の手彫り唐草文である事実を除外すれば、斑鳩四寺と共通性がない。とくに額田寺創建に主体的に用いた素弁六葉蓮華文軒丸瓦64は橿原市和田廃寺に同文例があり、飛鳥地域との関連はあるが、額田寺としての独自性が強い［上原2001］。いずれにせよ、7世紀前半には斑鳩四寺を中心とした瓦の共通性＝文化圏は認めがたく、厩戸皇子も山背大兄皇子も関与できない7世紀後半に、初めて斑鳩文化圏と呼びうる法隆寺式軒瓦の分布が生じたことになる。さらに、法隆寺式軒瓦終焉後の

瓦分布も、斑鳩文化圏を踏襲しない。

（5）斑鳩文化圏以後

　8世紀においては、法隆寺西院伽藍や東院伽藍で使用した軒瓦やその文様系譜下にある軒瓦を、中宮寺・法輪寺・法起寺でも使用する。たとえば、中宮寺37・38・39や法輪寺48は西院伽藍19・20の系譜下にあり、法輪寺51や法起寺61・62は東院伽藍21・22の系譜下にある。8世紀中葉の東院伽藍創建時の瓦21・22は、恭仁宮や平城宮など宮殿造営組織を管轄した役所の配下にあった瓦工房の製品と同笵であるが、それに先行して採用された。

　上記の瓦の分布状況は、法隆寺式軒瓦によって形成された斑鳩文化圏を継承しているように見えるが、その分布は額田寺や長林寺・平隆寺までは及ばない。額田寺では、8世紀になって藤原宮・平城宮式軒瓦74〜80も少量使用するが、8世紀中頃には独自の軒瓦81・82で伽藍を再興する［上原2001］。平隆寺や長林寺でも藤原宮式軒瓦99・107・108が認められるが、以後は各寺院独自の瓦98・109〜111が主体をなす。

　8世紀の造瓦活動における斑鳩四寺の共通性は、9世紀にも踏襲される。平安時代前期（貞観年間）の法隆寺東院伽藍大修理で主用した瓦も、西院伽藍・中宮寺など斑鳩四寺に認められるが、額田寺や平隆寺・長林寺など郷外までは及ばない。なお、平安時代後期以降の瓦は、西院伽藍と同じ文様の瓦が南都諸寺や平安京周辺など広い範囲に分布するが、やはり分布は斑鳩四寺に集中する傾向がある。8世紀以降の瓦分布の様相は、土器などの窯業生産物が、生産地を中心に一定の範囲に分布する「流通圏」「販路」の概念と大差ない。すなわち、西院伽藍や東院伽藍に本拠を置いた造瓦集団が、周辺の中宮寺・法輪寺・法起寺の瓦作りを請け負った結果と考えて大過ない。つまり、8世紀以降の法隆寺を中心とした瓦分布は、法隆寺式軒瓦が聖徳太子ゆかりの寺を中心に分布する斑鳩文化圏とは質的に異なっている。

3．まとめと課題

　法隆寺式軒瓦が分布する地域に、法隆寺庄倉が存在する事実が指摘されている［石田1948、鬼頭1977、山崎1983］。しかし、それが当てはまるのは、

畿内・播磨・伊予・近江の一部で、法隆寺式軒瓦の分布全体を説明できるわけではない。とくに飛鳥を中心とした南大和に対し、法隆寺式軒瓦が稠密に分布する斑鳩を中心とした北大和を斑鳩文化圏として対置する場合、庄倉分布とは切り離し、純粋な文化伝播の立場で議論するほうがよい。

　法隆寺式軒瓦が成立・伝播・隆盛したのが7世紀後葉〜8世紀前半、すなわち上宮王家滅亡後で、『日本書紀』が叙述する伝説的な厩戸皇子像が流布する直前に当たる事実は、分布を理解する上で重要である。しかも、7世紀前半における斑鳩地域の瓦には、若草伽藍において飛鳥地域と異なる独自の造瓦活動が指摘できても、中宮寺・法輪寺・法起寺所用瓦は若草伽藍とは無関係に飛鳥地域の影響を個別に受けている。つまり、7世紀前半の瓦においては、斑鳩文化圏の存在は指摘できない。しかし、法隆寺式軒瓦の分布圏は平群郡域を越えて形成される。しかも、8世紀以降の瓦では、分布域は縮小する。『日本書紀』で明確になる聖徳太子信仰は7世紀後葉〜8世紀初頭に形成された可能性が高い。それはまさに法隆寺式軒瓦の時代に相当する。

【参考文献】
斑鳩町教育委員会（2013）『史跡中宮寺跡発掘調査報告書』斑鳩町文化財活用センター
石田茂作（1936）『飛鳥時代寺院址の研究』聖徳太子奉賛会
石田茂作（1941）「法隆寺若草伽藍址の発掘」『日本上代文化の研究　聖徳太子千三百廿年御忌奉讃記念論文集』（『総説　飛鳥時代寺院址の研究』1944年所収）
石田茂作（1948）「法隆寺式忍冬唐草文字瓦の分布」『伽藍論攷―仏教考古学の研究―』養徳社（執筆は1946年、後に『法隆寺雑記帳』学生社1969年所収）
上原真人（1997）『瓦を読む』古代史発掘11、講談社
上原真人（2001）「額田寺出土瓦の再検討」『国立歴史民俗博物館研究報告第88集』古代荘園絵図と在地社会についての史的考察
上原真人（2014）『古代寺院の資産と経営―寺院資財帳の考古学―』すいれん舎
狩野　久（1984）「額田部連と飽波評―7世紀史研究の一視角―」『日本政治社会史研究（上）』岸俊男教授退官記念会
河上邦彦ほか（1990）『長林寺（範囲確認調査報告）』河合町文化財調査報告第3集
鬼頭清明（1977）「法隆寺の庄倉と軒瓦の分布―忍冬唐草文軒平瓦について―」『古代研究』11、元興寺仏教民俗資料研究所・考古学研究室

白石太一郎・亀田博（1984）『三郷町 平隆寺』奈良県史跡名勝天然記念物調査報告第47冊、奈良県立橿原考古学研究所
関野　貞（1928）『瓦』雄山閣考古学講座（後に「日本古瓦文様史」と改題し『日本の建築と藝術（上巻）』岩波書店1940年所収）
奈良国立博物館（1970）『飛鳥白鳳の古瓦』東京美術
奈良国立博物館・帝塚山大学（2006）「大和古代寺院出土遺物の研究―法輪寺三重塔跡出土資料―」『帝塚山大学考古学研究所研究報告』Ⅷ
奈良文化財研究所（2009）『古代瓦研究Ⅳ』古代瓦研究会シンポジウム記録
　（本書には、林正則「法隆寺西院伽藍の創建瓦」、平田政彦「斑鳩とその周辺の法隆寺式軒瓦」、大西貴夫「平隆寺と長林寺の法隆寺式軒瓦」、岩戸晶子・堀大輔「山村廃寺の法隆寺式軒瓦」、菱田哲郎「山背の法隆寺式軒瓦」、上田睦・近藤康司「摂河泉の法隆寺式軒瓦」、竹原伸仁・津川千恵「播磨の法隆寺式軒瓦」、妹尾周三「西瀬戸内の法隆寺式軒瓦」、真野和夫「豊前の法隆寺式軒瓦」、佐藤寛介「美作・伯耆の法隆寺式軒瓦」、川畑聡「四国東部の法隆寺式軒瓦」、藤井保夫「紀伊の法隆寺式軒瓦」、竹内英昭「伊賀・近江の法隆寺式軒瓦」、服部哲也「尾張の法隆寺式軒瓦」の各論文が収録されている）
平田政彦（2006）「7世紀後半期における法輪寺建立に関する予察」『歴史研究』43号、大阪教育大学歴史研究室
藤澤一夫（1936）「飛鳥期瓦の再吟味」『考古学』第7巻第8号、東京考古学会
前園実知雄・関川尚功（1977）「法起寺境内発掘調査概報」『奈良県遺跡調査概報1977年度』奈良県立橿原考古学研究所
森　郁夫（2006）「法隆寺の造営と斑鳩文化圏の成立」『奈良学研究』第8号、奈良学学会（帝塚山大学芸術文化研究所）
森　郁夫（2008）「斑鳩文化圏の成立と韓半島の要素」『奈良学研究』第10号、奈良学学会（帝塚山大学奈良学総合文化研究所）
保井芳太郎（1932）『大和上代寺院志』大和史学会
山崎信二（1983）「後期古墳と飛鳥白鳳寺院」『文化財論叢（奈良国立文化財研究所創立30周年記念論文集）』同朋舎
吉川真司（2013）「小治田寺・大后時の基礎的考察」『国立歴史民俗博物館研究報告第179集』新しい古代国家像のための基礎的研究

摂津淀川北岸地域における古代瓦の様相

網　伸也

1．はじめに

　6世紀末に蘇我氏によって飛鳥寺が建立されて以来、仏教は大陸の新しい文化として諸氏族間に受容され、急速に広まっていった。これを受けて、仏教の教義の理解といった精神的・思想的問題だけでなく、大陸の進んだ技術が在地でも積極的に取り入れられ、文化の華ともいえる寺院が、中央だけでなく全国各地に建立される契機となった。淀川北岸地域においても、在地氏族が財を尽くして次々と氏寺を建立し優雅を競ったのである。淀川を行き来する人々は、北摂山地を背景にして聳える伽藍建築に目をみはったことであろう。

　これら荘厳な寺院も、現在では地中に埋もれ、あるものは田園と化し、またあるものは宅地となって、地上にはその痕跡さえ留めないものも多くある。当時の面影は、地上に散乱し採集される古代の瓦に残るだけである。仏教寺院は、古代における文化の中心であり、人々にとって古墳に替わる精神のよりどころであった。在地の勢力を背景とするこれら古代寺院の盛衰は、まさに古代の社会情勢を反映したものであり、伽藍の屋根を飾った古代瓦の展開こそ、それを直接的に示すものと考えられるのである。

　この小論では、淀川水系を中心に北摂の古代寺院の軒瓦の様相を概観し、西摂地域も視野に入れて比較検討し、そこに現れてくる歴史的背景を探っていきたいと考える。

2．古代寺院にみられる在地間関係

　淀川北岸地域における古代寺院跡は、三嶋地域において西国街道（旧山陽道）沿いに東から梶原寺跡・芥川廃寺・太田廃寺・穂積廃寺がほぼ等間隔に分布する*1。この中でも、在地性の強い寺院として、最も早く造営された寺院の一つが梶原寺である。

　安満山東南麓、西国街道に面する畑山神社の付近一帯は、以前から古瓦

図1 摂津の寺院と瓦窯

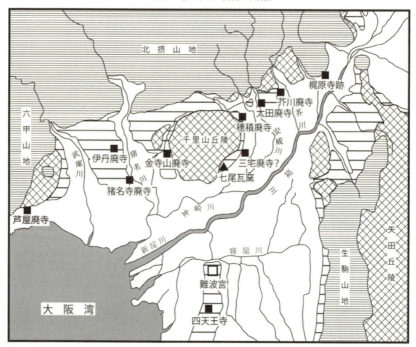

が採取される場所として知られていた。街道の南縁には「大門」という小字が残り、近くには「東四方院」・「西四方院」・「末房」などの小字もあることから、この地が正倉院文書等によって知られる梶原寺跡であることは疑う余地がない*2。伽藍は不明だが神社北東で柱座をもつ礎石が出土しており、昭和52年の発掘調査でも僧房と推定できる南北棟の掘立柱建物が発見されている*3。また、神社の北方には梶原寺付属の造瓦所と考えられる梶原瓦窯があり、創建期の有段式窖窯と奈良時代の平窯が調査されている*4。

梶原寺の創建軒瓦は山背樫原廃寺の影響が想定されている重弁系蓮華文軒丸瓦で、7世紀第3四半期でも早い段階のものである。山崎廃寺と同笵に極めて近い同文関係にあり、上町台地の細工谷遺跡でも同型式が出土している。さらに、川原寺式の複弁蓮華文軒丸瓦も出土しており、梶原寺が一貫してこの地域の拠点寺院であったことがわかる。ところが、梶原寺が

いかなる在地勢力によって建立されたかというと不明な点が多くある。周辺には寺院造営を行った在地勢力の存在を示す遺跡があまりみられず、あえて想定するならば梶原古墳群の被葬者との関係が注目されるだけである。造営氏族として大原駅との地理的関係から渡来系の大原史があげられるが、大原史は古来からの在地勢力とは考えられず、梶原寺がその後も三嶋地域の中心寺院として機能することを考えると、後述する三嶋県主の関与も否定できない。つまり、梶原寺は山背へ抜ける陸路や淀川水系など交通の要衝としての立地が重視された結果、三嶋県主や大原史をはじめ様々な在地勢力の関与のもとに建立された寺院だった可能性がある*5。

　ここで注目されるのは、梶原寺跡から飛鳥寺東南禅院と同笵の軒丸瓦が出土する事実である*6。これは梶原寺が、山崎廃寺とともに7世紀後半の高僧である道昭の遊行活動を在地で支援した寺院であった可能性を示唆している。山崎廃寺からは、東南禅院と同笵の軒丸瓦だけでなく、道昭と深い関わりが想定できる火頭形塼仏も多数出土している*7。道昭は唐で玄奘三蔵から禅定をまなび、帰朝した後には飛鳥寺に東南禅院を建てて多くの行僧を指導するとともに、天下を周遊して路傍の井戸を掘り、川津において渡船の設置や架橋事業を行ったとある(『続日本紀』文武天皇三年三月条)。『行基年譜』や『行基菩薩伝』によれば、山崎橋の架橋を最初に行った船大徳(道昭)について記しており、山崎廃寺と道昭との強い関連が伝承として残されていたことを示す。これらのことから、道昭が天下周遊で行っていた社会事業の中核拠点の一つが山崎であり、梶原寺も道昭をはじめとする教化僧が拠点とする寺院だったのではないだろうか。

　そのように考えれば、梶原寺の周辺に在地勢力の存在が認められないことも理解しやすくなる。梶原寺の創建瓦である重弁軒丸瓦は山崎廃寺や細工谷遺跡(百済尼寺)でも認められ、梶原寺が淀川水系を基盤として広い交流圏を持つ寺院であったことを示している。以前、梶原寺の造営について渡来系氏族の関与のもとに在地勢力が建立したと考えたが*8、その背景に道昭のような遊行する教化僧のもと智識による造営も考えておく必要があり、檀越として在地の有力豪族なかでも三嶋県主が充分想定できるであろう。

　そして、梶原寺の造営から少し遅れて、太田廃寺の造営が始まる。太田廃寺は継体天皇陵とされる太田茶臼山古墳の南に建立された古代寺院で、

図2 北摂・西摂古代寺院出土瓦編年図

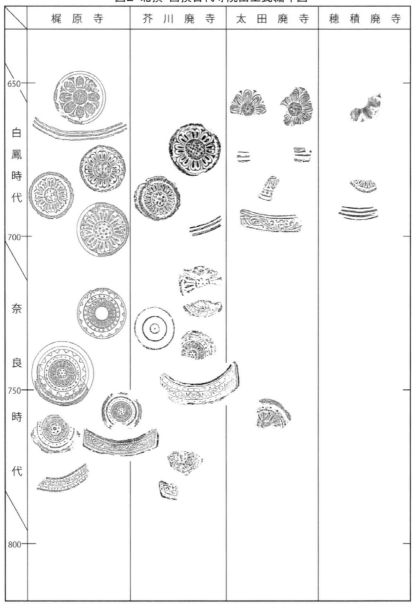

摂津淀川北岸地域における古代瓦の様相(網　伸也)

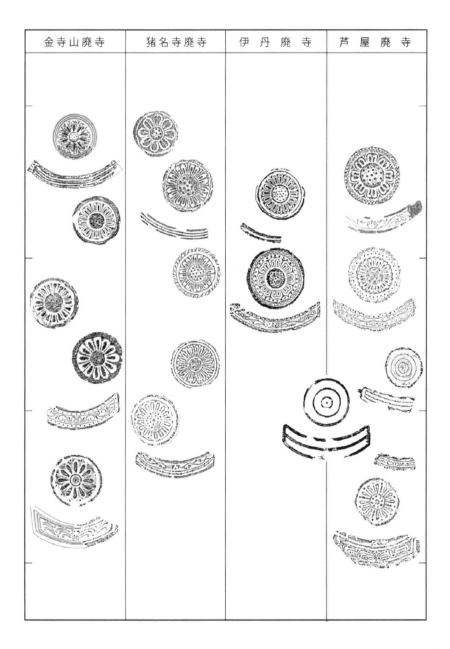

明治40年には舎利容器が安置された状態の塔心礎が発見され、その西方に土壇の一部が残存していたことから法隆寺式伽藍配置も想定されていた＊9。しかし、昭和44年に伽藍推定地が宅地として開発されることとなり、工事にともなって瓦は出土したが、調査ができず伽藍配置などはまったく不明である＊10。創建瓦は梶原寺と同文の重弁蓮華文軒丸瓦であるが、中房蓮子が1＋5となっており、弁形をみても退化型式であることから、梶原寺よりやや遅れて7世紀第3四半期の後半の創建が想定できる。

　太田廃寺の造営氏族としては、中臣系氏族である中臣藍連あるいは中臣太田連が有力視されているが、『播磨国風土記』揖保郡大田里段によると「大田と称ふ所以は、昔、呉の勝、韓国より度り来て、始め、紀伊の国名草の郡の大田の村に到りき。其の後、分れ来て、摂津の国三嶋の賀美の郡の大田の村に移り到りき。其が又、揖保の郡の大田の村に遷り来けり。」とみえ、渡来系氏族との関係も充分に指摘できる。その点で注目できるのが、河内寺廃寺との関係である。

　太田廃寺では創建から次の段階の軒瓦として、新羅系の細弁蓮華文軒丸瓦と法隆寺式軒平瓦が出土しているが、以前より前者は中河内の渡来系寺院である河内寺廃寺と同笵関係にあることを指摘してきた。その後、平成22年度に行われた河内寺廃寺の第19・20次調査で1点ではあるが法隆寺式軒平瓦が出土し、改めて資料の比較調査を行ったところ法隆寺式軒平瓦も同笵関係にあることが判明した＊11。観察所見によれば、細弁軒丸瓦は外区珠文に笵傷が認められるが、河内寺廃寺では同位置に笵傷が認められないシャープな資料も存在する。また、軒平瓦でも太田廃寺例の中心飾りに確認できる笵傷が河内寺廃寺では認められない。両寺院跡の資料は胎土・焼成が全く異なることから、瓦笵がセットで河内寺廃寺から太田廃寺に移されたことがわかる。

　河内寺廃寺は渡来系氏族の河内連が創建したと考えられる中河内の在地拠点寺院であり、波状重弧文の存在も渡来系氏族との関係を示唆している。今回再確認できた太田廃寺と河内寺廃寺の同笵関係の背景に、摂津から河内にかけて広がる渡来系氏族を中心とする寺院間のネットワークが想定でき、太田廃寺の造営に河内の在地僧が深く関わった可能性を示唆する。

　北摂では梶原寺が中心寺院となって重弁系軒瓦が広く認められた。太田廃寺の創建瓦を創出し、前述したように山崎廃寺とともに上町台地の細工

谷遺跡(百済尼寺)にも分布する。そして、山崎廃寺は梶原寺だけでなく中河内の鳥坂寺とも同笵関係を持ち、重弁系軒瓦を媒介として摂津・山背と河内を繋ぐ広域な寺院間交流の接点として重要な位置を占めている。また、法隆寺式軒瓦の分布も重弁系軒瓦と関係をもちながら、淀川—河内湖—大和川という水系を媒介とする寺院間の密接な繋がりを示している*12。そして、このような広域な寺院間の交流を促したのは、地域に深く根差し中央寺院とも少なからず関係をもつ道昭のような在地僧だったのである。

3．拠点寺院としての芥川廃寺・穂積廃寺と嶋上郡の優位性

　前章のように在地的な展開が強く認められる梶原寺や太田廃寺が存在する一方、中央系の拠点寺院として北摂では芥川廃寺と穂積廃寺が造営される。次にこれら中央系の寺院の展開を中心にみてみたい。

　芥川廃寺は芥川の右岸、素戔嗚命神社(神郡社)一帯に所在した古代寺院で、7世紀にさかのぼる多くの瓦片のほか塔相輪の破片や塑像片が採集され、塔心礎と想定されている礎石が神社の手水鉢に流用されるなど、早くからその存在が知られていたが伽藍配置などはまだ明らかになっていない。創建軒瓦として川原寺式を強く意識した複弁蓮華文軒丸瓦が出土しており、7世紀第3四半期から第4四半期にかけて建立された古代寺院と推定できる。嶋上郡衙跡のすぐ西方に立地することから、三嶋地域の有力な在地氏族である三嶋県主の領導のもとに造営された氏寺であり、三嶋県主が嶋上郡の郡領になるに及んで郡寺的性格を帯びた寺院になったと考えられる*13。

　また、穂積廃寺は嶋下郡の中心である上穂積に所在する古代寺院であるが、やはり伽藍にかかわる遺構は発見されていない。出土瓦から創建が7世紀後半にさかのぼることは間違いなく、単弁蓮華文軒丸瓦および複弁蓮華文軒丸瓦と、四重弧文軒平瓦が出土している。単弁蓮華文軒丸瓦は吹田市の白頭瓦窯で同軒丸瓦が出土しており在地的要素が強いが、複弁蓮華文軒丸瓦は芥川廃寺と同笵の可能性が高い*14。地名から古代氏族の穂積臣ないしは穂積朝臣によって造営された氏寺と考えられるが、芥川廃寺と同様に後に嶋下郡の郡寺的性格をもつようになったと推定されている*15。

　これら7世紀後半に創建された古代寺院をみてみると、淀川北岸地域で

は律令的地域支配が確立するに従い、在地性の強い拠点寺院である梶原寺・太田廃寺に加えて中央系の拠点寺院である芥川廃寺・穂積廃寺が順次造営されたようで、芥川廃寺と穂積廃寺は在地間交流の外にあって中央と密接な関係を持つ寺院といえそうである。これら中央政権と密接にかかわる寺院の瓦の系譜は、在地間での地域的展開はあまりみられず、単独的性格が強いのが特徴といえる。梶原寺が太田廃寺だけでなく山崎廃寺や難波地域などと強い関連をもちながら、在地間交流の拠点となっているのと対照的である。

ただ、奈良時代の三嶋地域をみると、全体としては嶋下郡域よりも嶋上郡域の寺院が優勢であり、芥川廃寺とともに梶原寺も8世紀以降には平城宮系軒瓦が出土するなど寺院勢力は衰えない。『類聚国史』によれば、延暦11年（792）には梶原僧寺が嶋上郡内に野を六町私有しているとともに、尼寺も存在して野を二町もっていたことがわかる（『類聚国史』巻百八十二佛道九）。私は芥川廃寺と梶原寺はともに淀川水系を地域的に掌握していた三嶋県主が造営に関与した寺院であり、前者が三嶋県主の公的側面を反映して建立されたのに対し、後者は檀越としての私的な立場が強く表れた寺院だと考えているが、8世紀には三嶋県主と中央とのつながりを背景に両寺院とも独自な寺院経営を展開することができたのであろう。これに対し、嶋下郡では三嶋県主のような在地勢力を統合できる氏族が成長しておらず、8世紀になると仏教統制のもとに各寺院が衰退していった可能性がある。

そして、奈良時代に入り三嶋地域でも嶋上郡への中央政権の関与が強くなったことを示すのが、芥川廃寺への難波宮瓦范の頒布と、東大寺の造営時に四天王寺とともに梶原寺へ発注された大仏殿歩廊瓦である。

神亀3年（726）に藤原朝臣宇合が知造難波宮事に任命され、聖武朝における難波宮の造営が本格的に開始されるが、この後期難波宮に七尾瓦窯から供給された均整唐草文軒平瓦（6664A型式）と同范の軒平瓦が芥川廃寺で出土している。ただ、難波宮から出土する6664A型式は段顎なのに対し、芥川廃寺出土例は直線顎であり瓦范の移動であることは間違いない。同様の現象は難波宮6664B型式と豊嶋郡に所在する金寺山廃寺の同范軒平瓦の関係でも確認できており、四天王寺へも難波宮所用の同文軒平瓦を頒布した可能性がある。このように、造難波宮司所管の瓦范が北摂寺院へ移動し

た背景に、私は以前より摂津職の在地への介在を重視してきた*16。摂津職は関津・外交事務だけでなく、造難波宮司の解体後にその機能を継承し、難波宮の経営と管理をも掌ったと考えられる。芥川廃寺は三嶋の拠点寺院として重要な寺院であり、おそらく造営主体であった三嶋県主を介して北摂の淀川水系をおさえるために、所管の難波宮の瓦笵を芥川廃寺へ頒布したのではないだろうか。

　また、天平勝宝8年（756）に摂津職を介して行われた梶原寺への東大寺歩廊瓦の発注も、在地有力氏族であった三嶋県主への加担であった可能性が高い。三嶋県主は豊羽など後に造東大寺司で活躍した官人を輩出しており、淀川水系の掌握を背景に中央勢力との結びつきを強めていたことは前述したとおりである。梶原寺と水運を考えるにあたっては、大原駅と河津との関係が指摘されている点も参考になるであろう。奈良時代における芥川廃寺と梶原寺の優位性は、淀川水運と密接につながっていた両寺院の掌握が重視された結果と想定できるのである。

　それでは、千里丘陵の西側の諸寺院と三嶋の寺院との関係はどのようになっているのであろうか。とくに、芥川廃寺とともに金寺山廃寺に後期難波宮の瓦笵が頒布される歴史的背景が問題となってくる。これについて、旧稿では金寺山廃寺が豊嶋郡の拠点寺院であり、摂津職による猪名川水系の川津掌握との関係で考えたが、他の西摂の寺院との関係には触れることができなかった。最後に西摂とくに武庫平野の古代寺院の様相を概観し、金寺山廃寺の特殊性をもう一度探ってみたい。

4．西摂地域の古代寺院

　西摂の古代寺院は、創建軒瓦の様相からみるかぎり、北摂とは異なり各寺院の独自性がかなり強い。その中でも重要なのが豊嶋郡の拠点寺院である金寺山廃寺である。

　金寺山廃寺は、千里丘陵の西側、猪名川左岸の丘陵上に立地する古代寺院である。周辺には「金寺山」や「堂山」など寺院に関連すると思われる小字が残り、「塔岡」と呼ばれる場所からは文化年間に塔心礎も出土している。以前は奈良時代を遡る古瓦が多く採集されていたが、今では住宅地となり古代寺院跡を偲ぶ痕跡は確認できなくなった。ただ、塔心礎のみ看

景寺境内に移置されて現存し、古代寺院跡の面影を留めている。心礎は巨大な花崗岩の自然石面に凹柱座を設け、その中央に舎利孔を穿ったもので、7世紀後半に一般に盛行した型式である。伽藍配置については、古瓦の分布や塔心礎が発見された地点から、法隆寺式伽藍配置が古くに想定されていた*17。

近年、発掘調査が塔心礎の発見地点付近で行われたが、基壇などの寺院建築にともなう遺構は確認できず、寺院廃絶後に建てられた9世紀の掘立柱建物などが検出されたにすぎない。考察では従来の推定塔跡付近では心礎据え付けの痕跡が認められないことから、法隆寺式伽藍配置ではなく四天王寺式伽藍の可能性を指摘する*18。

創建軒瓦は、北摂・西摂には分布しない山田寺式の単弁蓮華文軒丸瓦である。ただ、弁数が十葉であることやセットとなる重弧文軒平瓦が分割後の箆挽き三重弧文で箆挽きが文様端部まで達しないなど後出的な特徴をもち、7世紀第3四半期でも後半に下がる可能性がある。そして、この後に使用されたのが複弁蓮華文軒丸瓦で、四天王寺と同笵関係にある。四天王寺資料と比較すると胎土・焼成が全くことなっており、笵が寺院間で移動して別工人によって製作されたことは明らかである*19。四天王寺では堂ケ芝廃寺で創建瓦としても使用される単弁十葉蓮華文軒丸瓦が出土しており、単弁蓮華文の弁数の一致からも金寺山廃寺が四天王寺と密接な関係にあったことを示唆する。

これに対し、猪名川右岸の川辺郡に所在する猪名寺廃寺と伊丹廃寺、あるいは武庫平野の西端に位置する菟原郡の芦屋廃寺では、在地における寺院間交流があまり認められない特異な様相をみせている。

猪名寺廃寺は古くから3基の土壇が遺存しており、発掘調査によって凝灰岩切石の壇上積基壇をもつ塔と金堂が南面して東西に並ぶ、法隆寺式伽藍配置の古代寺院であることが判明した。創建軒瓦は中房の周りに凹線が巡る素弁蓮華文軒丸瓦が出土するが、後に主流瓦として中央系の川原寺式複弁蓮華文軒丸瓦と四重弧文軒平瓦のセットが採用されている*20。遺構や遺物の状況から中央との強い関係が指摘でき、建立氏族として早くから朝廷に出仕し中央官人の地位を保っていた猪名真人、あるいはその同族であり猪名川中流域に勢力をもっていた川原公などが考えられている*21。

また、伊丹廃寺も伊丹丘陵の東辺に立地する古代寺院で、発掘調査によ

って特異な瓦積基壇をもつ金堂と、瓦積基壇の塔が東西に並ぶ法隆寺式伽藍配置が明らかとなった*22。創建軒瓦はいわゆる片岡王寺式の細弁蓮華文軒丸瓦で、8世紀前半には独自の藤原宮系統の軒瓦のセットが採用される。建立氏族として東大寺文書の『天平勝宝八歳奴婢帳』に「摂津国川辺郡郡家郷戸主　凡川内直阿曇麻呂」とあるのに着目して、川辺郡の郡領クラスの在地豪族であったと考えられる凡川内直をあてる説もあるが、その詳細は不明である*23。

　さらに、芦屋川右岸の芦屋台地上に造営された芦屋廃寺では、古くに塔心礎が発見され古代瓦の分布も認められていたが、その実態はなかなか把握できなかった。ところが、1999年に実施された発掘調査によって初めて建物基壇の南辺の一部が確認でき、伽藍の様相が明らかになりつつある*24。創建瓦としては面違鋸歯文縁のいわゆる長林寺式軒丸瓦と法隆寺式軒平瓦があり、8世紀には藤原宮式系統が主流瓦として採用された。後者の軒瓦は伊丹廃寺の藤原宮式系統の軒瓦の影響を受けて創出された可能性がある。このほか、難波宮系統あるいは平城宮系統の重圏文軒瓦など多種にわたる軒瓦が出土しており、交通の要衝として重視された寺院であったことを示唆する。

　以上、武庫平野の古代寺院の様相を概観してきたが、金寺山廃寺が四天王寺と深い関係をもっていたことがわかるだけで、各寺院間を結びつける属性は猪名寺廃寺と伊丹廃寺の伽藍配置が法隆寺式であったことと、伊丹廃寺と芦屋廃寺で8世紀に同文系統の軒瓦を創出する以外見出すことができない。とくに、川辺郡の寺院は、金寺山廃寺よりも大和諸寺院との関係が強く認められる傾向がうかがえ、金寺山廃寺の西摂における他寺院との関係はみえてこないのが実態である。

　しかし、金寺山廃寺と四天王寺との関係は、7世紀後半の複弁蓮華文軒瓦の同笵関係だけでなく、8世紀後半の軒瓦群でも確認できる。とくに、大脇潔氏は西摂に広く分布する「剣状花紋系軒瓦」に着目し、金寺山廃寺と四天王寺との軒平瓦の同笵関係を明らかにした*25。この時期における同笵関係は軒平瓦だけでなく鬼瓦にまでおよび、両寺院の関係が7世紀から8世紀にわたって継続していたことを指摘したのである。さらに、金寺山廃寺の「剣状花紋」軒丸瓦は、芦屋廃寺そして摂津国の西端に位置する房王寺廃寺と同笵関係にあることも明らかにした。芦屋廃寺と房王寺廃寺

は六甲山地と大阪湾に挟まれた狭隘地に立地しており、周辺には山陽道がはしるだけでなく務古水門や大輪田泊が営まれるなど陸水運の交通の要衝地となっている。芦屋廃寺と房王寺では軒平瓦も同范である可能性が高く、金寺山廃寺は瓦を通じて難波と西摂の諸寺院をつなげる重要な寺院だったのである。

　金寺山廃寺と西摂諸寺院との関係がいつまで遡るかは明確でないが、8世紀後半にはこれらの関係が軒瓦に表出していることは間違いない。これに対し、猪名寺廃寺と伊丹廃寺では確実に8世紀後半まで時期が下がる軒瓦は認められず、この時期には廃絶にむかっていたことが想定できる。そういう意味では、金寺山廃寺は奈良時代において猪名川水系を掌握するための重要な寺院であるだけでなく、寺院間交流によって芦屋廃寺や房王寺廃寺とも関係をもつ西摂の拠点寺院であった。

　摂津職の職掌として「道橋、津済、過所、上下公使、郵驛、傳馬、闌遺雑物、検校舟具、及寺、僧尼名籍事。」があげられているが、やはりキーワードは津の管理など水運の掌握であることは間違いないであろう。摂津は大きく見て、難波津や住吉津をひかえる上町台地周辺、淀川水系を擁する三嶋野の北摂、務古水門や大輪田泊が営まれた西摂の3つの地域に分かれる。難波宮の維持・管理をも管轄した摂津職が、このような摂津の寺院間関係を背景に在地水運を掌握するため、後期難波宮の瓦范を摂津の3地域の拠点寺院である難波の四天王寺、北摂の芥川廃寺、そして西摂の金寺山廃寺にも頒布したことを改めて確認できるのである。

5．おわりに

　以上、三嶋の古代寺院について、軒瓦の検討から寺院間の様相を明らかにしてきた。その結果、梶原寺と芥川廃寺を核として、難波・河内と深く関わる交流圏の存在を指摘し、それを支えた在地豪族として三嶋県主を想定した。また、奈良時代における芥川廃寺への難波宮所用瓦范の頒布や、東大寺所用瓦の梶原寺への発注の背景として、水運掌握を目的とした摂津職の在地介入を再確認するとともに、金寺山廃寺への難波宮瓦范の頒布も金寺山廃寺が三嶋とは異なる西摂の在地交流圏の中心寺院だったためであり、摂津職が猪名川・武庫川水系とともに海上交通の拠点管理も視野にい

れていた可能性を示唆した。

　北摂の古代寺院は遺構の遺存状況があまり良くない遺跡がほとんどで、伽藍配置など課題を多く残す遺跡が多く認められる。しかし、出土した軒瓦の相互関係や当時の社会情勢などを総合的に考えると、興味深い事実がいろいろと浮かび上がってくる。これからも継続的な調査を根気強く進めることによって、三嶋地域および西摂の歴史的重要性を明らかにしていく必要があろう。

　なお、この小論は昭和61年3月に早稲田大学へ提出した卒業論文をもとに、現在での知見を加えて再構成したものである。この卒業論文の資料収集のおりに、藤澤一夫先生から中村先生を紹介していただき、先生の指導のもとに四天王寺の調査に参加させていただいたのが今の私の原点ともいえる。先生との思い出が深いこの小論をまとめることで、これまで賜ったご学恩に深く感謝申し上げたいと考える次第である。

＊註
1　このほか、茨木市蔵垣内に所在する万福寺境内には三宅城跡から移したと伝えられる凹柱座を穿った塔心礎が残っており、この地に三宅廃寺ともいうべき古代寺院が存在したと推定されているが、古代瓦の出土は見られず詳細も不明なため、この小論では扱わないこととする。
2　島谷稔（1974）「高槻市上代寺院跡の研究（一）」『大阪文化誌』第1巻第1号
3　高槻市教育委員会（1978）『昭和52年度高槻市文化財年報』
4　名神高速道路内遺跡調査会（1998）『梶原瓦窯跡発掘調査報告書』
5　森田克行（2015）「摂津国嶋上郡の「郡衙」と河津の「駅」」『律令国家の摂津嶋上郡』高槻市立今城塚古代歴史館
6　花谷浩（1999）「飛鳥寺東南禅院とその創建瓦」『瓦衣千年』森郁夫先生還暦記念論文集刊行会
7　大山崎町教育委員会（2003）『大山崎町埋蔵文化財調査報告書第25集』
8　網伸也（1997）「摂津の古墳と寺院」『季刊考古学』第60号
9　藤澤一夫（1969）「律令制下の氏族と寺院」『茨木市史』本編、茨木市役所
10　茨木市教育委員会（1981）『茨木の史跡』
11　東大阪市教育委員会（2011）『東大阪市埋蔵文化財発掘調査概報―平成22年―』
　なお、資料の比較調査は茨木市教育委員会の清水邦彦氏と東大阪市教育委員会の仲林篤史に便宜をはかっていただき、実物照合のうえ笵傷の一致などから判断した。

12 網伸也（2008）「摂津と河内をつなぐもの―軒瓦にみられる在地間寺院交流―」『大阪府文化財センター・日本民家集落博物館・大阪府立弥生文化博物館・大阪府立近つ飛鳥博物館　2006年度共同研究成果報告書』
13 島谷稔（1977）「摂津芥川廃寺の研究―高槻上代寺院跡の研究（二）―」『大阪文化誌』第3巻第1号
14 菱田哲郎（2012）「古代寺院の成立と地域社会」『新修茨木市史』第1巻、茨木市
15 注9　藤澤論文。
16 網伸也（1992）「後期難波宮と古代寺院」『古代』第93号
17 石田茂作（1944）『飛鳥時代寺院址の研究　本文編』第一書房
18 豊中市教育委員会（2004）『金寺山廃寺第1・2・3次発掘調査報告』
19 藤澤一夫（1960）「新免廃寺とその最古の端瓦」「四天王寺瓦と同笵の新免廃寺瓦」『豊中市史』史料編1、豊中市役所
20 尼崎市教育委員会（1984）『尼崎市猪名寺廃寺跡　尼崎市文化財調査報告第16集』
21 高井悌三郎（1971）「奈良時代の文化」『伊丹市史』第1巻、伊丹市役所
22 伊丹市教育委員会（1966）『摂津伊丹廃寺跡発掘調査報告書』
23 高井悌三郎（1971）「伊丹廃寺跡」『伊丹市史』第1巻、伊丹市役所
24 芦屋市教育委員会（1984）『芦屋廃寺址　芦屋市文化財調査報告書第7集』
　 芦屋市教育委員会（1999）『芦屋廃寺跡（第62地点）発掘調査―平成11年度震災復興埋蔵文化財調査―』
25 大脇潔（2015）「瓦からみた西摂の古代寺院」『地域研究いたみ』第44号

中世瓦窯の視点

藤原　学

1．問題の所在

　瓦は6世紀末から今日まで、一統の技術で生産が継承されてきた。ところで豊臣・徳川両政権に仕え、大坂三郷の瓦生産を支配した御用瓦師「寺島家」の系図*1には、用明天皇の御世から54代に及び全国の瓦師を支配してきた家の正統性を主張し、同時に四天王寺住の瓦師であり、紀州粉河寺島の出身であるとも記して、近世瓦師としての出自も述べている。瓦師としての正統性を古代に求め、同時に近世瓦師としての出自も明らかにする、つまり出発点が二つあることは、瓦生産史を通してみた場合、重要な視点を表現していることになる。つまり、その中間である「中世」が評価できていないことを物語っているからである。

　考古学的な視点からみると、法隆寺の遺瓦を整理した重要な分析*2、また山崎信二氏による中世瓦全般を見渡した成果*3によって、形態的・技術的な流れは確かなものとはなっている。しかし、瓦窯については古代の系譜をたどりつつ大幅に小型化し、やがて中世後半の達磨窯に継承されていくことを論じたことがあったが*4、その流れはその通りであっても、窯の変化を具体的な歴史上・技術史上の問題として、整理できていないのである。

　ところで、2007年6月18日から8月26日にかけて、古代と現代の瓦産地*5である京都府木津川市鹿背山で興味ある実験が行われた。伝統的建造物の調査保存活動を行っている「古材文化の会」が、国の選定技術保持者の小林章男氏を指導者として、瓦の製作・焼成実験を実施した*6。この実験には私も見学の機会を与えられ、講演会や反省会にも参加させていただいた。この過程での私の疑問は、何故、中世瓦窯（額田部瓦窯・鎌倉期）を実験モデルとしたのか、という点であった。その問いに小林章男氏は「中世の瓦は最高や」との答えがあった。つまり、現代の名工が「最高」とする瓦は、瓦窯をみれば小型で焼きにくい「低性能の窯」なのである。この窯炉と製品の落差が中世瓦研究の課題の難しさを示している。

2．古代末～中世瓦窯の特質

　愛知県伊良湖東大寺瓦窯*7などを例外として、中世瓦窯の基本構造は半地下式有牀式平窯である。窯の規模は焼成室床を構成する畦が3条、あるいは2条かによって窯の幅は決まり、ただ、焼成室の奥行きの深い窯と正方形に近い窯がある。
　焼成室床の両側には側壁に接して畦（岸畦）のある窯と、ない窯の二態がある。窯の構造は半地下式であっても、深い窯と浅い窯があり、焼成室がどれほど沈むか（あるいは浮かぶか）が着目すべきところである。
　第1表に平安末期～室町期までの瓦窯を例示してみた。平安後～末期をみると、香川県下では窯の全長が長く、窯床に傾斜をもっている等の特徴がみえる。また、燃焼室から放射状に畦を走らす土器窯的要素を継承した窯もあり、各地の窯を比較するときには、（須恵器窯を含めた）地域の特性を加味しなければならない。香川県高松市片山池瓦窯の調査*8で示されたように、畿内の影響を受けつつも、形態や時期的推移において、地域独特の流れをもつからである。
　焼成室の畦数については、鎌倉期は3条があり、室町期の瓦窯はおおよそ畦2条でまとまってくる傾向にあるから、中世を通じて、3条から2条へという小型化への変化はおおまかな推移としてはありうるが、室町後期の高知県坂本遺跡瓦窯は3条畦であることなどから、2→3条畦への変化は必ずしも絶対的な変化ではない。したがって、同時期に畦2、3条の窯が併存することもあり得る。
　既に最小規模となってしまった瓦窯では、畦2条か3条かの窯詰め数の差は大きいので、都度の瓦生産の個々の事情が関係するかもしれない。畦4条に復活するのは、明らかに達磨窯期になってからである*9。
　また、半地下式窯は古代からの特性であるが、室町期の春日山瓦窯*10や、総持寺境内瓦窯*11などは、焼成室上半は地上に浮き上がる窯であり、半地上式と換言せねばならないケースがある。その場合、焼成室の空間体積の過半が地上化している場合を半地上式というべきであるが、焼成室の天井が完存している場合はほとんど皆無で厳密な判断は難しい。
　窯の地上化については、中世瓦窯で塼積み例はあり得ないので、その工法を確認することが必要で、明石市高家寺境内瓦窯*12のような焼成室内

中世瓦窯の視点（藤原　学）

表1　小型化した中世平窯から達磨窯へ（太字は達磨窯）

所在地	遺跡名	時期	全長	燃焼室	焼成室	焼成幅	畦数	備考・(文献)
京都府	栗栖野10号	平安末〜鎌倉	2.25	1.1	1.2	1.2	3	(a)
京都府	栗栖野11号	平安末〜鎌倉	1.70	0.9	0.8	0.8	2	(a)
香川県	如意輪寺1号	平安後	3.20	1.52	1.80	1.04	2	半地上(b)
香川県	如意輪寺2号	平安後	3.72	1.34	2.16	1.52	2	半地上(b)
香川県	歓喜院1号瓦窯	平安〜鎌倉	2.54	1.51	1.06	0.96	2	岸畦あり(c)
香川県	歓喜院4号瓦窯	平安〜鎌倉	1.70	1.20	0.5	0.91	2	岸畦あり(c)
大阪府	加治・神前・畠中遺跡2号窯	平安末	3.40	1.8	1.6	1.53	3	(d)
大阪府	美木多瓦窯3号窯	平安末〜鎌倉	2.4	1.0	1.25	1.50	3	(e)
兵庫県	伊丹廃寺瓦窯	鎌倉	2.40	0.75	1.65	0.80	2	(f)
奈良県	額田部窯跡	鎌倉	2.30	1.0	1.3	1.0	3	岸畦あり(g)
奈良県	法隆寺境内瓦窯 SY5050	鎌倉			1.6	1.1		岸畦あり(h)
奈良県	法隆寺境内瓦窯 SY5060	鎌倉	2.5	0.9	1.4	1.0	2	岸畦あり(h)
和歌山県	和歌山市北山廃寺瓦窯	鎌倉14c			2.0	1.0	2	(i)
大阪府	藤井寺春日山瓦窯	室町	2.25	0.75	1.5	0.78	2	地上窯化(j)
大阪府	総持寺1号瓦窯	室町後半	2.65	1.45	1.20	1.1	2	地上窯化進む15c後半(k)
大阪府	総持寺2号瓦窯	室町後半	2.80	1.40	1.40	0.9	2	地上窯化進む15c後半(k)
兵庫県	明石市高家寺境内瓦窯	室町15C	2.0	0.8	1.2	1.2	2	3基(l)
高知県	坂本遺跡1号瓦窯	室町15C	2.0	0.9	1.1	0.9	3	岸畦あり(m)
高知県	坂本遺跡2号瓦窯	室町15C	1.9	0.9	0.9	0.9	3	岸畦あり(m)
京都府	鹿苑寺(金閣寺)境内瓦窯	室町後半	1.80	0.65	1.15	1.10	3	(n)
岡山県	**倉敷安養寺瓦窯**	16c前半	3.2	0.9×2	0.9	1.5	4	達磨窯(o)
兵庫県	**神戸市如意寺瓦窯**	16c前半	3.7以上			1.80	4	達磨窯天文8年下層(p)
兵庫県	**旧清澄寺瓦窯**	桃山16C後	3.14	0.91×2	1.31	1.16	3	達磨窯(q)

の側壁に寄りそう柱痕跡等から、その築窯技術を判断できる。また、地上窯の発掘では、窯の外形ラインを捉える必要があり、窯の外壁の土層観察や地山を追跡することで、地上窯化への傾向を確認することができる。

ただ、完全に地上化した達磨窯が畿内とその周辺から発生していることから、畿内から地上化が進むという見通しを持ちつつ、また、高知県坂本遺跡例*13のように室町期でも比較的深い焼成室を持つ窯があることから、地域性もみていく観点も必要といえる。

3．中世瓦窯への動向

このように、一覧表を概観する限り地域差もあるし、その傾向は解りづらい。そこで、中世瓦窯の特質を捉えるために、大阪府下和泉地方の遺例を比較しつつ、窯の細部構造を検討する。

（1）貝塚市　加治・神前・畠中遺跡

段丘崖に半地下式有牀式平窯が3基並列して検出された*14。通例の平窯にみえるが、注意してみると、畔間を走る通焔溝（谷）が強く傾斜していることが判明する。畔の上面は瓦を積むために水平に通さなければならず、そのため、通焔溝は手前が深く、奥壁側は浅くなっている。

当初、この焼成室における通焔溝（谷）の傾斜は、小型平窯特有の焔の引きの弱さを考慮したものと理解したが、同時に燃焼室との間を構成する明確な隔壁がないことについても疑問を持った。後日、和泉における調査例から、この2点は関連した構造特性であることが理解できた。

（2）堺市　鶴田池東遺跡

堺市鶴田池東遺跡1地区では平安末～鎌倉初期とみられる2基の瓦窯と1基の木炭窯が検出された*15。注目されるのは1・2号瓦窯の焼成室床の畔間の通焔溝が共に傾斜を持ち、貝塚市加治・神前・畠中遺跡1～3号平窯と同様な傾向を示した。検出瓦についてもこの両遺跡の関連性が高い。

本窯は燃焼室天井が残存しており、特に2号窯は燃焼室天井の高さが30cm程度まで下がり、燃焼室容積が大きく減少している。なかでも2号窯は1号窯以上に天井の低下が進んでいる。ここまで天井が極端に低下すると、燃焼室天井は奥の通焔口付近に取り付くため、必然的に隔壁が失われる結

図1 加治・神前・畠中遺跡2号瓦窯跡
（貝塚市教育委員会2001）

図2 鶴田池東1地区1号瓦窯跡
（大阪府教育委員会1980）

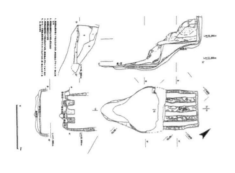
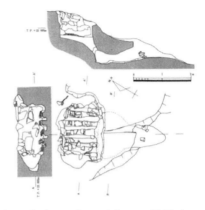

果となっている。先に、加治・神前・畠中遺跡の3基の平窯は、燃焼室・焼成室間の隔壁が認められない点に注目したが、鶴田池東瓦窯例によって、焼成室の手前に立ちはだかる隔壁はなく、燃焼室の天井が通焔口まで下がるため、そこに向かって焔が潜り込む構造になっていた。したがって、燃焼室天井が落下すると、奥の焼成室が露出するのである。

（3）堺市　美木多瓦窯跡

本瓦窯については中村浩氏によって分析されているが*16、ここで検討するのが3・4号瓦窯である。双方とも、半地下式有牀式平窯で、焼成室の畦は3条で充分な深さをもち、しっかりした平面をもつ平窯である。ただ、鶴田池2号瓦窯でみたように、燃焼室天井部が大きく低下しているため、仕切り壁としての隔壁はなく、焚口が燃焼室化しつつ畦間の通焔溝に焔が導かれる構造になっている。

注目すべき点は、3号窯と4号窯で燃焼室に微妙な変化が表れていることである。3号窯（図3左）は焚き口から焼成室畦まで奥行き0.5m程度の燃焼域が認められるが、4号瓦窯（図3右）では焚口の奥に直ぐ焼成室の畦が迫っていて、燃焼室空間がほとんどなくなっている。こうなると、「焚口で燃焼させた」としか言えない。

ここまで問題を絞り込むと、加治・神前・畠中遺跡の3基の平窯背後の

図3 美木多瓦窯跡 (左)3・5号瓦窯跡 (右)4号瓦窯跡
(中村浩1985ほか 一部改変)

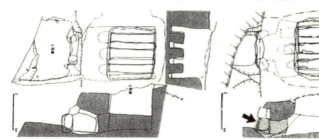

段丘上で検出された201・202号瓦窯などの地上式円形有牀瓦窯の特質が見えてくる。これらは7基検出され、円形（やや楕円形）の有牀式焼成室に焚口をもつ窯で、焚き口の手前には前庭部があって、その反対は、焼成室奥に最下部から焔を引く煙出しがある。しかし独立した燃焼室がない。

地上化した焼成室は床部以上が遺存していないので構造は分かりにくいが、奥に煙出しがあるので、焼成室の上から排煙するのではないらしい。また、焚き口部から窯詰めはできないので、仮設天井か、あるいは地上化した焼成室側壁部位に開口部（窯口）を設けていた可能性もある。その場合、この部分は後世の達磨窯の側壁部を想起すればいいだろう。

図4 加治・神前・畠中遺跡201号瓦窯跡（貝塚市教育委員会2001 一部改変）

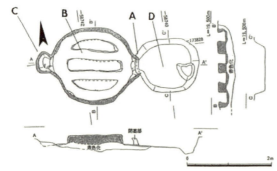

A 焚口
B 焼成室・通焔溝
C 排煙部
D 前庭部

（4）土器窯と瓦窯

このように、燃焼室が退化して焚口化し、さらに窯体の地上化が進むと、それはむしろ土器窯・人形焼窯等として知られている桶窯[17]の基本構造

に近い。そのように考えると、美木多瓦窯を考察した中村浩氏は瓦窯内から相当数の瓦器・土釜等が検出され、それらに焼成不足・燻化不足がみられることから、この窯で焼かれたとし、窯構造に加えて検出遺物からも土器と瓦造りとの技術交流は予測できる。正に、この先鋭的な動きをみせる和泉は瓦器生産の先進地でもあったことは重要であろう。

京都市左京区の南ノ庄田瓦窯を調査した平方幸雄氏は、瓦窯に近接して大量に検出された平安末～鎌倉期の白色土器の存在を指摘して[18]、瓦窯の直近に白色土器の生産地が存在していることを述べている。商品として都で大量に流通する土器の生産者は、瓦生産者とも混在していることがうかがえる。なお、この南庄田瓦窯においても、高正龍氏は瓦窯の改造を指摘して、燃焼室が縮小していく段階を述べている。美木多瓦窯と同じである。

東大寺再興瓦窯として著名な、岡山県万富瓦窯では、瓦の生産後の13世紀中期から土器生産が行われており[19]、土器窯は加治遺跡例に類似する円形（楕円形）有牀式平窯であるが、しかし依然、燃焼部は一定の面積を持ち、かつ焼成部に向かって段差を持ち、これは土器窯といえどもまだ瓦窯的な構造的要素も備えているといえる。

4．中世瓦の特質

『東大寺要録巻七　雑事章第十』にみえる、瓦の粗悪を原土が原因として、ついに「山城国相楽郡福宏村土極上ナリ」として、その良土によって解決をみたとする記載は有名である。いつであっても製瓦の場では良土を求めていたことは当然である。

小林章男氏とともに選定技術保持者である山本清一氏は、瓦の良さを「一に窯、二に土、三に仕事」と言い[20]、「良い土を使って、うまく焼く」とした。その粘土について中世瓦師が如何にこだわっているかは、法隆寺瓦のヘラ描きによっても明らかとなる[21]。特に、採土の場所に留意し、2か所の粘土をブレンドして、土の良否を後世の評価に求める慎重さは、該期の瓦造りの粘土に対する態度をよく伝えている。粘土に対する神妙な態度は、瓦の製法に起因するのか、はたして窯の構造の問題なのか、考えてみる必要もあろう。

表2 瓦のヘラ描きにみる原土（『法隆寺の至宝　巻15瓦』小学館、1992年より）

年号	西暦	資料名	刻字内容
永亨8	1436	南大門 丸瓦	6月6日（瓦作りが）始まる おなじき9月4日まで土うつなり
永亨10	1438	西室 平瓦	南門の瓦　この土は食堂の前の土なり
嘉吉2	1442	伝法堂 平瓦	西室の土と福井の土と、半分合わせにしたる土なり。良きか悪きか知らんか為なり。良くば後にもなるべし。
文安3	1446	伝法堂 丸瓦	山土良きか悪きか知らん方へなり
文安3	1446	伝法堂 丸瓦	この土　ワシウカイト（垣内）の土なり。
文安3	1446	伝法堂 平瓦	この土チウツヤ（手水屋？）の成り良きか悪きか、知らん方へなり
文安3	1446	伝法堂 平瓦	テウツヤ（手水屋？）ノ土

（1）押し型成形から盛り上げ造形へ

　法隆寺瓦の調査成果によると、押し型成形による鬼瓦づくりは12世紀中葉が最後という。以後、地板に粘土を盛り上げて鬼面を成形し、細部を彫刻的に削り出し、磨き上げて仕上げられる。

　このように押し型と盛り上げ成形では製作技法が根本的に異なるが、成形技法の以外に、それは用土の性状に根本的な違いがあったことに留意すべきである。当然ながら、押し型では粘土を笵へ押し込むから粘土の硬さに限度をもち、また、笵からの離型を確実にするために軟らかさにも限界を持つ。

　盛り上げ技法では造形を乾燥させ、半乾燥状態で磨き上げるため、柔らかい粘土では乾燥工程でヒビや変形を生じやすく、また、磨き（スリップ）の効果が不足する。この違いから、「盛り上げ技法」は「押し型技法」より精製された硬い粘土を使ったことが考えられ、それは「潤泥の使い」と「乾泥の使い」の差といえる。つまり、浦林亮次氏が法隆寺瓦の分析で示した第2期における平瓦の布目消失は、新工夫が考案されたものであるという指摘[22]は正にこれに重なることで、鬼瓦造形技法の変革と表

裏一体なものである。粘土の配合・調整の考え方が、新段階に至ったことを物語っている。荒地（アラジ）が大事なのである。

（２）革新的な鬼瓦の意匠

　さらに、鬼面意匠の革新性を検討する。鎌倉期に入った鬼瓦は馬蹄型地板に粘土を貼り、一部を盛り上げ技法によって鬼を付けたものであったが、鬼面表現は古代を見習ったものである。しかし、鎌倉後期以降、鬼の地板は大型化し、面相は厳しく、眼光が増し、鼻高になって鼻孔は下を向き、額や眉間の皺は迫力満点である。最大の特長は、口の歯並びは立体的となり、口からはみ出す犬歯（牙）は鋭く立ち上げる（法隆寺資料　1006　鬼26A、1009　鬼27）。

　このような特色は「盛り上げ」に造形技法が変化した事によって、押し型造りでは出来なかった造形を余すことなく表現したもので、この鎌倉後期〜室町初期に位置づけられる斬新な鬼面は、粘土（荒地）の改良など製作技法の革新に裏打ちされつつ、それ以上に全く斬新なデザインの採用でもあった。

　つまり、鎌倉末期〜室町初期の鬼瓦の新意匠は古代をそのまま継承したものではなく、鬼能としての飛出や天神、癋見を代表とする能面の意匠に非常に近い。具体的には、大癋見にみえる大きな額と眉間の皺、口元を両脇に大きく開き、口を一文字に塞ぐ。飛出・天神にみえる見開き睨みつける眼、カッと左右に開き歯並びをみせる口、額の飛び出した瘤は雷や獅子にもある。まさに文蔵・赤鶴という能の面打師の名人がでたのも丁度この頃で[23]、なかでも赤鶴は「鬼の面が上手なり」と記録されている[24]。

　中島保雄氏は論文「能面以前」において、寺院の修正会における呪師芸として行われていた追儺をとり上げ、ここで悪魔を打ち払う龍天と毘沙門天は、後には阿吽の鬼神として、神社には狛犬、寺院山門には仁王像が成立、これらは悪霊から神仏を守護するという[25]。正に鬼瓦は、行道面・追儺面などの系譜を継承しつつも、当時の能面として完成された革新的な造形を採用し、仏殿を守る阿吽の鬼神として表現したものといえる。

　水谷靖氏は、鎌倉新佛教の造形は能面に波及しているとして、「能面も仏師が打ったのではないかと推測したが、仏師との直接的な繋がりはないようである。」[26]とも言う。が、人物・流派としての繋がりが無くても、

図5 中世初期鬼瓦と能面

1 法隆寺1009　鬼瓦27　2 法隆寺1006　鬼瓦26Ａ　3 法隆寺1007　鬼瓦26Ｂ
4 法隆寺1008　鬼瓦26Ｃ　5 能面癋見　赤鶴作　6 能面憤天神　伝赤鶴作
7 能面大癋見　赤鶴作　8 能面　翻　般若坊作
（出典）1・2・3・4は『法隆寺の至宝　巻15瓦』小学館、1992。5・7は『日本の仮面―能と狂言』法政大学出版局、2007。6・8は『能面の系譜』国立劇場、1988。

製瓦の工房が寺の大工組織に統括され、また、瓦笵は仏師が彫るとの見通しを想起する時、瓦笵彫師・仏師・瓦師を近い距離で捉える事が可能ではないか。そして、その場に完成化した能面があれば、中世の鬼瓦は製作できる。

そして、何よりも法隆寺瓦大工を主導した寿王三郎吉重は「ユウアミ」として阿弥号をもち、面打師にも「増阿弥」と阿弥号を称したり、「三光坊・智恩坊」として僧号を持つ者もいて*27、大工・仏師・面打師の木工匠群と瓦師が宗教者意識を介在させつつ、芸術家としての共通する意識基盤をもっていたのでないか。

5．結　語

平安末〜中世期の瓦窯を観察し、そこに土器窯との技術交流が大きく作用していることを述べた。瓦窯は窖窯から平窯を経て、それが小型化した時、軟質土器窯と共通する技術基盤に到達したといえ、ここに土器窯との交流の契機が生まれたことになる。

一方、焼成技法をみても、器表面を確実に燻化する瓦器の完成は、副次的に瓦の完成化した燻化技術の背景を成した。瓦器としての燻化の完成は、器の撥水性の向上と汚れ防止という容器性能を向上させたが、同様に瓦の燻化は、大型窯による不経済な焼き締めをせずに表面だけの燻化処理によって、雨水の内部浸透を防いで早く水を流下させるという屋根瓦の性能向上にも合致することであった。ここに土器技術と容易に習合する実利的解決によって燻化瓦を完成させた。

次いで、中世法隆寺瓦屋のヘラ描きからみえる粘土に対する神妙な態度は、「乾泥」を使いこなす中世瓦工の真価であるとし、それは近世〜近代を通じて以後も延々と引き継がれ、現代に継承されている。

鎌倉期は範型技法による古代的意匠を脱却した時期で、鎌倉後期に突如出現する中世的鬼瓦は、当時完成されつつあった能面の意匠を導入したものであった。鬼面の瓦笵さえ持てばよかった古代と違って、中世鬼瓦の彫刻的な仕上げは木彫の仕上げそのもので、鬼師が一気に彫刻家、そして芸術家・宗教家に昇華し、ここに阿弥号を冠する本質がみえる。正に、大工・(指物師)・仏師・面打師の世界に重なる瓦師は、彫刻家・鬼師としての

芸術的技能を自覚したことが中世の最大の特質である。

　以上のように窯と瓦の中世的特質を認めた上に、小型化した中世瓦窯をどう評価すればいいのか。小林章男氏が中世瓦を「最高」と言い切るのであれば、それを焼上した瓦窯は低性能に見えるものの、実は中世瓦にとって極上の窯であったことになる。木津川市における瓦焼成実験から小型平窯は温度が上がりにくいことが確認された通り、それは低温度域で安定性を発揮する窯とも言え、その特質を踏まえて、あの気迫に満ちた鬼瓦を安全に焼上げ、最終段階の一定の温度域で確実な燻化を施したことになる。中世瓦は窯と粘土の精製と成形のいずれの技術において、十分な性能で確実に近世に繋いだといえる。この視点は続く近世瓦を、瓦笵論ではなく別の角度からみることの重要性を示唆するものでもある。

【引用文献】
1　大阪市史編纂所（1984）『御用瓦師寺島家文書』大阪市史史料第13輯
2　稲垣晋也ほか（1992）「法隆寺瓦塼銘文集成」『法隆寺の至宝　巻15瓦』小学館
3　山崎信二（2000）『中世瓦の研究』奈良国立文化財研究所
4　藤原　学（1998）「達磨窯の発生」『網干善教先生古希記念考古学論集（下巻）』網干善教先生古希記念会
5　青江智洋（2014）『わざの極意は道具にあり―山城の瓦づくり―』京都府立山城郷土資料館
6　NPO京都の文化を映像で記録する会（2007）『ひと夏の挑戦―幻の平窯を復原して瓦を焼く―（映像記録）』NPO古材文化の会
7　安井俊則（2012）「伊良湖東大寺瓦窯跡」『愛知県史別編　中世・近世・常滑系』愛知県史編さん委員会
8　渡邊誠ほか（2009）『片山池窯跡群―確認調査報告書―』高松市教育委員会
9　藤原　学（2001）『達磨窯の研究』学生社
10　上田　睦（1994）「葛井寺遺跡・葛井寺跡の調査」『石川流域遺跡群発掘調査報告IX』藤井寺市教育委員会
11　茨木市教育委員会編（1996）『茨木市総持寺1丁目における総持寺発掘調査概要』
12　稲原昭嘉ほか（2008）『高家寺本堂修復工事報告書』宗教法人太寺山高家寺
13　前田光雄ほか（2008）『坂本遺跡―中村宿毛道路埋蔵文化財発掘報告―』高知県文化財団埋蔵文化財センター
14　三浦基ほか（2001）『加地・神前・畠中遺跡発掘調査概要10』貝塚市埋蔵文化財調査報告第59号　貝塚市教育委員会

15 芝野圭之助ほか（1980）『西浦橋・鶴田東遺跡発掘調査概報』大阪府教育委員会
16 中村浩他（1973）『美木多瓦窯跡群発掘調査概要（昭和48年度現地説明化資料）』大阪府教育委員会
　中村浩（1985）「古代末期窯業生産の一形態―堺市美木多瓦窯跡を中心として―」『古代窯業史の研究』柏書房
17 木立雅朗（1997）「桶窯の民俗例―煙管状窯の焼成技術復元に向けて―」『古代の土師器生産と焼成遺構―』窯跡研究会
18 平方幸雄・高正龍（1998）『南ノ庄田瓦窯跡』（財）京都市埋蔵文化財研究所
19 岡本芳明（2003）『史跡万富東大寺瓦窯確認発掘報告調査』岡山県瀬戸町教育委員会
20 山本清一（2006）『めざすは飛鳥の千年瓦』草思社
21 稲垣晋也ほか（1992）「法隆寺瓦塼銘文集成」『法隆寺の至宝巻15　瓦』小学館
22 浦林亮次（1960）「瓦の歴史―法隆寺遺瓦群における技術史的一試論―」『建築史研究』第28
23 Ｆ．ベルツインスキー（吉田次郎訳）（2007）『日本の仮面―能と狂言―』法政大学出版局
24 世阿弥作・最上豊一郎校訂（1928）『申楽談義』　岩波文庫
25 中村保雄（1978）「能面以前」『歴史公論　昭和53年10月号』
26 水谷靖（2014）「能面の歴史―造形的視点から捉えた能面―」『共立女子大学総合文化研究所紀要第20号』
27 Ｆ．ベルツインスキー（吉田次郎訳）（2007）『日本の仮面―能と狂言―』所載「現代の研究状況における面打師系図」による。

【表1参考文献】
(a) 京都市観光局（1986）『栗栖野瓦窯跡発掘調査概報　昭和60年』
(b) 渡邊誠（2007）「如意輪寺瓦窯跡」『特別史跡讃岐国分寺跡ほか』高松市教育委員会
(c) 渡邊誠（2015）「有牀式平窯受容以後の讃岐の瓦窯」『瓦窯の構造研究　5』窯跡研究会
(d) 三浦基ほか（2001）『加地・神前・畠中遺跡発掘調査概要10』貝塚市埋蔵文化財調査報告第59号、貝塚市教育委員会
(e) 中村浩（1985）「古代末期窯業生産の一形態―堺市美木多瓦窯跡を中心として―」『古代窯業史の研究』
(f) 高井梯三郎（1968）『摂津伊丹廃寺跡発掘調査報告書』伊丹市教育委員会
(g) 岸熊吉（1935）「光井瓦窯及び額田部窯址調査報告」『奈良県史跡名勝天然

記念物調査報告第31冊』奈良県
（h）　森　郁夫ほか（1984）『法隆寺発掘調査概報Ⅲ』法隆寺発掘調査概報編集小委員会
（i）　岩井顕彦（2009）「北山廃寺・北山三嶋遺跡の発掘調査」『風車―紀州の歴史と文化の風―』№47、和歌山県文化財センター
（j）　上田　睦（1994）「葛井寺遺跡・葛井寺跡の調査」『石川流域遺跡群発掘調査報告Ⅸ』藤井寺市教育委員会
（k）　茨木市教育委員会編（1996）『茨木市総持寺1丁目における総持寺発掘調査概要（報道提供資料）』
（l）　稲原昭嘉ほか（2008）『高家寺本堂修復工事報告書』
（m）　前田光雄ほか（2008）『坂本遺跡―中村宿毛道路埋蔵文化財発掘報告―』高知県文化財団埋蔵文化財センター
（n）　丸川義弘他（2016）『特別史跡・特別名勝　鹿苑寺（金閣寺）庭園』（公財）京都市埋蔵文化財研究所
（o）　福本明ほか（2006）「朝原寺跡発掘調査概要」『倉敷市埋蔵文化財センター年報10－平成15・16年度―』
（p）　西岡巧次（1985）「３．如意寺」『昭和57年度神戸市埋蔵文化財年報』神戸市教育委員会
（q）　高井梯三郎他（1983）『摂津旧清遺跡』宝塚市教育委員会・摂津旧清遺跡発掘調査団

河内金剛寺白炭考
―河内長野市内の製炭遺構―

尾谷 雅彦

1. はじめに

　大阪府河内長野市に所在する天野山金剛寺には12世紀末から13世紀にかけての『金剛寺白炭免重書案』[1]が所蔵されている。この文書には中世金剛寺領の「白炭」[2]について記されている。この白炭を製炭したと考えられる小型窯状遺構（横口付木炭窯）が、この金剛寺周辺で発掘調査されている。この考古学的調査結果をもとに木炭窯遺構につて、金剛寺との関係も含めて考えてみたい。

　金剛寺の所在する河内長野市域は山地が7割を占め、1970年代初めまで炭が生産されていた。炭に関する記録は中世以降の文献に記され、特に近世に入って河内長野市滝畑地区で生産された白炭は「光滝炭」の名称で茶の湯に珍重された。この地を知行した狭山北条氏は専売品として、自藩の贈答用として独占し、他所への自由販売を禁止したほどである。

　また、考古学的には1969年の市内の大師山遺跡の調査で6基の焼土壙が調査された。このうち5・6号焼土壙について、調査参加者の一人である藤原学は考察[3]でこれらを含む小型窯状遺構を木炭窯と示唆した。この後、大澤正巳[4]、兼康保明[5]、鋤柄俊夫[6]らの研究により小型窯状遺構は白炭製炭用の横口（掻き出し口）付木炭窯であるこが明らかにされてきた。結果、市内で調査された小型窯状遺構が横口付木炭窯遺構であると判明したことから、7世紀前半から中世にかけての横口付木炭窯遺構が市内に分布していることが明らかになった。

2. 天野山金剛寺と白炭免

（1）天野山金剛寺について

　中世の金剛寺史についてはすでに堀内和明氏の研究[7]があり、それを参照していただきたいが、寺史の概略を記しておく。

　金剛寺は、河内国錦部郡天野谷（現大阪府河内長野市天野町）に所在する

真言宗御室派の寺院である。当寺は、狭山池の水源となる天野川（西除川）によって開析された天野谷の最深部に位置し、天野川を挟んだ両岸に境内が広がる。

　寺伝によれば開基は行基とされ、寺には白鳳期の弥勒菩薩立像2躯が蔵されている。また、考古学的には奈良時代の土師器や和同開珎が出土することなどから、寺伝もあながち否定できない。

　しかし、現在の伽藍は、承安2年（1172）に和泉国出身の僧阿観が空海の御影を祀り御影供をはじめたのが開創とされる。御影堂はじめ多宝塔、金堂などの主要建物が造られ伽藍が整えられた。伽藍が整えられるとともに、治承4年（1180）に右馬允三善（源）貞弘から基本財源となる天野谷が寄進され、それがさらに八條女院祈願所として寄進された。そして治承年間の戦いで平氏方であった貞弘の戦死により、一時は河内源氏の石川義兼に押領される。しかし、源頼朝の圧力により義兼が再度私領を加えて寄進し、建久元年（1191）には一円化された金剛寺領が成立した。

（2）金剛寺文書にみられる白炭免

　この金剛寺領内では、創建以前から白炭が生産されていたようである。白炭免が最初に文献に登場するのが、建久元年（1190）の国司庁宣案*8である。

　　庁宣す　留守所
　　　早く金剛寺錦部郡天野寺田拾玖町を奉免すべき事
　　右件の寺は、霊験殊勝之砌、感応無双之處なり、況や禅定仙院祈祷所として、且は国家泰平のため、白炭免伍町を除くのほか、永代を限り奉免すべくの状、宣するところ件の如、留守所宜しく承知、敢えて違失することなかれ、以て宣す、
　　　　　　建久元年四月　日
　　　在判

　これは、建久元年（1190）4月に河内守が留守所に、天野谷の寺領19町歩の所当官物を永代免除するように達した国司庁宣案である。この中で白炭免5町は除くとされている。金剛寺領のうち5町分は雑公事が免除されたが白炭の国衙への貢納は免除されなかったと考えられる。

　しかし、同年9月*9には寺領一円（四至山内田地山野等）が所当官物に加

え「国役臨時雑事」も免除されたことにより、白炭免も含まれたと考えられる。
　このことから、12世紀の末には、寺領内で免田5町分相当の白炭が生産されていることがわかる。
　この白炭免は、この後、貞応2年（1223）に寺領から外され特定の個人に給付された。これは金剛寺をめぐる院主職と寺僧との勢力争いから端を発したもので、この後も白炭免をめぐる争いが繰り広げられた。その文書が『金剛寺白炭免重書案』*10である。これには「高野御室御教書　貞応2年（1223）」、「九条殿御教書　寛喜元年（1229）」、「極楽寺殿御文　文暦2年（1235）」、「河内金剛寺住侶等申文案　建長5年（1253）」の文書がある。
　また、白炭に限定できないが興国元年（1340）の「炭山高瀬所當米」『金剛寺寺務置文写』*11には炭山に関しての記録が残されている。

（3）観心寺文書にみられる炭

　天野山金剛寺以外でも当寺の東、大和に通じる大沢街道に立地する真言宗の観心寺文書にも炭に関する記録が残されている。この寺も中世には近在に観心寺七郷と呼ばれる荘園をもち、その領内で製炭が行われていた。南北朝期から戦国期の文書に炭が散見される。初出は正平16年（1361）の「観心寺庄領家年貢算用状案」*12のなかに「坪炭」の記載がみられる。続いて永享7年（1435）の「観心寺七郷炭売文書目録案」*13、そして永禄4年（1561）「観心寺郷中諸役注文案」*14には「とりあけのすみ」の記載がみられる。また、年不詳12月14日付の畠山持国書状*15に「巻数一合賜候、目出候、仍白炭三荷到来候、喜入候、恐々謹言」とあり、観心寺が持国に白炭を贈っていることがわかる。このことから、観心寺周辺でも白炭の生産が行われていた可能性が高い。
　ただ、観心寺の記録は室町時代以降が多く、金剛寺のように鎌倉時代まで遡るものはない。

3．金剛寺々辺領の横口付木炭窯遺構

（1）寺辺領
　金剛寺領の四至は建久元年（1190）9月の国司庁宣案*16によれば「限東

図1 SY1遺構実測図　　　　　図2 SY2遺構実測図

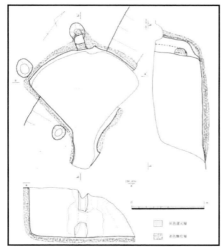
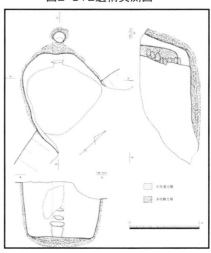

高向堺、限西和泉国堺、限南日野堺、限北小山田堺」とあり、この四至内に主要伽藍と子院群の寺内とその周囲に耕作地、山林、領民村落などの寺辺領[*17]が形成されている。

　この領内に子院が最も多い時には約90あり、主要伽藍を中心として天野川によって開析された谷の下流上流側そして、その支谷に分布していた。その上流側の子院群を1992年に道路新設工事[*18]に伴う調査を実施し、3基の小型窯状遺構を検出し、そのうちのSY1・SY2は横口付木炭窯であった。窯の上層には13世紀後半以降と考えられる子院遺構の下層から検出した。3基の窯体は子院遺構の下層から検出された自然流路の左岸に築かれており、一部は流路の変化により削平を受けている。

（2）遺構と遺物
　SY1は平面形が逆三角形のフラスコ型を呈し、主軸方向はN-40°—W。奥壁はやや弧を描き高さ0.65m、窯体最大幅1.5m、左右側壁（奥壁から焚口方向）は奥壁から内側向かって直線的に0.8m走ったのち下方に0.5m伸びる。下方0.5mの部分が幅0.3mの焚口となる。左側壁の奥壁近くに幅0.4mの横口が付されているが、流路のよる削平を受けているため詳細は不明である。奥壁中心部に縦0.2m、幅0.18mの煙道部口があり縦0.1m、幅0.1

4mの排煙口が奥壁から外側0.1mに穿たれている。煙道は厚さ0.1mの粘土により築かれている。約10度の傾斜角であった。
　窯体床面、壁面は灰色を呈し還元焼成されていることがわかる。遺物は窯体天井崩落後の埋土中から瓦質甕が出土している。考古地磁気年代測定で1175年±50年の年代が示されている。
　SY2はSYIの北側0.8mに並行するように検出された。焚口部及び左側壁は削平されているが、平面形は逆三角形のフラスコ型を呈すると思われる。主軸方向はN-50°—W。奥壁はやや弧を描き高さ0.7m、窯体床面最大幅1.1m、残存する右側壁（奥壁から焚口方向）は奥壁から内側向かって直線的に0.6m伸びたのちさらに内側に傾く。左側壁の奥壁近くに幅0.2mの横口が付された痕跡が残る。奥壁中心部に高さ0.18m、幅0.14mの煙道部口があり短径0.14m、長径0.18mの排煙口が奥壁から外側0.14mに穿たれている。煙道は厚さ0.2mの厚さの粘土と9個の川原石により築かれている。傾斜角は約10度であった。窯体床面、壁面は灰色を呈し還元焼成されていることがわかる。
　遺物は窯埋土中から瓦器（和泉型瓦器埦Ⅳ-1〜2）と鉄釘が出土している。考古地磁気年代測定で1175年±15年が示されている。
　SY3はSY1とSY2から南に50mのところに自然流路により大部分が削平を受け、辛うじて床面の一部が長さ1.1m、幅0.8m、深さ0.2m残存していた。
　平面形は不明で、遺物は検出されなかった。残存していた床面の状況がSY1やSY2の床面と酷似しており木炭窯の可能性が高い。

（3）時期

　窯の操業は、窯体埋土中の遺物を下限として考え、13世紀初頭の可能性が高い。考古地磁気年代年代測定でも12世紀後半から13世紀初頭前後の年代が導かれている。
　遺構の位置的は中心伽藍から約400mに位置し、子院群がこの地域に広がる14世紀以前にこの谷の斜面で白炭が製炭されていたことがわかる。おそらく寺辺領山中の各谷筋で白炭が生産されていたのであろう。この窯から製炭されたのも5町の白炭免の対象と考えられる。

4．金剛寺周辺（河内長野市内）の木炭窯遺構の分類

（1）検出数

金剛寺が所在する河内長野市域では表1の通り、白炭窯と思われる横口付木炭窯の遺構が、丘陵部だけでなく河岸段丘上の埋没された小谷の斜面などからも検出されている。

前述したようにもっと古い調査例であり木炭窯遺構と示唆された大師山遺跡の[19]1969年調査では2基が調査された。長池窯跡群では1970年度調査[20]で15基、1971年棚原窯[21]で5基、2003年度調査[22]で2基、2012年度調査[23]

表1 調査数

遺跡数	調査数
大師山遺跡	2
長池窯跡群	25
日野観音寺遺跡	2
三日市遺跡	3
金剛寺遺跡	3
寺元遺跡	3
上原北遺跡	5
宮山遺跡	4
高向神社南遺跡	1
合　計	48

図3 河内長野市内窯跡分布図

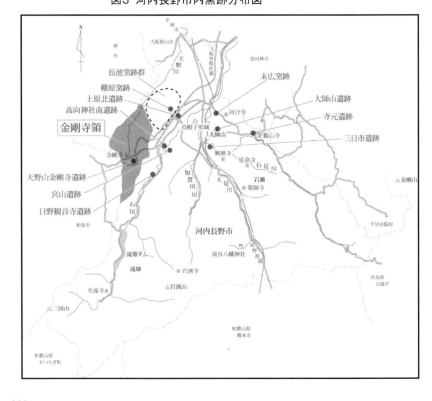

図4 河内長野市内窯跡分類図

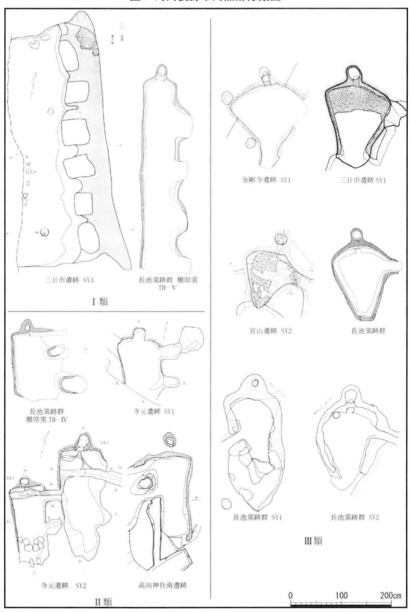

で3基（1基は下層で確認）の合計25基の窯が調査されている。1987年度の日野観音寺遺跡[24]で2基、同年の三日市遺跡の調査では、検出された木炭窯遺構の中で時代的に最古と思われるSY3[25]を含む3基が調査された。1992年度では金剛寺遺跡で3基、さらに1993年度には観心寺の寺内に相当する寺元遺跡[26]で3基が調査された。2000年度には上原北遺跡[27]では5基、2003年度に宮山遺跡[28]で4基、2008年度、高向神社南遺跡[29]で1基が調査されている。調査件数は48基にのぼる。これ以外に崖面などで2基が確認されている。

（2）分類

　この調査された木炭窯は平面形が細長方形のⅠ類、長方形のⅡ類、逆三角形のⅢ類3類に分類することができる。また、構造上から奥壁が直線的なものと奥壁が弧を描くものに分けられる。設けられた横口の数により4ヵ所以上、3ヵ所、2ヵ所、1ヵ所に4分類できる。さらに奥壁側の横口の位置が奥壁から離れて設けられているものAと壁がそのまま外にのびるものBとに分類できる。焚口は、奥壁から伸びてきた側壁端あるいは少し内湾し焚口となるものa、側壁からハの字状に設けられているb、側壁が内傾しそのまま窄まるCに分けられる。

　これを時期的な変遷として捉えると平面形態はⅠ類→Ⅱ類→Ⅲ類へ変化する。細部では、奥壁の形状は弧を描くものがⅠ類では検出例が2例なので判断しがたいが、Ⅱ類は40％となりⅢ類では90％となる。また横口はⅠ類が4ヵ所以上、Ⅱ類では3ヵ所の1基を除いて全て2ヵ所、Ⅲ類では全て1ヵ所設けられていた。奥壁側の横口は、奥壁面が外に延びて横口を形成するB類がⅠ類では検出されず、Ⅱ類になると70％と増え、Ⅲ類では99％となる。焚口はaがⅠ類及びⅡ類、b・CがⅢ類に見られる。

　これらの時期については、考古地磁気年代測定によるとⅠ類は7世紀前半から9世紀、Ⅱ類は8世紀末から10世紀、Ⅲ類は12世紀後半から13世紀になる。また、出土遺物は少ないが、その年代を使用停止後あるいは廃窯後の年代と考えると、特にⅢ類については考古地磁気年代測定とあまり大過ない年代である。

5．まとめ

　今回のテーマである金剛寺の白炭免に該当する白炭を製炭した横口付木炭窯は、時期的にみてⅢ類の窯であることは疑う余地はない。金剛寺々辺領内での検出数は2例であるが市内全体でみると60％がⅢ類である。このことから金剛寺々辺領を含む錦部郡（河内長野市域が大部分）では12世紀頃末から13世紀にかけてⅢ類による白炭生産が増えた推測される。従来Ⅰ類及びⅡ類は、製鉄遺跡及び鍛冶遺跡及びその周辺から検出されている。それは、確実に溶解炉や製錬炉において使用される白炭を製炭するためである。しかし、金剛寺周辺で検出される窯は製鉄遺跡や鍛冶遺跡を伴っていない。特に、検出例が増えるⅡ類、Ⅲ類は小型化してゆき、1基当たりの製炭量は少なくなる。Ⅲ類でみると窯容量はⅠ類の約3分の1、Ⅱ類の約2分の1になる。

　このことは、製炭に従事する人数が少なくなるとともに作業用の面積が少なくてすむことになる。つまり、窯構築・稼働の制約が少なくなるということで、Ⅲ類が増加していったのであろう。

　この窯の白炭は、製鉄など特定の集団が特定の用途用に製炭されたのではなく、領民により農閑期に製炭され、荘園主あるいは国衙に対して貢納されたものではなかろうか。

　金剛寺々辺領でⅢ類の窯で製炭された白炭は、建久元年には寺領一円が所当官物に加え「国役臨時雑事」除かれため、寺が直接領民から貢納を受けることになった。阿観が創建して以降、当寺では建物の造営、修理[*30]が順次行われていることや子院の増加により、寺内での消費も増加したものと思われる。また、寺辺領での製炭では賄いきれなかった可能性もたかい。

　以上、金剛寺を含む河内長野市域（河内国錦部郡）の白炭を製炭した横口付木炭窯について概観した。本論のなかで紹介した棚原窯の調査は、中村先生が大阪府教育委員会在職中に河内長野市教育委員会の依頼を受けて調査された。当時、陶邑古窯跡群を調査されていた先生は、考古学者ではじめてプロトン磁力計を使って窯跡の調査をされた。この棚原窯でもプロトン磁力計を使用して窯の位置を測定されたいたことをなつかしく思い出

した。

　今後も、お元気でご活躍されることを祈念いたします。

＊註
1　自貞治二年十一月至正元元年十二月「金剛寺白炭免重書案」『金剛寺文書』大日本古文書（家わけ第7）
2　木炭焼成の仕上げの段階で、高温焼成し、窯の外へ掻き出して灰を掛けて急冷消火して作る。火力が強く、日持ちが良いのが特徴。
3　藤原学（1977）「考察Ⅴ　木炭窯をめぐって」『河内長野　大師山』関西大学
4　大澤正巳（1979）「Ⅴ付篇　大山遺跡を中心とした埼玉県下出土の製鉄関係遺物分析調査』埼玉県立がんセンター埋蔵文化財発掘調査報告　大山』埼玉県遺跡発掘調査報告書第23集、埼玉県教育委員会
5　兼康保明（1981）「古代白炭焼成炭窯の復元」『考古学研究』27巻4号、考古学研究会
6　鋤柄俊夫（1988）「古代白炭窯の構造と変遷」『同志社大学考古シリーズⅣ　考古学と技術』同志社大学考古学シリーズ刊行会
7　堀内和明（2012）『河内金剛寺の中世的世界』和泉書院
8　貞応三年十月十六日「金剛寺文書紛失状」『金剛寺文書』大日本古文書（家わけ第7）読み下しについては堀内和明『続　河内金剛寺の中世的世界』私家版2015による
9　貞応三年十月十六日「金剛寺紛失状」『金剛寺文書』大日本古文書（家わけ第7）
10　＊1に同じ
11　興国元年五月二十八日「炭山高瀬所當米」『金剛寺寺務置文写』大日本古文書（家わけ第7）
12　正平十六年十二月「観心寺庄領家年貢算用状案」『観心寺文書』大日本古文書（家わけ第6）
13　永享七年卯乙三月吉日「観心寺七郷炭売文書目録案」『観心寺文書』大日本古文書（家わけ第6）
14　永禄四年酉辛五月九日「観心寺郷中諸役注文案」『観心寺文書』大日本古文書（家わけ第6）
15　年不詳十二月十四日「畠山持国書状」『観心寺文書』大日本古文書（家わけ第6）
16　建久元年九月日「金剛寺文書紛失状」『金剛寺文書』大日本古文書（家わけ第7）
17　＊4に同じ
18　『河内長野市遺跡調査会報Ⅷ　天野山金剛寺遺跡』河内長野市遺跡調査会（1994）
19　＊3に同じ

20 『長池窯跡発掘調査概要』河内長野市教育委員会 (1971)
21 『棚原窯跡発掘調査概要』河内長野市教育委員会 (1976)
22 『長池窯跡群』大阪府教育委員会・河内長野市教育委員会 (2013)
23 ＊18と同じ
24 『河内長野市埋蔵文化財調査報告書Ⅱ』河内長野市教育委員会 (1988)
25 『三日市遺跡調査報告書Ⅰ』三日市遺跡調査会 (1988)
26 『河内長野市遺跡調査会報ⅩⅠ 寺元遺跡』河内長野市遺跡調査会 (1995)
27 『河内長野市埋蔵文化財調査報告書ⅩⅦ』河内長野市教育委員会 (2001)
28 『河内長野市遺跡調査会報ⅩⅩⅩ 天野山金剛寺遺跡・宮山遺跡・塩谷遺跡』河内長野市教育委員会・河内長野市遺跡調査会 (2004)
29 『高向神社南遺跡』大阪府教育委員会・河内長野市教育委員会 (2009)
30 建久二季亥辛十一月七日「僧隆厳田地寄進状」『金剛寺文書』大日本古文書（家わけ第7）塔婆（多宝塔）修理のため寄進。
天福2年（1234）造立銘のある金堂安置不動明王坐像
『天野山金剛寺遺跡（その1・2）』河内長野市教育委員会・河内長野市遺跡調査会 (2001)

　また、子院跡地の調査では、鉄滓も多く出土しており寺内での小鍛冶を想起させるものである。

青蓮院蔵承安元年写『往生要集』について

梯　信暁

1．はじめに

　京都青蓮院吉水蔵に伝わる『往生要集』の古写本は、平成元年に重要文化財に指定され、衆人の注目するところとなった。体裁は粘葉装で三帖よりなり、本文は半葉七行、一行十八字前後、本文の左右行間や欄外に訓や註の記入があり、そのほとんどは本文と同時同筆である。奥書に、「承安元年十二月十一日書写畢　沙門弘恵本也」とある。完本としては神奈川県最明寺蔵本に次いで古く、書写年代を明らかにするものとしては現存最古の写本である。
　奥書の直前に、同筆細字で次のように記載されている。
　　延久二年四月十日平等院南泉房多本取集読相給ヒケルニ其中以善本日野点
　　畢其衆皇后宮大夫殿其為張発樺尾阿闍梨以為講師云云
　延久二年（1070）、宇治平等院の「南泉房」に集った「皇后宮大夫殿」を中心とする道俗の集団が諸本を集めて「読相（よみあわせ）」を行い、その成果として「日野点」と称する訓点を施した加点本が完成したと言う。青蓮院本成立の承安元年（1171）より約百年前のことである。
　青蓮院本巻中の見返には、「南都勧修坊」という記載があり、また各帖末に伝領者「英弘」の名が見えるが、彼は興福寺に関与する人物であったことがわかっている。よって平等院で作成された加点本が南都に伝わり、そこで書写された本が後に青蓮院にもたらされたと推測できるのである。
　延久頃の平等院の情勢については、皇后宮大夫であった源隆国や、彼が編纂したという『宇治大納言物語』『安養集』に関連して多くの先行研究がある*1。
　治暦四年（1068）、後冷泉天皇の崩御、後三条天皇の即位によって外戚の地位存続ののぞみを失った藤原頼通は、関白職を弟の教通に譲って宇治に隠退する。藤原摂関時代の終焉である。
　源隆国は、皇后宮大夫として、頼通の娘で後冷泉天皇の后である寛子に

仕えていたが、同年、帝の崩御によって皇后宮大夫の職を終える。彼は頼通の側近の一人で、在任中より平等院には頻りに出入りし、特に南泉房を別荘として利用していた。

　翌延久元年（1069）五月、平等院では一切経会が催された。創建より十数年を経て、経蔵の整備が完了したことを祝う法会である。南泉房は経蔵に隣接していた。経蔵を自由に利用することが許されていた隆国は、多くの蔵書を南泉房に集め、比叡山の学僧たちと共に『往生要集』の研究会を発足させた。その成果が延久二年の加点本である。

　加点本完成ののち、彼らはさらに浄土教の研究を重ね、翌延久三年には我が国最初の天台浄土教の義科要文集『安養集』を編纂する。彼らが高度な専門知識を持つ研究者集団であったことがわかるのである。

　よって延久の加点本を底本とする青蓮院本は、極めて高い資料価値を有するものと言えよう。特に訓点については、古く八木昊恵氏による研究があり、すでに綿密な研究がなされた神奈川県最明寺蔵写本との対比によって、その特徴が解明されつつある＊2。

　そこで本稿ではやや視線を移し、本文の左右行間や上下欄外に記入された、他の諸本との相違を示す註記に注目したい。そこには、延久の加点本作成時の諸事情を知る手がかりが潜んでいると考えるのである。

2．青蓮院本に見える註記の一覧

　諸本との相違を指摘する註記は五十四箇所確認された。次の〈表〉に提示した通りである。頭に1〜54の通し番号を附し、「頁」の項にはテキストとして用いた『浄土真宗聖典七祖篇―原典版―』（本願寺出版社、1992年）所収の『往生要集』（底本青蓮院本、略号㋭）の頁を示した。「他本の記述」の項には、現存の古写本・版本の中、特に評価の高いものとの校異を記した。対校したのは次の五本（略号㋭〜㋡）である。
　㋭神奈川県最明寺蔵平安時代写本。粘葉装三帖、半葉七行、一行十八字前後。奥書・識語はないが、書体・紙質・装丁などから平安中期の書写と推測され、完本としては現存最古の写本である。
　㋰建保四年（1216）刊本。完本はなく、愛知県専光寺蔵本と大阪府四天王寺出口順得氏蔵本の二本を合わせて全容を知ることができる。粘葉

装六帖、半葉六行、一行十五字。
- ㊁ 建長五年（1253）刊本。龍谷大学図書館など数か所に存。粘葉装六帖、半葉六行、一行十七字。
- ㊀ 室町時代刊本。龍谷大学図書館等に存。承元四年（1210）版の復刻本と言われるが疑わしい。粘葉装六帖、半葉六行、一行十七字。
- ㊉ 西本願寺蔵版『七祖聖教』所収本。文政九年（1826）刊。
- ㊀ 『大正新脩大蔵経』第八十四巻所収本。高野山正智院蔵古写本（所在不明）を底本とし、青蓮院蔵写本や天保十年刊本を対校本とする。本稿では、底本の記述のみを見る。

なお『往生要集』には古来、宋国に送られた「遣宋本」と、日本に留められた「留和本」という二つの系統があるとされてきた。㊇・㊄は留和本、㊁・㊀は遣宋本の系統であると言われる。両本の相違とされる箇所については、備考欄にその旨を記したが、諸先学がすでに検討された通り、内容そのものには大きな違いはなく、そもそも留和本・遣宋本の区別さえも曖昧であるという*3。よって両本の相違については本稿では特に問題としない。

No	頁	章	節	青蓮院本の記述	他本の記述	備 考
1	20	厭離穢土	地獄	肮(右傍註記「肚イ ハラ」)	肚㊁㊀㊉。肮㊄㊀	
2	24			湧(右傍註記「躍イ ヲトル」)	躍㊄㊁㊀㊉㊀、以下㊀とする。	『観仏三昧海経』(『大正蔵』15.668c、以下『大正蔵』を略し、巻頁の数字記号のみ示す)本文(高麗本)「躍」、元・明本「湧」。
3	37		畜生道	猟(右傍註記「獦イ」)	(猟㊀)	
4	39		人道	勒(右傍註記「肋アワラ イ」)	(勒㊀)	
5				項(右傍註記「頸イ クヒ」)	(項㊀)	
6				脘(右傍註記「腕イ ウテ」)	腕㊀	『涅槃経』12.434a「腕」。
7	47			渚(右傍註記「流イ」)	(渚㊀)	『罪業応報経』17.452b「流」。
8	51		総結厭相	宝(右傍註記「保イ」)	(宝㊀)	
9				如(右傍註記「而イ コトシ」)	而㊀㊀	『増一阿含経』2.675c「如」。留和本・遣宋本の相違とされるが、㊇㊁㊀が同じなので当てはまらない。

309

10	59		駛(右傍註記「駛イ」)	(駛㊁)	『龍龍樹菩薩為禅陀迦王説法要偈』32.747c「駛」。
11	63		恩(右傍註記「徳イ」)	(恩㊁)	『大唐西域記』51.907a「恩」。
12	69	欣求浄土	聖衆来迎	越(右傍註記「超イ」)	(越㊁)
13	73	身相神通	所見(右傍註記「イ本止之」)	見㊃	
14	75	五妙境界	出称讃浄土経(下註記「イ本」)	六文字なし㊃①㊄	
15	77		曲直(右傍註記「イ本無直字」)	曲㊁	
16	82	快楽無退	語(右傍註記「話イ」)	話㊀	
17	85	引接結縁	作(右傍註記「住」)	(作㊁)	
18	88	聖衆倶会	処(右傍註記「家」)	(処㊁)	『弥勒上生経』14.420b「処」。
19	90		導(右傍註記「遵イ」)	(導㊁)	『浄土論』47.96a「導」。
20	109	極楽証拠	対兜率	兜率(右傍註記「天イ」)	都率天㊀。謂天㊃①㊄	『群疑論』47.53b「兜率」。
21	111		十五(右傍註記「以」)	(十五㊁)	
22	125	正修念仏	作願門	冶(行頭註記「治イ クタク」)	(冶㊁)	『大智度論』25.298b「冶」。
23			復然(右傍註記「如是イナリ」)	如是㊀㊃①㊄㊁	『諸法無行経』15.759c『大智度論』25.107c「如是」。ただし最澄の『守護国界章』74.150bは「復然」。
24	126		耳(下註記「五或ハ六幷イ本」)	(耳㊁)	
25	138		無染(右傍註記「浄イ」)	無浄㊀	『如来密藏経』17.844c『摩訶止観』46.10a「無染」。
26	160	観察門	金鋌(行頭註記「挺チャウテ」)	金挺㊀㊅①㊄	『観念法門』47.22c「鋌」
27	167		倭(頭註「倭イ」)	倭㊀	『瑜伽師地論』30.567cは「倭」。
28	194	助念方法	修行相貌	彼経云但欲多見多欲小見小等然感師既得三昧彼所釈応仰信更勘諸本。小念見小大念見大文出日藏経第九 イ本。	小念見小大念見大文出日藏経第九㊀。彼経但云欲多見多欲小見小等云然感師既得三昧彼之所釈応仰信更勘諸本㊅㊁。彼経但云欲多見多欲小見小等然感師既得三昧彼所釈応仰信更勘諸本	後半十五文字ありは留和本、なしは遺宋本と言われるが、㊀祖本になかったことから当てはまらない。㊁は前半三十字に続いて、異本によって後半の十五文字を書き加えている。㊀は後半十五文字のみあり、前半三十文字を意図的に削除した可能性が

310

青蓮院蔵承安元年写『往生要集』について（梯　信暁）

				㊅。彼経但云欲多見多欲小見小等云云然感師既得三昧彼之所釈応仰信受更勘諸本。小念見小大念見大文出日蔵経第九①㊄。	ある。㊁㊃㊄には前半のみ。①㊇は前半・後半が併記され「イ本」の註記なし。
29	206	対治懈怠	「又於下方過恒河沙等諸仏世界取一仏土挙著上方過恒河沙無数世界如持針鋒挙一棗葉而無嬈」四十文字、右欄外に別筆補記	㊉①㊇㊄は四十文字が本文に入っている。㊁は四十文字なし。	㊇完成後の補記。
30			「菩薩尚爾何況仏力」故度諸仏境界経云能令十方世界入一毛孔乃至」二十八文字、別筆補記	㊉は「菩薩尚爾何況佛力故」の九文字が欠落している。㊁㊃㊇㊄は二十八文字が本文に入っている。	㊇完成後の補記。
31	212		無量競河沙十方界草木尽梵成墨灰億載歴于海十力智深妙取滴与含生如実分別知某界樹等云云又云（右傍註記「已下四十文字イ本無之」）	四十文字なし㊄	「無量競河沙……」の文は『六波羅蜜経』の文ではなく、この直前に引用された『大宝積経』(11.211b)の文の続きである。よってこの四十文字を挟むことによって誤りが生じる。
32	219		若（上欄註記「設イ」）	（若㊄）	『十住毘婆沙論』26.84a「若」。
33	220		三尊（右傍註記「世イ」）	三尊㊄	
34	229	止悪修善	又或所説云能損大利莫過瞋一念因縁悉焚滅倶胝広劫所修善是故慇懃常捨離。又遺教経云劫功徳賊無過瞋恚（「又或」の右傍に「已下止イ本」、「捨離」の右傍に「已上止」と註記）	「又或所説云能損大利莫過瞋一念因縁悉焚滅倶胝広劫所修善是故慇懃常捨離」の三十三文字なし。又遺教経云劫功徳賊無過瞋恚。又或処説云能損大利莫過瞋一念因縁悉焚滅倶胝広劫所修善是故慇懃常捨離①㊇㊄	留和本・遺宋本の相違とされるが㊇が同じなので当てはまらない。「又或所説……慇懃常捨離」の三十三文字は『大日経』巻七(18.45b)からの引文である。『大日経』の引用は、『往生要集』全巻の中、ここ以外にはない。『遺教経』の引文との順序が逆の本が複数あることを考えると、原本になかった『大日経』の文が竄入した可能性がある。
35	233		鑽燧（頭註「横イ　ヒキリ　燧ヒヒロ　チ」）	（鑽燧㊄）	『華厳経』10.67c「鑽燧」。
36	263	別時念仏	尋常別行	定（右傍註記「是」）	（定㊄）	
37	274		臨終行儀	奏（行頭註記「湊イ」）	湊㊄	『安楽集』47.11b「湊」。
38	300	念仏利益	当来勝利	割註「智眼天王頌」（下に「此五字注可書之」と註記）	割註「智眼天王頌」全（註記なし）	
39	302		第九（頭に「同経」、左傍に「大集念仏三昧経」と別筆で補記）	同経第九①㊄	㊇完成後の補記。
40	308		故（頭註「故字イ本無」）	「故」の一字なし㊄	『華厳経伝記』51.167a「故」

						の一字なし。
41		弥陀別益	観時経説(頭註「有本時字無説字有」)	観経説⑪⑳㊾㋣。観経①㋖	
42	310		下欄補記「金蔵菩薩落」	宝蔵菩薩の次に「金蔵菩薩」とあり⑪⑳㊾㋣。宝蔵菩薩の次に「金光蔵菩薩」とあり①㋖	『十往生経』85.1409b「金蔵菩薩」の四字あり。
43	324	引例勧信	樔(頭註「揵イ」)	揵㋖	慧沼『勧発菩提心集』45.391b「犍」
44			甚(行頭註記「甚イ」)	甚㋖	『勧発菩提心集』45.391b「甚」の一字あり。
45	325		道俗男女合五十余人。僧二十三人尼六人沙弥二人在家男女合二十四人。出浄土論並瑞応伝(僧二十三の右傍に「イ本」と註記、二十四人の右傍に「イ本」と註記)	道俗男女合五十余人出浄土論並瑞応伝⑪⑳㊾。道俗男女合五十余人出浄土論並瑞応伝僧二十三人尼六人沙弥二人在家男女合二十四人㋣㋖	
46	330	念仏証拠	王(行下に別筆で「王」と補記)	王	㋖完成後の補記。
47	334		随以(上欄註記「謂イ」)	随謂以⑪。謂以⑳㊾㋣㋖	『起信論』32.583a「謂以」。
48	344	往生諸行	総結諸業	雪山(上欄註記「雲イ」)	雲山㋖	
49	353	問答料簡	極楽依正	此文違彼仏本願更思釈之(割註とせず、頭註に「十一字注也」)	十一文字割註㋖	
50	367	往生多少	遺(頭註「述イ」)	遺㋖	
51	384	臨終念相	木瓜(右傍註記「爪」、上欄註記「木瓜」)	木瓜㋖	祖本に「爪」となっていたのを「瓜」と訂正したか。
52	399	諸行勝劣	提(頭註「薩イ」)	提㋖	『十住毘婆沙論』26.41b「薩」。
53	408	助道資縁	家出家(行頭註記「在イ」)	在家出家㋖	
54	417	助道人法	四十里百里千里(右傍註記「或本四百無四字」)	四十里百里四十千里⑪①。四十里四里四千里㋖㋣	註記は「或本四十無四字」の誤りかもしれない。『大智度論』25.284bには「十里百里千里」という記述がある。

3．註記の分類と内容の検討

　上掲〈表〉に示した五十四箇所の註記のうち、〈29・30・39・46〉の四

箇所は別筆補記で、青蓮院本の完成後に書き加えられたものである。

それ以外はすべて本文と同筆であり、ほとんどが延久の加点本作成時に書き加えられたものと推測される。よってそれらの註記には、延久の加点本が本文を確定する際にとった姿勢や方針が反映されていると考えられるのである。

本文と同筆の五十箇所の註記は、いくつかに分類することができる。

まず、A「祖本の誤りを指摘するもの」・B「対校本の誤りを指摘するもの」・C「いずれの誤りか確定できないもの」の三つに分けることができる。さらにa「源信自釈の文に附された註記」・b「引用文に附された註記」に分けられる。bの場合は、対校本に加えて、引用文の原典の記述を参看した可能性がある。

以下、分類結果と各パターンの典型例を挙げておく。番号は〈表〉に附した通し番号である。

Aa 1、15、33、38、41、45、49、51、54

1　源信自釈の文。㊄「腹肱」の「肱」右傍に「肚イ　ハラ」と註記されている。「肱」は「ひじ」で誤字である。「肚」は「はら」で、こちらが正しい。諸本対校して、祖本の誤字を指摘する註記である。ちなみに現存諸本では、㊉㊀は「肱」、㊁㊃㊇㊈は「肚」となっている。

Ab 6、7、10、31、34、37、40、42、44、47、52

6　『涅槃経』より取意略抄の文。㊄「脘骨」の「脘」の右傍に「腕イ　ウテ」と註記されている。「脘」は「胃の室」の意で誤字である。「腕」が正しい。出拠の『涅槃経』(『大正蔵』一二、四三四頁上)でも「腕」となっている。祖本の誤字を指摘する註記である。ちなみに現存諸本では、対校した㊉㊁㊃㊇㊈㊀すべてが「腕」となっている。この註を記入する際には、対校本と共に出拠の『涅槃経』の文を参看した可能性がある。

もう一つ、特筆すべき例を挙げておきたい。

7　『罪業応報経』よりの引用文。㊄「水渚」の「渚」の右傍に「流イ」と註記されている。どちらでも意味は通じるが、出拠の『罪業応報経』(『大正蔵』一七、四五二頁中)では「流」となっているので「流」が正しいと思われる。祖本の誤りを指摘する註記だと言える。ところが現存諸本では、対校した㊉㊁㊃㊇㊈㊀すべてが㊄と同じ「渚」となっている。当時も収集した本の多くが「渚」となっていたことであろう。㊄の註記には

「流イ」とあるので、対校本には「流」となっているものがあったことは認められるが、この註は、出拠の『罪業応報経』の文を確認した上で記入された可能性が高い。これと同様のケースが、10・52に見られる。

Ba　36、48、50

36　源信自釈の文。㊞「定中」の「定」の右傍に「是」と註記されている。「定中」が正しい。対校本の誤りを指摘する註記である。現存諸本では、対校した㊙㊝㊞㊞㊞㊞すべてが「定中」となっている。

　もう一つ、特筆すべき例を挙げておきたい。

48　源信自釈の文。㊞「雪山」の上欄に「雲イ」と註記されている。薬王菩薩のことを紹介する一節で、「雪山」が正しい。対校本の誤りを指摘する註記である。ちなみに現存諸本では、対校した㊙㊝㊞㊞㊞㊞すべてが「雲山」となっている。あるいは原本にまで溯る誤字であったかもしれない。㊞祖本のいずれかが明らかな誤りに気付いて訂正し、「雲イ」と、諸本の記述を書き添えたとも考えられる。現存諸本の中、㊞のみが「雪山」となっていることから、その訂正が延久の加点本においてなされたと考えることも可能である。

Bb　9、11、18、19、20、22、25、26、27、32、35

9　「正法念経偈云」として引用される文。㊞「如似獄中囚」の「如」の右傍に「而イ　コトシ」と註記されている。出拠は『正法念処経』ではなく、実は『増一阿含経』（『大正蔵』二、六七五頁下）であり、そこでは「如」となっている。註記によって対校本の誤りを指摘したことになる。ただし出拠について何の註記もないのは、原典を検索できなかったからであろう。現存諸本では、㊙㊝㊞㊞は㊞と同じく「如」だが、㊞㊞は「而」となっている。

　これは特殊なケースなので、もう一例紹介しておく。

11　『大唐西域記』より略抄の文。㊞「厚恩」の「恩」の右傍に「徳イ」と註記されている。どちらでも意味は通じるが、出拠の『大唐西域記』（『大正蔵』五一、九〇七頁上）では「恩」となっているので、「恩」が正しいと思われる。対校本の誤りを指摘する註記だと言える。ちなみに現存諸本では、対校した㊙㊝㊞㊞㊞㊞すべてが㊞と同じ「恩」となっている。これを記入する際には、対校本と共に、出拠の『大唐西域記』の文を参看した可能性がある。

Ca 3、4、5、8、12、13、14、16、17、21、24、53
3　源信自釈の文。㊈「猟者」の「猟」の右傍に「獦イ」と註記。どちらでも意味は通じ、原本がどちらであったかはわからない。現存諸本では、対校した㊕㊋㊄㊀㊎㊂すべてが青と同じ「猟」となっている。
Cb 2、23、43
2　『観仏三昧海経』よりの引用文。㊈「火湧猶如沸泉」の「湧」の右傍に「躍イ　ヲトル」と註記されている。どちらでも意味は通じる。出拠の『観仏三昧海経』（『大正蔵』一五、六六八頁下）は、高麗本（『大正蔵』本文）では「躍」だが、対校の元・明本では「湧」となっていて、原本がどちらであったかはわからない。ちなみに現存諸本では、対校した㊕㊋㊄㊀㊎㊂すべてが「躍」となっている。これを記入する際には、対校本と共に、出拠の『観仏三昧海経』の文を参看した可能性がある。
例外　次の28だけは、上のいずれにも分類できない特殊な例である。
28　懐感『群疑論』の引用文に附された割註。『群疑論』巻七（『大正蔵』四六、七六頁下）の中に、『日蔵経』第十（『大集経』巻四十三、日蔵分第十、『大正蔵』一三、二八五頁下）の「大念見大仏、小念見小仏」という文が引用されている。この文に対する意見として、㊈には、①「彼経但云欲多見多欲小見小等。然感師既得三昧。彼所釈応仰信。更勘諸本」。②「小念見小大念見大文出日蔵経第九」という二つの文が割註の形で附され、末尾に③「イ本」と附記されている。①は源信が記した註で、『日蔵経』第四（『大集経』巻三十八、日蔵分第四、『大正蔵』一三、二五六頁中）の「欲多見多、欲小見小」という説を、懐感は「大念見大仏、小念見小仏」と解釈しているが、その意見を尊重せよ、さらに諸本と見較べよ、と言うものである。これはおそらく源信の勘違いであろう。②は、『群疑論』所掲の文が、「日蔵経第九」（実は「日蔵経第十」）に見えることを指摘する記述で、源信の誤解を正すものである。②の事実に気付けば①の記載が誤りであることがわかるので、②の文は源信の著した原本にはなかったことが明白である。後に源信の誤解に気付いた者が、②の文を付記したのである。ちなみに現存諸本では、㊕は②のみで、①③がない。意図的に源信の勘違いの部分を削除した可能性がある。㊋㊄㊂は①のみがあり、原本の形を伝えている。㊀㊎は①②があって、③がない。後から書き加えられた註が、一連の割註の中に竄入したのであろう。㊈の祖本は、㊋㊄㊂と同じく①のみであった

はずである。対校本によってそこに②③を書き加えたのである。その記入は、延久の加点本作成時になされたものと思われる。その際には、対校本と共に、『群疑論』における引用文の出拠を求めて、『大集経』の文を検索参看したことであろう。

　これとよく似た形を一点挙げておきたい。註記を伴わないため、〈表〉には載せなかったが、次のような事例である。

　大文第五「助念方法」止悪修善の項（『浄土真宗聖典七祖篇―原典版―』二二九頁）、『観仏三昧海経』よりの引用文。㋰「邪命及貢高」の「邪命」は、原典の『観仏三昧海経』（『大正蔵』一五、六九五頁中）および、それを引用した善導『観念法門』（『大正蔵』四七、二九頁下）でも「邪命」となっていて、経文としては「邪命」が正しい。ところが源信は、この『観仏三昧海経』の文の末尾に、「已上邪見憍慢」と割註を施している。この経文が、止悪修善の六種法の第二「不起邪見」と第三「不生憍慢」の両方の典拠であることを、自ら明記しているのである。「貢高」と「憍慢」とは同意であるが、「邪命（邪な生活。生活の糧を得るためだけに修行すること）」と「邪見（仏教の教え、特に因果の道理を否定するような誤った見解）」とは意味が異なるので、原本が「邪命及貢高」となっていたとは考えられない。ちなみに現存諸本では、対校した㋰㋱㋲㋓㋔㋕すべてが「邪念及貢高」となっている。「邪念」と「邪見」とは同意である。おそらく原本は「邪念及貢高」となっていたことであろう。源信は原典の記述を改変したと思われる。㋰祖本のいずれかが、引用文の原典を参看して、それを誤字と判断し、「邪命及貢高」と書き換えたのであろう。これは著者源信の意図に反する書き換えであるが、それだけにその本が出典の一々を詳細に検索していることを知る決定的証拠であると言えよう。その本を特定することはできないが、現存諸本の中、㋰のみが「邪命」となっていることから考えて、その書き換えは、延久の加点本においてなされた可能性が高い。

3．おわりに

　以上、青蓮院本に見える註記から、その底本である延久の加点本の特徴を求めようとして、いくつかの例を挙げて検討した。その結果、延久の加点本の作成に当たった人々は、単に諸本校合して『往生要集』の本文を確

定することだけを目的としていたのではなく、一々の引用文の出拠にまで遡って、その教説の内容を吟味していたことがうかがわれた。

　すでに触れたように、平等院南泉房の結衆は、『往生要集』加点本の作成に続いて、『安養集』の編纂に着手する。

　『安養集』は、天台浄土教の論題九十五箇について、四十六部の経論章疏から七百七十五の要文を摘出列挙した義科要文集で、十巻八百余丁よりなる大著である。その編纂には膨大な浄土教典籍が必要であった。平等院の蔵書から「多本取り集めて」行われた『往生要集』の読み合わせと加点本の作成は、『安養集』編纂のための基礎作業と位置付けられ、彼らが、『往生要集』の諸本に加えて、そこに引用された要文の出拠を含む多くの典籍を収集したであろうことは想像に難くない。

　『往生要集』には百数十部の典籍が引用されている。それらの原典をすべて収集できたかどうかはわからないが、できる限り引文の出拠を確かめながら読み合わせを行ったことが推察されるのである。

　源隆国と彼を取り巻く天台宗の学僧たちは、浄土教の教理や典籍に関する知識理解を深めるために『往生要集』を研究対象としたのである。延久の加点本はその成果の一つであるが、彼らはさらに高い目標を掲げて研鑽を重ねた。『往生要集』の引用文に加えて、『往生要集』に言及されなかった経論章疏の要文にまで研究範囲を広げていったのである。その結果、彼らは天台浄土教義科の整備という新たな領域を開拓し、その先駆的業績である『安養集』を完成させたのである。

＊註
1　西村冏紹監修・梯信暁『宇治大納言源隆国編　安養集　本文と研究』(百華苑、一九九三年)、梯信暁『奈良・平安期浄土教展開論』(法藏館、2008年) 第四章「源隆国『安養集』の諸問題」、およびそこに掲げた諸先学の業績を参照。
2　八木昊恵「『青蓮院本往生要集』解説一斑」(『龍谷学報』327、1940年)、築島裕・坂詰力治・後藤剛『最明寺本　往生要集　影印篇』(汲古書院、1988年)、同『最明寺本　往生要集　訳文篇』(同、1992年)、同『最明寺本　往生要集　索引篇』(同、2003年)。
3　相馬一意「『往生要集』遣宋本・留和本の再検討」(『印度学仏教学研究』41-1、1992年)

慈尊院五輪塔実測記

狭川 真一

1．慈尊院概要

　高野山の北麓、紀ノ川南岸の和歌山県九度山町に所在する慈尊院は、弘法大師在世中に政所として発生したという。承安元年（1171）の放火により多くの建物が焼失したが、4年後には再興されている。ご本尊の弥勒如来は貞観期の名品として国宝に指定されているが、近年寛平四年（892）の墨書銘が発見され、造営年代も明らかになっている（日野西2004）。この仏像を祀る弥勒堂は重要文化財に指定される鎌倉時代の建物で、このほか近世の多宝塔や古い築地塀などがあり、すぐ南側の丘陵上には官省府神社が鎮座する。また、その途中には高野山町石の180町石（文永九年／1272）があり、ここが町石道山麓側の基点であることを教えている。
　さて、この慈尊院の境内に大型の五輪塔が2基あることは早くから知られており、簡単な紹介も行われている（木下2004、西山2012）。石塔は、弥勒堂の西側に石垣を築いて高めの壇を作り、そこに安置されている。現状で南北に配置されているので、ここではそれぞれを北塔、南塔と仮称するが、江戸時代に作られた『高野山通念集　慈尊院』（1932年、金剛峰寺蔵版）に掲載される慈尊院の伽藍には、北門を入ったすぐのところで、門の左右に安置されている姿が描かれている。ただし、左右の塔と今の南北の塔との関係は、絵画からは読み取れない。このことから、現状の配置はそれ以後のものであることは明らかである。
　次にこの塔に関係する伝承として、承安元年の放火で焼失した建物や経巻、什物を集めて供養した灰塚の上に建てられたものとされるが、石塔の年代と合致しないことがすでに指摘されている（木下2004、西山2012）。灰塚の詳細は不明だが、仮に中世まで灰塚が存在していたとすれば、その整備においてどちらかの塔が、灰塚供養を目的として造営されていたとしても不思議ではない。
　さて、上記したように本塔はすでに概要を紹介したものが存在するが、

筆者も以前に詳細な実測図を作成していたことがあり、この機会に資料の詳細な情報を提示するとともに、若干の意見を付しておこうと思う。屋上屋を重ねる部分はできるだけ表などにまとめることとし、個々の所見を整理するところから始めたい。

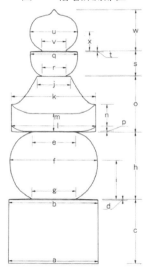
図1　五輪塔計測部位

2．石造五輪塔2例

①北塔

総高は227.5cmで7尺5寸の設計。地輪底面は凹凸が著しく、地面に直接安置するタイプだと思われる。地輪上面に水垂勾配はなく、平坦に作る。水輪は球体だが、最大径はわずかに上位にある。火輪軒裏は反っておらず、軒反りは中央部分の直線が長めである（特に下辺側）。表面には梵字が刻まれ、各面とも4面に配置され、五大種子の四転である。現状で発心門が西側を向いているが、隣り合う真言の配置は間違っていない。梵字はいずれも特徴的な彫り方をしており、最上部の「キャ」字以外は、一画目を平底彫、二画目以降を薬研彫としている。ただし発心門面の「カ」は三画目を平底彫とするが、他の面では薬研彫になっているので、この面のみ彫り忘れたものとみられる*1。なお、梵字は空風輪では大きく配置されるように見えるが、火・水・地輪では小さめである。これは各部位の大きさに対して梵字の大きさをほぼ一定にすることから生じる見た目の違いである。なお、どの面にも銘文は存在しない。

石材は4石とも淡茶色を呈する砂岩製で、石質は2〜5mm大の砂粒を多く含むが、きめ細かなものである。南塔と比較するとその細かさはより明瞭である。また、表面はほぼ全面に水磨きを施したものとみられ、平滑な面が広がっている。

②南塔

総高241.1cmで、おそらく8尺の設計である。表面にはまったく梵字も銘文も記載されていない。地輪底部はやや観察しにくいが、平坦な面になっ

慈尊院五輪塔実測記（狭川真一）

図2 慈尊院北塔実測図及び計測表

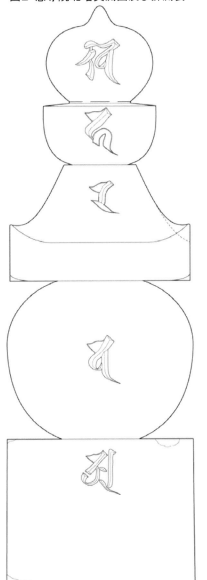

北塔各部計測値一覧表

部位		計測値cm
地輪	a	76.2
	b	75.7
	c	57.8
	d	0.0
水輪	e	35.0
	f	76.0
	g	31.7
	h	62.0
	I	35.0
火輪	j	29.0
	k	73.7
	l	73.5
	m	14.7
	n	19.5
	o	45.2
	p	0.0
風輪	q	45.7
	r	23.0
	s	24.0
	t	1.0
空輪	u	43.1
	v	25.1
	w	38.5
	x	16.5
塔　高		227.5

図3 慈尊院南塔実測図及び計測表

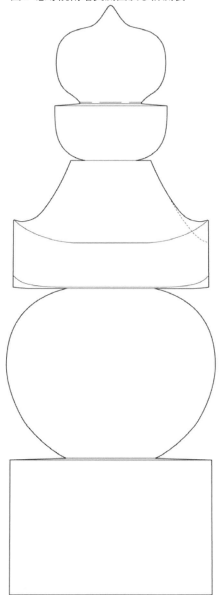

南塔各部計測値一覧表

部位		計測値cm
地輪	a	86.2
	b	86.2
	c	56.2
	d	0.7
水輪	e	38.6
	f	89.2
	g	38.7
	h	68.8
	i	38.0
火輪	j	34.0
	k	82.8
	l	83.6
	m	18.0
	n	22.5
	o	52.0
	p	0.5
風輪	q	47.9
	r	25.0
	s	23.6
	t	1.0
空輪	u	46.0
	v	26.9
	w	40.5
	x	16.0
塔高		241.1

ているようであり、当初は基壇か反花座のようなものの上に乗っていた可能性もある。地輪の上面には高さ0.7cmの水垂勾配がある。水輪はやや押し潰された球体で、最大径は中心よりやや上位にある。火輪の軒裏面はわずかな勾配があり、軒口は厚めで、軒反りも左右にゆったりと立ち上がるもので、直線部分は北塔に比べて短めである。空輪の曲面には上下2か所にわずかながら屈曲の変換点となる肩の張りが認められる。

　石材は4石とも同じながら、北塔と比較すると茶色系が強い色調の砂岩製で、混入物も5mm前後の黒灰色粒が多量に含まれており、これも北塔との比較ではかなり粗いものである。表面の調整は風空輪の表面に細かな凹凸が観察され、タタキ仕上げ風になっている。他の部位は空風輪にくらべると平滑な面が観察されるので、一定の仕上げは行ったようである。ただ、火輪軒裏面は凹凸が著しく、タタキ仕上げで留めているようである。

3．両塔に関する所見

　ここで所見を整理しておこう。両塔は石材も異なり、規模も微妙に違うものであり、また梵字の有無という点でも共通するものは少ない。しかも、地輪は北塔がかなり高めで、火輪の軒反では北塔の直線部分が目立ち、外側に近づいてからやや強く反り上がる傾向にある。さらに、北塔は地輪上面や火輪軒裏面も平坦に仕上げられており、細かな調整は省略されているので硬さが目立つ。これらの点を踏まえて両塔を比較すると、北塔がやや新しい傾向にあると言える。また、北塔の梵字は地輪や水輪で小さめに配置されており、これも年代的な特徴を示している。しかし、両塔とも直接年号が記載されていないので、比較資料を探さねばならない。

①北塔

　幸い北塔に似た塔が、紀ノ川の対岸に位置する橋本市高野口町名倉の地蔵寺に存在する。規模は、総高207.2cmを測る砂岩製で、北塔とよく似たきめの細かな石材を用いている。正面にのみ大日報身真言の梵字を配しており、梵字の大きさは北塔によく似た比率で配置されており、火輪では軒裏面を平坦にする点が共通するが、軒反は地蔵寺塔のほうが直線部分が短く、反りも大きい。地輪はこの塔がやや低めだが、各輪の総高に対する高さの比率はほぼ一致している。このような点から両塔を比較すると、地蔵

図4 地蔵寺五輪塔実測図及び計測表

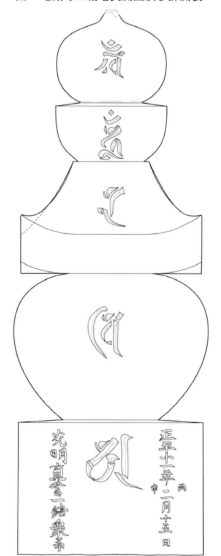

地蔵寺五輪塔各部計測値

部位		計測値cm
地輪	a	73.8
	b	72.9
	c	51.5
	d	1.0
水輪	e	37.5
	f	76.5
	g	37.4
	h	55.6
	I	34.0
火輪	j	29.0
	k	70.5
	l	70.6
	m	14.8
	n	17.5
	o	42.3
	p	0.0
風輪	q	43.8
	r	24.3
	s	22.3
	t	1.0
空輪	u	42.5
	v	24.7
	w	35.5
	x	15.0
塔高		207.2

寺塔が北塔よりやや古い傾向にあるかと思われる。

　幸いこの地蔵寺塔には、地輪正面に「正平十一年[丙申]二月十五日」「光明真言一結衆等」の銘文がある。正平十一年は1356年であり、北塔はこれよりやや新しいとすると、14世紀第3四半期頃の所産かと思われる。

　さて、この地蔵寺塔の銘にある「一結衆」だが、石塔などを造立する際に仏との関係を深めて功徳を得ようとする集団を指し、彼らは石塔や仏像などの造営費用を分担していたと考えられる。つまり地蔵寺塔は、光明真言に帰依して集まった人々が、自身らの供養のために造立し、その費用を分担して造営したものと言える。そうした塔が造営される地点の性格は、墓地が最有力候補とみられ、それを示唆する資料が近在の橋本市神野々極楽寺の墓地に残っている。

　この墓地は通称七墓と呼ばれるもので、現在は近在の六か村の共有墓地（惣墓）となっている。五輪塔は2基あり、いずれも高さ1.3m弱で、地輪の一面に銘文がある。片方は「右志者一結／衆等敬白」「正平七年七月十五日」（／は改行）とある。銘文の面に梵字はなく、南無阿弥陀仏の追刻があるが、左右の面に梵字で五大種子の発心門と菩提門を刻む。正平七年は1352年。ただし、銘文の記載方法やその位置などから、当初の銘かどうか疑問点もなくはない。いま一基には「正平十三年[戊戌]五月十五日」「大念佛一結衆十七人[敬白]」とあり、銘文の面にのみ大日報身真言を配置する。正平13年は1358年（坂本2005）。両塔とも一結衆による造営であり、同じ墓地に近接した時期で同規模の五輪塔がある点は、おそらく当初は別々の墓地にあったものが惣墓として合併した折に持ち込まれたことに起因するのではないかと思われる。どうあれ、一結衆の力で墓地の中に五輪塔が造営された点は疑いないところである。規模は小さいながら、この時期にはまだ墓地内に石造物は認められず、この規模でも十分に墓地のシンボル的な存在になり得たと思われ、墓地の総供養塔（藤澤1989）としての性格を保有したものと見なされる。

　これを踏まえると、地蔵寺塔も墓地に関係して造営された可能性がある。ちなみに、当初は高野口町役場近くにあったとされる、西福寺に所在したという（西山2012）。西福寺について詳細は分からないが、墓所造営との関係が指摘できるならば、明徳二年（1391）の『西大寺諸国末寺帳』（奈文研

1968) に登場する「西福寺」の存在が気になるところであるが、課題として積み残す。

　さて、慈尊院とは紀ノ川を挟んで対岸になるが、類似の時期に形態の良く似た五輪塔が一結衆によって造営され、墓所との関係も指摘できるとなると、北塔についてもそうした可能性を考えておく必要があろう。現在の慈尊院地区（慈尊院の所在する周辺は地名も慈尊院と呼ばれている）には、寺の西側約500mの地点に慈尊院共同墓地がある。墓地には永正5年（1508）から大永6年（1526）の一石五輪塔が確認されており（木下2004）、中世から続く墓地であることは確実である。北塔の故地の第一候補を仮にこの墓地としておきたい。

　②南塔
　この塔は無銘無種子である点が最大の特徴である。このような五輪塔は西大寺叡尊墓塔を代表とする律宗系の塔と理解されているが、それ以前にも若干の事例はある。このタイプの五輪塔は、西大寺やその末寺関係にある律宗寺院の高僧の墓所として採用されるほか、各地へ展開する場合には集落の墓所の総供養塔として造営され、基壇や台座に納骨穴を有して共同の納骨所となる事例も数多い。そしてこの塔の周辺には、墓地が展開するようになるのである。九州や瀬戸内の各所にも見られるが、近畿地方では西大寺のある奈良県内はほぼ全県域に分布し、近接する伊賀や南山城、河内地域にも分布している。さらに北は宮津、東の近江では信楽付近までは確実に存在し、兵庫県は播磨地域に著名な資料が残されている。しかし、和歌山県下となると実はこの塔を除いて知見になく、あるいはこの塔が紀伊国では唯一の事例になるかと思われる。ただ、畿内各所の塔はすべて花崗岩製であるのに対して、南塔は砂岩製であり、地域の色合いが強く出ていると言え、近畿地方では珍しい傾向である。だがその形状は、各地に展開する律宗系五輪塔に見劣りするものではなく、実測図上で格差を見つけるのは困難である。したがって南塔の成立時期は、律宗系五輪塔拡散の最盛期に該当し、鎌倉時代後期つまり14世紀前期頃をその年代に考えたい。

　ところが残念なことに現状では、この塔の正確な由来はわからない。奈良周辺でみられる律宗系五輪塔はまさしく墓地の中心に位置して、総供養塔の役割を果たしている。しかしこの地域では、北塔こそがそれにふさわしいと結論付けたので、その性格を絞り込むことは至難の業である。ただ

そのヒントとなるのは、五輪塔に限らず律宗関係者が造営した石塔や石仏の中には、道路や橋、港などを供養したものが存在することである。その地域において重要な事業が行われた折に、その安全を祈願し、あるいは末永い存続を祈念して石塔を造営するのである。ここで思い起こされるのが、この塔に纏わる灰塚供養の伝承である。最初にも記したとおり、灰塚の実態は不明であるが、成立後時間が経過したときに塚を整備し、その頂上に供養の塔としてこの南塔を建立したのではなかろうか。根拠の薄い想像であるが、可能性だけは存在するかと思われる。

　両塔とも和歌山県下ではきわめて珍しい大型の五輪塔であることには変わりはなく、その位置づけの一案を提示したにすぎない。周辺には貴重な石造文化が展開しており、それらを含めて再度検討を行いたいと思う。

　文末になりましたが、本塔の実測調査に際して、慈尊院ご住職の安念清邦師には大変ご親切にしていただき、諸種の情報も頂戴いたしました。また、地蔵寺様にもお世話になりました。感謝申し上げます。さらに現地調査では、大阪大谷大学博物館の池田千尋さんにお手伝いいただきました。あわせて感謝申し上げます。

　なお、地蔵寺五輪塔の実測は愚息典麿の手となることを付記しておきます。また、本稿にはJSPS科研費26284126の成果の一部を含んでいます。

　さて、私と中村先生との出会い。それは大谷女子大学（現在の大阪大谷大学）で非常勤講師としてお世話になったところに始まります。もちろんその前から須恵器の大家としてお名前は存知上げておりましたが、大学に出入りするや親しくしていただき、大学でお引き受けの発掘現場にも同行させていただきました。そればかりか、希望していないにも関わらず講義のコマ数を年々増やしていただき、ある年は……事情は分かっておりましたが……3・4・5時間目を連続して受け持つという栄誉に与り、毎週が集中講義のような有様で、まさに修行に通っているような年もありました。かわいそうに3時間連続で私の講義を受講している学生さんもおられ、気の毒としか言いようがない時期もありました。

　しかしながら、そうした貴重な経験のおかげで鍛えられ、未だに別の大学ですが講義を受け持っておりますし、市民講座等では朝夕2講座を引き

受けることもできるように成長いたしました、という過信の日々を過ごしております。
　くれぐれも健康に留意され、今後も末永くご指導いただきますよう切にお願い申し上げます。

＊註
1　木下浩良氏はこの「カ」のみ梵字の彫り方を異にしている点に意味があるとして、地蔵信仰との関係を想定しているが、真言という固定された中の一文字だけを抽出して特定の仏尊を評価するのは難しいと考える。

【参考文献】
木下浩良（2004）「石造物（金石文）」『九度山町史　民俗文化財編』九度山町
坂本亮太（2005）「石造物調査の成果」『紀伊国相賀荘地域総合調査』水稲文化研究所・紀ノ川流域研究会
奈文研＝奈良国立文化財研究所（1968）『西大寺関係史料（一）―諸縁起・衆首交名・末寺帳―』
西山祐司（2012）「慈尊院五輪塔（二基）」「地蔵寺五輪塔」『日本石造物辞典』吉川弘文館
日野西眞定（2004）「民間宗教（社寺)」『九度山町史　民俗文化財編』九度山町
藤澤典彦（1989）「中世墓地ノート」『仏教芸術』182号、毎日新聞社

古代・中世前期の奈良県の石造層塔について

辻　俊和

1．はじめに

　日本では飛鳥時代に寺院の五重塔など木造の層塔（多重塔）が、中国・朝鮮半島から伝わっており、その後各時代をとおして現代に至るまで造立されてきた。各重とも軸部（柱のある部分）が高い層塔形式が大半である。また、中国・朝鮮半島では、塼造や石造の塔が多く残されている。わが国でも、木造塔に比べ小規模なものではあるが石造塔が残っている。形式的には、層塔形式が数少なく、二重以上の軸部が低い簷塔形式といわれるものであるが、一般的には層塔と呼ばれる。

　石造層塔として現存最古のものは、白鳳時代の滋賀県石塔寺三重塔であるといわれる。花崗岩製である。ところが、奈良県から大阪府の東南部には、奈良時代〜平安時代前期、および平安時代後期〜鎌倉時代前期に造立された軟質の凝灰岩製を中心とした石造層塔が分布することが知られている［狭川2009］。そのうち現在のところ奈良県内には表1のように33ヵ所に所在する。

　奈良県内では、凝灰岩の分布地として、瀬戸内火山区に属す二上山を形作る二上層群や、斜長流紋岩質熔結凝灰岩で形成された室生火山岩（宇陀山地を中心に広範に分布）、奈良市の地獄谷・田原地区などに分布する流紋岩質熔結凝灰岩の地獄谷累層、後二者も同じ瀬戸内火山区に属するものである［榛原町1993］。このうち石材として最も利用されたのは、二上山付近の凝灰岩である。

　二上山付近の凝灰岩のほとんどは熔結凝灰岩であるといわれるが、古墳の石棺や石槨として使用され、また、飛鳥・奈良時代には、大和を中心に寺院の礎石や基壇などとしても使用されている。なお、二上山付近では凝灰岩の石切場遺跡も発見されている。

　さらに、先にもあげたように、平安時代後期には層塔としても盛んに利用される。鎌倉時代中頃には、東大寺の復興事業に関連して来日した、

表1 奈良県内所在の古代～中世前期層塔一覧

＜古代＞

番号	名称	層数	時代	所在地	石材	軸・屋根の別	初軸幅	初軸高	初軸高比率	四方仏	四方仏種類	備考	文献
1	龍福寺層塔	現4	奈良中期	山辺郡山添村春日神社	凝灰岩	別石	45.5	52.0	1.14	無地		天平勝宝三年(751)銘、軒裏斜めに切り込み	太田1968
2	塔の森十三重塔	現6	奈良後期	奈良市長谷	凝灰岩	共石	60.0	33.3	0.56	蓮華文		平面六角形、軒裏斜めに切り込み	岩永2001
3	頭塔出土塔	残欠	平安初期	奈良市高畑町	〃	共石	53.3	31.1	0.58	無地		平面六角形、軒裏斜めに切り込み	岩永2001
4	神野山頂層塔	現1	平安前期	山辺郡山添村伏拝	庭園岩	別石							清水1984
5	室生寺納経塔	現2	平安後期	宇陀市室生	凝灰岩	別石				無地		軒裏斜めに切り込み	柳沢2009

＜中世前期＞

番号	名称	層数	時代	所在地	石材	軸・屋根の別	初軸幅	初軸高	初軸高比率	四方仏	四方仏種類	備考	文献
6	東大寺層塔	現2	平安後期	奈良市雑司町	共石		63.7	53.0	0.83	種子	顕教四仏		清水1984
7	旧興福寺十三重塔	13	平安後期	奈良市高畑町	〃	共石	33.5	30.5	0.91	仏容	顕教四仏		太田1968
8	新薬師寺層塔	現5	平安後期	奈良市高畑町福井町	別石							2層・4層軸部のみ凝灰岩	狭川2009
9	法華寺層塔	現5	奈良前期	奈良市法華寺町	共石		41.0			種子	顕教四仏ヵ	初軸下部破損	清水1984
10	唐招提寺層塔	現5	奈良前期	奈良市五条町	共石		67.0			種子	金界四仏	初軸半切	清水1984
11	円成寺十三重塔	13	平安後期	奈良市忍辱山町	共石		61.0	57.0	0.94	種子	顕教四仏	薬師を阿閦に、梵字平底部	清水1984
12	応現寺層塔	現3	平安後期	奈良市鳴川町	別石		38.5	40.0	1.04	無地			清水1984
13	長岳寺層塔	現8	鎌倉後期	天理市柳本町上長岡	共石		42.0	49.8	1.19	種子	金界四仏		清水1984
14	不動院十二重塔	13	平安後期	桜井市外山	共石		46.0	46.0	1.00	種子	顕教四仏		清水1984
15	長谷寺層塔	現9	平安後期	桜井市初瀬	共石		62.8	54.0	0.86	無地		伝道明上人廟塔	長谷寺2014
16	菅原神社裏層塔	現1	平安後期	桜井市三谷	共石		34.3	32.7	0.95	種子	金界四仏		桜井市1979
17	久米寺層塔	現7	平安後期	橿原市久米町	共石		64.0	63.0	0.98	種子	金界四仏		清水1984
18	浄国寺層塔	現8	鎌倉後期	橿原市一町	共石		69.0	66.0	0.96	種子	金界四仏	塔内より白鳳塼瓦数枚押出	清水1984
19	天満宮層塔	現3	平安後期	大和高田市根成柿	共石		61.0	67.7	1.11	無地			清水1984
20	十二社神社層塔	現1	平安後期	大和高田市礒ノ辺	共石		49.5	55.0	1.11	種子	金界四仏	初軸に納入孔	清水1984
21	萱堂層塔		平安後期	大和高田市田井町	〃		51.5	55.5	1.08	種子	三尊像組	初軸のみ	清水1984
22	法楽寺層塔	現1	鎌倉後期	香芝市下田	共石		41.7	39.0	0.94	種子	金界四仏		清水1984
23	逢坂層塔	現5	鎌倉後期	香芝市逢坂	〃		39.0	40.5	1.04	種子	金界四仏		下大道2002
24	室生寺層塔	現7	平安後期	宇陀市室生	安山岩	別石	35.3	32.1	0.91	無地		初笠軒裏斜めに切り込み	清水1984
25	当麻北墓層塔	現3	平安後期	葛城市当麻	凝灰岩	共石	48.0	51.2	1.07	種子	金界四仏		清水1984
26	南今市層塔	南北朝		葛城市南今市	〃	共石	43.5	43.5	1.00	種子	金界四仏	(参考資料)	清水1984
27	順成寺層塔	現2	鎌倉後期	御所市池之内	〃	共石	41.5			種子	金界四仏	初軸半切	清水1984
28	栄山寺七重塔	現7	鎌倉前期	五條市小島町	〃	共石	46.2	48.0	1.04	種子	金界四仏		清水1984
29	杵築神社層塔	現3	平安後期	生駒郡斑鳩町中央田	〃	共石	59.0	60.5	1.03	種子	顕教四仏	旧平楽寺塔	太田1968
30	永福寺層塔	現7	平安後期	北葛城郡王寺町送迎	〃	共石	49.5	49.5	1.00	無地			清水1984
31	常光寺層塔	現3	平安後期	北葛城郡広陵町馬見	〃	共石	55.0	41.0	0.75			初軸・笠に納入孔	清水1984
32	比売阿志神社層塔	現11	平安後期	高市郡明日香村稲渕	〃	共石	68.7	63.1	0.92	種子	顕教四仏	薬師を阿閦に、梵字平武部	奈良県1970
33	世尊寺跡層塔		鎌倉前期	吉野郡吉野町吉野山	〃	共石	50.4	55.7	1.11	仏容		初層のみ、阿弥陀坐像奥側のみ判明	清水1984

図1 奈良県内所在の古代～中世前期層塔分布図

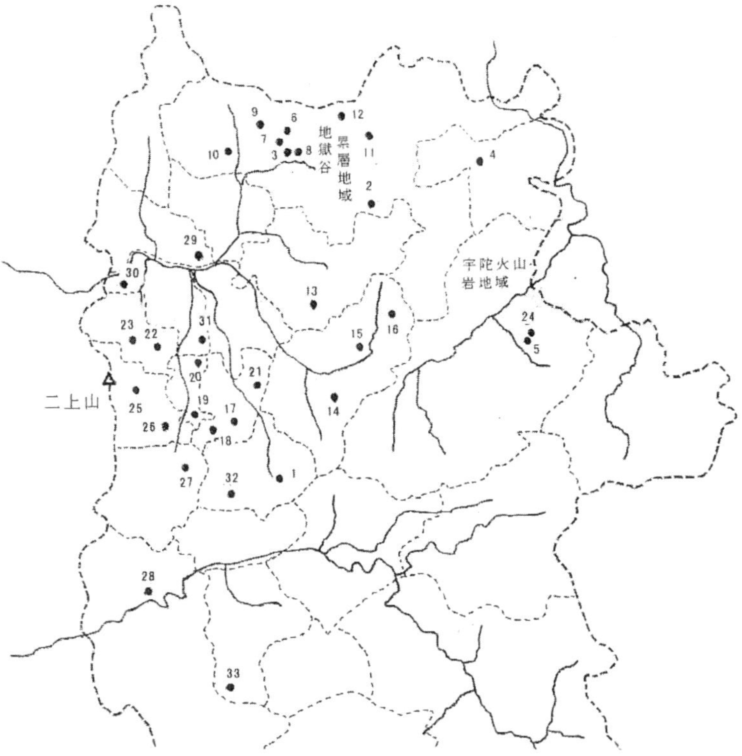

　宋人石工たちがわが国に居住して、硬質の花崗岩を使いこなすようになり、花崗岩製の石造物が多く製作されるようになる。しかし、凝灰岩は鎌倉・室町時代にも数は少なくなるが、層塔・五輪塔などの石造物として作り続けられている。

　今回は、奈良時代～平安時代前期および平安時代後期～鎌倉時代前期に製作された凝灰岩製層塔について、軟質な石材であるので自然崩壊が激しく、形態的な推移などについて明らかになっていない点も多いので、花崗岩製の石塔寺塔、鎌倉中期造立の花崗岩製の奈良県般若寺十三重塔、また木造塔なども参考にしながら、奈良県内の凝灰岩製層塔の位置づけを考察したい。なお、凝灰岩製層塔で各部の計測値の詳細が知られるのは、明日香村於美阿志神社塔であるので、後半は同塔の計測値に基づいて凝灰岩製

図2 古代～中世前期層塔実測図

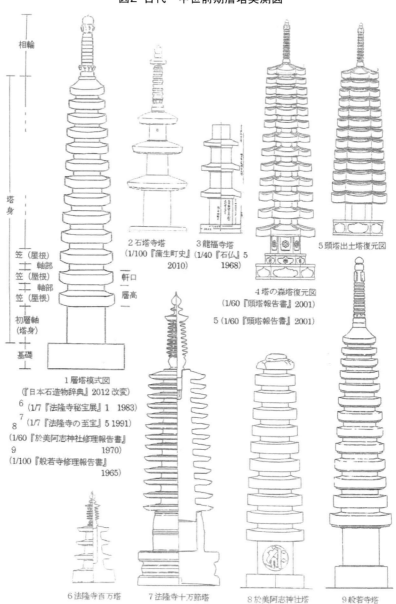

層塔の特性を明らかにしたい。
　以後の文中では、奈良時代〜平安時代前期を古代、平安時代後期〜鎌倉時代前期を中世前期と記す。

２．奈良県内の古代・中世前期凝灰岩製層塔について（概観）

（１）層塔の構成について

　平面は通常方形であるが、塔の森塔のような六角形のものもわずかにある。層数は三・五・七・九・十一・十三重の奇数を原則とする。奈良県内では、古代の龍福寺塔の五重（推定）などの他は、凝灰岩製においては、ほとんどのものは十三重ではなかったかと推測される。
　わが国の石造層塔は、石塔寺塔のように朝鮮半島からその様式を導入したと思われるものもあるが、一方、奈良時代には、工芸塔の法隆寺の木製百万塔や一万節塔（七重塔）、十万節塔（十三重塔）のように、木造層塔を簡略化・形式化した様式に影響を受け、塔の森塔のような十三重塔が考案されたのではなかろうか。また、塔の森塔は、石塔寺塔のように笠石と軸石を別石にするのではなく、初軸を別石にする以外は、笠の上に上層の軸部を共石で低く作り出す。中世前期以降は、笠軸共石のこの形式が主流になっていく。

（２）笠（屋根・屋蓋）について

　笠は木造層塔の屋根を模倣し簡略化したものであると思われ、古代の龍福寺塔などは、軒裏を斜めに切り込み傾斜を作り、斗栱部に当たる造り出しを設け、屋根の四隅に降棟を彫出する。軒裏には垂木を形象化した垂木型を彫出する場合もあり、中世以降一般化する。なお凝灰岩製層塔では垂木型がみられない場合も多い。また、四隅の降棟も花崗岩製のものに比べると、反りがまったくない場合やあってもわずかな場合が多い。
　軒口は木造層塔に倣って両端が反り上がるものが大半であるが、凝灰岩製の場合、軒裏は平面で反りを付けないものもみられる。
　笠の形態については時代差もあるので、今後詳細な検討が必要であると思われる。

(3) 初重軸部の四方仏（梵字・像容）について

　わが国での遺物における梵字の使用は、天慶9（885）年銘の京都府岩船寺阿弥陀如来像胎内の真言などが最古であるといわれる［中村1977］。奈良県内の凝灰岩製層塔では、半数のものに種子の梵字が刻まれ、2例には顕教四仏の像容が刻まれる。種子では顕教四仏を刻むものが4例、そのうち於美阿志神社と円成寺両塔は、東方の薬師に代え密教の阿閦の種子にしている。その他のものは、すべて金剛界四仏である。残る半数は無地であるが、墨書で書き入れられていたことも想定される。

(4) 塔内部の施設について

　室生寺納経塔は、現在二重塔であるが、上下の軸には円筒形の孔を彫り抜き、木製経筒が納められていた。その他龍福寺塔・十二社神社塔など軸部などに孔の彫られたものが知られる。

3．層塔各部の計測値に基づいた検討について（表1・2参照）

(1) 塔高について

　石塔を製作する場合、最初に決めるのは高さや層数であろうと思われるが、各資料をもとに各石塔の高さを推定してみたい。
　(A)古代　石塔寺塔は後補の相輪程度の高さのものが元からあったと思われるので、総高さ729.5cm、現曲尺では24尺ほどの巨塔である。龍福寺塔は五重塔で相輪が立っていたと推測すると、高さ290cm、曲尺で9.6尺ほどで、小型塔である。塔の森塔・頭塔上塔はいずれも平面六角形、総高は450cm、370cm程度に復元されているので、曲尺の15尺・12尺程度の中型塔であったと思われる。
　(B)中世前期　周辺の歴史的環境から推測して、12世紀に造立されたと考えられる於美阿志神社・円成寺両塔については、前者は十三重塔で相輪が立っていたと推測すると、総高620cm、曲尺で20尺。後者は総高560cm、曲尺の18尺程度の大型塔であったと推測される。
　その他、現在のところ詳細な資料を得ていないが、初軸の規模から推測して久米寺塔・浄国寺塔・天満神社塔は、十三重塔で先述の両塔に匹敵する20尺の大型塔で、また、東大寺塔・長谷寺塔・杵築神社塔なども、20尺

表2 於美阿志神社層塔計測表（現存十一重）　　　　単位：cm

	笠幅	層高	軸部幅	軸部高	笠幅対軸幅の比	上下の笠幅差	軒の出比率	笠軒厚 中央	笠軒厚 両端	上下の層高差	層高対軸高の比	初軸石幅対各笠幅比	備考
基礎	幅112.0	高25.0											
初重軸石	幅68.7	高63.1											
初笠2軸	111.2	33.5	67.5	8.3	0.61		0.84	14.9	20.5		0.25	1.62	
2笠3軸	108.2	34.3	67.6	8.7	0.63	-3.0	0.61	15.0	20.2	-0.8	0.25	1.59	
3笠4軸	105.0	33.3	63.1	8.5	0.60	-3.2	0.58	15.5	20.9	-1.0	0.26	1.53	
4笠5軸	101.0	33.7	61.3	7.2	0.61	-4.0	0.60	15.3	20.5	0.4	0.21	1.47	
5笠6軸	96.6	34.9	59.0	8.4	0.61	-4.4	0.59	15.8	21.4	1.2	0.25	1.41	
6笠7軸	92.5	32.7	56.2	8.5	0.61	-4.1	0.57	15.7	20.0	-2.2	0.26	1.35	
7笠8軸	87.3	33.3	55.0	8.4	0.63	-5.2	0.57	15.6	19.8	-0.6	0.25	1.27	
8笠9軸	84.7	32.4	50.4	8.2	0.60	-2.6	0.53	15.8	19.8	-0.9	0.25	1.23	
9笠10軸	81.0	32.0	53.0	8.2	0.65	-3.7	0.62	15.7	20.0	-0.4	0.25	1.18	
10笠11軸	77.5	31.5	46.7	8.0	0.60	-3.5	0.49	15.6	19.5	-0.5	0.25	1.13	
11笠12軸	73.2	31.0	44.0			-4.2	0.62			-0.5		1.07	
11重総高		425.7											
12笠13軸	70.2	30.5	42.1			-3.0				-0.5		1.02	推定
13重笠石	61.1	42.5				-9.1				12.1		0.89	推定
塔身高		498.7											推定
相輪高		124.7											推定
総高		623.4											推定

塔に近い大型塔ではなかったかと考えられる。これらに続くものは、不動院塔・十二社神社塔・當麻北墓塔などの15尺塔。さらに旧興福寺塔・応現寺塔・法楽寺塔などの10尺塔であったのではと推測される。

（2）笠および軸部の計測値による比較について

①笠幅と層高の対比（笠軸共石の場合）について（層高／笠幅）
　（A）古代　塔の森塔のみのデーターであるが、0.28を示し、高さが低い。
　（B）中世前期　於美阿志塔では0.30～0.43で、上層に向かうにしたがって比率が高くなる。全体として高さを強調する工夫が読み取れる。
般若寺塔では0.29～0.33（13笠のみ0.48）、下層の方をやや厚く作るが、各

層の幅と高さの比は3分の1ほどに製作している。
②笠幅対軸幅比（笠幅に占める軸幅の割合）について（軸幅／笠幅）
　（A）古代　石塔寺塔では0.36と0.34。龍福寺塔3笠と4軸では0.52。塔の森塔の初笠と2軸では0.40。古代では、笠幅に占める軸幅の割合は半分またはそれ以下で、軸を細く作り軒の出を広く作っている。
　（B）中世前期　於美阿志塔では0.60～0.65で、ほとんどの層が0.60前後におさまる。般若寺塔では0.67～0.70（初笠・13笠除く）で、ほとんどの層が0.60後半の割合を示す。石材の相違もあるが、前者に比べ後者の軸幅が広くなるのは時代の特徴であるとみられる。また、古代の塔の軸幅が狭いのも時代的特徴とみることができる。
③笠上下幅差と逓減について
　（A）古代　石塔寺塔では初笠・2笠および2笠・3笠とも幅差は42cmで、率にすると16.6%、19.9%ずつ逓減する。その他の塔はデーター不足で比較不可。
　（B）中世前期　於美阿志塔では、各笠3.0～5.2cm（8笠除く）の差となり、2.7%～5.4%の逓減率になる。初笠～4笠に比べ、5笠以上の逓減率がやや高い。曲尺にすると、各笠1寸ないし1.5寸ずつ逓減したと思われる。般若寺塔は各笠5.4～8.5cm（初笠除く）、2.6～4.9%の逓減率で、曲尺では2寸ないし2.5寸、または3寸の逓減であったと思われる。
④軒の出の比例について
　軒の出は、上層笠幅とその下の軸部幅の差を算出、それを2分した数値を、各層軸部幅を2分した数値で割った比率である。木造層塔では1.1～1.2倍が多いといわれる。
　（A）古代　石塔寺塔では、1.2～1.38倍。龍福寺塔の3笠と3軸では0.69倍。塔の森塔初軸では1.9倍となる。
　（B）中世前期　於美阿志塔では、初軸部では0.84倍、2軸以上は0.49～0.62倍、平均では0.58倍となる。般若寺塔では、初軸部で0.70倍、2軸以上は0.36～0.55倍、平均で0.41倍となる。前後者とも初軸の軒の出が広い。また、2軸以上の軒の出の違いは、時代的な変化と思われる。後者の方が深さが浅くなる。
⑤層高（笠・軸高）差と逓減について
　古代については適当な資料がないので、中世前期の例のみで検討する。

於美阿志塔では中間で層高が少し厚くなる層があり、各層全てが逓減するわけでないが、大半が0.5cm前後の逓減になる。曲尺では1.5分程度のわずかな逓減であるが、凝灰岩の加工技術に関係するのかもしれない。般若寺塔は1.5～4.7cm（2.1～8.0％）の逓減である。曲尺では5分または1寸程度の逓減であったと思われる。花崗岩製層塔では、上下各層高に均等な差を設けリズム感を出していたと考えられる。
⑥塔身高と初軸幅の比例について(塔身高／初軸幅)
　塔身高と初軸幅の比例を知ることによって、各塔のプロポーションが分かる。倍数が大きいほど塔全体が細くみえる。
（A）古代　石塔寺塔は4.0倍。塔の森塔（復元）は6.07倍。頭塔上塔（復元）は5.4倍となる。
（B）中世前期　於美阿志塔は7.3倍。般若寺塔は6.3倍である。古代の層塔に比べると倍数が高く、細高くなっていることが分かる。木造の現存五重塔では、3.5～5.2倍であるといわれるので［浜島2009］、石造十三重塔ではそのスリムさが知られる。

4．まとめ

　奈良県内の古代・中世前期の凝灰岩製層塔について、遺物としての時代的特徴を明らかにできたが、石材の流通、製作者の問題などについて踏み込むことができなかった。古代に関しては、造東大寺司など官営工房の関与が考えられる。また、中世前期については、勧進聖などと連携した凝灰岩を扱う地域の石工が関わり、花崗岩製石造物が中心になる鎌倉中期以降も、葛城市南今市層塔や田原本町平田墓地の凝灰岩製重層宝篋印塔などを製作する別系統の石工として存続したのではないかと考えられる。

【引用・参考文献】
岩永省三（2001）『史跡頭塔発掘調査報告』奈良国立文化財研究所
太田古朴（1968）『石仏』5、奈良石造美術研究会
狭川真一（2009）「近畿の中世墓」『日本の中世墓』高志書院
桜井市史編集委員会（1979）『桜井市史』桜井市役所
清水俊明（1984）『奈良県史』7、名著出版

下大迫幹洋（2002）「二上山北麓の凝灰岩製層塔について」『日引』3、石造物研究会
総本山長谷寺文化財等保存調査委員会編（2014）『豊山長谷寺拾遺第五之一』長谷寺
中村瑞隆他（1977）『梵字辞典』雄山閣
奈良県文化財保存事務所編（1970）『重要文化財於美阿志神社石塔婆修理工事報告書』奈良県教委
榛原町史編集委員会（1993）『榛原町史』榛原町役場
浜島正士編（1979）『塔の建築』日本の美術158　至文堂
柳沢一宏（2004）「室生寺における石造物の基礎調査」『研究紀要』14、由良大和古文化研究会

長崎県松浦市鷹島海底遺跡における
蒙古襲来(元寇)船調査の現況と課題

池田　榮史

1．はじめに

　蒙古襲来は日本史の教科書に掲載され、日本人の多くが知っている歴史的事件である。しかし、その知識の内容についてみれば、「神風」伝説が知られている程度で、2度にわたる蒙古襲来の経過と、当時のアジア社会における歴史的位置付けについてなどはあまり意識されていない。これは鎌倉時代に起った重大な外寇事件であったにも関わらず、その舞台が北部九州であったこと、また文献記録では4,400艘に上るとされた元軍船団が暴風雨によってほぼ壊滅し、戦闘の痕跡がほとんど残らず、忘れ去られてしまったことが大きい。

　これに対して、元軍船が遭難したとされる長崎県松浦市鷹島の南海岸沖合海域では、1980年代から海底に沈んだ元軍船に対する水中考古学的調査が断続的に実施されてきた。その過程で、筆者もこれに参加することとなり、21世紀に入ってからは自ら研究チームを構築して、元軍船の発見を目指した調査を実施してきた。その結果、2015年までに2艘の元軍船と元軍船から投下された木製椗を発掘するとともに、さらに元軍船が埋もれている可能性がある地点をいくつか確認するに至っている。

　そこで、本論ではこれまでの元軍船調査の概略と、筆者が発見した元軍船および木製椗について紹介するとともに、今後の課題についてまとめておきたい。

2．蒙古襲来(元寇)の内容

　中国大陸、韓半島、日本列島の歴史は、アジア地域を席巻した元(蒙古)による軍事行動によって大きく変動した。1230年から断続的に蒙古の侵攻を受け続けていた韓半島の高麗は1260年に至って蒙古と講和し、その旗下に入った。蒙古第5代皇帝フビライは1271年に国号を元に改め、1273

年高麗で起った三別抄の反乱鎮圧に介入するとともに、日本に対しても入貢を求めた。しかし、度重なる招諭にもかかわらず、日本はこれに対応しなかった。このため、三別抄の鎮圧後、フビライは高麗に派遣していた元軍（屯田軍・女真軍・水軍）約20,000人と高麗軍約6,000人を日本遠征軍へ再編制し、船舶約900艘をもって、1274年10月に日本への侵攻を図った。元・高麗軍は対馬、壱岐から博多湾に侵攻し、博多周辺を焼き払って撤退した。この際、暴風雨にあって撤退を余儀なくされたとする説もある。いずれにせよこの戦いは日本側にとって数百年振りとなる国際的戦闘の経験であった。この一度目の蒙古襲来を日本では文永の役という。

　文永の役後、フビライは再び日本の入貢を求めたが、日本は重ねて拒絶した。このため、フビライは再び日本への侵攻を計画する。1279年に南宋を滅ぼすと、降伏した旧南宋軍を主とする江南軍約100,000人（船舶3,500艘）と、前回の文永の役に動員した元・高麗混成軍約40,000人（船舶900艘）からなる東路軍を編制し、1281年に日本への再侵攻を図った。しかし旧暦5月初旬に高麗の合浦（現、韓国馬山周辺）から出兵した東路軍に対して、江南軍は総司令官の交代などによる出発の遅れが生じた。先発した東路軍は前回と同じく対馬、壱岐を経て博多湾に進んだが、侵攻に備えて沿岸部に防塁（元寇防塁）を築いていた日本側に上陸を阻まれ、簡単には博多へ侵攻することができなかった。そこで、東路軍は一旦、壱岐へ退却し、そこで江南軍の到着を待つこととなる。

　これに対し、旧暦6月中旬から7月初旬にかけて、慶元（現、浙江省寧波）周辺を出発した江南軍は順次、五島、平戸周辺に到着し、7月27日には博多方面へ侵攻するために、伊万里湾の湾口に位置する鷹島の周辺海域へ移動した。しかし、移動直後の7月30日から翌閏7月1日にかけて暴風雨に遭遇し、多くの軍船および将兵が遭難することとなる。記録の上では、東路軍、江南軍合わせた元軍将兵約100,000人の中の約6～70,000人、高麗軍将兵約27,000人中の約7,000人が帰還しなかったとされている。未帰還者の中には、暴風雨通過後に鷹島周辺へ攻め込んだ鎌倉幕府旗下の武士達に掃討された将兵や、各地で捕虜となった後、博多へ連行されて、斬首された将兵などが含まれている。この2回目の蒙古襲来を日本では弘安の役という（佐伯弘次2003ほか）。

3．鷹島海底遺跡とこれまでの調査

　鷹島の南海岸ではこれまでに「管軍総把印」や陶磁器など、多くの遺物が発見されている。また、島内の床浪港や神崎港では、港湾施設の改修工事などに先立って、工事水域での水中発掘調査が行われ、元軍船のものと考えられる椗（碇）や船の部材、冑や刀などの武器・武具類、壷や碗といった陶磁器などが発掘されてきた。現在、これらの資料の多くは松浦市鷹島歴史民俗資料館や同市立鷹島埋蔵文化財センターに保管され、保存処理作業を施した上で、展示と公開が行なわれている。

　このような鷹島での考古学的調査は、1980～1982年に行なわれた文部省科学研究費特定研究「古文化財に関する保存科学と人文・自然科学」の中の「水中考古学に関する基礎的研究」（研究代表者茂在寅男東海大学教授）による調査を嚆矢とする。この調査によって、鷹島が蒙古襲来（元寇）に関する遺跡であることが初めて公式に認められ、1981年には鷹島南岸の東端「干上鼻」から西端「雷崎」までの海岸線約7.5km、海岸線から200mの範囲、総面積150万㎡の海域が蒙古襲来に関する「周知の埋蔵文化財包蔵地」に指定され、これを契機として、この海域で行なわれる港湾工事の際には工事着工前の水中発掘調査が行なわれることとなった。1988～1989年に行なわれた床波港改修工事に伴う緊急発掘調査がその始まりである（鷹島町教育委員会1992）。1994年～1995年には、神崎港の防波堤工事に伴う緊急発掘調査が行われ、元軍が使用したと思われる大型木製椗などの遺物が多く発見された（鷹島町教育委員会1996）。神崎港では2000～2002年にも改修工事に伴う緊急発掘調査が実施され、船体の部材と考えられる木材、冑や鉄刀などの武器・武具類、櫛や椀などの漆器類、飾金具・椀・鈴などの青銅製品、土製球状製品（てつはう）や四耳壷をはじめとする中国陶磁器など、多数の遺物が出土している（鷹島町教育委員会2001a・2002a・2003a）。

　このような発見が続いたこともあり、遺跡を管轄する鷹島町教育委員会（2006（平成18）年1月1日に松浦市・鷹島町・福島町の3市町が合併して松浦市）では、1992～1999（平成4～11）年にかけて、周知の埋蔵文化財包蔵地とした海域において、潜水による目視調査を実施するとともに、2000～2005（平成12～17）年度には神崎港周辺での遺跡内容確認のための試掘調査を行なった（鷹島町教育委員会2001b・2002b・2003b・2004・2005、松浦市教育委

員会2008・2011)。この他、学術的な調査も引き続き行なわれ、1989〜1991（平成元〜3）年度には西谷正九州大学教授による科学研究費補助金（総合研究A）を受けた「元寇関連遺跡の調査・研究・保存方法に関する基礎的研究」による調査・研究が実施された（西谷1992）。

4．琉球大学による調査の歩み

　このような中、筆者は2003〜2007（平成15〜19）年度科学研究費補助金特定領域研究「中世東アジアの交流・交易システムに関する新研究戦略の開発・検討」の採択を受けて、2005（平成17）年度より鷹島海底遺跡での調査を開始した。2006〜2010（平成18〜22）年度には日本学術振興会科学研究費補助金基盤研究(S)「長崎県北松浦郡鷹島周辺海底に眠る元寇関連遺跡・遺物の掌握と解明」、2011〜2015（平成23〜27）年度には再び日本学術振興会科学研究費補助金基盤研究(S)「水中考古学手法による元寇沈船の調査と研究」が連続して採択され、継続的な調査・研究を実施することとなった（池田2011・2016ほか）。

　この調査・研究では遺跡を管理する松浦市教育委員会と協力しながら、科学研究費による研究分担者である東海大学海洋学部根本謙次教授と滝野義幸研究員の参画を得て、本来は海底資源や地質調査に用いる音波探査装置を援用した伊万里湾全域の海底詳細地形図と海底地層断層図の作成を行った。その上で、作成した海底地形図の中で何かがありそうな反応があった場所に対して、水中ロボットカメラによる映像撮影と、水中考古学手法による潜水視認調査を行なった。この結果、船体をはじめとする蒙古襲来関連遺物は海底面に落ちた状態で検出される可能性がほとんどないことを確認した。その原因は元軍船発見後に解ったことであるが、海底面に露出した状態の船体は木材を好むキクイムシやフナクイムシに蚕食されることにある。

　このため、次には海底地層断層図で捉えた海底面下の反応物について、反応の大きさや海底面からの深さを確認した上で、これを分類し、その中から蒙古襲来関係遺物の可能性が高いと思われる地点について、再度、詳細な海底地層断層情報の取得作業を行なった。この際、最初に実施した海底地層断層図の作成では、伊万里湾全域について借上げた調査船を約50m

間隔で航行したのに対して、新たな作業では対象地点を中心として約10m間隔で走らせ、地層情報を取得したのである。この最初に行なった海底詳細地形図と海底地層断層図の作成調査を概査、次の詳細な海底地層断層図作成を精査とする。

　精査で確認した反応地点については、さらに10数箇所を選び、長さ2mの鉄棒による刺突確認調査を実施した。この刺突確認調査で木材を含む元軍船の可能性が高い堆積物の反応が得られた海底の2地点について試掘調査を行った結果、2011年10月と2014年10月の調査で、それぞれ鷹島1号沈没船と鷹島2号沈没船を発見するに至った。また、2012年の調査では鷹島1号沈没船の発見地点から、海底地形に沿って東西南北方向に鉄棒による刺突確認調査を行った結果、鷹島1号沈没船の北方向約100mの位置で、石材と木材の反応を得た。そこで、2013年度に試掘調査を実施し、一本作りの碇石を装着した木製碇を確認している。

5．発見した「元軍船」関係資料の内容
（1）鷹島1号沈没船（第1図、写真1）
　鷹島1号沈没船は、鷹島南海岸の奥まった黒津浦に近い水深20～25mの海底面を約1m掘り下げた位置に横たわっていた。約10m×25mの調査区から、船体の基底部分をなす竜骨（キール）とこれに沿った両舷側の板材（外板）を検出している。竜骨は幅約50cmの木材を用い、調査区域のほぼ東西方向に約12mの長さまでが確認できる。竜骨の西側先端部にはこれと連結する木組みのための加工が見られ、ここに船首部分の竜骨を組み合わせていたことが推測される。なお、龍骨の東側先端部分はフナクイムシによって蚕食されて残っておらず、竜骨の両側に施されていた漆喰状の塗料が海底に落ちた状態で約1.5m先まで確認できる。

　この漆喰状の塗料（故、山形欣哉氏の教示によれば、中国では牡蠣殻を焼いて粉にしたものと桐油と混ぜて、木材の隙間を埋めたものである（山形2004））は灰白色で、これに接して船底から舷側を構成する外板が並んでいる。外板に用いた木材は幅15～25cm、厚さ約10cmのものが多く、長さは1m程度から6m程度までがあり、竜骨の両側に2～5mの範囲で整然と並んでいる。外板材の中には二枚重ねになっている部分や、連結してまとまっている部材の下に別の部材が潜り込んでいる部分が見られる。

第1図　鷹島1号沈没船実測図

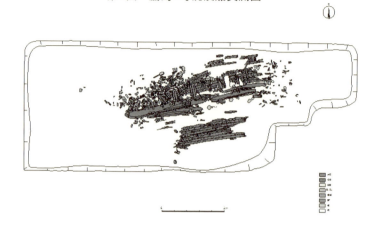

写真1　鷹島1号沈没船検出状況（上段：遺物、下段：船体）

船体内部には竜骨と両舷の外板材に対して直交する状態で配置された隔壁と考えられる木材が6箇所で確認できる。それぞれ3枚ずつで構成されるが、残存状況が悪く、全体の構造は良く解らない。しかし、竜骨と外板、隔壁を持つ構造からすれば、中国江南から発進した元軍船と考えられる。竜骨の残存する長さ（約12m）と落下した漆喰の長さ（約1.5m）を下に復元すれば、少なくとも全長で25mを超える大型船と考えられる。

竜骨や外板材の上からは、大量の中国産陶磁器片や塼（レンガ材）が散乱した状態で検出されており、これに混じって硯や銅銭、球形土製品（『蒙古襲来絵詞』に「てつはう」と記載）、携帯用砥石などが見られる。これらの遺物は基本的に元軍が携帯したものと推測され、鷹島1号沈没船が中国江南地方を発した元軍船であることを追証している。

なお、鷹島1号沈没船の発見は鷹島海底遺跡において、船体の構造が解る状態で発見された初めての事例であった。このこともあり、現地での保全を図った鷹島1号沈没船を含み込んだ鷹島神崎港沖合の384,000㎡の海域は、2012（平成24）年3月27日付で国史跡に指定された。これは水中遺跡では国内最初の国史跡指定である。これを受け、遺跡を管理する松浦市教育委員会では2014（平成26）年3月に「国指定鷹島神崎遺跡保存管理計画書」を策定し、今後の鷹島海底遺跡の保存と活用に向けた取り組みを進めている。

（2）鷹島2号沈没船（第2図、写真2）

2014・2015（平成26・27）年度に調査を行った鷹島2号沈没船は、国史跡鷹島神崎遺跡指定範囲の東に位置し、水深約13～15m、海岸線からの距離約200mの海底面下約1mに、ほぼ南北方向で埋もれていた。現存長約12m、最大幅約3mで、南側の船首から次第に船体の残存幅が大きくなり、中央部から北側の船尾にかけて次第に狭まって行く構造が確認できる。船体内部には船底を構成する外板と船内を仕切る隔壁が明瞭に残っているものの、隔壁で仕切られた船内前方の区画の中に大量の石材が積載された3室があることや、船体木材が遊離する恐れがあることもあって、石材を含めた船内の堆積土の掘り上げは行なっていない。

船首から船尾までの船室内を区切る隔壁は9枚が確認され、隔壁で区切られた船内区画は船首側からそれぞれ約85㎝、100㎝、105㎝、140㎝、150

第2図　鷹島2号沈没船実測図

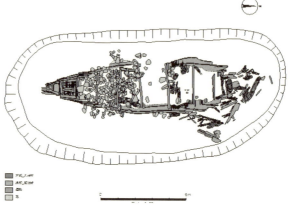

写真2　上段:鷹島2号沈没船検出状況、下段:出土遺物

cm、145cm、110cm、70cmの奥行きを持つ。このことからすれば、鷹島2号沈没船は前方から5室目の船内区画を最大として、前後に少しずつ狭まっていく構造であることが知れる。なお、船内前方の区画内に見られた石材は本沈没船に積み込まれていたバラスト（重石）と考えられる。

　船内を完全に発掘していないため、船底部の構造は未確認であるが、発掘状況からすれば竜骨を含む船体下部の部材がかなり良好に残存していると推測される。また、隔壁を含む船体の構造は鷹島1号沈没船に近いことから、鷹島2号沈没船も中国江南地域を発進した元軍船であると考えられる。この場合、船体の基底をなす竜骨の長さが船体現存長の約12mよりも短くなることが明らかであることから、鷹島2号沈没船は鷹島1号沈没船よりも小型の全長約20m前後であったと推測される。

　鷹島2号沈没船では船内から天目碗が出土した他、船尾部分の外板材の下から金属製筒形製品（香炉？）、また周辺の掘り下げ中に白磁椀と褐釉壺が得られた。これらの製品はいずれも中国宋・元代に位置付けられ、やはり鷹島2号沈没船が元軍船であったことを示している。

（3）一石造り碇石付き木製椗

　2012年度の突き棒による調査で位置を確認し、2013（平成25）年に試掘調査を実施した木製椗は、水深約20mの海底面下1mほどに埋もれていた。ほぼ南北方向を向いており、南側が椗の先端方向であることから、これを用いた船舶は椗の北側海上にいたと考えられる。なお、このことからすれば、この木製椗の南に位置していた鷹島1号沈没船から投じられた椗ではないことになる。

　木製椗は一木から造り出された長さ約1.75m、幅約25cmの椗身材現存部分と、やはり幅約25cm、長さ約1.75mの海底に打ち込むための椗歯材からなる。本来、椗身材と椗歯材はそれぞれ別の木材を用いて造ることが一般的であるが、本例は1本の木材の本体と枝分かれ部分をうまく取り込んで1木造りとしている。なお、椗身材にはホゾ穴が設けられていることからすれば、碇石を挟み込むために組み合わせるもう1本の椗身材とこれに取り付けられた椗歯材が存在しなければならないが、これらはフナクイムシに蚕食されて残っていない。

　木製椗の先端部から約2.5mの位置に椗身材とほぼ直交する状態で碇石

が横たわっている。碇石は長さ約2.3m、中央部分の幅約50㎝、厚さ35㎝、先端部分では幅約20㎝、厚さ約15㎝を測り、東側にやや深く傾いて埋もれていた。また、この碇石からさらに約50㎝北側に幅約20㎝、厚さ約15㎝、長さ約50㎝の角材片があり、検出位置からすれば梃身材の延長部分と考えられる。このことからすれば、この木製碇は少なくとも4m以上の木製碇に復元できることとなる。これは鷹島海底遺跡でこれまでに確認された木製碇の中では、神崎港離岸堤工事で検出された大型碇に次ぐ大きさとなる。

　なお、鷹島海底遺跡ではこれまで2体1対の分離型碇石のみが発見されており、「鷹島型碇石」と呼ばれてきた。しかし、本碇石は日本各地で見つかっている1石造りの碇石であり、「鷹島型碇石」しか見つかってこなかった鷹島海底遺跡の常識を打ち破る発見となった。

6．これまでの調査のまとめと今後の課題

　鷹島南海岸を含む伊万里湾は二度目の蒙古襲来（弘安の役）に際して、折から起こった暴風雨のために元軍船の多くが遭難した海域とされてきた。しかしながら、この海域から合計約4,400艘に上ると言われている元軍船が良好な形で発見されたことはこれまでに1艘もなかった。このため、多くの日本人の間では、ほぼ同時代に作成された「蒙古襲来絵詞」に描かれた船や武装兵のイメージが浸透していた。また、蒙古襲来に関する研究も「蒙古襲来絵詞」をはじめとする文献史料に基づく研究に終始する状況にあった。

　この点において、鷹島1・2号沈没船の発見はこれを大きく塗り替える歴史的発見であった。この発見によって、元軍船の実例が明らかになり、その構造や大きさ、建造技術、積荷の内容などを踏まえた実際の資料による蒙古襲来研究、さらには13世紀のアジア史研究の新たな扉が開かれたのである。

　中でも、元軍船の実態については、鷹島1・2号沈没船の発見によってさまざまな情報が得られることとなった。2艘の船はともに竜骨と隔壁、外板からなる構造をもつことから、中国江南地域を発進した船舶であると考えられるが、船体の規模や船材細部の使用手法などに違いが見られる。このことは蒙古襲来にはさまざまな船舶が建造あるいは徴用されたことを

示す。また、積荷の大量の磚や石材は航行中の船体の安定をはかるため、船底に大量のバラスト（重石）を積み込んでいたことを示す。さらに、この積み込まれた磚や石材が海底面下に埋もれた船体を音波探査によって探し出す手がかりとなるとともに、その重みによって船体を海底面下に残す役割をも担っていたこととなる。

現在、2艘の元軍船は発見した海底での保全を図っているが、調査の際に作成した映像と図化した記録は竜骨や外板、隔壁などの一つ一つの形やそれぞれの組み合わせ方、釘や鬥による結節の手法など、船舶構造や造船技術の特徴を解明する上での重要な知見となる。また、2艘の元軍船が船体構造を残した状態で確認できたことは、これまでの鷹島海底遺跡調査で検出されてきたバラバラの状態の船材と考えられる木材の用途や使用部位を検討する際に有力な比較資料となる。このことからすれば、この2艘に加えて、さらなる新たな元軍船を発見し、元軍船と積荷に関する調査事例を蓄積することが、蒙古襲来研究の進展に大きく寄与することを示している。

なお、鷹島1・2号沈没船の大きさや構造からすれば、既存の施設や設備では保存処理を含む対応が難しく、現状では引揚げることができなかった。このため、海底での保全手法として1号沈没船と木製碇は特製の銅網で覆い、その上を砂嚢袋で押さえる手法、2号沈没船は砂嚢袋で50cm以上の厚さに覆い、その上にシリコン樹脂を塗布したナイロン製シートを被せ、再び砂嚢袋で押さえる保全手法を採っている。前者は北海道江差町江戸幕府軍艦開陽丸、後者はオーストラリアや欧州で採用されている現地保存手法を手本としており、鷹島海底遺跡ではこれを改良しながらより良い現地保存手法を探る実験を試みている。

また、これと並行して木材や金属のテストピースを用いた海底モニタリング調査も開始した。そこでは鷹島1・2号沈没船の海底保全状態と同じ環境にテストピースを複数設置し、一定の期間を置いて少しずつ取り出し、この間の劣化進行状況を確認することによって、実験を試みている保全手法の妥当性を検証することとなる。

鷹島海底遺跡と発見した鷹島1・2号沈没船、木製碇や出土遺物をめぐって進めているさまざまな研究や実験活動については、引き続きこれを発展的に進めることが求められている。これまでの成果を検証するとともに、これらの取り組みをさらに昇華させて行きたいと思う。

【参考文献】

池田榮史（2011）「長崎県北松浦郡鷹島周辺海底に眠る元寇関連遺跡・遺物の把握と解明」『平成18年度～平成22年度科学研究費補助金基盤研究（S）研究成果報告書』第3冊（最終報告書）

──（2016）「水中考古学手法による元寇沈船の調査と研究」『平成23年度～平成27年度科学研究費補助金基盤研究（S）研究成果報告書』第3冊（最終報告書）

佐伯弘次（2003）「モンゴル襲来の衝撃」『日本の中世』9、中央公論新社

鷹島町教育委員会（1992）『鷹島海底遺跡』（長崎県北松浦郡鷹島町床浪港改修工事に伴う緊急発掘調査報告書）

──（1996）「鷹島海底遺跡Ⅲ」（長崎県北松浦郡鷹島町神崎港改修工事に伴う緊急発掘調査報告書）

──（2001a）「鷹島海底遺跡Ⅴ」（長崎県北松浦郡鷹島町神崎港改修工事に伴う緊急発掘調査報告書②）

──（2001b）「鷹島海底遺跡Ⅳ」（鷹島海底遺跡内容確認発掘調査1）

──（2002a）「鷹島海底遺跡Ⅶ」（長崎県北松浦郡鷹島町神崎港改修工事に伴う発掘調査概報）

──（2002b）「鷹島海底遺跡Ⅵ」（鷹島海底遺跡内容確認発掘調査2）

──（2003a）「鷹島海底遺跡Ⅷ」（長崎県北松浦郡鷹島町神崎港改修工事に伴う発掘調査概報②）

──（2003b）「鷹島海底遺跡Ⅸ」（鷹島海底遺跡内容確認発掘調査3）

──（2004）「鷹島海底遺跡Ⅹ」（鷹島海底遺跡内容確認発掘調査4）

──（2005）「鷹島海底遺跡ⅩⅠ」（鷹島海底遺跡内容確認発掘調査5）

西谷　正（1992）『鷹島海底における元寇関係遺跡の調査・研究・保存方法に関する基礎的研究』（平成元～平成三年度科学研究費補助金（総合研究A）研究成果報告書（研究代表者西谷正九州大学文学部教授））

松浦市教育委員会（2008）「松浦市鷹島海底遺跡」（平成13・14年度鷹島町神崎港改修工事に伴う緊急調査報告書）

──（2011）「松浦市鷹島海底遺跡　総集編」

──（2014）『国指定鷹島神崎遺跡保存管理計画書』

山形欣哉（2004）「歴史の海を走る－中国造船技術の航跡」『図説　中国文化百華』第16巻

＊紙面の都合上、詳細な実測図・写真資料を掲示できなかった。これについては上記に掲げた報告書を参照いただきたい。

中国安徽省淮北市柳孔運河の唐代交易沈没舟・船

辻尾 榮市

1. はじめに

　中国陝西省西安は都城長安城が立地する関中平野の中心に位置する。渭河の南域にあり、周、秦、漢、隋、唐代においては近傍に都城が築かれた。しかし都市の発展は政治機構だけではなく、民が必要であり、その民の生活における食糧は供給物資に依存しており、それは国家政権に関わる重要な問題であった。この食糧の問題は大事業であり、その輸送の交通路を整備することは政権を左右した。近年、隋の煬帝が開鑿した大運河や、穀物倉などの発見があり、交通路と都城との関係が注目される。安徽省淮北市濉渓県百善鎮は渭河と黄河を連絡した通済渠があって、そこで発掘調査された柳孜鎮では紹介するような唐代の沈没船や宋代の埠頭が発見されている。以下では『淮北柳孜―運河遺跡発掘報告―』（科学出版社、2002）の沈没舟・船に関して概略紹介したいと思う。

2. 地理環境

　報告によれば、〈淮北市は安徽省北部、東経116度23分～117度23分、北緯33度16分～34度14分の間に位置する。周辺は江蘇・河南の両省と境を接し、北は蒙城に臨み、東は宿州と隣接し、西は渦陽と河南永城市に連なる。隋唐柳孜大運河遺跡は淮北市濉渓県百善鎮県内にあり、東は百善鎮・蕭淮公路より7km、北は県城より30km、西は河南省永城市より25km離れており、宿州から永城までの303省級道路が柳孜を東西に通り、交通が非常に便利な位置にある。
　淮北市は淮北平原中央部に位置し、華北平原南端の一部に属しており、黄河と淮河とが長期にわたって堆積した砂泥によって形成した沖積平原である。地形は平坦であり、東北部に少々低山が分布するだけであり、海抜は通常23.5～32.4mである。平原中央部を横断する隋代の堤防を境界とし、

北部は黄河氾濫沖積層の平原区域であり、南部は古河川や湖による堆積平原である。黄河氾濫沖積区域内では沖積層が覆っており、土壌は肥沃であり、地面は平らで地下水が豊富である。その堆積区域は早期のゆっくりとした地層形成の過程において、堆積の初めに豊富に含有していた炭酸カルシウムが低層まで流れ落ち、地下水の影響もあって異なった形状を形成している。この地区の地形は割合に低く、地下水の水位は高く、土壌は黒土を主としている。

　淮北市内の四鋪・百善・鉄仏などの地区には比較的多くの密閉型の湖沼が分布しているが、この湖沼の形成は大運河の南岸の決壊によるものである。大運河南岸の堤防が決壊した時に決壊場所において水流速度が急減したことにより、砂泥がその付近に大量に堆積し、地面より高い「嶺子地形」を形成し、そして2つの嶺子地形の間に密閉型の湖沼が形成したということである。

　淮北市は中国の秦嶺・淮河南北気候の境界線の北側に位置し、その特徴は季節風の影響が強く、四季がはっきりし、降雨が適度にある。春は温暖で気候が変わりやすく、平均気温が14.7℃、平均降水量が160.7㎜である。夏は暑く、雨量が集中し、平均気温は26.5℃、最高気温が41.1℃、降水量は年間平均が475.3㎜であり、年間降水量の半分以上を超える。秋は涼しく、平均気温は15.6℃、降水量は168.1㎜である。冬は寒冷で乾燥し、雨雪は少なく、北風が吹き、平均気温が1.7℃、降水量は50.7㎜である。霜が下りない時期は例年平均206.9日であり、温帯半湿潤モンスーン（温帯冬季少雨）気候区に属する地域である。

　淮北市の交通は、青阜鉄道と京滬鉄道符挟支線が市街区を通り、北は隴海鉄道と南は京滬鉄道に接しており、市内には十数ヶ所の駅が配置され、また工場・鉱山専用の20数本の路線がある。市内の道路は各地へと通じており、既に道路網が整備されている。徐州・宿州・蚌埠・淮南・蒙城・渦陽・永城・阜陽・碭山などの地域に至る幹線道路があり、宿碭・蕭淮・合淮道路と311国道が市内を通り、北京・南京・済南・鄭州・合肥などの地域へ直通の旅客運輸がある。濉河・沱河などの水運があり、100ｔの船舶が往来している〉のである。

中国安徽省淮北市柳孜運河の唐代交易沈没舟・船（辻尾榮市）

3．歴史沿革

　報告では、〈夏の禹が天下を九州に分けた時に、淮北市は徐州に属していたと伝えられる。『元和郡県図志』と『太平寰宇記』の記載によれば、およそ紀元前21世紀に、殷の湯王の11世の祖相土が、商丘よりここに東遷し、この地を相と称し、山を相山と名付けたという。およそ前14世紀には、殷王河亶甲が相に遷都しており、周の時期には宋国に属していた。春秋の時期には、前588年から前576年までの期間、宋の共公瑕が水難を避けるために、宋国の都城を睢陽（今の商丘）から相へと遷し、およそ90年を経ている。戦国期（前286年）に斉・楚・魏が宋を滅ぼし、宋の地を尽く分割して、相は楚国に帰したのである。
　秦は天下を36郡に分け、相城を泗水郡の治所とした。前漢時代は泗水郡を沛郡と改め、治所はなお相城にあった。後漢時代には相城は沛国の治所となった。三国の時期には魏に属し、沛国を分割して汝陰郡を設置している。西晋時代にはまた沛国を置き、相・符離・竺邑の三県を領した。東晋時代には沛郡の治所は蕭県に遷っている。南北朝の時期には、戦争が頻繁におこり、帰属にしばしば変更があり、宋では徐州北沛郡に属し、後に北魏の支配下に入り、梁では臨渙郡が置かれた。東魏では臨渙郡を分割して白撣県と渙北県を設置した。北斉では相県を廃止して符離県に編入している。これより相城は降格して相城郷となり、再び県以上に編制されることはなくなり、彭城郡承高県（今蕭県に属す）、仁州の竹邑県・符離県、譙郡の臨渙県・白撣県に分属した。そして隋・唐・宋の時期には、前後して符離県・臨渙県・蘄県・蕭県に属し、元・明・清の時期には、前後して符離県・臨渙県・蘄県・蕭県・宿州に属したのである。
　1949年に中華人民共和国が成立すると、相城は皖北行政公署宿県専区の宿県と蕭県に属し、1950年7月1日、宿県の西境を分割して濉渓県を設置した。1960年4月6日、国務院の認可を経て濉渓市を設立し、1971年4月2日に濉渓市は名称を改めて淮北市となった地域である。
　隋唐時代の柳孜大運河遺跡は悠久の歴史を誇る淮北市濉渓県百善鎮市内に位置し、濉渓県は地上地下とも古文化の遺跡が豊富であり、7000年以前の石山子新石器時代文化遺跡、春秋戦国より漢代に至る臨渙古城があり、隋唐時代の大運河は西北から東南へと全県を横断している。また臨渙文昌

宮と祁集小李荘の淮海戦役総前委旧跡及び淮海戦役主戦場のひとつである双堆集などがある。

　柳孜集は古くは柳孜鎮と称され、その歴史は漢代まで遡り、隋代より通済渠が開鑿されて、この鎮を通過するようになると、淮北地区運河岸付近の政治・軍事・経済・文化・交通・旅商の要衝となり、柳孜は歴史上において何度も争いがおこった。例えば唐代には龐勛の起義軍が7万の唐軍と柳孜鎮で大戦して義軍が敗北してこの地を失い、龐勛が軍を率いて柳孜鎮を奪回しようとして、全軍潰滅となった。解放後に柳孜鎮で宋代の天聖10年の「天王院大聖磚塔碑」が発見されている。清代の『宿州志』には「前明の柳孜は巨鎮たり、廟宇九十九座有り」と記載されており、これは柳孜鎮が古代の運河において重要な地位にあったことを説明するに足る>記事である。

4．柳孜運河

　闞緒杭（安徽省文物考古研究所）、龔昌奇・席龍飛（武漢理工大学交通学院）の「柳孜運河一批唐代沈船的発掘与研究」の報告によれば柳孜運河で発見された唐代の沈没船や刳舟は8艘、地理的な状況は既に紹介したように交易物流の拠点であり、南域から北域に繋がる交通の要衝で、頻繁に船舶の行き来のあったことが知られる。以下ではこの舟・船の概略だけを報文から紹介したい。

①柳孜運河で初めて発見された唐代沈没船

　報文では、〈1999年5月から11月まで安徽省淮北市濉渓県の柳孜において、宿州から永城までの道路改修工事に合わせて行われた考古学調査による発掘では、3つの重大な考古学的発見が得られている。ひとつは石造りの埠頭、そして大型の唐代沈没船と、全国各地20ヶ所あまりの窯で作られた大量の磁器などの生産遺物であり、1999年「全国十大考古新発見」のひとつと評された。

　柳孜を通過する大運河は、隋代に開鑿された南北大運河のうちの通済渠であり、唐宋時代の500年あまりを経て、南宋時代に埋め立てられて廃棄された。『隋書』煬帝紀には、大業元（605）年3月、「辛亥、河南諸郡より男女百余万を発し、通済渠を開く…板渚自り河を引きて淮に通ぜしむ」と

中国安徽省淮北市柳孜運河の唐代交易沈没舟・船（辻尾榮市）

いう記載がある。それは黄河と淮河との連繋を疎通させ、全長650km、中国南北交通運輸の大動脈である。それは各王朝の興亡を牽引し、隋・唐・宋三朝における生命線であり、その役割の大きさは、中国大運河の頂点と称するに足りるだろう。柳孜は当時の淮北地域の大運河沿岸における重要な都市であり、水上食糧輸送の中継埠頭であり、かつ淮北地域の比較的大きな商品流通の集散地でもあった。人口が多く、人の流れは雲のようであり、その繁栄の光景を呈していたという。

　宿州から永城までの道路が大運河の旧水路上に敷設され、その道路の改修工事中に柳孜段の道路において曲がりくねって坂道になっている部分を除去して路床の横幅を拡張する時に、まず石造の建築遺構が発見され、数多くの磁器類を発掘しており、その時に沈没船などの文化的遺物を発見したのである。僅か900数㎡の発掘範囲内に8艘の大小様々な構造の沈没船を発見したのである。これらの古代船の多くは河筋の流れる方向に沿っており、船首部を西に船尾部を東にして沈没しており、かつ大運河南岸の河底に埋没していたのである。沈没の状況から見ると、ほとんどすべての船が沈没前に強い破壊力のある作用を受け、それぞれの残欠状態は激しく、船艙内には何も残っていない。あるものは船首部が存在せず、中央部の損壊が激しい。あるものは船体の舷側板が半分遺存するだけである。船上の部品や付属品は多くが破損して残存しておらず、少数の横梁、肋骨、舵などが遺存しているものがある。

　発掘調査のトレンチはいずれも大運河南岸の片側に設置し、そこでは河岸、河傾斜面の一部が除去されている以外は、河筋底部の南北幅が5〜10mであることが明らかとなった。この範囲内では沈没船の分布が比較的密集しており、互いに押し合ったり、重なり合っている状況であった。出土時には船縁部はいずれも北の河筋の中心へと傾斜している。この種の破損している船体と船縁部が北側に臥せていたり、傾斜している現象は、おそらく当時の突発事故によって引き起こされたものであろう。例えば暴風が河筋内の船を巻き込んで回転し、互いにぶつかり合い、そして洪水が高さ40m、幅6mの北の大堤防へと押し寄せ、上から下へと運河内のすべての船を河筋の南側へと打ち付けて沈没させ、かつ急速な洪水によってもたらされた砂泥によって埋もれてしまったというようなことが想定される）状況である。

355

②8艘の沈没船の基本状況

報文では、〈この8艘の沈没船の内、2号刳舟が出土時に比較的状態が整っていたのを除けば、あとの7艘の状態は完全ではない。1300数年の地中埋積を経て、あるものは木質が当初のように堅いままであるものの、表面がいささか黒ずんでいたり、あるものは炭化が比較的進んでいたりしている。この種の状況は木板の材質が異なることによるものである。以下では各船の基本状況を紹介する〉ことにする。

1）1号沈没船は後部船体と比較的状態の良い舵が遺存

報文では、〈唐代の1号沈没船は東側の発掘地点の南側中央部、T5内にあり、河筋南岸沿いの河底、石造りの建築の西南角に位置し、河筋の方向に沿って船首部を西に船尾部を東に向けている。船体は木板材の構造であり、平面は長方形を呈し、船体の残存長は9.6m、船尾部の舵を含めた遺存の総全長は12.6mである。船首部と前舷側板、舷側頂部の縦桁は欠損しており、右舷側板と舷側部頂部の縦桁は船の右側に散乱している。船底板、後船艙部、舵は遺存が比較的良い状態である。遺存する船体は2枚の木板材を接合してできており、船板材の端の接続箇所は平接接合法が採用され、かつ2列の鉄鋲釘で固定され、隙間を充填剤油灰で埋めている。船板材の船縁の継ぎ目の間には同様に平接接合法と鋲釘を使用して強化している。船底部には肋板があり、船底板は4枚の板材から構成され、厚さ6〜7cm、幅はそれぞれ40cm、30cm、38cm、52cmである。オモキ部分は湾曲形である。舷側板は2枚の板材から構成され、板材の厚さは5〜7cm、板材はどちらも幅20cmである。舷側板は船縁に舷側頂部材を填め込んでおり、幅14cm、厚さ6cmである。船体の残存部分は幅180cmであり、船艙内の深さは41cmである。この深さは遺存する船体が既に一定程度変形しており、かつこれが船尾部の船艙室の深さであることを示している。中央部の残存している船艙部の深さは明確ではない。

船尾部の舵の形態は特殊であり、舵を船の後部に押しつけた状態である。船尾の横梁上に木製舵の棹を置くための3本の目印となる杙があり、舵の位置を調節することができる。この船尾部の舵棹を杙の間の異なる位置に置くことによって船舶の航行方向を調節した〉のである。

2）2号沈没舟は特大型の刳舟

報文では、〈2号沈没舟は東側発掘地点の中央部北側、T6内に位置し、

中国安徽省淮北市柳孔運河の唐代交易沈没舟・船（辻尾榮市）

舟体の東端は石造りの建築によって上から押し潰されており、南は1号沈没船から約4m離れている。2号沈没舟は刳舟であり、1本の大きな原木全体を刳って作られたものである。出土時の全体は河筋の方向に沿って沈没しており、舟縁部は北向きに傾斜していた。舟体の遺存は比較的良好である。付属部品はいずれも破損して残っておらず、舟全長10.6mである。舟

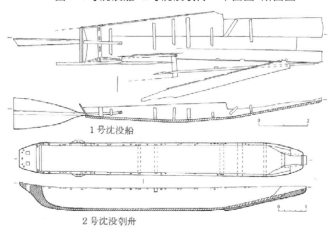

図1　1号沈没船・2号沈没刳舟　平面図・断面図

体は大半が円弧形を呈しており、舷側板は厚さ6〜7cmである。舟首と舟尾の舟底は上部へと収まっており、先端部は上へと反り返っている。舟尾は実体として2つの10cm×15cm方形の木柱材を差し込んだ通孔があり、舟尾の前縁部にさらに2列のそれぞれ5つの方形孔があり、あるものは通眼を兼ねている。舟首部には溝があり、長さ89cm、幅43cm、深さ13cmを測る。舟の上縁には3種の異なった槽孔があり、一種は「凹」字形、上縁の表面の中間から下へと削られおり長さ10〜15cm、深さ4〜6cmと一定しておらず計3ヶ所、相互の間隔距離は3mほどである。もう一種は曲尺形であり、上縁表面内側の2分の1が削られており、長さ5〜6cm、深さ3cmの計9ヶ所であり、相互の間隔距離は40〜130cmと一定していない。もう一種は牛鼻形であり、上縁表面で開口して外壁へと向かって穿たれており、孔の上部は小さく下部が大きい、上縁部は2cm×4cm、下縁部は2cm×6cmの計5ヶ所

357

であり、相互の間隔距離は40〜110cmと一定していない。この3種の槽孔はいずれも両舷側に対称的に配置しており、舟首の中間には板を追加して補強し、鎧接合法を採用し、2列の鉄鋲釘で固定している。舟尾の左側内壁と舟首艙部の両側には補修の痕跡があり、補修には木板材を外から貼り付け、かつ鋲釘で固定している。舟尾舟艙内では1点の完備された漬物を詰めた壺が発見されている〉という。

3）4号沈没船の船首部

報文によれば、〈唐代の4号沈没船は残存長3mの船首部船底板と右舷舷側板が残るだけである。この船の木質は堅固でしっかりしており、外観は良好であり、構造が重厚で完備している。長さ3mの船首部にすぎないものの、それは1960年3月に揚州施橋鎮（「文物」第6期、1961）で河川の掘削工事中に出土した唐代の古代船とかなりよく似ている。これはあるいは当時、通済渠で行われていた食糧運送の主要な船型であったと見られ、これは当然、考古学界と船舶史学界の注目を引き起こした〉という沈没船である。

4）6号沈没船は運河の中大型輸送船

報文によれば〈6号沈没船は西側の発掘地点、T8中間の西部分に位置し、西へトレンチを広げ、ようやくその遺存する船体を発掘し、出土している。船体は木板材構造でできており、沈没前に既に酷い破損に遭っていた。大部分の船体は既に欠失しており、半壊状態で船首部が欠けて船尾部だけの不完全な左舷側板と一材の舷側頂部縦桁及び一材の船底板が遺存するだけであり、残存長23.6mである。船は河筋の方向に沿って北向きに横臥しており、船舷側板と舷側頂部縦桁は下にあり、残存していた船底板は立てになって上向きになっている。この部分と船舷側板が連結する船底板の構造から見ると、この船は平底である。船体には11本の肋骨が遺存しており、肋骨の間隔は70〜130cmと一定していない。船舷側板は弧形を呈しており、上下2枚の板材をつなぎ合わせてできている。その上に舷側頂部縦桁があり、船舷側板の中間に13本の横梁のための方孔があり、なお3本の横梁が遺存している。船体の残存部分は2枚の木板材をつなぎ合わせて構成しており、接続箇所には滑肩継ぎ手の連続接合が採用されており、2列の大きな円頭の鉄鋲釘で固定され、隙間に充填剤油灰を埋めている。船板材は硬質の樟木であり、遺存の多くは比較的良好で、木質は従前と同じように堅

く、表面は黒ずんでいる。板材の厚さは7～11cmで、船艙部の深さ140cmが遺存している。舷側頂部縦桁は幅13.5cm、厚さ9cm、舷側頂部縦桁は下向きで船舷側板の頂部に凹槽の被せがあり、構造は堅固である。

　紹介した4艘の沈没船はおそらく今回発見した8艘の沈没船の代表的な船であり、大・中・小の3種類に区別される。その小型である2号刳舟は全長10.6mである。中型である1号木板船の構造は破損しており、おそらく全長19mほどである。大型の6号木板船も構造が破損しており、その復元した全長は約24～27mとなる。このように推計したそれらの大きさから見ると、1・2号沈没船・舟は短距離区間の運輸船であることは想像に難くない。そして6号沈没船の船体の大きさから見ると長距離交通の運輸船に違いなく、また食糧漕運船、あるいは客船である可能性がある〉と分析する。

　5）その他4艘の沈没船

　報文では〈柳孜の発掘では、全部で8艘の唐代の沈没船が出土した。紹介した4艘のほかには、そのうちの3号沈没舟が2号刳舟の東南側に位置し、宋代の埠頭の数m下に埋没しており、破損した刳舟である。舟体の舷側縁を上向きにしており、東西の河筋に沿って沈没している。周囲には僅かではあるが破損した舟板材が残っている。今回の発掘では2mあまりの舟体が露出させただけである。その舟体は宋代の埠頭より下で押し潰されており、埠頭を保護するために発掘調査がされていないのである。露出している部分は直径65cm、舷側縁の木製厚さは5.5cm、内深は約30cmを測っている。

　5号沈没船は東部発掘トレンチの西側南辺に位置する。船体は南北の向きに沈没している。木板材構造であり、船舶が出土した時には破損がかなり酷く、今回の発掘調査では図面による測量復原もされていない。

　7号沈没船は東西の向きで6号沈没船の下に覆い被さっている。船体は木板材の構造であり、沈没する前に破損が酷かったことにより、船体はただ下部分の舷側板を留めるだけである。残存する長さは17.5m、上部に数本の肋骨が遺留しており、舷側板には相欠き継ぎ手の接合が採用され、2列の鋲釘で固定されている。部分的に遺存する船体構造と板の厚さの状況から見ると、6号沈没船と形態、寸法、機能は基本的に同じであろう。

　8号沈没船は発掘トレンチの西部分に位置する。船首部は西、船尾部は

東向きで河筋の方向に沿って沈没している。埋没深は6・7号沈没船より僅かに高く、木板材の構造である。破損が酷く、従って今回の調査ではトレンチを広げて発掘による測量図の調査はされていない。

　大運河柳孜遺跡は900㎡余りを発掘調査したにすぎないが、その範囲内で8艘の沈没船が発見されている。数量の多さという点では、これは中国の大運河における発掘調査では未だかつてない重大な新発見である。それは当時の運河における「公家の運漕、私家の旅商、舳艫相い継ぐ」「旅商の往来絶えず」という風景を充分に繁栄している。大運河柳孜遺跡発見のこれらの沈没船は中国で発見された唐代の沈没船の数量が最も多いものである。これ以前には、江蘇省如皋と揚州のそれぞれで木板材構造の唐代の古代船が1艘ずつ出土している。この2艘の古代船はいずれも長江の古河川より出土しており、その構造は柳孜大運河出土の木板材構造の船と比較的大きな違いがあるが、4号沈没船は却って揚州の古代船とかなり類似している。通済渠における沈没船はかつて河南省永城、安徽省百善などで発見されているが、いずれも発掘調査による出土例はない。今回の大運河柳孜遺跡の発見と大規模な沈没船の発掘調査による出土は、運河漕運史、唐代の造船技術史を研究するうえで、極めてその重要な実物資料を提供した〉と言え、唐代の船舶を知る遺跡となった。

5．おわりに

　大運河柳孜遺跡の発掘調査からこれまでに知られていない船舶の情報が得られた。特に唐代における船舶構造と交通路である運河を利用した漕運に関する認識が新たに知られ、はじめに述べた関中平野への交通路と都城との関係が注目される。さらに2号刳舟の発見は古代から造舟技術が進歩しながら利用していたことや、今回の発見は運河漕運史や造船技術史の研究において新たに船舶史を埋めることになった。紙数の関係でこれ以上紹介することはできず、詳細な全容については他日を期することにしたい。なお参考資料などは省略した。

様々ないとなみ

群集土坑の理解をめぐって
―下唐原十足遺跡の再評価―

林　潤也

1. はじめに

　発掘調査を実施すると、しばしば機能・用途不明な土坑に遭遇する。古代人は、何らかの目的をもって掘削したのであろうが、私たちがその意図を把握するのは困難な場合が多い。本稿では、福岡県上毛町に所在する下唐原十足遺跡の群集土坑に注目し、その用途について検討を行う。そのうえで、縄文時代の粘土採掘坑である可能性を指摘し、周辺遺跡との関連に着目しながら、派生する課題についても予察を提示したい。

2. 下唐原十足遺跡について

図1　福岡県上毛町位置図

　下唐原十足遺跡は、九州の東北部、福岡県築上郡上毛町（旧大平村）大字下唐原に所在する縄文時代遺跡である。山国川によって形成された中位段丘縁辺部付近（標高35〜37m）に立地し、遺跡の東側には、比高差約20mの浸食崖が迫る。この中位段丘は、「中津面」（千田ほか1989）とも呼ばれ、砂礫層（表層はクサリ礫化）を基盤とし、阿蘇4火砕流に起因する粘質土が被覆している。

　発掘調査は、大平村教育委員会によって平成12年4月から10月にかけて実施され、平成13年度には報告書が刊行されている（大平村教育委員会2002）。調査面積は約6,000㎡を測り、調査区北側の浅い谷部に97基もの土坑が群集している。群集する土坑（以下「群集土坑」）以外では、5基の落とし穴状遺構とシミ状の浅い落込み、ピットが確認できる程度であり、竪穴建物等は検出されていない。

　なお出土遺物としては、縄文土器、石器（石鏃2点、石匙1点、スクレイパー1点、磨製石斧1点など）が挙げられ、その出土量は調査区全体でパンコンテナ4箱程度である。縄文土器は、文様の判別できる資料のほとんどは

写真1 下唐原十足遺跡遠景(北西から)

図2 下唐原十足遺跡遺構配置図 (S=1/1200)

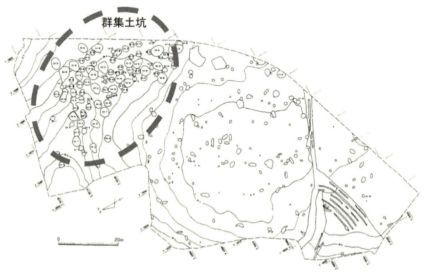

鐘崎式（後期中葉）であるが、これ以外に後出する資料も若干量含まれている。

3．群集土坑の評価をめぐって

下唐原十足遺跡の群集土坑の用途を推定するにあたり、まずその特徴を列挙したい。そのうえで低湿地型貯蔵穴、乾燥型貯蔵穴、粘土採掘坑としての用途を想定し、それぞれの特徴と下唐原十足遺跡の群集土坑との比較検討を行いたい。

（1）下唐原十足遺跡の群集土坑の特徴
【立地】
①中位段丘上に立地する。
②浅い谷部に位置しているが、明確な流路ではなく、雨水が集まる程度である。湧水の痕跡はなく、透水性は低い。
【分布・数】
③浅い谷部に沿うように概ね幅20m、長さ40mの範囲に分布する。さらに調査区外にも若干続くと想定される。
④総数97基を数える。土坑底面まで極端に浅いものもあり、全て同一用途とは判断できない。
⑤土坑の切り合いは複数認められるが、その大部分は上端が接する程度である。
【形態・規模】
⑥円形プランを基調とする。検出面での直径は1.5～3.5mが多く、特に2.0m前後の資料が目立つ（図3）。
⑦検出面から底面まで深さは1.0～1.5mが主体となる（図3）。
⑧断面形態は、概ね直立するものと袋状・フラスコ状を呈するものが比較的多い（図3）。
【土層】

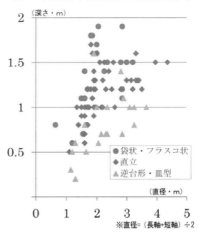

図3　下唐原十足遺跡土坑法量分布

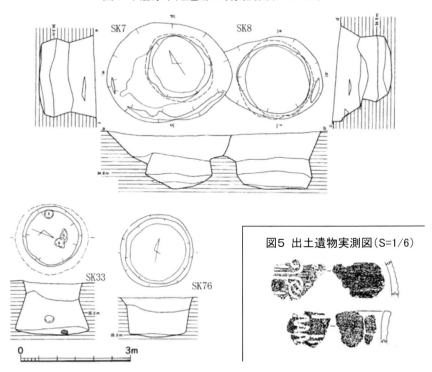

図4 下唐原十足遺跡土坑実測図(S=1/100)

図5 出土遺物実測図(S=1/6)

⑨埋土は、地山に近い粘質土が下層に堆積する傾向があり、上層には黒色土（炭化物含む）などが薄く堆積するものが認められる。

⑩土坑壁面から地山の基本土層をみると、上層から黄茶褐色粘質土（検出面）、灰白色粘質土、クサリ礫層となる。

⑪土坑底面の掘削はクサリ礫層まで及ぶものが多い。

【出土遺物】

⑫堅果類等は出土していない。縄文土器や石器が出土しているが、特徴的な構成はみられない。

【居住域との位置関係】

⑬調査区内では居住遺構は確認できない。

（２）低湿地型貯蔵穴

　低湿地型貯蔵穴は、西日本で多く検出されており、九州内での発見例は、22遺跡600基を超える（九州縄文研究会2006）。早期から晩期までの例があるが、後期初頭～前葉が主体を占める。近年の研究成果（柳浦2004、水ノ江2007・2012）をもとに、遺構の特徴を列挙すると概ね表2左列のとおりとなる。

【下唐原十足遺跡との比較】

　下唐原十足遺跡と比較すると、平面形、群集状況は類似するが、立地（土質）・湧水の有無、規模・深さ、堅果類出土の有無などが相違点として挙げられる。湿地型貯蔵穴と認定することは困難であろう。

（３）乾燥型貯蔵穴

　乾燥型貯蔵穴は東日本を中心に検出されているが、近年、九州地方での類例（福岡県小覚原遺跡、宮崎県山中遺跡、山城第1遺跡、鹿児島県上野原遺跡など）も増加しつつある。草創期の東黒土田遺跡が最古例となるが、大部分は後期～晩期に位置づけられる。

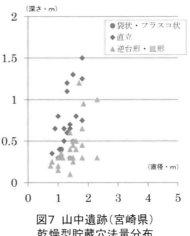

図6　龍頭遺跡（大分県）低湿地型貯蔵穴法量分布

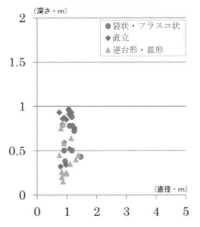

図7　山中遺跡（宮崎県）乾燥型貯蔵穴法量分布

分布は南部九州に偏る。九州での検出例をもとに特徴を列挙すると概ね表2中央列のとおりとなる。

【下唐原十足遺跡との比較】

　下唐原十足遺跡との共通点としては、平面・断面形が挙げられるが、これ以外は相違点が目立つ。特に下唐原十足遺跡例が浅い谷部に分布する点は、雨水の流入が想定されるものであり、乾燥型貯蔵穴との明確な差異と

いえよう。

(4) 粘土採掘坑

　縄文時代の粘土採掘坑は、全国で15遺跡が知られる程度である（及川・山本2001）（表1）。現時点での分布は、東日本（長野県〜青森県）に限られるが、九州でもその存在は十分に予想される。関根達人（関根2001）の研究成果をもとにして、遺構の特徴を列挙すれば表2右列のとおりとなる。

【下唐原十足遺跡との比較】

　下唐原十足遺跡と比較すると、分布状況、平面・断面形、規模など共通点が多く、明確な相違点は見当たらない。

　粘土採掘坑の認定基準については、栗原文蔵（栗原1988）、京嶋覚（京嶋1995）、関根達人（関根2001）、及川良彦（及川ほか2000、及川2008）らの定義がある。及川は「粘土層を狙った採掘が認められること」を重要視し、①最低限粘土層を掘り抜く、②粘土層部分を粘土の厚さだけ横掘りする、などを特徴として挙げている。下唐原十足遺跡では、先述のとおり粘質土下層のクサリ礫層まで掘削が及ぶものが多数を占めており、①の特徴はクリアできる。その比率は、報告書に明記されているものだけで約70％に達し、

表1　縄文時代粘土採掘坑検出遺跡一覧（及川・山本2001）

番号	遺跡名	所在地	時期	立地	文献
1	三内丸山	青森県	中期初頭〜末葉	台地縁辺部	岡田・小笠原1994
2	御所野	岩手県	中期？	台地縁辺部	一戸町教育委員会1998
3	塩ヶ森I	岩手県	大木6〜7b	？	小林1977・1978・1983、本沢・瀬川1982
4	家ノ後	秋田県	後期末〜晩期前葉	台地斜面	谷地・柴田1992、石川・及川・谷地・柴田1994
5	芦ノ口	宮城県	晩期前葉	斜面	須藤・藤沢・関根1998、清水1998
6	羽白C	福島県	大洞B〜C₁	段丘面縁辺	山内・松本1988、鈴鹿1989
7	東大橋原	茨城県	中期	台地	川崎1978・1979・1980、川崎・黒沢・海老沢1978
8	西中根	茨城県	中期前半〜後期後半	台地	鴨志田1993
9	一本松	千葉県	後期前半	台地斜面	青木・山口1994
10	南作	千葉県	後期〜晩期	台地斜面	印旛郡市文化財センター1999
11	四葉	東京都	前期？	台地斜面	山村・杉本1988
12	T.N.T.No.248	東京都	中期前半〜後期前半	丘陵斜面	及川他2000
13	T.N.T.No.947	東京都	晩期	丘陵斜面	宇佐美1998b
14	下宅部	東京都	後期？	丘陵縁辺部	東村山市遺跡調査会・下宅部遺跡調査団1997
15	沢田鑵土・清水山窯	長野県	中期後半	丘陵斜面	土屋・鶴田・中島1997

表2 貯蔵穴・粘土採掘坑 特徴一覧

	低湿地型貯蔵穴	乾燥型貯蔵穴	粘土採掘坑
立地	▲扇状地先端部、旧河道沿いなどの湧水のある低湿地。 ▲砂礫層に掘り込まれる場合が多い。	●丘陵・台地上が主体。 ▲湧水地・谷部には分布しない。	●丘陵・台地平坦面〜斜面が主体。
分布・数	●群集して分布する場合が多く、50基以上の検出例も散見。 ●密集するものの土坑同士の重複は少ない。	▲数基〜10基程度群集する場合が多い。 ▲土坑同士は基本的に重複しない。	●単独での分布例もあるが、10基以上が群集する例が多い。 ●土坑同士の重複も多い。
形態規模	●円形プランを基調。 ▲直径0.8〜1.2m、深さ0.6〜0.8mが主体となるが、遺跡ごとの偏差がある。 ▲断面形態は円筒形あるいは逆台形が多い。	●円形プランを基調。 ▲直径0.8〜1.2m、深さ1.0m未満が主体。 ●断面形態は袋状あるいは円筒形が多い。	●不整円形プランを基調。 ●直径1〜2mが主体。深さは数10cmから4〜5mにおよび、遺跡ごとの差異が著しい。 ●断面形態は袋状が多い。
土層	▲粘質土・砂質土が堆積する。 ▲掘り返し・再利用の例が多い。	●自然堆積が主体。	▲自然堆積を基本とし、壁面崩落土や粘土塊を含むものが多い。 ●土坑底面は、目的の粘土層より下層に達する場合が多い。
出土遺物	▲貯蔵あるいは取り残された状態で堅果類が出土する場合が多い。	▲炭化した堅果類が出土する場合がある。	▲打製石斧の出土事例が多い傾向がある。 ●遺物出土量は遺跡・地点ごとの差異が著しい。
居住域との位置関係	●竪穴建物とともに検出される事例は稀だが、近接した位置に居住域が想定される場合が多い。	▲居住域と重複、あるいは近接して分布する場合が多い。	●居住域と重複・近接する事例と、居住域から離れた事例の双方が認めれる。

●:下唐原十足遺跡との共通点　▲:下唐原十足遺跡との相違点
※どちらとも判断できない要素は「●」に含む

遺構写真を見る限り、さらに多いようにも見える。また②の特徴に関しては、土坑の壁面がオーバーハングするものは25％程度であるが、他遺跡の粘土採掘坑と比較して、必ずしも低い値とはいえない。

　これらの点から、先に検討した貯蔵穴よりも、灰白色粘質土を採掘対象とした粘土採掘坑の可能性を指摘することができよう。

　また群集土坑を粘土採掘坑と理解するならば、約150ｍ西に隣接する下唐原大久保遺跡の埴輪窯跡も示唆的といえ、時代を越えた粘土採掘、土器焼成のエリアであった可能性も否定できない。

（５）粘土採掘坑認定の課題

　前項で、下唐原十足遺跡の群集土坑が粘土採掘坑である可能性を指摘したが、未解決の問題点も挙げられる。まず採掘対象と考えた灰白色粘質土自体の検討である。調査担当者の林光彦からも「良質な粘土とはいえず、土器製作が可能であるか不明」との意見を得ており、土器製作可能な粘土であるか否か現時点で検証できない。認定の可否には、対象粘質土の理化学分析や実験考古学的検討が必須であり、また周辺遺跡を含めた土器胎土分析も求められよう。

　また土坑内埋土の堆積状況にも疑問点が残る。一般的に粘土採掘坑の埋土には、地山ブロックの混入が知られているが、下唐原十足遺跡の土層図や写真を見る限り顕著ではない。この要因の検討についても、今後の課題といえよう。

４．集落研究の中の群集土坑

（１）採掘粘土量の推定とその評価

　下唐原十足遺跡の群集土坑を粘土採掘坑として評価した場合、その採掘粘土量はいかなるものであろうか。土坑97基の底面積の総計は約140㎡であり、これに粘質土の層厚を掛けたものが採掘粘土量となるが、層厚を客観的に示すデータはない。また遺構写真を見る限り、層厚も一定ではないようであり、やはり採掘量を提示するのは困難である。採掘量の問題は、採掘集落の規模や形態（単独であるのか共同であるのか）を考えるうえで重要な視点であり、今後の検討課題の一つといえよう。

(2) 周辺縄文遺跡との関連

次に、下唐原十足遺跡を周辺の縄文時代遺跡との関連の中で見てみたい。上毛町を含む周防灘西岸地域は、縄文時代後期の集落遺跡が集中するエリアとして知られ、その数は約30遺跡、竪穴建物数は150棟を超える。これまでも住居構造（小池1993・1998）、集落構造（水ノ江2002）などの検討が進められ、筆者も住居数や住居面積の変化などについて言及したことがある（林2007・2011）。

図8は、下唐原十足遺跡の中心的な時期である鐘崎式期の周辺遺跡分布図である。近接する集落遺跡としては、約0.5km北東に下唐原龍右衛門遺跡、約1km東に上唐原遺跡・上唐原大法寺遺跡が所在するほか、半径5kmまで広げれば東友枝曽根遺跡、小石原泉遺跡、佐知遺跡、法垣遺跡、ボウガキ遺跡などがその範囲に含まれる。各集落間の関係、領域などの研究は深まっていないが、下唐原十足遺跡がこれらの集落遺跡と密接な関係にあることは想像に難くない。

最後に、周防灘西岸地域の縄文後期集落像について若干触れておきたい。詳細な検討は機会を改めたいが、当該期の遺跡では、2～3土器型式にわたる集落が多く確認されている。一見、数百年にわたる安定した集落像をイメージするが、土器型式の年代幅と竪穴建物の検出数・耐久年数を比較すれば、必ずしも安定・継続した集落の営みは想定できない。また、土器型式を細分化して検討した場合、しばしば欠落型式が見られることもこれを傍証する視点といえよう。

このことから、1～3棟の竪穴建物で構成される小集落が、一定の領域内を移動・回帰を繰り返しながら展開していた姿を想起することができ、その領域内に墓域や畑地、そして粘土採掘坑なども位置するものと考えられる。こうした回帰的な居住については、すでに近畿地方などでも指摘（大野2011・2012）されており、その度合いに相違があるものの、西日本通有の特性として理解することが可能であろう。

なお周防灘西岸地域の遺跡分布を見ると、こうした領域が北西一南東方向に複数連なるように設定できる可能性が高い。全ての集落・領域で粘土の採掘、土器の製作・焼成が行われたのか、粘土の採掘のみ共有地があったのか、集中的に土器生産を行う集落と複数領域を横断する生産・流通システムが存在したのか、今後縄文時代の地域社会を考えるうえで重要な課

図8 下唐原十足遺跡周辺遺跡分布図(鐘崎式期)(S=1/60000)

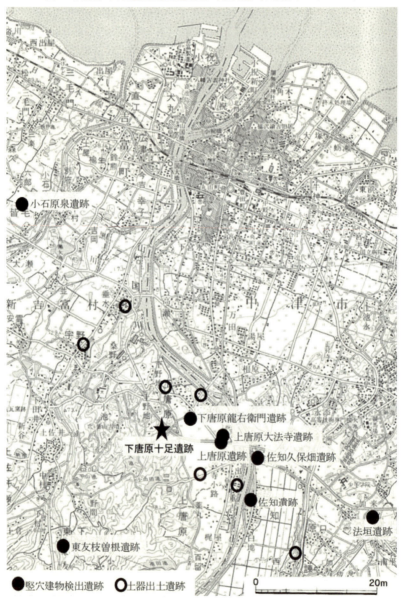

5．おわりに

　本稿では、下唐原十足遺跡の群集土坑の用途について検討し、複数の特徴から粘土採掘坑としての可能性を指摘した。そのうえで、集落・領域研究との関連について予察的に言及したが、多くの課題も残されている。もちろん、粘土採掘坑と評価すること自体、拙速との批判もあろう。本稿が今後の議論の一助となり、より意識的な粘土採掘坑の探索と、研究の深化につながることを期待したい。

　本稿を作成するにあたり、下記の皆様からは、様々なご配慮や有益なご助言等を頂きました。特に上毛町役場および職員の方々には、調査時の所見確認や出土遺物・調査資料の実見に際してご配慮・ご協力を頂きました。記して感謝申し上げます。
　　板倉有大　今田秀樹　小池史哲　佐藤信　塩濱浩之　末永浩一
　　林　光彦　福永将大　水ノ江和同　宮地聡一郎　矢野和昭

《祝辞》
　中村浩先生には、私が福岡県大野城市に勤務して以降、様々な機会でご指導を賜りました。1つ1つの思い出を挙げるには紙数が足りませんが、何よりも発掘調査現場・学問に向き合う姿勢・情熱には、学ばされることが多くありました。
　先生の古稀を心よりお祝い申し上げるとともに、更なるご活躍とご健康を祈念いたします。

【引用・主要参考文献】
及川良彦（2008）「粘土の採掘」『総覧縄文土器』アム・プロモーション
及川良彦ほか（2000）「No.248遺跡」『多摩ニュータウン遺跡　No.247・248遺跡』東京都埋蔵文化財センター調査報告第80集
及川良彦・山本孝司（2001）「土器作りのムラと粘土採掘場―多摩ニュータウンNo.245遺跡とNo.248遺跡の関係―」『日本考古学』11号

大野薫（2011）「縄文集落における弱定着性と回帰的居住」『季刊考古学』第114号
大野薫（2012）「縄文集落における小規模性と弱定着性」『関西縄文論集』3
九州縄文研究会（2006）『九州縄文時代の低湿地遺跡と植物性自然遺物』
京嶋覚（1995）「群集土壙の再評価」『大阪府埋蔵文化財協会紀要』3
栗原文蔵（1988）「粘土及び用土の採掘」『考古学叢考』中巻
小池史哲（1993）「豊前地域の縄文後期住居跡」『古文化談叢』30（下）
小池史哲（1998）「周防灘西岸地域の縄文後期住居跡」『列島の考古学　渡辺誠先生還暦記念論集』
関根達人（2001）「縄文時代の粘土採掘坑をめぐる諸問題」『東北大学埋蔵文化財調査年報』14
大平村教育委員会（2002）『下唐原十足遺跡』大平村文化財調査報告書第12集
千田昇ほか（1989）「山国川流域の地形」『山国川』大分大学教育学部
林潤也（2007）「九州における縄文時代竪穴住居の変遷」『日韓新石器時代の住居と集落』日韓新石器時代研究会
林潤也（2011）「九州の縄文集落と地域社会—後期を中心として—」『季刊考古学』第114号
水ノ江和同（2002）「九州の縄文集落—縄文後・晩期を中心に—」『四国とその周辺の考古学　犬飼徹夫先生古稀記念論文集』
水ノ江和同（2007）「低湿地型貯蔵穴」『縄文時代の考古学5　なりわい』同成社
水ノ江和同（2012）『九州縄文文化の研究』雄山閣
柳浦俊一（2004）『西日本縄文時代貯蔵穴の基礎的研究』『島根県考古学会誌』20・21合併号

銅釦・銅鏃・銅釧の生産に関する問題点
―鳥栖市藤木(ふじのき)遺跡出土の青銅器鋳型について―

田尻　義了

1．はじめに

　平成27年度、鳥栖市教育委員会の調査によって、鳥栖市藤木遺跡より弥生時代の青銅器の鋳型が4点発見され、報告された(島孝寿編2015『藤木遺跡』鳥栖市教育委員会、鳥栖市文化財調査報告書第84集)。筆者は、報告書中でそれらの鋳型に関する報告を分担させていただいた。しかし報告書では、遺物の事実記載を中心に記述したため、その資料の歴史的位置づけや系譜問題などに関して十分に考察することができなかった。
　そこで、本稿ではこの新たに出土した4点の鋳型の観察結果と、そこから導き出される課題についてまとめていきたい。

2．藤木遺跡出土鋳型について

　藤木遺跡は、鳥栖市藤木町に所在し、大木川右岸の標高13m 程度の低位段丘上に立地する。これまでに12回にわたる発掘調査が実施され、弥生時代の集落や墓地が判明してきている（第1図）。弥生時代後期の遺構が多く、集落を取り囲む環濠が確認され、環濠の外側に墓地が検出されている。特に第2区ではSC201石蓋土壙墓より内行花文鏡（漢鏡5期）が出土している。なお、遺跡全体は大きく削平されており、掘り込みの深い遺構のみが確認されている。今回鋳型が出土したのは、これまで環濠と考えられてきた溝の延長上である。
　4点の鋳型は、弥生時代後期の溝であるSD1301より出土した（第2図）。4点はまとまって出土したのではなく、分散して約10m の範囲で出土している。溝中の出土なので、レベルには若干差があるが、おそらく同一層中からの出土と想定され、一時期に廃棄された可能性があろう。
　4点の鋳型は肉眼観察で石英斑岩製であり、それぞれ銅釦（鋳型1）、銅鏃（鋳型2）、銅鏃（鋳型3）、銅釧（鋳型4）が片面に彫り込まれた鋳型である。注目すべきは3点有り、銅釦の鋳型が国内で初めて出土したこと、ま

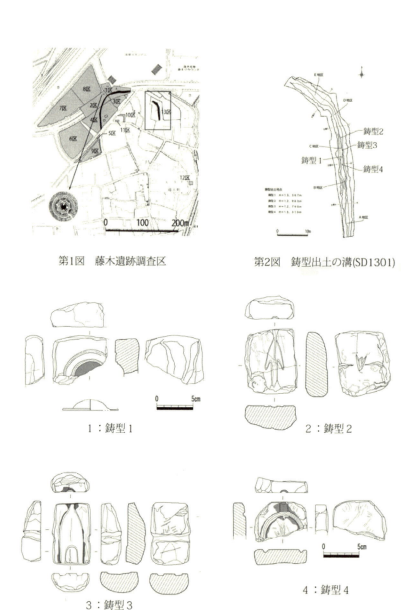

第1図　藤木遺跡調査区

第2図　鋳型出土の溝(SD1301)

1：鋳型1

2：鋳型2

3：鋳型3

4：鋳型4

第3図　藤木遺跡出土鋳型(S=1/5)

図出典は島孝寿編2015『藤木遺跡』鳥栖市文化財調査報告書第84集報告書より

銅釦・銅鏃・銅釧の生産に関する問題点(田尻義了)

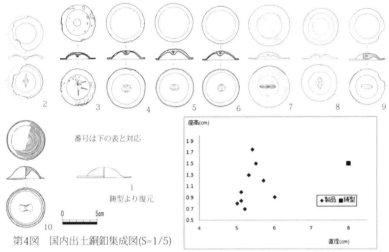

第4図　国内出土銅釦集成図(S=1/5)　　　　第5図　銅釦のサイズ比較

第1表　国内出土銅釦集成表

番号	遺跡名	所在地	出土遺構	法量(cm)				備考	座形	参考文献
				直径	顎幅	座高	座径			
1	藤木遺跡	佐賀県鳥栖市藤木町	溝	8	1.2	1.5?	5.6	鋳型	半球座	文献1
2	原の辻遺跡	長崎県壱岐市芦辺町	5号小児甕棺	5	-	0.8	3	顎無し	戟蔽座	文献2
3	西山田二本松遺跡	佐賀県佐賀市大和町	2号住居	5.1	0.7	0.85	3.6		半球座	文献3
4	布施ヶ里遺跡	佐賀県小城市小城町	22号土壙墓	5.3	0.55	1.3	4.15		半球座	文献4
5	布施ヶ里遺跡	佐賀県小城市小城町	22号土壙墓	5.5	0.5	1.5	4.5		半球座	文献4
6	布施ヶ里遺跡	佐賀県小城市小城町	22号土壙墓	5.7	0.6	1.2	4.4		半球座	文献4
7	下扇原遺跡	熊本県阿蘇市	SB155住居	6	1.2	0.91	3.55		半球座	文献5
8	小野崎遺跡	熊本県菊池市七城町	3号溝	5.2	0.8	0.7	3.45		半球座	文献6
9	神水遺跡	熊本県熊本市神水	23号住居	5.1	0.75	1	3.6		半球座	文献7
10	田辺天神山遺跡	京都府京田辺市三山木	1号住居	5.4	0.6	1.75	4.2		半球座	文献8

文献1:島孝寿編2015『藤木遺跡』鳥栖市文化財調査報告書第84集、文献2:安楽勉・藤村誠・小五友裕・中尾篤志編2002『原の辻遺跡』原の辻遺跡調査事務所報告書第25集、文献3:池谷保編1996『西山田二本松遺跡』九州横断自動車道関係埋蔵文化財発掘調査報告書(19)文献4:小田富士雄・韓炳三編1991『日韓交渉の考古学』六興出版、文献5:宮崎敬士編2010『小野原遺跡群』熊本県文化財調査報告書第257集 文献6:高見乾司編2006『小野崎遺跡』菊池市文化財調査報告第1集、文献7:大城康雄編1986『神水遺跡発掘調査報告書』、文献8:山田良三1970「三山木出土の異形青銅器」『日本古代文化論攷』橿原考古学研究所

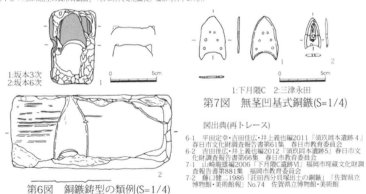

1:坂本3次
2:坂本6次

第6図　銅鏃鋳型の類例(S=1/4)

1:下月隈C　2:三津永田
第7図　無茎凹基式銅鏃(S=1/4)

図出典(再トレース)

6-1　平田定幸・吉田佳広・井上義也編2011『須玖岡本遺跡4』春日市文化財調査報告書第61集　春日市教育委員会
6-2　吉田佳広・井上義也編2012『須玖岡本遺跡5』春日市文化財調査報告書第66集　春日市教育委員会
7-1　山崎龍雄編2006『下月隈C遺跡Ⅵ』福岡市埋蔵文化財調査報告書第881集　福岡市教育委員会
7-2　藤口健二1986「託田西分貝塚出土の銅鏃」『佐賀県立博物館・美術館報』No.74　佐賀県立博物館・美術館

た、銅鏃が彫り込まれた鋳型の1つには、これまでにほとんど確認されていない形態の銅鏃が彫り込まれたこと、さらに、北部九州で初の円環型銅釧鋳型が出土したことである。以下では、まず鋳型の紹介も兼ねて概略をまとめる。

鋳型1（第3図1）

銅釧の約1／3程度が残存しており、銅釧の中央の座部と鍔部が確認できる。鋳型の法量は残存長7.8cm、最大幅6.8cm、最大厚3.4cm、重量233gをはかる。彫り込み面以外は使用されておらず、単面范である。上端面、左側面、裏面は鋳型製作時の痕跡が残存し、裏面には粗い敲打痕が認められるが、他の2面は丁寧な敲打が施され、全体に丸く収めている。したがって、鋳型の断面形状は蒲鉾型を呈する。鋳型には湯口痕が認められず、また側面に合わせ印も認められない。鋳型彫り込み面の銅釧は、鍔や座端部の円弧が正円ではなく、フリーハンドで彫り込まれている。銅釧の座部のくぼみは黒変しており、実際に鋳造に使用されたようである。銅釧の鍔端部には、幅1〜2mm、深さ1mm程度の溝状の彫り込みがあり、製作された製品の鍔端部には縁が形成される。鍔部と座との接続部にも、同様の彫り込みがあり、製品には段が形成される。鋳型に残る痕跡から鋳造された製品の法量を復元すると、直径8cm、座の下段径5.4cm、上段径5cm、器高は約1.5cmとなる（第4図1）。本鋳型で製作された製品は鍔部に縁を持ち、鍔と座の境に段を形成する銅釧と想定される。

鋳型2（第3図2）

銅鏃が彫り込まれた石英斑岩製の鋳型である。表面に銅鏃1点が彫り込まれ、裏面に線刻したような鏃状の彫り込みが認められる。鋳型の法量は残存長8.9cm、最大幅7.2cm、最大厚3.4cm、重量335gをはかる。彫り込まれた銅鏃や湯口などに黒変は認められない。なお、銅鏃の切先部を湯口と想定しているが、上端面へ行くにしたがって、湯道は広がっている。彫り込まれた製品は抉り入りの銅鏃で全長約8cm、幅2.7cm、茎幅8.5mmをはかり、鎬をもつ。裏面の銅鏃状の彫り込みは2mm程度の深さで鋭く彫り込まれており、金属器の使用が想定される。表面の銅鏃の彫り込みは切先が上端面へ、一部欠けているが茎が下端面へ貫かれており、湯口と湯流しが形

成されている。

　なお、裏面の中央には左右側面に向かって深い彫り込みが認められる。表面の彫り込み面に対して直交することから、鋳型を合わせ緊縛する際に使用する彫り込みと想定される。多くの鋳型が出土する春日地域などでは、こうした鋳型石材自身への細工は認められず[*1]、この地域における特徴なのかもしれない。藤木遺跡の近隣で報告された伝江島遺跡出土広形銅戈鋳型には、鋳型側面から裏面にかけて、彫り込み面に対し垂直方向の帯状の突起が掘り出している。彫り込み面の垂直方向に対し、鋳型石材へ加工を施すという点で共通点が指摘できよう。

鋳型3　（第3図3）

　凹基式の銅鏃が彫り込まれた石英斑岩製の鋳型である。鋳型の法量は長さ8.4cm、最大幅5.5cm、最大厚2.8cm、重量191ｇをはかる。彫り込まれた製品は全長7.8cm程度、最大幅3cmの凹基式の銅鏃で鎬をもつ。なお、製品の彫り込みがしっかりしており、鎬部で深さ3mm、端部の刃部で深さ2mmをはかる。このことから、合わせとなる鋳型には彫り込みの浅い製品かもしくは製品が彫り込まれていない平坦な面をあわせたものと考えられる。本鋳型は全体に丁寧なつくりで単面范である。銅鏃の凹基部分には、製品の中軸線となる線状痕が認められる。上端面には湯口が形成されており、湯口周辺が黒変している。上端面の中央には合わせ印と考えられる幅2mmほどの彫り込みが確認できる。鋳型の断面形は蒲鉾状を呈する。凹基式銅鏃の端部が下端面へ2か所で貫かれており、湯流しを形成している。左右側面から裏面にかけて、彫り込み面と直交する幅1～1.4cm、深さ2.5mm程度の溝が彫くぼめられており、鋳型を緊縛するために用いたと考えられる。この溝の中にも幅2mm程度の鋭い痕跡が認められることから、彫り込みには金属器が用いられたと想定できる。

鋳型4　（第3図4）

　銅釧が彫り込まれた石英斑岩製の鋳型である。銅釧の半分程度が残存しており、上部に湯口が認められる。鋳型の法量は残存長7.4cm、残存幅5.6cm、最大厚2.1cm、重量132ｇをはかる。彫り込まれた銅釧は、復元外径6.5cm、復元内径5.1cm程度の円環系銅釧である。円弧が厳密な正円ではない

ため有鈎銅釧の可能性も想定したが、左右側面の残存ラインを延長して彫り込み面を復元した場合、鈎部を彫り込むだけのスペースが認められないことから、円環型銅釧と判断した。銅釧の彫り込み断面は、場所によって異なるがV字というよりも逆台形に近く、幅7mm、深さ4mmである。湯道は幅1.2mm、深さ2mmで左右の端部は緩い。彫り込み面は丁寧な作りであるが、銅釧の内側の平坦部分には湯口方向への鋭い線状痕とやや左に傾いた浅い線状痕が認められ、前後関係は浅い線状痕が先で、鋭い線状痕が後である。製品の彫り込みと湯道周辺は黒変しており、実際にこの鋳型を使用して鋳造を行っている。表面の左側上部は、表面を鋳型として利用する際に左側面の角を落としたものと考えられる。裏面には不定方向の線状痕が認められるが、下端部との境には円弧上の彫り込みがあり、製品が彫り込まれていた可能性がある。また、裏面の上端部にはやや浅い幅1.5cmの湯道と想定される段も確認できることから、裏面を一度鋳型として使用していた可能性がある。その後、表面に銅釧を彫り込み鋳型として使用し、裏面は砥石として再利用されたようである。なお、裏面に彫り込まれていた製品は不明である。なお、円環型銅釧の鋳型はこれまで大阪府鬼虎川遺跡で出土した事例しか無く、北部九州では初めての出土である。

3．銅釦・銅鏃・銅釧の生産に関する問題点

　第4図には、日本列島でこれまで出土している弥生時代に相当する銅釦を集成（第1表）している。九州を中心に9点出土しており、時期はいずれも弥生時代後期に収まる。図を見ると明らかであるが、藤木遺跡出土の鋳型を用いて製作した製品は、法量と形態においてこれまで出土している製品と異なっている（第5図）。法量では、これまで出土している製品が直径5cmから6cmであるのに対して、藤木遺跡出土鋳型による製品は直径8cmと大型である。当然ながら直径が大きいため、座径、鍔幅も相関して大型化している。また、形態に関しても、前述のとおり他の製品とは異なっており、これまで出土している銅釦には認められない。したがって、藤木遺跡で出土した鋳型を用いて製作された銅釦は、サイズ、形態とも、これまでに類例が認められない特異な製品である。

　銅鏃の鋳型はこれまで11点出土しており（田尻2013）、藤木遺跡出土鋳型

の2点を合わせると鋳型の数は13点となる。銅鏃の鋳型の多くは、銅鏃を上下に連ねて彫り込み、複数の銅鏃を一度の注湯で鋳造する連鋳式の彫り込みであるが、藤木遺跡で出土した2点の鋳型は共に単鋳式の鋳型である。また、藤木遺跡で出土した2点の鋳型は、裏面に鋳型緊縛用と想定される溝状の彫り込みが確認された。こうした溝はこれまで北部九州で出土した鋳型では確認されておらず、特異な事例である。鋳型2に彫り込まれた銅鏃は有茎式の銅鏃であり、鋳型および製品とも類例は多い。鋳型3に彫り込まれた銅鏃は無茎の凹基式であり、類例が少ない。鋳型では春日市須玖岡本遺跡坂本地区3次調査出土品（第6図1）と同じく6次調査出土品（第6図2）の2点が認められる。

　鋳型で製作された銅鏃の法量は、3次調査出土鋳型の銅鏃は最大幅3.3cmであり、6次調査出土鋳型による製品は長さ6.8cm、最大幅3.7cmである。これらの数値と鋳型3を用いて製作された銅鏃の数値を比較すると、鋳型3による製品は全長が長く、幅が狭い銅鏃を鋳造したことになる。また、鋳型3の銅鏃の彫り込みが深さ3mmであり、坂本地区から出土している他の2点の鋳型の彫り込みが1mm程度であることも、この鋳型の特異な点であるといえる。想定される製品に類似した銅鏃は福岡市下月隈C遺跡（第7図1）や佐賀県三津永田遺跡（第7図2）などで出土している。なお、このような無茎の凹基式の鏃は、鉄鏃との関連も考慮しなければならない。鉄鏃における無茎の凹基式は中期以降、福岡平野や筑後平野、背振南麓では広く認められる形態であり、後期にも存在している（野島1993）。したがって、鉄鏃を模倣した銅鏃として、これらの銅鏃を位置づけることができる。弥生時代後期の青銅器の多くは大型化もしくは小型化し、それ以前の型式や模倣の対象から形態的な変化をおこしている。この凹基式の銅鏃は上述したように鉄鏃からの影響を受け成立したと考えられるが、凹基式鉄鏃は全長や最大幅が一定ではなく幅があり、他の青銅器とは異なり大型化や小型化のようなサイズの変化ではない。ただし、他の銅鏃からすれば、特異な形態であることから、位置づけに関しては出土状況が明確な製品の出土などが期待される。

　銅釧はいわゆる円環型銅釧である。円環型銅釧は全体のサイズと、身幅によって分類されており（小田1983）、藤木遺跡出土鋳型で製作されたのは太型太身の断面が六角形の銅釧となる。これまで銅釧のうち一部の製品に

関しては、楽浪系銅釧と呼称され、特に長崎県対馬市塔の首遺跡出土品やガヤノキ遺跡出土品などは、朝鮮半島出土品に類似していることから、朝鮮半島からもたらされたものと考えられてきた。しかし、中期後半に遡る大阪府鬼虎川遺跡出土鋳型の存在から、中期後半段階や後期には列島各地で円環型銅釧が製作されていたのであろうと考えられてきた。藤木遺跡出土の円環型銅釧が彫り込まれた鋳型は、まさに弥生時代後期の北部九州における円環型銅釧の生産を裏付ける証拠となった。また、彫り込まれた銅釧の断面形が安定しておらず、場所ごとに形態が異なることから、鋳造した後に研磨作業によって断面形を大きく整えている可能性が高い。現状の彫り込みで鋳造した場合は断面が六角形となるが、実際の製品の断面形は角を研磨し楕円形になろう。銅釧は形態的に単純であることから、同笵関係にまで踏み込んで議論することは困難であるが、藤木遺跡出土の銅釧鋳型と北部九州出土の製品だけでなく、朝鮮半島や近畿地方出土品との詳細な比較検討が今後必要であろう。

4．おわりに

　本稿では鳥栖市域でまとまって出土した弥生時代後期の鋳型群から、彫り込まれた製品の系譜問題や今後の課題について述べた。北部九州では毎年のように新たな鋳型が近年は出土している。本稿で紹介した鳥栖市域では、これまで出土している本行遺跡や安永田遺跡の鋳型群とも合わせて中期以降、場所を変えながらも継続的に青銅器の鋳造を行っていたことが明らかになった。今後のこの地域からさらなる鋳型の出土、青銅器鋳造関連遺物、遺構の発見報告がなされ、弥生時代の青銅器生産の一端が明らかになることを期待したい。

謝辞
　中村浩先生には学生時代から大変お世話になり、大事なときは背中を後押ししていただきました。感謝申し上げます。先生の今後のご健康をお祈りしております。
　また、資料調査、報告の際には鳥栖市教育委員会島孝寿氏に大変お世話になりました。末筆ですが感謝申し上げます。

＊註
1 鋳型の側面に、製品の彫り込み面に対し水平方向の溝状の彫り込みは、多くの鋳型で確認できる。ここでは彫り込み面に対し、垂直方向の彫り込みであることを指摘している。

【参考文献】（五十音順）
大庭敏男（2002）『藤木遺跡　今泉遺跡』鳥栖市教育委員会、鳥栖市文化財調査報告書68集
小田富士雄（1983）「弥生時代円環型銅釧考―日韓交渉資料の一研究―」『古文化談叢』第13集、古文化研究会
島孝寿編（2015）『藤木遺跡』鳥栖市教育委員会、鳥栖市文化財調査報告書第84集
田尻義了（2013）「南八幡遺跡第19次調査出土の銅鏃鋳型について」『南八幡遺跡10』福岡市埋蔵文化財調査報告書第1207集、小林義彦編、福岡市教育委員会、17〜20頁
野島永（1993）「弥生時代鉄器の地域性」『考古論集　潮見浩先生退官記念論文集』433〜454頁

鹿角製カツオ釣り針について

冨加見泰彦

1. はじめに

　紀伊半島の古墳時代の海浜集落は、土器製塩のみに留まらず海の生産用具と位置付けられる漁撈具（釣り針、土錘など）も豊富に出土することがこれまでの調査で明らかである。このことは、海を舞台とした生産活動が活発であったことを雄弁に語っている。古墳時代を代表する海浜集落である和歌山市西ノ庄遺跡は、その生産活動の実態を明らかにするために必要な動物遺体やそれを素材とした考古資料も遺存する好条件が整い、海人集団の広範な移動並びに生産・流通を考える上で貴重な資料を提供している。鹿角製の釣り針とその対象魚であるカツオを取り上げ、紀伊の海人の行動を明らかにしたい。

2. カツオについて

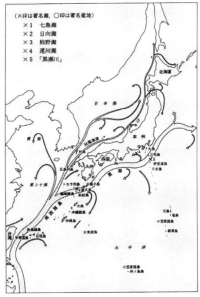

第1図　日本列島を巡る黒潮流路図
（宮下章『鰹節』2000より引用）

　古来より日本人はなぜカツオを好むのか、その答えを導きだすことは容易ではない。カツオは、太平洋、大西洋・インド洋などの熱帯水域に分布し、日本近海へは黒潮に乗って回遊し、一部は日本海側に回遊する。兵庫県袴狭遺跡で出土した琴の側板にカツオが描かれていることを見ると日本海側で全く捕獲していなかったということではなさそうである。

　日本列島沿岸にやってくるカツオには黒潮系と小笠原系の2系統があるといわれる。黒潮系はフィリピン東方海上で黒潮に乗り、沖縄付近を通って北

上する。群れは2月末に九州南方海域、3月末に四国沖・紀伊半島沖を回遊し4・5月には伊豆・房総沖に至る。この時期のカツオは「初ガツオ」「上りカツオ」と呼ばれ、8月には金華山・三陸沖に達し親潮（千島海流）と黒潮がぶつかるこの海域で十分に餌を捕食し、10月頃には丸々と太り南下する。紀伊半島では「モドリガツオ」あるいは「モチカツオ」と呼ばれ油が載って美味である。後述する西庄遺跡では「体長50～55cmのカツオが多く6～7月に捕獲された可能性が高い」ことが久保和士、富岡直人氏によって明らかとなっている。小笠原系はミクロネシア海域を北上し、夏ころに北海道南部に達して索餌、秋には再び南下し小笠原海域で越冬するという。

　カツオ漁は季節的なものでサケ・マスと同じく待機漁業である。「黒潮系」を例に取れば毎年黒潮に乗って大群で確実に回遊する。カツオの主な餌となるイワシを狙ってカツオドリ、ミズナギドリなどが上空を乱舞することからカツオの群れを容易に見つけることができる。春と秋に大量に捕獲できることから保存食、調味料（魚醤）としての利用価値が高かったためではないかと推測されている。

3．古記録に見えるカツオとカツオ漁

　カツオに関する記述は『古事記』（712、和銅5）年の雄略天王と志幾大県主をめぐる神話に「堅魚かたうお」「魚堅木」の記述があり、これが初見であろう。釣り針の具体的な存在を示す資料として『高橋氏文』がある。明治時代まで天皇家代々の料理役を受け持つのは膳臣高橋氏と決められていた。この高橋氏の祖を磐鹿六獲命（イワカムツカリノミコト）という。その由来を伝える『高橋氏文』には「景行天皇五十三年十月、天皇は上総国安房にある浮島にお着きになった。そのとき、イワカムツカリノミコトもお供した。（中略）ある日のことイワカムツカリノミコトは八坂媛の仰せで遠くの浦まで不思議な鳥を追いかけて出かけたが、ついに捕えることができなかった。しかたなく船で浮島を目指して帰る時、ふと船尾のほうに眼を向けると、たくさんの魚が追いかけてくる。試みにイワカムツカリノミコトが角弭（つのはず）をその群れの中に差し入れると、たちまちに喰いついてきた。繰り返し、差し入れてもむさぼるように『頑な』に喰いついてくるのでたちまち大量に釣りあげ

ることができた。そこでこの魚に『頑魚』と名付けたのである。今、鹿の角を使い、釣り針の柄を鹿の爪の形に拵えて、カツオを釣るようになったのはこうした由来による」と述されている。ここでいう不思議な鳥はおそらく「カツオドリ」で、鹿の角を使った釣り針は、「ツノ」と呼ばれる擬餌機能を持った鹿角製の複合釣り針であることは言うまでもない。この記述の信憑性はともかくとして、後述する5世紀代に鹿角製釣り針が出現する考古学的事実とも符合する。また、『万葉集』「水の江の浦島の子を詠む一首」にもいにしえのこと（註：『日本書紀』「雄略天皇」二十二年七月）として水江の浦島の子が鰹魚釣り……と詠われている。このようにカツオは古代から文献に登場することが多く馴染みの深い魚であった。

4．紀伊半島における釣り針の分布

　紀伊半島における釣り針は、管見では6遺跡23例（銅製1例、鉄製15例、鹿角製7）である。下記の遺跡のうち、和歌山市西庄遺跡、田辺市磯間岩陰遺跡、日向浦遺跡で出土した鹿角製の釣り針がカツオ用と考えられる。

第1表　釣り針出土地名

遺跡名	銅製	鉄製	鹿角製	軸	時　　期
和歌山市大谷川遺跡	1				弥生時代
和歌山市西庄遺跡		9	2	4	古墳時代（5世紀～6世紀）
御坊市東大人遺跡		1			古墳時代
田辺市磯間岩陰遺跡			4		古墳時代（5世紀）
白浜町日向浦遺跡			1		古墳時代（4～5世紀）
白浜町オリブ古墳		5			古墳時代（6世紀後半）

　これらの釣り針がなぜカツオ用なのか、詳細に観察した久保和士は、その根拠として
①極めて大型のみからなること、軸部に鹿角を用い肥厚させること、
②紐孔の穿孔方向、軸下端や腰部に何らかの有機物を巻き付けた痕跡を有するものがあること、
③針部が無アグで外へ開くこと、
④腰部にアグとは逆方向の突起を持つものがあること、

⑤紀伊半島から三陸海岸の太平洋岸のみに分布すること、
⑥共伴する魚類遺体にカツオが含まれる遺跡が多いこと
などを挙げている（久保1997）。筆者もこの考えには異論をはさむ余地はない。

5．西庄遺跡における漁撈活動

　西庄遺跡は広義の和歌浦湾を臨む遺跡で長大な砂嘴に立地する遺跡で5世紀になって急激に広がりを見せ古墳時代には西日本最大級の漁業集落となる。集落の西側が生産空間、東側の空間が墓域、その中央が居住空間である。大規模な製塩遺跡である一方で、擬餌針、疑似餌、鉄製釣針、土錘（棒状土錘）などの卓越した漁具と、検出されるさまざまな動物遺体は、「製塩」のみならず「漁撈」をも含めた生産活動が想定できる遺跡である。動物遺体の種類は50種を超え特に多いのがカツオである。
　西庄遺跡では鉄製の釣り針、鹿角製釣り針とツノ釣り針の軸とみられる端部を斜めに穿孔した鹿角製品が出土している。横須賀市東蓼原遺跡例では鉄製釣り針の一部が軸にのこっている例があることから鉄製釣り針は鹿角製軸と組み合わさる結合釣り針である可能性が高いと考えられる。14号住居跡から出土した鹿角製釣り針は10.1cm、21号住居跡から出土した釣り針は9.2cmを測る。西庄遺跡の動物遺体で最も多いのがカツオであることからもカツオを対象魚とした釣り針であることは確かであろう。共伴遺物から判断して鹿角製釣り針は5世紀後半とすることが妥当である。

6．磯間岩陰遺跡

　田辺湾の文里港を臨む丘陵の西麓の海蝕岩陰に立地する。昭和45年帝塚山大学によって調査された。5〜6世紀にかけての埋葬施設が8基検出され、古墳時代の漁撈集団の埋葬法が明らかとなった。このうち1号石室からは鉄銛、鹿角製の複合釣り針、2号石室からも鹿角製釣り針が出土している。これら釣り針については副葬された須恵器から5世紀後半と考えられる。西ノ庄例よりは先行すると考えられる。

西ノ庄遺跡出土鹿角製釣り針と共伴遺物

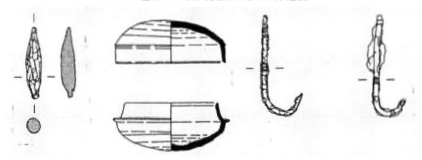

①1号住居跡出土鹿角製疑似餌・共伴須恵器　②3号住居跡出土鉄製釣り針

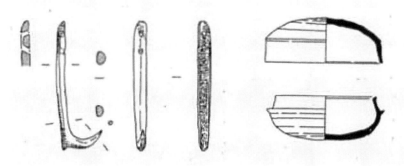

③14号住居跡出土鹿角製釣り針・共伴須恵器

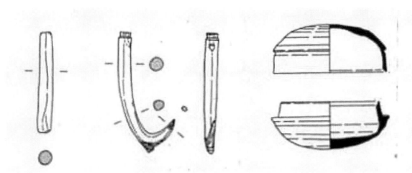

④21号住居跡出土鹿角製釣り針・共伴須恵器

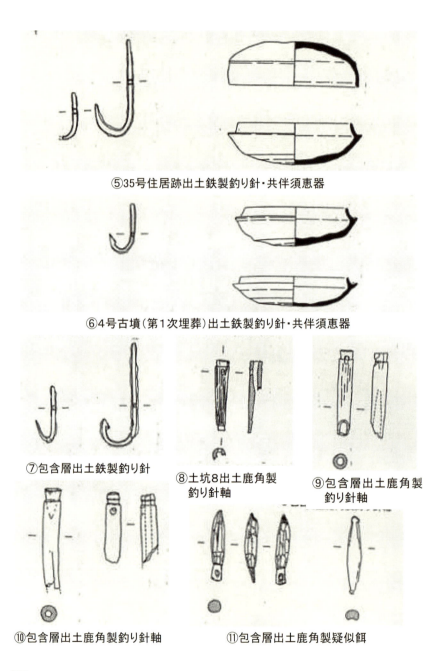

⑤35号住居跡出土鉄製釣り針・共伴須恵器

⑥4号古墳(第1次埋葬)出土鉄製釣り針・共伴須恵器

⑦包含層出土鉄製釣り針

⑧土坑8出土鹿角製釣り針軸

⑨包含層出土鹿角製釣り針軸

⑩包含層出土鹿角製釣り針軸

⑪包含層出土鹿角製疑似餌

磯間岩陰遺跡出土鹿角製釣針・共伴須恵器

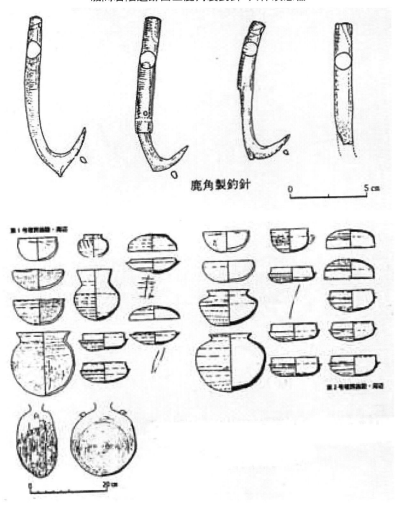

鹿角製釣針

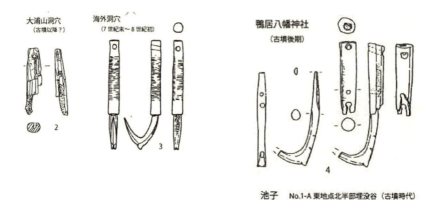

池子 No.1-A 東地点北半部埋没谷（古墳時代）

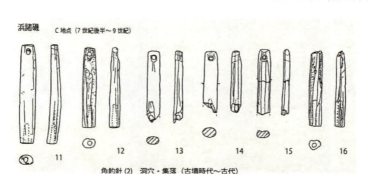

角釣針(2) 洞穴・集落（古墳時代〜古代）

7．日向浦遺跡

　日向浦遺跡は西牟婁郡白浜町堅田に所在する田辺に面した通称日向浦海岸に立地する古墳時代の海浜集落である。製塩土器、須恵器、土師器のほか漁撈具は石錘、紡錘車、敲石、砥石も出土する。鹿角製釣り針は9cmを測るものが1点出土している。西ノ庄遺跡、磯間岩陰遺跡例と同種で、共伴する遺物が不詳ながらその形態からは前者に先行するものと考えられる。

8．カツオの保存

　カツオは黒潮に乗って大群で回遊してくる。そこで問題になるのは、保存・貯蔵をどうするかということである。保存・貯蔵において何らかの処

理ができなければ大量に獲っても始末に困るだけである。そこで考えられたのが後述の方法であったと考えられる。
『大宝律令』(701、大宝元年)、『養老律令』(718、養老2年)、『延喜式』(927、延長5年) に

　「堅魚（かつお）」……生カツオを日干しした素干しのカツオ
　「煮堅魚（にかたうお）」……煮て乾燥させ堅くしまったカツオ
　「堅魚煎汁（かたうおいろり）」……カツオの煮汁をさらに煮熟したもの

の記述がある。これらの保存方法は、古墳時代まで遡ると筆者は考えている。

　笠嶋遺跡は、本州最南端、紀伊半島の先端に位置し、熊野灘に面し陸繋島の潮岬が砂州の発達によって本州と結びついた砂州上に立地した遺跡である。砂州の東西は、海に面し、東は大島、通夜島、苗我島によって湾内は天然の良港が形成されている。台風などの風波浪の退避港としても有名な地で、西は二色浦を擁し『日本書紀』神武天皇即位前記に見える「熊野荒坂津（丹敷浦）」の伝承地としても著名で、こちらも古くから漁港として知られている。遺跡は昭和28年に県立串本高校の運動場建設の第1期工事によって木器、土器片が出土したことが契機で調査された。紀伊半島の沖には黒潮が流れているため、漁撈に関する遺物も多く、自然遺物にもカツオ、サメ、エイなどの外遊性の魚骨が出土している。釣り針の出土はないが大型の鉢型土器が多数出土している。これについては「製塩作業に使用されたもの」(1969) と言われてきた。

　管見では、西庄遺跡で3点、地の島遺跡で1点、大目津泊Ⅰ遺跡で1点、大塚遺跡で10点、笠嶋遺跡では13例、そのうち口縁部に鍔が付くタイプのものが4点出土している。筆者はこの大型の鉢こそカツオの煮炊き用のものと考えている。紀伊半島東岸の三重県東里遺跡において同様の鉢形土器が4点出土している。これらの土器の帰属時期は紀伊半島での出現はおよそ庄内期であって、最も新しいのは西庄遺跡で確認できるおよそ5世紀後半である。この大型の鉢型土器は、製塩用としても十分機能は持ち合わせているものの、カツオ等を材料とする水産加工品の煮炊き用あるいは魚醤用として開発したものと考えたい。

9．まとめ―漁撈技術の系譜と伝播―

　複合釣針の直接的起源は久保の考える通り田辺湾沿岸、紀伊半島西部でカツオ擬似餌竿釣り用に開発された特徴的な形態の鹿角製単式釣針にあると思われる。西庄遺跡、磯間岩陰遺跡、白浜町日向浦貝殻畠貝塚に出土例があることは述べたとおりである。西庄遺跡、磯間岩陰遺跡の共伴遺物からは5世紀後半と考えられ、磯間岩陰遺跡例がやや西庄遺跡例に先行するとみられる。久保は日向浦例をこれより古く古墳時代前期に遡る可能性を指摘した。管見では紀伊半島以外この時期の鹿角、西日本この技術は6世紀中頃までは紀伊半島西部以外にはなく、これ以降に、志摩半島や伊豆半島、三浦半島へ伝えられた。三浦市海外洞穴例や諸磯遺跡例は磯間岩陰遺跡西ノ庄遺跡との共通点が非常に多く、直接的な伝播を想定していいと考えている。カツオなど外洋性回遊魚を追う紀伊半島西部の漁民集団の、広範な移動性と航海技術に裏打ちされた主導性をうかがうことができる。カツオの移動性が高いことをふまえれば、漁民集団の接触は十分あり得ることで黒潮を漁場とする海民集団によって伝播されたものと考えるのが妥当である。一方、伊豆半島例、房総半島、小笠原例等でみられる大型鉢はその出現が7・8世紀である。創造をたくましくすれば鹿角製釣り針の伝播と軌を一にして黒潮に乗って東へと伝播していったと考えることができまいか。今後の検討課題として問題提起しておきたい。

　中村浩先生には吉礼砂羅谷窯の調査以来公私にわたりお世話になってきました。先生から受けた学恩に未だ応えきれないまま現在に至っております。ここに一文を献じ先生の古希をお祝い申し上げ、ご健勝、益々ご活躍されますことを祈念いたします。

【参考・引用文献】
浦　宏（1941）「紀伊国西富田村日向浦貝殻畠調査概報」『紀伊考古』第4巻第1号
安井良三編著（1969）『南紀笠島遺跡』笠島遺跡発掘調査報告書刊行会
中村　勉（1993）「「角」とよばれる釣り針について―三浦半島出土の資料を中心として―」『考古学研究』158
田辺市史編纂委員会（1994）「磯間岩陰遺跡」『田辺市史』第4巻考古資料編

秋道智彌（1995）『海洋民族学　海のナチュラリストたち』東京大学出版会
塩の会シンポジウム実行委員会（1997）『シンポジウム製塩土器の諸問題』
和田　俊（1999）『かつお節　その伝統からEPA・DHAまで』幸書房
宮下　章（2000）『鰹節』ものと人間の文化史97、法政大学出版局
冨加見泰彦編著（2003）『西庄遺跡』和歌山県文化財センター
松井章（2005）「考古学から見たカツオ漁」『日本人はなぜかつおを食べてきたのか』かつおフォーラム開催記録
冨加見泰彦編著（2007）『古墳時代の海人集団を再検討する』第56回埋蔵文化財研修集会
渡辺　誠（2009）「カツオ釣り用の角釣り針について」『地域と学史の考古学』
若林良和（2005）『カツオ野産業と文化』ベルソーブックス018
海洋考古学会（2012）『カツオ釣針の成立と展開』黒潮の考古学資料集Ⅲ

日本古代塩業技術の諸問題

積山　洋

1．はじめに　本稿の課題

　日本古代の塩業技術体系は、第一に塩分濃度を高めた鹹水を得る採鹹工程と、第二にこれを煮詰めて結晶塩を得る煎熬工程からなる。また、できたばかりの粗塩は空気中の水分を吸いやすく溶けてしまう潮解性があるので、第三に潮解の原因となるニガリなどを意図的に除去する焼塩の工程があり、その結果、焼塩土器の中に固型塩（堅塩）ができあがる。焼塩は遅くとも奈良時代には行われていた。製塩土器とは、この第二、第三の工程に供された煎熬土器と焼塩土器の総称である。

　古墳時代～古代の塩業工程は、概念的には以上の三段階に整理できるが、実際には未解決の部分が多い。本稿では、上に上げた三つの課題について筆者の思うところを述べてみたい。

　なお、論を進めるにあたって、古墳時代から平安時代初期までの製塩土器を大阪湾Ⅰ～Ⅲ式に編年して用いることとする［積山2012、積山2014］。

2．採　鹹

（1）海藻利用

　鹹水の獲得においては、海藻を利用する方法が早くから想定されてきた。まず、海藻に繰り返し海水をかけ、滴下させて鹹水を得る方法が想定された［近藤1966］が、その過程で海藻のヨード分が溶出するため、煎熬により悪臭を放ち、まともな塩はできないことが判明した［大森・森川1978］。

　その後、関東・東北の縄文後晩期の遺跡から九州の海の中道遺跡（奈良・平安時代）にいたる全国各時期の製塩遺跡でウズマキゴカイなどの焼けた海藻付着性微小生物の発見が相次ぎ、海藻を焼いた灰に海水をかけていたことがほぼ確実となった［岩本2012］。その上澄みを鹹水としたのであろう。

　これと似たような民族例がニューギニア高地にある。文明から隔絶した

内陸地で、原住民は海藻ではなく草木の束を塩泉に一昼夜浸し、それを焼いて灰ごと叩き固めた黒い塩塊（灰塩）を生産していた［石毛1976］。

このように、塩分を吸収させた藻や草木を焼いて灰を利用する方法は相当古くから知られていた可能性が高く、日本列島においても同様であったと思う。

最近、藻灰は鹹水を得る濃縮媒体ではなく、塩への結晶媒体として捉えるべきだとの見解が出されている［阿部2016］。この実験の独自性は、土器内で多量の藻灰と一緒に海水を煮沸する（上澄みを用いない）点にあり、海水直煮より効率的に塩が得られている。しかし、それは当然である。藻灰に海水を注げば、それも広義の鹹水だからであり、あえて採鹹工程を否定する必要は特にないと考える。

（２）塩　浜

その次に出現する採鹹法が原初的な塩田（塩浜）＊1であるが、最初は砂浜に海水を散布し、天日乾燥により塩分が付着した砂を集め、海水をかけて鹹水を得るという自然揚浜などが7世紀には出現すると想定されている［廣山2003a］。考古学的に確かな塩田遺構は播磨の堂山遺跡に例があり、平安後期から鎌倉時代前半とされている［兵庫県教委1995］。これは揚浜式のなかでも進化した汲潮浜（満潮の水位よりやや高い防潮堤を築き、陸側の塩田に汲上げた海水を散布する）である。

天平19年（747）「法隆寺伽藍縁起并流記資財帳」（『寧楽遺文』中巻）には、「合海二渚／右在播磨国印南郡与飾磨郡間」とあり、播磨の印南郡と飾磨郡の間に法隆寺の「海二渚」があったことがわかる。また延喜5年（905）「筑前国観世音寺資財帳」（『平安遺文』194号）には、「焼塩山二所／志麻郡加夜郷蝿野林一所／四至（従寺焼塩所東方南端、下高毛掾伏嵬西土墳／二浜一院所北方東端沢、西北二沢当境□）／右、検延暦9年以来帳、以大宝三年十月廿日官所納」（カッコ内は原文割注。以下同じ）とあり、大宝3年（703）に官が観世音寺に施入した志麻郡加夜郷蝿野林に「二浜一院所」があった。廣山説では上の二史料を二浜（二渚）で一単位の採鹹場とし、A浜とB浜を交互に利用したとするが、妥当な想定である。

一方、延暦12年（793）「播磨国府案」（『平安遺文』7号）、「播磨国坂越神戸両郷解」（同9号）の考察［西山1977］によれば、天平勝宝5年（753）に播

磨国守の任を離れた大伴宿祢犬養が、その後も勝宝7年まで赤穂郡坂越郷・神戸郷で山・葦原・墾田を領有し、私設の代官（目代）として郡領クラスの秦大炬を引き込んで塩業経営を始めたものの、「塩堤を作りし所、かの堤堅きことを得ず、事を治むる所無く大炬等退却す」という。この「塩堤」が、波浪を防ぐ塩浜造成によるものとみられる。それが堅固でなかったので撤退したという記述から、①8世紀中ごろの塩浜には防潮堤が伴い、7世紀に現れたと推定した自然揚浜より進化しているらしいこと、②堅固でない塩浜造成を行ったのは伝統的に塩業を営んだ海人集団ではなく、中央貴族に連なる郡領など在地首長らを中心とする「素人集団」であったこと、ひいてはそうした人々までもが塩業に参入していたことを示唆するようである。

　上にあげたのは法隆寺や観世音寺のような大寺や国司という中央貴族らの事例である。これらが塩浜の存在を示すとすれば、廣山説がいうようにその範囲の浜辺が占有されることとなり、またそれを根拠として土地に対する支配・領有権が主張されるようになるのは自然の成り行きである。その塩業を支えるために燃料の供給地たる山林を囲い込むことも不可欠となる。前掲『平安遺文』7〜9号文書には、東大寺による焼塩山の領有をめぐって国衙を巻き込んだ在地での紛争が記録されている。

　大寺や貴族らによるこのような浜島の領有は、早くから指摘されている。『日本書紀』大化元年（645）9月甲申（19日）条の詔には「国縣の山海、林野、池田を割き、己が財となし、争い戦うこと已まず」という改新政権の現状認識が述べられている。天武朝になると、天武紀4年2月己丑（15日）条に「親王、諸王及諸臣、并せて諸寺等に賜りしところの山沢、嶋浦、林野、陂池は前も後も並びに除めよ。」とあり、王臣・大寺らの、いわゆる山野領有が禁じられている。『日本後紀』大同元年閏6月己巳（8日）条に「山海之利は公私共にすべし」と謳われるような律令政府の理念とは裏腹の事態が進行しているのである。私は、こうした王臣家・貴族・大寺らの浜嶋の領有が、塩浜の成立及びそれと一対の関係にある林野（焼塩山）の囲い込みをしめすものと理解し、そうした事態は天武朝以前から進行していたと考える。

　古代の塩田遺構の発見はまだほとんどないが、若狭の岡津遺跡で検出された南北約30m、東西約10mの「焼土面（赤土面）」（8世紀）は、揚浜式塩

田の基盤層［岩本1983］とするか、藻を焼いた採鹹場［白石1986］とみるか、決め手はないが、海藻利用から塩浜へという視点にたてば、岩本説が有利であり、先述の大伴宿祢犬養の例からも、船岡式段階には純然たる自然揚浜の段階を脱していたらしく、岩本説ではこれを塗浜と考えている。

　また、塩田に伴う採鹹土坑（沼井）の発見は少ないが、淡路の貴船神社遺跡、讃岐の倉浦遺跡などに例がある［兵庫県教委2001、近藤1984b］。採鹹土坑の例が増えるのは平安後期以後である［新名2010］。

　参考までに、中国では『水経注』涑水に、『春秋』成公6年（前586）条に後漢の服虔が施した注に「塩田」が初現し、秦漢のころには内陸山西省の河東塩池で「塩田」が営まれていたという［郭正忠主編1997］。これは塩池に「畦」などを設けて灌漑を施し、陽光と風力による自然乾燥で結晶塩を得たという。

3．煎　熬

（1）炉

　煎熬のための施設は炉である。その変遷はおおまかに、①地床炉・土堤炉・土坑炉から②石敷炉・石囲炉へという順に出現したと想定される。ただ、①は②の出現によって姿を消すわけではなく、その後も引き続き存続している。

　地床炉は地面をそのまま利用した炉である。和泉南端の小島北磯遺跡では弥生後期段階（大阪湾Ⅰ式かそれ以前）に赤く焼けた地面が発見されており［大阪府センター2000］＊2、また紀伊の西庄遺跡でも、熱残留磁気測定によりAD375±25年とされる大阪湾Ⅰ式後半の地床炉面が検出されている［和歌山県センター2003］。脚台付製塩土器から丸底製塩土器が生まれる大阪湾Ⅰ－3式からⅡ－1式への移行期でも、淡路の引野遺跡では地床炉が検出されている［東浦町教委1999］。

　土堤炉は地面を浅く掘り窪め、粘土の壁で囲った炉であるが、備前の上東遺跡で弥生後期の炉が発見されている。炉壁は地上部分がのちに削られやすく、調査で発見するのは困難である。若狭では浜禰Ⅰ式（脚台付製塩土器）段階の土坑炉が発見されている［同志社大1966］。土坑炉は能登では奈良時代まで存続している［富山大考古研・石川考古研1991］。

これらの次に登場するのが石敷炉である。私は西庄遺跡の大阪湾Ⅱ－２式が初現とみていた［積山2012］が、和泉の小島東遺跡の土器を実見した*3結果、丸底の大阪湾F類にやや大型のF1類が多いことが判明した。大阪湾Ⅱ－１式は引野、西庄、長原という三段階をたどり、急速に小型化するが、小島東の石敷炉は遅くとも長原段階（5世紀前半）まで溯ると考える。
　すると、石敷炉と丸底製塩土器の登場にはさほど大きな時間差はなくなり、大局的には同時と捉えることができるかもしれない。現状でⅡ－１式最古の引野遺跡（地床炉）の段階ですでに他の地（泉南か紀伊？）で石敷炉が登場していた可能性もある。脚台付製塩土器は砂地に脚台を埋込んで煎熬されたと考えられており、つまり地床炉と一対の関係にあったのに対して丸底製塩土器は最初（大阪湾F1類）から石敷炉と一対の関係であったと整理できそうである。
　石敷炉は熱効率を大きく高めたであろう。また製塩土器の小型化は、土器ごとの煎熬に要する時間を大きく短縮したと考えられる。こうして、小型製塩土器の大量使用による操業時間の短縮、回転率の向上によって、塩の増産が図られた［伊藤1999］のである。
　なお、このほかに石囲炉の発見例もあるが、事例は少なく、石敷炉に次いで出現すると推測している。

（２）煎熬容器
　奈良時代には焼塩土器は広くみられるものの、煎熬土器が少ないため、別の煎熬容器が普及したと想定されている。しかしこれも現状ではいかなる煎熬容器であるか、決め手はなく、中世の伊勢、志摩でみられる土釜をはじめ貝釜・網代釜、あるいは石釜の類としたり［近藤1984a・b］、または鉄釜であるとする［広瀬1994、森2010］など、見解は一致していない。
　前者の近藤説にいう各種の釜に関しては、廣山堯道による近世資料の詳論がある［廣山1983］。それによれば、粘土・灰と石材で構築し、竈と一体化した灰釜、竹籠に粘土を塗り固めて吊るす網代釜、貝殻を焼いて巨大な吊り釜の主原料とした貝釜、そして石材と粘土で大型の竈のような構造体と大型の平釜を造り、多数の釣鉄で吊るす石釜などがある。網代釜を除くといずれも大体3〜6ｍと巨大な方形・円形の釜で、造りつけの竈とセットであった。このような構造体は、たとえ脆くとも壁体等の破片が遺物と

して残るはずであるが、実際の出土例は中世の伊勢、志摩［新名2010］や、讃岐大浦浜遺跡の石釜とされる例［香川県教委1988］などかなり限定的であり、古代においてさほど普及したとは考えにくい。

後者の広瀬説から想起されやすい鉄釜は、和銅〜天平年間に筑前・防長の史料にみられる「煎塩鉄釜」である。先述の「筑前国観世音寺資財帳」によると、和銅2（709）年に「熬塩鉄釜一口（口径五尺六寸　厚四寸　口辺朽損）」が官から観世音寺に施入されている。また天平9（737）年「長門国正税帳」（『寧楽遺文』上巻）に「煎塩鉄釜一口（径五尺八寸　厚五寸　深一寸）」とあり、天平10年「周防国正税帳」（『同』上巻）にも「塩竈一口（径五尺九寸　周一丈七尺七寸）」とあり、これも鉄釜であろう。

これらの鉄釜は大寺や国衙が各1口しか所有しておらず、わざわざ資財帳や正税帳という公文書に登録されていること、観世音寺の鉄釜は口縁部が朽損しながら200年間も使用されていることなどから、この種の鉄釜が非常に貴重であったことは確かである［渡辺1962］。そのことが、煎熬容器として鉄釜が普及したとする考えに疑問を呼ぶ原因となってきた。

この鉄釜は口径5尺6寸〜5尺9寸という大型品であり、長門の鉄釜には深さ1寸と別に厚さ5寸と記されている。これは口縁から底まで、または

図1　長門国衙の煎塩鉄釜復原
　　（羽島2013より）

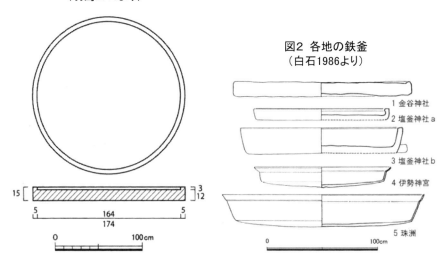

図2　各地の鉄釜
　　（白石1986より）

1 金谷神社
2 塩釜神社a
3 塩釜神社b
4 伊勢神宮
5 珠洲

底自体の厚さであろう。どちらであれ、異常に底が厚い特異な形状（図1）であり、この復原案に基づいて試算すれば重量は約2300kgにもなる（水に対する鉄の比重は7・85）。しかも容器としては極端に浅いばかりか、「口辺朽損」でも使用していたから、煎熬容器とは考えられない［岡本1970］。このような鉄釜は粗塩を火熱で炒る高級散状塩の生産用具である［白石1986、廣山2003b］。上総の金谷神社所蔵の「鉄尊様」（図2－1）も同一タイプである［村上1980］。

それでは、鉄製煎熬容器は用いられなかったのであろうか。実物が未確認ながら、第一に、川原寺で飛鳥Ⅴ期（藤原宮期）の鉄釜鋳造遺構が発見されているように、鉄製容器自体の生産は当時の金属器生産技術上、充分可能であった。川原寺の製品は口径88cm、推定高80cmの羽釜と復原されている［奈文研2004］。

第二に、上にあげた「法隆寺伽藍縁起幷流記資財帳」には「釜一拾肆口」があげられており、そのうちの13口が鉄釜で、以下のように記録されている（釜のサイズごとに①以下の番号を付す）。

「通分鉄釜一十三口（①一口径二尺六寸深三尺六寸　②一口径二尺二寸深二尺三寸　③一口径一尺八寸深六寸　④一口径一尺六寸五分深一尺六寸　⑤一口径一尺五寸深一尺五寸五分　⑥一口径一尺五寸深一尺六寸　⑦一口径一尺三寸深一尺一寸七分　⑧一口径一尺深一尺二寸　⑨二口径各九寸深一尺二寸三分　⑩二口径各一尺三寸深六寸　⑪一口径九寸深三寸）」

鉄釜のサイズはさまざまであるが、口径に比して浅い器形を呈するものが③・⑩（2口）・⑪の4口あり、類似のものを塩業に用いるのは可能である。

第三に、中国では早くから鉄製煎熬容器が用いられている。塩井の開発で知られる四川省の成都市蒲江県出土の漢代鉄盆は、『史記』平準書八に「官器に因り煮塩を作さしめ、官、牢盆を与えん」*4とある「牢盆」つまり鉄製の煮塩容器であるとされる［龍・夏2002、侯2002］この鉄盆は口径131cm・器高57cmという大型品で、内壁に「廿五石」と鋳出されている。それとは別に、四川省出土の画

図3　四川省出土画像磚の煮塩図
（聞宥集撰1956より）

像磚 2 点［聞宥集撰1956］中に、塩井から鹹水を汲み上げ、竈で煮沸する情景が描かれている。その第74図では竈に 5 個の鍋が乗っており、焚口の人物像をもとに推定される鍋は口径数10cmほどの規模である（図 3 ）。

　一方、海塩の産地である山東省掖県出土の「鉄釜」（丸底で口径66cm・体部高40cm、双耳付の甕形鉄器）が牢盆である［林・崔1992］とか、戦国時代の斉で青銅製の「牢盆」（口径66cm・深さ12cm）が用いられたともいう［于1983］。

　このように、国内鋳造技術、史料、また中国の事例などから、煎熬容器にふさわしい鉄製品の存在は充分に推測可能である。その具体的な形状は伊勢神宮（御塩殿神社）や能登・珠洲市の古いスタイルの揚浜塩田（汲潮浜）の煎熬用鉄釜（図 2 の 4・5 ）が参考になる。実際には四川省の例のように口径 1 m 未満の中小型の鍋状の容器を想定するのが現実的だと思われる。

　ここで確認を要するのは、鉄製煎熬容器から得られる塩は、能登や伊勢神宮の例をひくまでもなく散状塩（粗塩）であるという点である。一方、製塩土器で作られる塩が基本的に固型塩である［森2010］ことは各種の実験から知られている。対照的なこの二種の製塩法の違いは重要である。

4．焼　塩

　第三の焼塩については、安芸の蒲刈島での実験の結果、煎熬土器内で結晶化し始めたシャーベット状の塩を小型土器に移し替え、おき火で加熱を続けるだけで固型塩ができあがることが判明している［松浦1996］。さほど堅固に焼き固まってはいないが、1996年、現地での公開実験で参加者に配布されたそれは、今にいたる20年間、通常の住環境の中でほとんど潮解していない。煎熬の延長のような工程を経ただけでありながら、潮解の原因となるニガリはかなり除去されたものとみられ、ことさら焼塩工程を想定することが妥当なのかという新たな問題を提起することとなった。

　しかし一方で、奈良時代には大阪湾周辺や筑前・防長で生産されたさまざまな製塩土器は、0.5〜2 リットルとやや容量が大きい厚手の土器が主流となる。いずれも円筒形〜深鉢形を呈し、蒲刈島で実験された小型の土器とは異なる。そこで、小型土器による煎熬の延長のような焼塩を「半焼塩」と捉えることとする。

図4　7世紀の焼塩土器

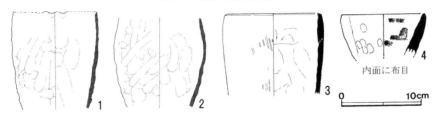

1・2：難波宮下層遺跡　3：瓜破遺跡　4：隼上り遺跡

　奈良時代には和泉の田山遺跡や筑前の海の中道遺跡で円筒形の製塩土器と甕形煎熬土器との機能分化が認められた［大阪センター1983、朝日・福岡市教委1993］。この円筒形の製塩土器が焼塩容器である［森田1983］。

　このような特化した焼塩土器が登場するのはなぜであろうか。私は、その背景に粗塩（散状塩）の生産が大きく増加したことを想定すべきと考える。古墳時代以来の半焼塩的な塩の品質と比べると、粗塩は湿気の多い「べとついた」塩であり、ニガリを含んだままなので、潮解しやすい。そのため、潮解を防ぎ、安定した塩生産の本格的な工程として焼塩が必要になったと考えるのである。

　ところで、粗塩生産の用具は鉄製煎熬容器である（先述）から、粗塩の生産が大きく伸びたことと、鉄製容器の普及は密接に関係したであろう。このように、鉄製煎熬容器の普及と焼塩は、表裏一体であったと考えられるのである。

　私は鉄製容器の普及の起点を、大阪湾J類の器形と分布の変化から大阪湾Ⅲ－2式（奈良時代初頭）段階と考えた［積山2014］が、上の観点に立てば、散発的ながら、飛鳥時代のうちに焼塩土器が出現し始めている（図4）ことが注意される。共伴土器等からその年代はいずれも7世紀第二～第三四半期であり、焼塩と表裏の関係にある鉄製煎熬容器も、Ⅲ－1式には出現しつつあると思う。そして、Ⅲ－2式にいたってその普及が大きく進んだと捉えるべきであろう。

5．結　語

　本稿では塩浜（自然揚浜）の成立を飛鳥時代とし、奈良時代には一定の

進化を遂げたと考えてみた。また石敷炉の出現を大阪湾Ⅱ－1式（5世紀前半）のうちに認め、さらには鉄製煎熬容器と焼塩の普及が大阪湾Ⅲ－1式（7世紀）を起点とし、Ⅲ－2式（8世紀前半）に大きく進行するという見通しを述べた。

最後に鉄製煎熬容器と焼塩（堅塩）について整理しておく。

国衙や大寺が所有する「煎塩鉄釜」は相当貴重かつ特殊なものであり、これを「鉄釜A」と呼び、それによって生産された高級散状塩（炒塩）を「散状塩A」とする。これに対して、実際の製塩工房で用いられたと想定される中小型の煎熬容器を「鉄釜B」とし、その生産塩を「散状塩B」と称することにしたい。散状塩Bとは、鉄釜や土器による煎熬で生成し、筵やスノコ上でニガリや水分を落としてできる粗塩のことである。

一方、蒲刈島の実験で確かめられたような、煎熬容器から小型土器に移し替えて連続的に加熱する半焼塩的な工程を「焼塩A」、それに用いた小型土器を「焼塩土器A」、さらにその生産塩を「堅塩A」とする。これに対して目的意識的に行う独立した焼塩工程を「焼塩B」、その土器は「焼塩土器B」、その塩は「堅塩B」と分類することができる[5]。古墳時代の製塩土器の大半は煎熬容器であると共に焼塩土器Aであり、奈良～平安時代の畿内消費地で出土する製塩土器は、基本的に堅塩Bを運んだ焼塩土器Bである。

本稿では不明なことが多い日本の塩業技術体系に一定の仮説を提起することを目的とした。その検証は将来に委ねたい。新たな発見を期待して擱筆する。

＊註

1　確実な「塩浜」の初現史料は貞観17年（875）の二例である。『三代実録』同年12月15日条、『平安遺文』2788号（播磨国赤穂庄）。
2　焼けた痕跡を残す地面は、地床炉、海藻を焼いた採鹹痕跡という二つの可能性がある。小島北磯の場合、まだ両者が未分化だった可能性を想定したい。
3　2014年1月14日、塩の会見学会にて実見。
4　釈読は加藤繁訳註1942『史記平準書・漢書食貨志』岩波書店によるが、異論もある。また煮塩容器は「盆」とする説も多い。
5　本稿でいう「堅塩A」は、［森2010］で示された製塩第二工程の「堅塩A？」「堅塩B」に相当する。本稿の「堅塩B」は、森の「堅塩C」「堅塩D？」にあ

たる。森のいう堅塩A～Cはニガリとともに固化したものとするが、いずれも程度の差はあれ、ニガリは除去されていると思われる。

【参考文献】
朝日新聞西部本社・福岡市教育委員会（1993）『海の中道遺跡』Ⅱ。
阿部芳郎（2016）「「藻塩焼く」の考古学─縄文時代における土器製塩技術の実験考古学的検討─」『考古学研究』第63巻第1号、考古学研究会。
石毛直道（1976）「Kumupaの塩─イリアン・ジャヤ中央高地の物質文化(1)─」『国立民族学博物館研究報告』1巻2号。
伊藤宏幸（1999）『引野遺跡発掘調査概要』東浦町教育委員会。
岩本正二（1983）「7～9世紀の土器製塩」『文化財論叢』奈良国立文化財研究所。
岩本正二（2012）「製塩」『古墳時代研究の現状と課題』下、同成社。
于嘉芳（1983）「牢盆与沨水─関於斉国的製塩技術」『故宮文物月刊』223号、国立故宮博物院。
大阪文化財センター（1983）『田山遺跡』。
大阪府文化財調査研究センター（2000）『小島北磯遺跡』。
大森実・森川昌和（1978）「若狭の土器製塩」『考古学雑誌』第64巻第2号、日本考古学会。
岡本明郎（1970）「"煎塩鉄釜"考察」『日本塩業の研究』第12輯、塩業組合中央会。
香川県教育委員会（1988）『瀬戸大橋建設に伴う埋蔵文化財調査報告　大浦浜遺跡』。
郭正忠主編（1997）「上古至魏晋南北朝時期的塩業」『中国塩業史』古代編、人民出版社。
侯虹（2002）「蒲江塩井的開発与西漢四川塩鉄経済的発展形態」『塩業史研究』2002年第3期、自貢市塩業歴史博物館。
近藤義郎（1966）「製塩」『日本の考古学』Ⅴ、河出書房。
近藤義郎（1984a）「三重県小海遺跡の中世製塩炉」『土器製塩の研究』岩波書店（初出1976）。
近藤義郎（1984b）「日本塩業史の考古学的研究」『土器製塩の研究』岩波書店（初出1980）。
近藤義郎（1984c）「土器製塩と焼き塩」『土器製塩の研究』岩波書店（初出1976）。
白石太一郎（1986）「塩」『日本歴史考古学を学ぶ』（下）、有斐閣選書。
新名強（2010）「三重県における製塩技術の展開について」『東海土器製塩研究』考古学フォーラム。
積山洋（1993）「律令制期の製塩土器と塩の流通─摂河泉出土資料を中心に─」『ヒストリア』141号、大阪歴史学会。

積山　洋（2012）「塩業と漁業」『講座日本の考古学』第8巻、青木書店。
積山　洋（2014）「大阪湾周辺における律令期の塩業」『郵政考古紀要』第59号、大阪郵政考古学会。
同志社大学文学部（1966）『若狭大飯』。
富山大学人文学部考古学研究室・石川考古学研究会（1991）『能登滝・柴垣製塩遺跡群』。
奈良文化財研究所（2004）『研究紀要2004』
西山良平（1977）「奈良時代「山野」領有の考察」『史林』第60巻第3号、史学研究会。
羽島幸一（2013）「瀬戸内の製塩と流通について―周防国を中心に堅塩と煎塩の様相をみる―」『塩の生産・流通と官衙・集落』第16回古代官衙・集落研究会報告書、奈良文化財研究所。
東浦町教育委員会（1999）『引野遺跡発掘調査概要』。
兵庫県教育委員会（1995）『堂山遺跡』。
兵庫県教育委員会（2001）『貴船神社遺跡』。
広瀬和雄（1994）「大阪府」『日本土器製塩研究』青木書店。
廣山堯道（1983）「製塩の釜と竈」『日本製塩技術史の研究』雄山閣出版。
廣山堯道（2003a）「塩浜の成立」、廣山堯道・廣山謙介『古代日本の塩』雄山閣。
廣山堯道（2003b）「塩釜（結晶塩）と煎（熬）塩鉄釜と投木」、廣山堯道・廣山謙介『古代日本の塩』雄山閣。
松浦宣秀（1996）「蒲刈町の歴史と古代の塩づくりについて」『古代の塩づくりシンポジウム－蒲刈をめぐる瀬戸内の古代土器製塩を考える－』蒲刈町・蒲刈町教育委員会。
聞宥集撰（1956）『四川漢代畫象選集』中国古典芸術出版社。
村上正祥（1980）「千葉県金谷神社の「鉄尊様」について―奈良時代の煎塩鉄釜―」『日本塩業の研究』第19集。
森　泰通（2010）「東海地方における古代土器製塩覚書き2009」『東海土器製塩研究』考古学フォーラム。
森田　勉（1983）「焼塩壺考」『太宰府古文化論叢』下巻、九州歴史資料館。
龍騰・夏暉（2002）「蒲江県出土漢代牢盆考」『塩業史研究』2002年第2期、自貢市塩業歴史博物館。
林仙庭・崔天勇（1992）「山東半島出土的几件古塩業用器」『考古』1992年第12期。
和歌山県文化財センター（2003）『西庄遺跡』。
渡辺則文（1962）「古代塩業史に関する二、三の問題」『広島大学文学部紀要』第21号。

博物館学の現在

古奇物愛玩に拠る歴史資料の保存
―小銅鐸の愛玩利用による事例を中心として―

青木　豊

1．はじめに

　奇石や化石、土器や石器をはじめとする古物等々の珍品類を収集し、自ら研究対象としてきた人々は何時の時代にも存在した。江戸時代中期には、これらの石の収集者は弄石家、古物収集家は好古家などとそれぞれ呼称されていた。

　前者を代表するのは、江戸時代後期に石の長者と称された木内石亭（1724～1808）であり、木内は集大成として三巻から成る『雲根志』*1を著した。同書の後編には「鏃石」・「勾玉」をはじめとする考古資料類が学術資料として集成されていることは広く知られているとおりである。

　さらに、山崎美成（1796～1856）や滝沢馬琴（1767～1848）らによる耽奇会も当時に於いての歴史資料の研究会であり、我が国での研究の歴史に名を留める事柄である。同会は、文政7年（1824）5月から翌年の11月まで、場所は上野不忍池の湖畔の淡々亭で毎月1回古書画・古器物を持ち寄った研究会であり、通算20回に亙り実施されたと記録されている*2。本研究会の集成記録が『耽奇漫録』であり、当該期の江戸の好事家たちの研究の学術成果であった。

　これらの例を挙げるまでもなく、歴史に足跡を記した資料収集者であった好古家以外にも、その具体は不明であるが謂わば"星の数ほど"の収集家が今日に至るまで存在してきたことは十分予想されよう。このことは、私立美術館の館蔵品の基礎となる収蔵品は、おしなべて個人による収集品であるといった共通性を有していることからも理解し得よう。

　本稿では、勿論すべてでは無いことも十分に承知しているが、個人の資料愛玩癖に基づく資料収集行為が、資料保存と学術研究の一翼を担ってきた点を含めて、今日で言うところの文化財レスキューの一つであったとする視点で紹介するものである。

2．古物家・好古家・好事家に対する時代的非難

　18世紀中頃から後半は、幕藩体制の衰退に反して、前野良沢と杉田玄白による『解体新書』の刊行や、平賀源内がエレキテルを修理するなど、学術・科学が社会に浸透した探究の時代であり、江戸の科学の開始期であったといえよう。

　さらに、貝原益軒により宝永7年（1709）に『大和本草』が上梓されたことにより、生物学であり農学であった本草学の学術研究が発展するなかで、博物学・名物学・物産学等の細分化が認められた。博物学は、本草学を基本としながらも動物・植物・鉱物を広く対象とした。一方名物学は、自然及び自然現象や人事等に関する名称の確定を目的とした。さらに物産学は、本草学・博物学と同様に自然の産物を対象としながらも、さらに人工産物をも含めた研究である点を特徴とした学域であった。18世紀中葉のこれらの諸学の研究が隆盛する中で、実物資料を展示したのが"薬品会"、"本草会"、"物産会"、"博物会"、"産物会"であり、これらを推進したのが好事家・好古家・古物家であった。

　太政官取調掛や外務大録を歴任し、『觀古圖録陶磁器之部』*3を著した蜷川式胤は、自身も収集家であったことは明治4年（1871）に開催された大学南校物産会や明治5年の文部省博覧会への出品からも窺い知ることができる。

　また、E. S. モースは、多岐の分野にわたる収集家であったことは、アメリカ東部の古都であるマサチューセッツ州セイラムに所在するピーボディー・エセックス・ミュージアムに保存されているモースコレクションからも理解出来よう。モースは、古陶磁器に関する知識や鑑定の方法をはじめとする収集の実態を蜷川から学んだであろうことは、モースの日記から指摘されている。当時日本の蒐集家の実態や蒐集の具体について下記の如く記している*4。

　　　蜷川を通じて、私は蒐集家及び蒐集に関する、面白い話をたくさん聞いた。日本人が数百年にわたって、蒐集と蒐集熱とを持っていたのは興味がある。……蜷川の友人達には、陶器、磁器、貨幣、刀剣、カケモノ（絵）、金襴の切、石器、屋根瓦等を、それぞれ蒐集している者がある。金襴の蒐集は、三インチか四インチ位の四角い切れを、郵

便切手みたいに帳面にはりつけるのである。彼（蜷川）は、四、五百年になるのを見たことがある。有名な人々の衣から取った小片は、非常に尊ばれる。瓦は極めて興味のある品だとされ、彼は千年前の屋根瓦をみた。彼は、甲冑を集めている人は知らなかった。貝殻、珊瑚、及びそれに類した物を集める人も僅かある。<u>上述した色々な物すべてに関する本は、沢山ある</u>（傍線筆者）。

　モースが記すように、まだまだ江戸文化の色濃い明治初期の日本において、好事家・好古家・古物家たちは種々の歴史資料や珍品の収集を行っていたことが窺えると同時に、傍線で示したように収集資料に関する集成図録等の研究図書類は数多く制作されていたことは、ただ単なる収集でなかったことを表わしていると看取されよう。

　しかし時代は、明治に移行し社会全体に著しい欧風化が進捗するなかで、学術形態および学術思想に関しても決して例害ではなかったのである。明治13年に刊行された「常州陸平介墟報告」＊5に記された下記の文章は、極めて印象的である。

　　理學日ニ盛ニシテ科目年ニ増加シ、學者愈々其従來見分セザル所ノ域ニ達シ、低キヨリ高キヲ極メ浅キヨリ深キヲ探リ、微ヲ亮ラカニシ難ヲ解キ、暗ヨリ明カナルニ進ムノ秋ニ際シ、独リ考古學ノ如キハ近世ニ至ルマデ数人ヲ除クノ外、殆ンド其道ヲ絶チテ、復タ講究スル者ナク、<u>而シテ其古来古物家ト称スル者ノ如キハ僅ニ古器物等ヲ蓄蔵シテ玩具トスルニ過ギザル而已、固ヨリ其鴻益アルヲ知ラザリシナリ</u>。夫レ考古學ノ要タル、其地形ヲ察シ其水涯ノ距離ヲ視、介墟或ハ洞穴ヲ発見シテ其中ニ埋没セル土器石器骨器介類ヲ採集シ、其工拙文質形状種類ヲ丁寧ニ監査シ、以テ此墟洞ヲ創始セル者ハ如何ナル人種ニシテ、今ヲ距ル幾千年ノ古ヘニ生活シ、如何ナル事業ヲナシ、近世人種ト如何ノ差異ヲ有セシヤヲ尽ク識得スルニ在リ（傍線筆者）

　かくの如く、本草学および物産学を継承してきた好事家・好古家・古物家は、西洋の学問形態の下に排斥され、駆逐が開始されたのであった。これは考古学の分野に限定された現象ではなく、本草学等をはじめとする江戸のあらゆる科学においても同様であったといえよう。

3．銅鐸の愛玩利用による保存例

（1）幕末から明治時代初期の市中の銅鐸の状況

　横山由清（1826～1879）は、幕末から明治時代の和学者で、幕末に和学講談所教授であり、維新後の明治政府下では昌平学校史料編修等を歴任した人物であった。さらに横山は好古家でもあり、2冊からなる『尚古圖録』を編纂していることでも知られる。第1冊は明治4年（1871）に、第2冊は明治8年に上梓されており*6、当該書に掲載されている銅鐸は、その後本山彦一の富民協会農業博物館本山考古室の所蔵となり、現在関西大学考古学等資料室に収蔵されていることは、考古学関係者の間では広く知られているところである。

　また、洋学者で兵庫県令や文部少輔・元老院議官などを歴任する一方で、『日本大古石器考』*7を著した神田孝平（1830～1898）は、全国的視野における「銅鐸出處考」*8等を編纂し、銅鐸研究を行うなど広く銅鐸を知る人物でもあった。その神田が、「東京・京都・大阪の骨董商で銅鐸が豊富に、しかも安く出まわっている」と指摘している*9。さらに神田は、モースに銅鐸を贈呈し、当該銅鐸は現在ピーボディのミュージアムの所蔵品として保存されている。

　さらにまた、ピーボディ・エセックス・ミュージアムに保存されているモースコレクションの写真の中に、贈呈された銅鐸とは別の三点の銅鐸写真が遺存している。

　一方、開拓使のお雇い外国人教師として明治5年に来日したヘンリー・スミス・マンローは、明治9年までの滞在中に複数回に渡り銅鐸と遭遇したようである。この件に関して佐原真は、「マンローもまた、銅鐸を東京の店先で10個ほど見つけたと書いている。当時、よほど沢山出まわっていたと見える」*10と記していることは印象的である。

　以上のように、幕末から明治時代初期の骨董店では、多数の銅鐸が店先にでていたようである。当時銅鐸が市中の骨董店にあった理由は、想像するに新田開発やこれに伴う山地部での水源池や水路の開削による土木工事に伴う出土が多数あったことに起因するものと予想される。さらにまた、幕末維新期には、江戸時代後期の古道具屋の客層が異なる最大の点は、外国人という富裕の購買者の出現により、彼らが欧米にはない日本独自の珍

物を希求したことも原因と観られる。これに呼応した結果、中でも土偶や銅鐸等々の考古資料が率先して取り扱われたものと看取される。魔鏡などもその代表例の一つであろう。

（2）水滴に転用された小銅鐸

　古物愛玩の一例として、本来の用途とは異なる形にモノを転用するという事例がある。下記は、筆者が所有している小銅鐸を転用した水滴である。

　　　資料名　　　小銅鐸　　　　時　代　　弥生時代
　　　出土地　　　不明　　　　　現　状　　水滴（転用）
　　　法　量　　　現状高4.8㎝　舞6.3×3.8㎝　底部7.1×3.9㎝
　　　出土時期　　1860年或はそれ以前
　　　加工時期　　1860年　蓋裏面に「萬延元申年九月調」の紀念銘
　　　入手方法　　骨董商より購入
　　　入手時期　　平成23年6月
　　　特記事項　　匣の底部に「東京国立博物館」と印刷されたラベルが貼付

　本銅鐸は、高さ20㎝前後を一般とする2区の横帯文を有する菱環鈕式銅鐸であると観察される。遺存部は、鐸身の上部に相当する部分約3㎝を留め、鈕は舞部より最大で0.9㎝を留めるのみである。残存する鰭の幅は、狭く直線的である。鐸身の残存部の表面には、斜格子文が観察される。

　本水滴は、出現期に比定される小銅鐸の、たまたま残存していたであろう舞以下最大3㎝を計測する鐸身の上端部分に、素銅による側面を含む底部を設えたものである。素銅部の表面は、底面も含め銀メッキが施され、現在もその大半を留めている（写真4）。残存鐸身と素銅による造作部との接合は、焦げ茶の漆で入念かつ美的に接着されている。

　鈕の残存部は、人為的切断の痕跡は認められないところから鈕の大半は自然的腐食により消失したものと観察される。現存する鐸身下端部分は、漆接合がなされているため不明瞭ではあるが明確な切断痕は認められない。したがって、本小銅鐸は、水滴に転用するに当たっては当時遺存していた形状保存を重視した上での加工であつたと観察される。

　鐸身端部の上端には、長さ約1.4㎝、径0.4㎝を測る注口部が約60度の仰角で、鐸身の接合と同様に漆で接合固定されている。注口部は、異なる金属による2重構造で製作されており、内側は内孔約1.4㎝を計測する厚さ約

写真1 小銅鐸を転用した水滴表面

写真2 水滴裏面

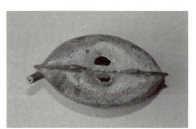

写真3 水滴上面

写真4 水滴底面

写真5 収納匣と保管状況

写真6 蓋裏の紀年銘

写真7 匣裏のラベル
　　　右は拡大写真

0.1cmの真鍮と見られる金属で、異種の金属で包んでいる。即ち、注口部の外面は、鍍金されているところから肉眼での識別は難しいが鐸身部と同一の素銅とおもわれる。かかる工作の目的は、にわかには判じ難いが注口内部の錆による詰まり防止を意図したものと推測される。当該水滴への水の注入は、舞に鈕脚壁を挟んで対峙する空豆型を呈する鋳型の型持孔を当てている（写真3）。孔の形状と大きさに関しても、何等手を加えられることなく本来の状態を保持している。

　鐸身部は、注口の接着孔を除き、当時遺存の現状態で転用されたものと観察される。写真1でも理解できるように、水滴として手でもった場合中央部の親指が当たる部分は、親指大に銀メッキが磨滅によりはがれているところからも長期間に亙り文人に愛用されたであろうことを窺い知る。

　匣は、桐材で8.8×6.5cmの矩形を呈し、高さ5.5cmを測る。角はすべて入念に丸く面取りがなされている。蓋は、印籠蓋造りで、表面に「古漢（横書き）寶鐸水滴（縦書き）」の墨書が（写真5）、蓋の裏面には「萬延元申年九月調」の紀念銘（写真6）がそれぞれ墨書されている。先ず、蓋表の墨書からすると、この水滴は我が国の銅鐸の転用ではなく中国の寶鐸、即ち唐物と把握されていたこととなる。また、「萬延元申年九月調」の紀念銘を基に、1860年の所作とするならば、上述したように幕末から明治初期に、市中には大型銅鐸をはじめとする数多くの銅鐸が出まわっていた頃、当該小銅鐸の破片は国産銅鐸とは認識されなかったところから「古漢」とされた可能性やまだまだ唐物思考が強い社会において、価値観高揚の期待で「古漢」とされたことも容易に想定でき得る。

　抑々、弥生時代の銅鐸が我が国の所産であることが、一般には浸透していなかった可能性も十分予測しなければならない。

　水滴と匣の関係も、完璧に適合するところから誂えられた供箱と観て誤りはなかろう。紀念銘に関しては、外題である「古漢　寶鐸水滴」と手は同じであるところから疑う根拠は今のところはない。

　匣の底面に、東京国立博物館と印刷されたラベルが貼られている（写真7）。そこには、「漢区　寶鐸水滴」と注記がなされている。東京国立博物館に照会した結果、当該ラベルは過去においても現在においても東京国立博物館の収蔵資料に添付されるラベルではないとの回答であった。したがって、歴史的にも東京国立博物館の収蔵品でないことは明白である。しか

し、当該ラベル自体は、東京国立博物館のもので、収蔵資料の添付用以外の使用目的で存在していたらしいということであったが、その詳細は不明である。

4．結　語

　紀念銘を信ずれば、当該資料は幕末期に何らかの原因で市中に現れ、文人墨客と思しき人物の古奇物愛玩癖に基づき、愛玩のみに留まらず優れた感性と発想により文房具である水滴という活用資料に転じられた産物であることは、以上縷々述べてきた通りである。かかる経緯は、歴史資料保存の今日的観点からすれば指弾に値する行為であったことは確認するまでもない。しかし、銅鐸の僅かな破片が今日まで保存されてきたことは、愛玩あっての結果であることも事実なのである。したがって、愛玩は保存行為となった事例であり、好古も必ずしも全面的に比定されるべきではないことを明示する歴史的資料である。このことは、現在においても同様であると考えなければならない。

＊註
1　木内石亭（1773〜1801）『雲根志』3編16巻（木内石亭著、横江孚彦訳（2010）『雲根志』雄山閣）
2　山崎美成（1824）「序文」『耽奇漫録』（1894『国立国会図書館蔵版　耽奇漫録』上・下日本随筆大成・第1期別巻）
3　蜷川式胤（1876〜1878）『觀古圖録陶磁器之部』
4　E．S．モース著、石川欣一訳（1970）『日本その日その日2』（東洋文庫179）
5　飯島魁・佐々木忠次郎（1880）「常州陸平介墟報告」『学藝志林』東京大学法理文学部紀要
6　横山由清（1871・1875）『尚古図録』第1・2冊
7　神田孝平（1983）『復刻日本考古学文献集成』第一書房
8　神田孝平（1888）「銅鐸出處考」『東京人類學会雑誌』
9　神田乃武（1909）『神田孝平伝』2頁
10　佐原　真（2002）『銅鐸の考古学』東京大学出版会、376頁

「蛸壺づくりの村」を活用した観光地域づくりの基礎的プロセス
―「記録保存」の措置を取られた戎畑遺跡（大阪府泉南市）の活用―

和泉　大樹

1．はじめに

　筆者は、「「観光」というコンテクストにおける「記録保存」の措置を取られた「埋蔵文化財（遺跡）」に関するアプローチ―「記録保存」から「記憶保存」へ―」*1と題して論じたことがある。ここでは、従来の物見遊山的な観光のスタイルから地域の日常を体験・経験するような観光のスタイル、所謂、マスツーリズムからニューツーリズムへと観光のスタイルが変化してきたことに触れ、埋蔵文化財（遺跡）に関しては、史跡のみでなく、珍しくも何ともない「記録保存」の措置を取られた遺跡も、ニューツーリズムの潮流にあっては、観光資源として十分に成立する可能性を指摘した。そして論中、筆者の研究室がその活用に関わった大阪府泉南市に所在する戎畑遺跡を事例として取り上げた。
　本稿では、そこで記すことの出来なかった戎畑遺跡活用のプロセスを記すとともに、若干の考察を加えたい。

2．戎畑遺跡の概要

　大阪府泉南市に所在する戎畑遺跡は、和泉山脈を水源とし大阪湾へと流れる男里川の右岸に形成された沖積地に立地する遺跡である。土地区画整理事業に伴い、1996年に5,000㎡を越える面積の発掘調査を行い*2、良好な遺構面を検出し、掘立柱建物や焼成土坑、窯跡などが確認され、出土遺物から平安時代・鎌倉時代を主な時代とする遺跡であることが明らかになった。とりわけ、土師質の真蛸壺が多く出土し、それらを焼成したと考えられる窯跡が検出されたことは、当該遺跡が生産遺跡であるということを明らかにした注目すべき成果の1つであると考えられる。これらの成果については報道発表がなされ、現地説明会が開催されるなど、多くの市民に

図1 真蛸壷焼成遺構を検出した戎畑遺跡と周辺の遺跡位置図
（『戎畑遺跡発掘調査報告書　土地区画整理事業に伴う95-1区の調査』
泉南市教育委員会、2005年に加筆）

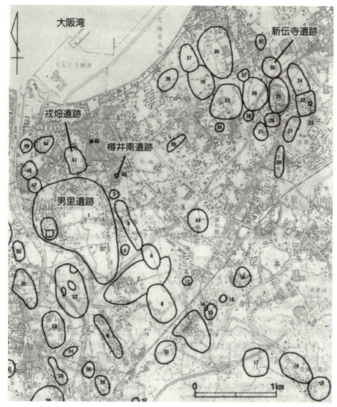

周知されることとなったが、遺跡は「記録保存」の措置が取られ、現在は宅地となっており、真蛸壷を焼成した窯跡などの「遺構」は消滅、時が過ぎ、地域の記憶からも遠のいてしまうこととなった。

なお、戎畑遺跡の南に位置する旧石器時代から近現代にいたる複合遺跡である男里遺跡、東南東に位置する樽井南遺跡、東北東に位置する新伝寺遺跡からも真蛸壷を焼成したと考えられる遺構が検出されている。

また、泉南市外においても、例えば、阪南市の田山遺跡、田山東遺跡、馬川遺跡、箱作今池遺跡、泉佐野市の上町東遺跡、湊遺跡など、大阪湾岸

「蛸壺づくりの村」を活用した観光地域づくりの基礎的プロセス（和泉大樹）

写真1 （上）戎畑遺跡で検出された真蛸壺焼成窯　（上）出土した真蛸壺
（『戎畑遺跡発掘調査報告書　土地区画整理事業に伴う95-1区の調査』
泉南市教育委員会、2005年より）

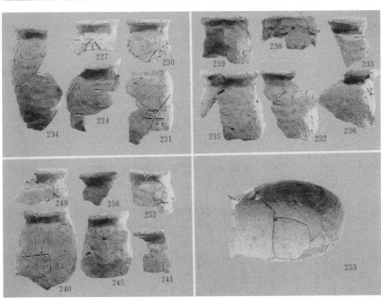

の周辺自治体に所在する遺跡においても、真蛸壺を焼成したと考えられる遺構の報告事例が確認でき、「集落内における真蛸壺生産は、当該期の南泉州地域において普遍的な光景であったものと捉えることができる」*3と考えられている。

　すなわち、泉南市を含む南泉州地域では、中世より村々で蛸壺をつくり、眼前に広がる大阪湾において、蛸漁を実施していたと考えることができよう。当該地域において、往時の海岸付近の村々では蛸壺を使用し、真蛸を採る漁業風景が日常的に見られたのであろう。

3．戎畑遺跡活用のプロセス

　戎畑遺跡の活用は、大学生の提案によりはじまった。大学が泉南市の文化財を観光資源として捉え、地域の活性化と文化財保護・普及啓発を両立することができるデザインを提案し、地域の方々と実践するという趣旨の事業の中、戎畑遺跡をタコ壺*4づくりの村としてクローズアップし、活用するというデザインを提案したことに始まる。つまり、当該事業は、大学が第三者的目線を持して地域に入り込み、思考を重ね、まとめたデザインを地域に提案し、地域の方々と実践するという事業である。この種の展開は、近年、各地で見られ、その形態により「産学連携事業」や「産官学連携事業」などと呼ばれているが、当該事業においては「地域」と「大学」の連携を泉南市教育委員会社会教育課が仲立ちをするというスタイルで進められたため、泉南市の広報資料では「域学連携」という表現がなされている。事業は2014年に阪南大学国際観光学部の筆者の研究室が、観光地域づくりデザインを提案し、2015年に地域の方々により実践がなされた。なお、3回ゼミ生16名を2グループに分けて2つのデザインを提案した*5。
　以下、そのプロセスの概要について記すこととする。

2014年7月28日（事前学習会）
　泉南市役所の観光担当職員、文化財担当職員の方々により泉南市の観光行政の現況や文化財などの地域資源について説明を受けた。先に記したように「域学連携」ではあるが、これまでの泉南市の観光振興や地域づくり、それらに関連する数値データなどについては、行政担当者から説明を受けた。

2014年9月19日（フィールドワーク・地域の方々とのディスカッション）

　フィールドワークを実施し、泉南市の地域資源について確認した。フィールドワークにおいては、国史跡海会寺跡、埋蔵文化財センター展示室、熊野街道沿いの信達地区の歴史的町並み、日本の夕日100選に選ばれているサザンビーチなどを文化財担当者や地域の方の説明を受けながら確認した。とりわけ、熊野街道では街道筋に残存する本陣跡、旅籠跡、常夜灯など、かつての宿場町を彷彿とさせる町並みを地域の方に案内していただいたが、その際にお聞きした「何とか地域の歴史を活用し、地域を元気にしたい」、「若者が戻ってくるような地域にしたい」という地域の方の言葉が印象的であった。

　また、地域の方々16名と学生9名によるディスカッションでは、地域の方々から多くの意見を聞くことができた。とりわけ、「まとめる人がいないのでバラバラ」、「まちを好きになるきっかけがない」、「歴史的町並みの活用について何かアイデアがあったら教えてほしい」など、アクションをおこす意思はあるが、きっかけがない。どうしたら良いのかわからないという課題があることを確認することができた。

2014年10月24日・11月4日（フィールドワーク）

　第2回目のフィールドワークを実施した。岡田浦漁港、イオンモールりんくう泉南、男里川の干潟、男神社、廻船商いのまち樽井地区、また、泉佐野市の観光交流プラザりんくうまち処、りんくうプレミアムアウトレットなども確認した。

　今回のフィールドワークにおいては、岡田浦漁港のハマヒルガオの生息地、男里川の干潟などを確認し、地域の自然環境についても考えることとなった。このことは、学生のデザインにも大きな影響を与えることとなった。つまり、観光地域づくりを実践することにより、自然環境にも考えが及ぶようなコンテンツにまとめる必要があるのではないかと認識するに至った。

2014年12月15日（デザインの提案）

　埋蔵文化財センターにおいて学生がまとめたデザインを提案した。地域の方々約30名、市役所などの関係者約10名に出席していただいた。2つの

デザイン提案のうちの1つが「未だ見ぬ泉南の魅力〜小さなタコ壺からの大きな可能性〜」というタイトルのもので、戎畑遺跡をタコ壺づくりの村として資源化する方法とその有効性について発表した。資源化の方法は、①タコ壺づくり体験、②タコ壺の展示、③タコ壺漁体験というコンテンツで、戎畑遺跡やタコ壺漁など地域の歴史、ひいては「地域にとっての大切な海」という地域そのものへの「attachment（愛着）」を生成し、そのことを広くPRしたいという意識につなげるというもので、その有効性については、自分のまち自慢につながる、地域にコミットするようになる、また、海岸の清掃活動や大阪湾産の水産物の消費増加などの地域環境への眼差しの変化などを想定するものであった。

　提案直後、大学生と出席者がワークショップ形式のディスカッションを実施し、デザインをブラッシュアップした。

2015年3月10日、4月17日、他（実践企画）
　3月10日以降に複数回、実践企画のためのディスカッションの場が設けられた。ここからは地域の方々の主導で事業は展開した。大学生の提案をベースに、「泉南市は弥生時代から現在に至るまで、長期にわたるタコ壺漁の歴史・伝統がある「タコ壺」のまちである（世界的なタコ壺のまちだ）」というテーマにより観光地域づくりを展開しようとする「タコ壺プロジェクト」が実践に向かって進みはじめた。

４．「タコ壺プロジェクト」のコンテンツ

　大学生の提案したデザインをもとに地域の方々が手を加えて企画された「タコ壺プロジェクト」は、以下のように3つのプログラムにより構成された。

プログラム①　せんなん戎畑遺跡のタコ壺をつくる
　泉南市内における雄信小学校（35名）、西信達小学校（79名）、樽井小学校（106名）、一丘小学校（72名）の4校において実施された。当該プログラムは地域史を学ぶとともに泉南市が世界的なタコ壺のまちであることを知ってもらうことを目的とするプログラムである。泉南市戎畑遺跡でタコ壺

づくりの村が発見されていること、弥生時代から現在までタコ壺漁が続けられていることなどを説明した後、プロジェクトのメンバーが児童にタコ壺づくりを指導するという内容で実施された。

　なお、事後に泉南市教育委員会が実施したアンケート結果によれば、「泉南市は、世界的なタコ壺のまちだと思いましたか？」という質問については83％が「そう思う」と回答し、「泉南市が世界的なタコ壺のまちだと誰かに教えてみようと思いますか？」という質問については、71％が「そう思う」と回答しており、地域学習への効果が期待できる。

プログラム②　昔のタコ壺でタコが獲れるか
　プロジェクトメンバーが「先のプログラム①で手作りしたタコ壺」、「現在、実際に漁で使用されているタコ壺」、「カニを餌にしたタコ篭」の3つの手法を用いてタコが獲れるか検証するプログラムである。6月23日に岡田浦漁港の湾内にタコ壺を沈め7日後の6月30日にタコ壺を引き上げた。結果、タコ壺ではタコを獲ることはできなかった。夏期についてはタコは活発に活動するため、壺で獲れる可能性は低いということが理由であった。なお、タコ篭で1匹のタコを獲ることができ、実際に試食したが、「やらこてうまい（やわらかくて美味しい）」という感想を得ることができた。

　当該プログラムは、先のプログラム①と同様、体験的なプログラムと位置付けることができるものであり、且つ、連続するものである。埋蔵文化財の活用で、屢々、見受けられるプログラムに「土器づくり」のプログラムがある。このプログラムは土器を製作することで完結するものが多いと思われるが、当該プログラムはタコ壺という性格もあろうが、それを実際に使用し、その用途を検証するというところで完結するものである。実際には時期的な問題でタコを獲ることができなかったし、授業時間の関係で小学生児童には体験してもらうことができなかったが、つくるだけで終わらないという点は評価することができよう。「タコ壺をつくる→タコ壺漁をおこなう→獲れたタコを食する」という一連のプロセスを体験することができたならば、体験者の記憶にも残りやすく、また、海や食、環境問題への関心の啓発、地域の魅力の再発見などにつながりやすいのではないかと考えられる。加えて、もう少し工夫を凝らすことにより観光者へのプログラム化も可能ではないかと考えられるのである。

プログラム③　せんなんタコあかり

　泉南市は「タコ壺」のまちであり、美味しいタコの獲れるまちであることを広く知ってもらうということを目的に8月29日にサザンピア泉南で実施された「サンセットフェスタ」というイベントの中でブース的に「せんなんタコあかり」を実施した。児童がつくったタコ壺を並べて屋外展示がなされた他、タコ壺の中にローソクを入れて灯したり、手作りしたタコの大漁旗を展示した。

　また、「タコ壺プロジェクト」の総括として、2016年2月13日から4月9日の期間、埋蔵文化財センターにおいて、成果展「泉南市は世界的なタコ壺のまち展」が市教育委員会により開催された。

写真2

せんなん戎畑遺跡のタコ壺をつくる

昔のタコ壺でタコが獲れるか

せんなんタコあかり

写真提供：泉南市教育委員会

5．まとめ

　地域資源は直ちに観光資源として成立しない。地域資源に創意工夫（デザイン）を付加することにより観光資源となるのである*6。地域の方々の手により創意工夫（デザイン）がなされた方が、地域資源に地域の「attachment（愛着）」が生じやすくなり、持続可能性も高くなると考えられる。今回の戎畑遺跡の活用プロセスに見られる「せんなん戎畑遺跡のタコ壺をつくる」、「昔のタコ壺でタコが獲れるか」、「せんなんタコあかり」の3つのプログラムからなる「タコ壺プロジェクト」は、まさに、「attachment（愛着）」を生成するきっかけにあたる。このように、まずは地域において地域の方々が思考・実践することを前提として、観光資源化を進めていくことが、その保護・保全を第一義とする文化財を活用した観光振興には欠かせない基礎的プロセスではないかと考えられるのである。たとえ、発案者が行政などであろうとも、観光資源化していくプロセスには地域が積極的に関わっていくべきであろう。

　また、今回の展開のきっかけは、第三者である大学生による提案からスタートしたということにも注目すべきである。地域の方々が気付かないことに気付くのが第三者である。第三者の再発見をきっかけに地域の方々が地域の宝物を磨き始め、少しづつ輝きはじめたという理想的な展開であったと評することができよう。

　当該プログラムの実施を基礎として、今後、様々なステークホルダーとつながりながら、観光資源化を進めるべくデザインを描き、継続的にアクションしていくことが期待される。

　「記録保存」の措置を取られた埋蔵文化財（遺跡）には、当然、史跡のような歴史的特別性はないが、当該ケースのように地域性を表徴するものが含まれる可能性は否めない。地域の日常にスポットが照射されている現在の観光事情からすれば、資源としての潜在性は極めて高く、文化財を活かした観光振興を思考する際に有効であるという意識を持しておくべきであろう。

謝辞
　泉南市教育委員会の河田泰之氏には様々なご教示をいただきました。

また、本稿で使用した写真の提供を受けました。記して感謝します。

献辞
　古希をお迎えになられた中村浩先生に謹んでお祝い申し上げます。

＊註
1　拙稿（2016）「「観光」というコンテクストにおける「記録保存」の措置を取られた「埋蔵文化財（遺跡）」に関するアプローチ―「記録保存」から「記憶保存」へ―」『阪南論集』人文・自然科学編、第51巻第2号、阪南大学学会
2　前掲＊1論文において、「2005年」に5,000㎡を越える発掘調査が実施されたと記載したが「1996年」が正しい。ここに修正する。
3　泉南市教育委員会（2005）『戎畑遺跡発掘調査報告書』土地区画整理事業に伴う95-1区の調査　泉南市文化財調査報告書第45集、6頁。
4　実際に事業展開した際は「タコ壺」とカタカナ表記されていたため、本稿でも事業に関する記述の際にはカタカナ表記とする。なお、本稿で事業内容を記すにあたっては、泉南市埋蔵文化財センターが発行しているＡ４判両面刷のニュースレター『阪南大学と取り組む文化財を活かした地域づく2014』01～10を参考にした。
5　戎畑遺跡の活用の他に「港と市場のある風景～「せんなん」にぎわい再発見」と題して、熊野街道沿いの信達市場の「歳の市」の再現や漁港の海産物を当時の装束で行列運搬するなどの提案をしている。
6　古賀学は、観光地域づくりを「地域にある多種多様な地域資源を積極的に活用し、地域の創意工夫をもって魅力ある観光資源（観光対象）に育て上げて観光振興を図っている活動」と説明している。古賀学（2008）「テーマ別事例編　序論」『観光実務ハンドブック』社団法人日本観光協会編、3～4頁。

成人の学びと博物館

一丸 忠邦

1．はじめに

　博物館での学びを論じるとき、その学びの対象は誰を念頭に置いて論じているのか。これまでは念頭に置かれているのは子ども達であることが多かった。

　学び・教育というと、学校・児童生徒を思い浮かべるのは、私達の性癖ではないだろうか。だが、近年、博物館では多くの成人を見かける。成人は誰かに言われて博物館に足を運んでいる訳ではない。自分の意志で自分の目的をもって足を運んでいる。では、どのような学びをしているのか、子どもの学びとは異なるのか。筆者の経験からしても、子どものものの感じ方・考え方と成人のそれとは違いがある。例えば、大阪の近現代の展示場で「大阪府庁は今は大手前にあるが、その前は江之子島にあった」と話をした時、ある成人男性は「エッ、そうですか！」と驚いた。この人は、府庁は昔から現在の所にあった、と思っていたのか、別の所にあったと思っていたのかもしれない。これが、子どもだと、「ヘー」か〈反応なし〉である。これは、成人の場合はこれまでの経験や知識を基に考え驚いたということであろう。

　そこで、成人の学びの特性を手掛かりに、博物館に関わって、成人はどのような学びをしているかを探っていきたいと思った。

　なお、一般的には「子ども」に対する語は「おとな」であるが、「おとな」の原義には〈分別のある人、十分に成長した人〉とあり、これは本稿での意味合いではない。また、教育学においては「成人教育」の名称が通常であるので、本稿では「成人教育（成人の学び）」を使用することにする。

2．成人の学びの特性―成人教育（andragogy）の推移

　前述のように「教育」というと、〈学校〉〈子ども〉を連想し易いが、こ

の場合の教育は英語でいうと pedagogy である。ギリシャ語で paid（子ども）と agogus（指導）の合成語で〈子どもの教育〉となる。

ところが、良く聞く言葉に〈おばあちゃんの知恵袋〉とか〈長老・古老の知恵〉がある。これは、成長の過程で様々な経験を積み重ね、努力・苦労し、知識・知恵を身につけてきたことを表した言葉である。これを成人教育（andragogy）と称している。andros（成人）と agogus（指導）の合成語である。成人の学びの特性を考えるのにまず成人教育理論を概観してみる。

成人教育理論については、外国の研究者の見解が出されているが、本稿では、マルカム・ノールズ、ジャック・メジロー、パトリシア・クラントン、アブラハム・マズローの論を見ていきたい。

（1）マルカム・ノールズ（アメリカ　1913～1997　成人教育学）

子どもの教育を pedagogy とし、成人教育を andragogy と分けて考えるように整理したのはマルカム・ノールズ（Malcom.s.Knowles）である。ノールズは、自らの実践からペダゴジーとアンドラゴジーが異なるものであることに気付き、当初この2つは対立する概念と捉えていたが、その後、アンドラゴジーはペダゴジーの発展したものと捉え、特定の状況においては並行して使えるモデルとして把握した。

ノールズはペダゴジーとアンドラゴジーの特性を次のように提唱した。
　〇ペダゴジー（子どもの教育）の特性
　　・学習者は依存的存在とされ、教師がどう教えるかをきめる。
　　・成人（教師側）のそれまでの経験が教材となる。
　　・生物的成熟度（年齢）で、一律に学習内容が決まる。
　　・将来使う情報を学ぶ、教科中心的教育である。
　〇アンドラゴジー（成人教育）の特性
　　・学習者は自己主導型で学習する。何を学ぶかは学習者が決める。
　　・学習者は自分の経験を学習のリソース（再源泉）とする。
　　・学習者は発達の移行期にある時、進んで学習する。
　　・必要に応じて課題を決め学習テーマとする問題解決学習である。

彼のこの論については、ペダゴジーとアンドラゴジーを明確に分けすぎているのではないかと筆者自身も考えるが、これについては彼以降の研究者が批判修正していっている*1・2。

（2）ジャック・メジロー（アメリカ　1923～　成人教育学）

　メジロー（Jack Mezirow）は「子どもは大人の背中を見て育つ。また、学校教育を通して価値観・行動規範を形成する」とし、これを『形成的学習』とよんだ。また、認識関心の基本的領域について、ハーバーマスが分類した成人の経験する学習領域のうち self-reflective learning （自己省察的解放的学習）を基に論を展開した。self-reflective learning とは、自己のもつ前提条件・判断基準を意識し批判するもの。つまり、自己を対象化し、学習者自身の価値再編を促すものである。

　メジローは、適応ではなく自己の変容による学習過程として「パースペクティブ変容」を提起し、この延長として成人教育において重視したのが『変容的学習』である。今までの思考の枠をより上位に変容する『変容的学習』は〈準拠枠（ものの見方感じ方、行為の仕方の習慣的な枠組み）〉の変容である＊3・4。

　この『変容的学習』は江戸期の石田梅岩にも見ることができるのではないだろうか。梅岩は当時の身分制を見るに、「士農工商夫々に価値がある。序列はあっても、どの身分も仕事の重要さにおいては変わらない」（『都鄙問答』）と述べ、士農工商を職業の区分のように捉える考えを述べている。

　前述のノールズやメジローの論を継承、批判、発展して andragogy に対して post-andragogy とよばれる成人教育論を提起したのが、パトリシア・クラントン（Patorisia Cranton）である。

（3）パトリシア・クラントン（カナダ　成人教育学）

　クラントンは、ノールズのいう「自己決定学習は成人の所与のもの」ではなく、「自己決定学習は成人にとって目的概念である」と述べている。

　また、『変容的学習』については、メジローが自己の批判的振り返り（反省的思考）を個人の「意味パースペクティブの再形成」に繋がると考えていること、そして、これを「意識変容の学習」と呼び、これを促進する営みを「解放の教育」（emancipatory education）と呼んでいることを肯定的に捉えている。

　時代的に少し遡るが、クラントンは、デューイの経験主義を成人教育の初期基礎理論と位置づけている。〈学習における経験の意味〉の指摘と共にデューイの重要な概念に〈振り返り〉があると指摘している。また、成

人教育において、メジロ―等によって学習者が自己を批判的に振り返ることが強調されているが、これについてはデューイが1933年に指摘していると述べている。更に、クラントンは、〈成人教育者〉の役割の重要性について述べ、その役割を「単に、学習者の経験を受け入れ、それを情報として利用するのではなく、学習者の経験・経験の底流を成している前提・個人の解釈について批判的な検討を促進すること」と考えている*5・6。

(4) アブラハム・マズロー（アメリカ　1908～1970　心理学）

　マズローは「人間は、自分のもつ能力や可能性を最大限発揮し、あるべき自分を追い求め創造的に活動しようとする生き物である」とし、自己実現をめざす、〈欲求5段階説〉を唱えた。これは、「成人の学び」「人間の成長」の基底を成すものであると考えるから、ここに掲げておきたい。
　①生理的欲求…基本的・本能的欲求
　②安全の欲求…安全・安心な暮らしがしたい
　③社会的欲求…集団（家族・社会）に所属していたい。愛されたい
　④尊厳欲求（承認欲求）…他者から認められたい。尊敬されたい
　⑤自己実現の欲求…自分の能力を引き出し創造的な活動をしたい*7
　その他、レイモンド・キャッテルの「流動的知能（子どもの知能）」「結晶的知能（成人の知能）」の知見や、アンドラゴジー概念をアメリカで最初に使ったエデュワード・リンデマンの論にも注意を払いたい。
　以上のように、成人教育（学習）論について概観してきたが、この理論を手がかりに、現在の日本の博物館に関わりをもとうとしている、或いはもっている成人の学びを考えていきたい。

3．成人が博物館で学ぶ時

　博物館に関わりをもっている人達には一般市民、業者、研究者、行政関係者、資料寄贈者等が考えられる。本稿では、博物館のある地域及び近隣に居住している一般市民を対象に考えていきたい。
　一般市民には実に多種多様な人達がいる。年齢、男女、生活環境（家庭、居住地域、職場、職場での位置）や興味・関心に違いがある。この人たちを概括的に捉えることは難しい。そこで、些かでも博物館に関心をもってい

る人達を念頭に置いて、筆者の経験を基に成人の学びを深める手立てをも考えていけたらと思う。分かりやすく検討できるように、市民が博物館に関わりもっていく態様に分けて学びの様子を見ていく。

(1) 講演会、講座に参加する

　大阪だけの傾向ではないが、古代史関係の講演会には参加者が多い。〈講演会に行って講師の話を聞く〉ことは自己決定的な行動である。だが、〈話を聞く〉は、受け身の立場になる。参加者の中には、講師の古代歴史観に共鳴する人から、演題の内容を知ろうと出席する人まで問題意識の濃淡はある。だが、講演者のほとんどは参加者に内容を理解させることに重点を置いて、参加者の主体的な学びにはあまり関心がない。

　また、市民会館等でなく博物館で講演会を開く意味を考えることも必要である。講師の話を聞くだけでなく、話の内容と関連する資料や展示を映像で写し、展示してありますと話すことでも、講演の意味合いが広がる。

　10年ほど前、ある博物館で連続講座『魏志倭人伝を読む』に参加した。講師は参加者に前から順にマイクを回し、一人一文ずつ読むように指示した。当初順に進んでいたが、途中からパスしていく人が多くなった。テキストは読み下し文ではあるが、読みづらい漢字もある。参加者には、間違ったら恥ずかしい、分からない所が当たったら嫌だという気持ちがある。

　成人には、長い経験によって培ったプライドがある。これは子どもに比べて強い。それに間違いに対する不安もある。成人対象の講座の場合指導者は留意すべきことである。

(2) 特別展（企画展）をみる

　博物館では時の話題に関するものを展示する特別展（企画展）がある。

　大阪市立美術館特別展『紀伊山地の霊場と参詣道』(2004.8〜9)は、同年7月に世界文化遺産に登録された日も浅い時の展示会であった。大勢の人が見に来ていた。テーマに関心があったことよりも〈世界遺産に登録された〉ことによることが関心を集めたといってよい。

　だが、日頃馴染みの薄い「神道・密教・修験道」に関心をもって貰うのに画期的な特別展であったといえる。来館者は殆んど成人であった。

　だが、この特別展は大阪市立美術館でなく他の博物館や市民会館等で開催されても大勢の人が見に来たことだろう。〈美術館に行った〉ではなく

〈世界遺産に登録された特別展を見に行った〉訳である。
「美術館・博物館とは何か」を考えなくても何ら差支えない。

（３）常設展をみる
　意識的に常設展を見に行く人（時）は、自分の目的をもっている。つまり、自己主導型の学習をしようとしている。そして、その人は博物館の意味を考え始めリピーターへの道を進んでいく。自分の興味の対象に関心や疑問をもち、自分のテーマを持とうとし始める。
　更に、それ迄の知識や経験から関連する〈展示解説〉〈講演〉を聞きに行き、解説者・講師に質問を投げかけていく。図書室で資料を探したり、リファランスサービスへ行き、自らの博物館リテラシーを身に付けていく。

（４）友の会に入る
　友の会に入ると様々な行事に参加できるようになるし、特典もある。博物館に近づいた意識も湧き、学芸員に身近に接することもある。
　行事や会合の参加回数が増してくると、中には役員や幹事を務める人も出てくる。彼等の中には会社などでリーダー的な役割を経験してきた人が少なからずいる。現役時代に培った知恵や技能を活かして友の会を牽引していく。博物館の内容についての知識理解が十分でなくても会をまとめていき、活動の過程で知識理解も広がり学びに幅が出てくる人もいる。

（５）　ボランティア活動をする
　博物館ボランティアになって活動を始めると、これまで来館者の目で博物館をみていたのが、来館者を迎える立場になり、博物館側の眼で来館者を見ることになる。特に、ボランティアガイドの場合は顕著である。
　本来、ボランティアとは〈志願者〉の意で、〈自ら進んで社会事業等に無償で参加する人〉のことである。
　筆者が初めてボランティアガイドの案内を受けたのは十数年前、橿原考古学研究所博物館でのことだ。その人は「初めてです」と言いつつも熱心に説明してくれ、筆者もいろいろと質問をし、対話を通じて互いに理解が深められた。この経験から考えると博物館ボランティアの本質（あるいは特質）は自己学習であり自己実現であるといえるだろう。ガイド等をしな

がら直接・間接に社会との繋がりがあり、人々の役に立ち、人々が喜んでくれる、この向上心と満足感が自己実現に繋がっていく。キャリアを積むと、テキスト通りのガイドでなく自分の考えも交え、話の構成や口調も工夫していく。満足度も増していく。来館者にとってもボランティアの熱心さが心に残りリピーターになっていく人もいる。

　博物館（受入れ側）としてもボランティアを単なる手伝いや、便利な補助的な仕事をしてくれる人と捉えるのではなく、個人の主体的な行為であり、社会的な活動と捉えることが大切である。主体的に関わりをもとうとしている人は熱意もある。そして、プライドも高い

　ボランティア活動から一歩進んで活動を広め、博物館活動を活性化していこうとしている『市民学芸員』を養成している博物館がある。市民学芸員といってもボランティアには変わりはないが、一般のボランティアとは質の違いがある。大東市立歴史民俗資料館では、「市民学芸員講座」を1年間受講し基礎知識を身に付けた資料館の専門スタッフがいる（「市民学芸員 REPORT・創刊号」）。活動としては、神社の絵馬をクリーニング・調査をして「絵馬展」を開く、大東の昔ばなしを集めて「REPORT」に載せる等がある。このような制度は、飯能市郷土館、門真市立歴史資料館、神戸市立博物館等で採り入れられている。成人ではなく中・高生対象であるが、茨城県自然博物館では2002年からジュニア学芸員養成事業が実施されている。この制度はこれからの博物館を支えていく若者の育成となっていく[8・9・10]。

（6）活動を広める

　市民学芸員とは少し趣を異にするが、アルバイトと学芸員とで同好会的な団体を作り調査研究活動をしてきている博物館もある。大阪市立自然史博物館の「なにわホネホネ団」（2003年）がそれである。団員が拾ってきた鳥類や哺乳類の骨をクリーニングし、骨格を復元したり、骨格標本を作製したりしているという。今では市民から骨の献体があるなど町の人にも知られている。筆者はある研究会でこのホネホネ団の人から話を聞いて、ボランティアとは一味違う活動だと印象に残った[11・12]。

　このように、博物館に関わりをもって学んでいく人達の関わり度合いによる質的変化を大まかに述べたが、必ずしも(1)から順に進んでいく訳で

はない。人によっては、初めからボランティアとして活動する人もいるし、常設展を見ても博物館について考えない人もいる。だが、時が経って考える機会が出てくる。旅行で博物館に行き、その時それまでの経験が甦り博物館について考えることがある。学びに深みが出てくる時である。

4．成人は自らの「カリキュラム」を自分で作る

　学校では教師が作成したカリキュラムに沿って子ども達は学んでいく。だが、成人は自らの思いや考えで自らの「カリキュラム」を作っていく。
　本来、「学び」は認知過程の変容であるが、態度・意欲の変容という情意（感情・意志）の変容でもある。「3．成人が博物館で学ぶ時」で述べたように立場が変わることによって、学びにおける情意の変容も見落としてはならない。
　自分が作った「カリキュラム」で学習を進める時、〈自分はどんな学びをしているのか〉を意識しないと学びの向上はない。それには、competency（知識や技能だけでなく、態度を含む心理的社会的な要素を用いて、問題に対応できる力）を培う必要がある。それには、デューイやクラントンのいう反省的思考（批判的思考）を通し、自らを客観的に見ることができるメタ認知能力を養っていかねばならない＊13・14。
　メタ認知能力といっても欧米の心理学分野だけのものではない。世阿弥の『花鏡』に述べてある『離見の見』（観客と同じ心や眼で我が姿を客観的に見る）は我が国で初めてメタ認知能力を論じたものとして知られている。
　なお、反省的思考を養うには対話を含むコミュニケーションや体験活動を通すことが有効である。だが、デューイは「経験」とは「何かをした行為」と「その結果」との関係を見出すことにあると述べたが、「体験＝経験」ではなく、〈体験した後、反省的思考を通して初めて経験となる〉といえるだろう。
　カリキュラムとは言えないが、一般的な成人学習プロセスを考えてみると、1.課題を意識し整理し知ろうとする、2.知り得た知見を多面的に見て理解する、3.何故そういえるのか、根拠は何なのかと疑う、4.当初のパースペクティブを超え、新しい課題を意識し学習を進める。また、このプロセスは繰り返していくものでもある。

5．まとめと今後の課題

　成人は博物館に関わり、どのように学んでいるか成人教育理論を手がかりに見ていこうと考えた。そこで、筆者のこれまでの博物館での経験を基に成人の学びを探ろうと思った。経験を分析する過程で成人の学びを実のあるものにするいくつかの視点を見ることができた。

　外国の研究者が考えた成人の学びの特性〈自己主導型の学習〉〈経験を糧にする学び〉〈発達移行期の学びの増進〉〈問題解決の学習〉が基底にあるが、成人教育者には〈成人のもっているプライドへの配慮〉〈対話・コミュニケーションの大切さ〉〈周りの人からの承認〉等の配慮が重要なのではないかと改めて気付いた。成人のそれは子どもの比ではない。だが、現実の成人教育では殆んど考えられていることが少ない。また、成人の反省的思考やメタ認知能力を身につける方法も個人の努力に委ねられている。博物館のみならず、成人を対象とするカルチャーセンターは、知識・技能の伝授を行なっているのが現状ではないだろうか。

　問題は山積しているし、未整理のことも多い。これからも経験を重ね、追究を続けていきたい。

6．おわりに

　「モノ・資料（文化財）」を見て楽しみ学ぶのが博物館での学びである。
　文化財保護法第1条には「この法律は文化財を保存し、且つその活用を図り、もって国民の文化的向上に資すると共に、世界文化の進歩に貢献することを目的にする」と記述してある。保存するには、人びとの手によって守られることが必要であり、活用を図っていくには、文化財を人びとの精神に生かしていくことであり、文化的向上に資するには活用を通して広め、後世に継承することである。夫々専門家の存在があるが専門家だけでは「保存」「活用」「継承」していくことは難しい。これらの〈仕事〉を理解し、その価値を認め、広め、支える人びとの存在が要る。博物館で楽しみ・学ぶことで、これらの〈仕事〉に関心をもち、価値を認め、広めることが文化財を守る基となる。人は単に知識を得るだけでなく、自らの経験に反省的思考を通すことで、成人は初めて〈おとな〉になる。

＊註
1 マルカム・ノールズ（2008）『成人教育の現代的実践－ペダゴジーからアンドラゴジーへ』堀薫夫、三輪建二訳、鳳書房、.33～39頁
2 三原泰熙（1990）「成人教育論と人材形成－M. S. ノールズのアンドラゴジーモデルとその批判を中心に」長崎大学学術研究成果リポジトリ「経営と経済」第70巻3号
3 ジャック・メジロー（2012）『おとなの学びと変容』金沢睦、三輪建二訳、鳳書房、205～307頁
4 永井建夫（2007）「変容的学習と「成人性」の関係性をめぐる試論」山梨学院大学生涯学習センター紀要『大学改革と生涯学習』山梨学院大学生涯学習センター
5 パトリシア・クラントン（2012）『おとなの学びを拓く』入江直子、豊田千代子、三輪建二訳、鳳書房、143～242頁
6 豊田千代子（1997）「ポスト・アンドラゴジー論の形成に向けての一考察」『駒澤大学教育学研究論集』駒澤大学文学部教育学研究室
7 アブラハム. H. マズロー（2011）『人間性の心理学―モチベーションとパーソナリティ』小口忠彦訳、産業能率大学出版部
8 飯島康夫（2004）「博物館におけるボランティア活動」（博物館ボランティア養成セミナー記録集）新潟大学学術リポジトリ
9 大東市立歴史民俗資料館（2010）「市民学芸員REPORT」創刊号
10 浜田弘明　編著（2014）『博物館の理論と教育』シリーズ現代博物館学1、朝倉書店
11 大阪市立自然史博物館（2004）「ホネホネ団通信」創刊号
12 倉持伸江（2009）「成人学習支援者に関する一考察―さまざまな状況における学習支援者」『東京学芸大学紀要　総合教育科学系』60
13 光成研一郎（2000）「デューイの探究（反省的経験）の教育的意義について:思考力養成の観点から』関西学院大学リポジトリ、人文論究50
14 樋口直宏（1993）「J. デューイにおける批判的思考の概念－ How We Think を中心に」東京教育大学教育方法談話会編『教育方法学研究』

【参考文献】
箱田裕司他（2013）『認知心理学』有斐閣
山口武彦他（2006）『おとなの学びに関する学習支援のあり方』宇都宮大学生涯学習教育研究センター研究報告

博物館教育の一側面
―デジタルデータを応用した新たな鑑賞教育の可能性―

井上 洋一

1．はじめに

　デジタルデータは今や当たり前のように、さまざまな分野に応用されている。なかでも3Dデジタルデータは立体造形を色彩の復元とともに仮想空間に自由に表現できるものとして、近年、博物館や美術館でも盛んに用いられるようになってきている。東京国立博物館と凸版印刷との共同研究の賜物でもあるバーチャルリアリティ（VR）作品の上演により文化財や文化遺産の新しい鑑賞方法を体験できる「ミュージアムシアター」や大日本印刷（DNP）がルーヴル美術館と行っている新しい美術鑑賞のための共同企画、「ミュージアム・ラボ」でのさまざまな活動などは、その好例といえよう。しかし、これらの多くは二次元世界に三次元データを投影したものであり、あくまで視覚に頼る美術作品の鑑賞方法の範疇に留まるものである。もちろん美術鑑賞において視覚が重要であることは言うまでもない。しかし、視覚はあくまで人間がもった能力のひとつの感覚であり、他の感覚機能の重要性も忘れてはならない。特に触覚は重要である。美術鑑賞において触覚機能の応用はきわめて有効であるにもかかわらず、作品に直接触れることが許されないがゆえに、なかなかこの方法は発達してこなかった。しかし、平成21〜22年度に東京藝術大学の北郷悟教授を研究代表者とするプロジェクトチームが行った高精細3Dスキャナーを用いた「彫刻におけるデジタル立体造形の可能性と表現方法の研究・教育への応用」の研究*1では、一般の鑑賞者が普段は決して触ることが許されない著名な作品にも間接的ではあるが触ることを可能にした。これは視覚障がい者の美術鑑賞機会の拡充にも繋がることはもとより、視覚障害をもたない人々にとっても、博物館・美術館における新たな美術鑑賞としてきわめて重要な要素を含んでいる。

　本稿では、博物館・美術館そして大学（学校）教育において「触れること」の重要性を新たな視点で捉え直した北郷プロジェクトチームの研究成

果を中心に、デジタルデータを応用した鑑賞教育の可能性について述べたいと思う。

2．デジタルデータから誕生した『触れる彫刻』

まず先にあげた北郷プロジェクトチームの研究の一部を紹介しよう。筆者もこのプロジェクトチームの一員としてこの研究に参画した。

本研究において対象としたのは、明治時代の彫刻家荻原碌山（本名は守衛）が原型を制作した東京藝術大学所蔵の《女》（石膏）、東京国立博物館所蔵の《女》（石膏）そして東京国立近代美術館所蔵の《女》（ブロンズ）の3躯の像である。これらを北郷悟・木戸修研究チームが高精細3Dスキャナーによっ

重要文化財 荻原守衛作《女》（東京国立博物館所蔵）

てデータを取得し、その解析を行った。この間、かなりの時間を要しているが、そのデータは、碌山の息遣いまでを感じさせるほど、それぞれの細部に至るまで確実にひろっていた。この中で重要文化財に指定されている東京国立博物館所蔵の《女》（石膏）のデータをもとに、橋本明夫研究チームが原寸大のブロンズ像を復元した。『触れる彫刻』の誕生である。この過程は、本研究の成果の一部として東京藝術大学大学美術館で開催された展覧会図録『明治の彫刻　ラグーザと荻原碌山』(2010年)＊2に詳しい。是非、参照されたい。

このブロンズ像の存在は、単なる3Dデジタルデータアーカイブ、バーチャルリアリティを超え、実存する芸術作品となった。本研究では優れたデジタルデータから忠実な復元を行い、鑑賞者の「見る」だけではなく「質感に触れて感じる」といった「芸術の素晴らしさを伝える」ことをひとつの目的としたが、その一歩は確実に実現されたといってよかろう。

3．「触れること」の意味

「実物の彫刻に触れる」という試みは、日本では昭和40年代には開始されている。しかし、これは欧米がそうであったように、視覚障がい者を対

象とした触覚鑑賞教育の一環として行われたものであり、本研究の『触れる彫刻』とは別次元のものであった。

　わが国における視覚障がい者を対象とする鑑賞会は、昭和42年（1967）、日本彫塑会によって東京都美術館で開催されたものが最初であるという。『日本彫刻会史—50年のあゆみ』によれば、第15回日彫展　昭和42年4月13日〜5月2日　陳列数315点　うち遺作4点　鑑賞室を設け、5日間、視覚障がい者の方の鑑賞を企画。葛飾盲学校、東京教育大学付属盲学校、東京都立久我山盲学校と連携し、「彫刻に触れて観る」ことを試みたという。当時の日彫会の会報に掲載された「盲人鑑賞について」という一文には「ご承知の通り第一五回記念日彫展では、目の不自由な方々に美術家の作品を触覚を通して鑑賞させてあげたい、という気持ちから、会期中の五日間を、特にこれらの人々のために、別室に鑑賞室を設け、盲学校生徒及び都内盲人福祉協会に属する一般の方々を招いて鑑賞して貰いました。我が国で最初の試みであり、盲関係の学校や一般からも非常に喜こばれ、今後とも是非続けて貰いたい、と強く要望されました。鑑賞者　盲学校関係　約二五〇名　一般福祉協会の方　二〇名」とある。そして、これに参加した視覚障がい者の生徒から「今日、ぼくたちは上野にある美術館へ見学に行きました。館内はさわってもよい彫刻ばかりを展示してあるところと、またさわってはいけない彫刻を集めて展示してあるところとのふたつに分かれていました。はじめにさわってもよい彫刻をみましたがとてもかわいらしい、ねこ、うさぎ、ひよこなどや、はだかの男の人、女の人をつくったもの、そのほかどれもこれも、こまかい所まで正確に造ってあって実物そっくりでした。それに何より感心したのは全部が全部、実感が出ていることでした。男の人はたくましく力がみなぎっているような感じでした。いっぽう女の人はやさしさが感じられました。」*3という感想が寄せられている。なんという感性だろう。彼は触ることでしっかりとその作品の根源を掴んでいるのである。

　視覚障がい者の繊細かつ敏感な感性は、触るだけで多くのものを確実に認識する。それはあたかも手に目をもったかのようだとも比喩されることがある。しかし、それは触ることの訓練の賜物でもあるとも聞く。触り、感じ、覚える。この訓練はやがて難解な点字や複雑な人の表情さえ認識する能力を人間にもたらす。こうした優れた感性を養う触覚教育は、決して

視覚障がい者に限られるべきものではなく、もっと広く一般に行われるべきものである。

　昭和42年（1967）の日本彫刻会の活動以降、日本で単独の美術館として「手で触れる鑑賞」を実現させたのは昭和59年（1984）に開館した「手で見るギャラリーTOM」であろう。このギャラリーの創設者（村山亜土・治江夫妻）は、生まれつき視覚障害をもった息子の「僕たち盲人にもロダンを見る権利がある」という言葉に突き動かされ、その開館を決めたという。その存在は、この分野の先駆的なものであり、その後の日本の美術館活動にも多大な影響を与えた。特に公立美術館ではロダン展などを通して、こうした鑑賞方法が導入されるようになる*4。しかし、こうした取り組みの多くは、実物作品を対象として行われるため、自ずとさまざまなリスクを伴う。多くの人々が作品に触るために結果としてその作品は、磨耗、損傷、時には破損などを受けることになる。このことが、これまで人々を「触ること」から遠ざけてきたのである。これに対し『触れる彫刻』は、これらのリスクを拭い去り、誰もが安心してそのもの自体（極めて精緻なレプリカ）に触れることができるのである。これこそ『触れる彫刻』の最大の特徴である。

　こうした実物のレプリカを用いて「手で触れる鑑賞」をいち早く本格的にギャラリーに取り入れたのは、フランスのルーヴル美術館である。視覚障がい者を対象に1995年、作品に直接触って鑑賞できる「Galerie tactile タクタイルギャラリー（触る展示コーナー）」を開設。この100㎡ほどのトンネル状の空間には古代から近代に至る15点ほどの作品が展示されている。作品の前には木製の手すりが巡るが、作品がある位置にのみ点字が施された金属板が付けられている。来館者はこの手すりに沿ってギャラリーを進むことにより、作品の位置を把握することができる仕組みになっている。展示された作品の本来の材質はまちまちであるが、そのレプリカは石膏や樹脂で作られている。しかし、来館者がその本来の素材を感じることができるよう題箋の端には本物の材料が貼り付けられているのである。また、この題箋には作品に関する情報が普通の文字と点字で表現されている。博物館におけるバリアフリー化の意識も見て取れるこうした試みは、単に視覚障がい者のみならず広く一般に美術鑑賞において触ることの大切さを広めてきたといえるだろう。

いまやこのタクタイルは、世界各地の美術館・博物館そして水族館などでも採用され、博物館のバリアフリー化を推し進めるさまざまな活動に発展している。開館以来「科学、芸術、そして人間の知覚のミュージアム」をスローガンに掲げ、子どもや家族向けのハンズオン展示・体験型の科学と芸術の展示を行い、日本の、特に科学系博物館にも大きな影響を与えてきたアメリカ・サンフランシスコにあるエクスプロラトリアムやわが国の国立民族学博物館での「探検ひろば『世界をさわる』」*5などの活動も見逃せない。

　彫刻を触ることの重要性は、人間で言えば体温にあたるモノの実体温度を認識し、構造を確認し、その材質感を記憶することにある。この触った感覚が脳に記憶され、対象物を目で見たときにこの感覚が、脳に再現される。それ故、目によってその対象物の材質感や温度を認識したものとして誤解しているのではないかとさえ思える。視覚では認識し得ないそのものに内存する価値を触れることで模索し、やがて手中に収める。触ることで、作品の大きさや形状そして動きを知るとともに、その量感や質感までも認識することができる。そこには目だけでは認識できなかった新たな感覚が確実に存在しているのである。その感覚こそ素晴らしいものであり、かつ重要なものである。

4．『触れる彫刻』のもつ教育的意義

　視覚だけでは認識できなかった新たな感覚・感性が触覚によって導かれる。この感覚・感性の獲得は、鑑賞教育や芸術教育のみならず人間教育にとってもきわめて重要である。特に、芸術を学び、新たな芸術を創造する学生たちにとってはなおさらである。『触れる彫刻』のもつ教育的意義の真髄はここにある。芸術の根源が学ぶことから始まるのであれば、その優れた芸術を真似る機会、すなわち作品を詳細に観察し、とことん触り、感ずる機会が必要である。この『触れる彫刻』は優れた彫刻を対象にその機会をつくり、学生たちの感性を大いに刺激することが可能である。この他、『触れる彫刻』には以下のようなメリットも考えられる。

　①非接触により脆弱な状態となった作品でも、その造形そのものを正確に写しとることができ、これを学生たちは自由に触ることによりその作品

の根源を知ることができる。
　②同じ作品を量産できる。これは複数の人間が同時に同じものを触ることができ、共通する基盤に立った議論の展開を可能にする。
　③素材の変化を楽しむこともできる。形は同じでもその素材の違いにより、それぞれがまったく違った作品となる。
　④相似形の造形を量産できる。③と合わせ比較研究することにより、新たな造形意識を開拓することが可能となる。
　しかし、これらは決して芸術を学ぶ学生たちだけに当てはまるものではない。児童・生徒そして一般の人々にとっての美術鑑賞教育や人間としての感性教育にも大いに役立つはずである。

5．新たな鑑賞教育への課題

　人体をとことん追求したレオナルド・ダ・ヴィンチの言葉を借りるまでもなく、人体は美しい。それ故、古今東西の芸術家たちが男女の区別なく裸体を表現してきたのであろう。この『触れる彫刻』で対象とした作品も裸婦像であった。この像は先述の展覧会では、「どうぞ触ってみてください」という表示と共に会場入口のロビーに展示された。まさに『触れる彫刻』の実践の場所として。しかし、この裸婦像を人前で触る人は少なかったように思う。自分自身、顔や頭、手や足ならまだしも、乳房や尻を人前で触るにはいささかの勇気を必要とした。こうした感覚を覚えたのは、私ひとりではなかったはずである。事実、私の周りには同じ感覚をもった美術史や文学・歴史学を学ぶ学生もいた。ここで私は「どうぞ触ってみてください」という表示だけでは日本人はこの行為には向かわないことを改めて確認した。かつて東京国立博物館では『踊るサテュロス』という特別展（2005年）において、このサティロス像の大小4点のレプリカ（3点は樹脂製、1点はブロンズ製）を展示し、まさにこの触覚鑑賞法を実践したことがある＊6。その時の来館者の反応は、芸大展のものとは大きく違い、多くの方々がレプリカに積極的に触り、人体のあり方、筋肉の付き方・動き、そしてブロンズの材質感などを確かめていた。これには訳があった。それはその像が裸婦ではなかったこと。そして像の脇にいたボランティアの「どうぞ触ってみてください。筋肉の付き方だとかブロンズの質感が味わ

えますよ。」という誘導があったからに他ならない。
　こうした経験も踏まえ言えることは、『触れる彫刻』にはそれを触るためのワークショップが必要であるということである。そのワークショップはできれば視覚障がい者とともに行うことが理想である。Dr.Andreas Heinecke が考案し、東京でも開催された「ダイアログ・イン・ザ・ダーク」（2007年）は、そのことを端的に教えてくれた。この企画は旧小学校の体育館に設けられたまったく光のない空間をさまようワークショップ。「参加者は完全に光を遮断した空間の中へ、何人かとグループを組んで入り、暗闇のエキスパートであるアテンド（視覚障害者）のサポートのもと、中を探検し、様々なシーンを体験する。その過程で視覚以外の様々な感覚の可能性と心地よさに気づき、そしてコミュニケーションの大切さ、人のあたたかさを思い出す」[*7]といったものであった。当方は、まったく光のない空間を脅えながら恐る恐る進む。時には闇の中を這い蹲りながら。しかし、アテンドは暗闇の中を自由に行動し、からだのすべてに触れたものを詳細に説明してくれた。このとき、視覚障がい者の「力」を目の当たりにすると共に、自分の世界がいかに視覚に支配されていたかを知らされたのである。
　いずれにせよ、学生たちが教室で芸術を学ぶ、感性を磨く手段として『触れる彫刻』を利用するのであればさほど問題はないが、その対象がそれ以外の人たちであったならば、このワークショップのあり方をしっかり学び実践すべきである。実は、このことが博物館・美術館におけるバリアフリー化を推し進めることにも繋がっていくのである。
　現在、東京国立博物館ではこのバリアフリー化の一環として、点字での館の案内パンフレットを用意するとともに、「盲学校のためのスクールプログラム」を展開している。このプログラムは、①ハンズオン アクティビティとして、A：トーハク探検・B：日本の模様・貝合わせ、②展示室での作品鑑賞プログラムとして、C：トーハク・トーク・ツアー、③体験型ワークショッププログラムとして、D：日本の模様をデザインしよう、といった4つのコースからなる。具体的には、Aは本館の縮尺模型を使いながら、建築空間の把握と、どのような分野・時代の作品が展示されているのかの理解を促すとともに、東博の歴史、基本的な見学のマナーについても解説を行っている。Bは日本の伝統文化に彩を加える季節・動物そし

て吉祥の模様など、さまざまなデザインに触れてもらい、あわせて「貝合わせ」という日本伝統のゲームを通し、現代の私たちの生活における日本の伝統模様に触れるプログラムである。Cは博物館スタッフと共に展示室をまわり、互いに言葉や体で表現したり、ツールを触ることで芽生える作品への興味やコミュニケーションの楽しさが主役のプログラムである。そしてDは、日本の伝統模様のスタンプやコラージュなど、シンプルな材料を使った制作プログラムである*8。こうしたプログラムへの参加者は年々増加している。

　また、本館19室の体験型教育プログラムを行うコーナー（「みどりのライオン」）には、本館の「触地図」がある。これは各展示室の作品の特徴や素材、技法を手で触れて理解してもらうものである。こうしたプログラムを展開することで視覚障がい者はもとより、多くの来館者に対しても「触れること」の重要性をアピールし、自分自身の人間としての感性への「気づき」を促すことにも繋がって行くことを期待したい。

　バリアフリー化とは、なにも建物・乗物・道路といったハードな面に限ったことではない。むしろ、さまざまな身体的ハンディーキャップや国・文化・言語などの違いを超え、すべての人々が真に親しめる、楽しめる博物館を目指すことだろう。しかし、その実現には「心のバリアフリー」というきわめて重要な感性が求められていることも決して忘れてはなるまい。

6．おわりに

　明治時代の彫刻家であり詩人でもあった高村光太郎は、『触覚の世界』という文章の中で「私は彫刻家である。多分そのせいであろうが、私にとって此世界は触覚である。触覚はいちばん幼稚な感覚だと言われているが、しかも其れだからいちばん根源的なものであると言える。彫刻はいちばん根源的な芸術である。」と述べている。そして「五官は互に共通しているというよりも、殆ど全く触覚に統一せられている。」「彫刻家は物を掴みたがる。つかんだ感じで万象を見たがる。彼の眼には万象が所謂『絵のよう』には映って来ない。彼は月を撫でてみる。焚火にあたるように太陽にあたる。樹木は確かに一本ずつ立っている。地面は確かにがっしり其処にある。風景は何処をみても微妙に組み立てられている。人体のように骨組

がある。筋肉がある。肌がある。そうして、均衡があり、機構がある。重さがあり、軽さがある。突きとめたものがある。」と続け、「私にとって触覚は恐ろしい致命点である。」*9と文章を締めくくっている。人間がもった触覚という機能の重要性が凝縮された文章である。この感性を学びたい。

　芸術の質感が感じ取れる『触れる彫刻』の試みは、今後、新たなデジタルデータとして注目されるX線CTスキャナーや3Dプリンターの導入によって、より進展して行くだろう。

　繰り返し述べてきたように、この『触れる彫刻』のもつ教育的可能性はきわめて大きい。しかし、その導入には予算・人材・施設などを含め、さまざまな問題が横たわっていることも事実である。その問題解決には、まず博物館・美術館そして大学のネットワークが必要不可欠となろう。私たちはこのネットワークの構築に向けても努力しなければならない。その上で、この可能性を最大限に生かし、各機関でこうした鑑賞教育を大切に育てていくべきである。それは結果として、私たちに人間としての豊かな感性と創造性をもたらしてくれる重要な装置になるに違いない。

　もとより博物館・美術館は作品の歴史的・美術的価値や知識を得るためだけの場所ではない。こうした鑑賞教育を通して、美の根源を五感で知ることも現代のわれわれにとって重要なはずである。

＊註
1 「彫刻におけるデジタル立体造形の可能性と表現方法の研究・教育への応用」平成21〜22年度科学研究費補助金（基盤研究（C））研究代表者：北郷悟（東京藝術大学教授・副学長）研究分担者：木戸修（東京藝術大学教授）、橋本明夫（東京藝術大学教授）、井上洋一（東京国立博物館）による研究
2 東京藝術大学大学美術館（2010）『明治の彫刻　ラグーザと荻原碌山』
3 社団法人日本彫刻会（2000）『日本彫刻会史—50年のあゆみ』
4 靇田　茜（2015）「鈴峯女子短期大学地域連携公開講座〈その２〉泉美術館『手で触れる鑑賞』の取り組みとして」『鈴峯女子短期大学人文社会科学研究集報』第62集
5 広瀬浩二郎・小山修三（2012）「世界をさわる手法を求めて」『月刊　みんぱく』７月号、国立民俗学博物館
6 東京国立博物館（2005）『踊るサテュロス』
7 第９回赤坂メディアアート展「ダイアログ・イン・ザ・ダーク 2007 Tokyo」

学校の放課後〜冒険編〜のHPより
8　東京国立博物館HP「盲学校のためのスクールプログラム」より
9　高村光太郎（1989）「触覚の世界」『昭和文学全集』第4巻、小学館

静岡県下の戦前期神社博物館に関する一考察

中島金太郎

1．はじめに

　静岡県内には、戦前期より非常に多くの博物館が設立・運営された歴史を有している。筆者は、これまで静岡県内の博物館史の編纂を試み、博物館黎明期からの博物館発達史についての検証・考察を行っている*1。しかし、我が国の博物館の中でも特徴的な存在である神社博物館については、数が多い上に実態が不明瞭であり、これまで包括的に扱うことができていない。
　そこで本稿は、静岡県における神社博物館の動向について着目し、本県の神社博物館設立の傾向と意義を確認することを目的とする。また、従来神社博物館については、加藤有次や青木豊などによって研究が進められているものの、よりミクロな地域を対象とした研究は未だ無い。本稿では、博物館学においてこれまで研究されることのなかった地方の神社博物館へも焦点をあて、その分析と検証により静岡県博物館発達史の解明に向けて一考するものである。

2．神社博物館の源流

　現在の静岡県を構成する遠江・駿河・伊豆の3国には、古代より神社・仏閣が多く造営されてきた。『延喜式』に記載されている式内社は、遠江国62座、駿河国22座、伊豆国92座を数え、仏閣では天平5年（733）に行基が創建したとされる龍潭寺や大同2年（807）に弘法大師が創建した修禅寺、文治5年（1186）創建で北条氏ゆかりの願成就院など、長い歴史を有するものが多い。神社・仏閣は、創建からの歴史のなかで様々な資料が伝世し、また社殿や庭園などが史跡や文化財としての価値を有する事例があるなど、境内地全体が一つのフィールドミュージアムとしての機能を有しているとも断言できよう。また神社・仏閣は、宝物庫・宝蔵といった収蔵

449

施設や絵馬堂などの展示施設を設ける例が存在し、直截的な博物館設置に先駆けて、博物館的な活動を一部実践してきたのである。本章では、神社博物館の設立前夜における静岡県下の寺社の展示・保存活動に着目し、後の神社博物館への関係性と意義について一考するものである。なお、宝物公開などの後の博物館活動に繋がる活動は、神社だけでなく寺院においても実践されてきたことから、本章では神社・仏閣の両者を取り上げて考察する。

（1）近世以前の神社・仏閣と展示

　近世以前においても「モノを広く大衆に公開する」という行為は、散見することができる。我が国において、博覧会・博物館の源流として位置づけられる物産会や薬品会などの行事は、その典型である。また、神社・仏閣においては、奉納された絵画や絵馬などを境内に掲げて公共の縦覧を許すほか、期間を定めて仏像・神像を公開する「開帳」を実施するなど、とりわけ展示の実践例が多いのである。

　近世以前の寺社における資料展覧例としては、静岡浅間神社における拝殿や回廊での絵馬展示が代表である。当該事例に関しては、筆者が別稿*2にて紹介しているので、本稿では割愛する。

　近世期には、様々な寺社において開帳が実施されていた。開帳には、寺社内で宝物の公開を行う居開帳と、江戸などに宝物を出張・公開する出開帳の2種類に大別することができ、その概要を記す史料が現在まで伝世しているものもある。

　居開帳の例としては、正徳4年（1714）の高草山法華寺の開帳に関する記載が同寺の略縁起に残されている*3。本誌を口語訳した『秋葉信仰の新研究』によると、行栄法師が周智郡乾庄勝坂村龍頭山に所在する秋葉奥の院の不動尊の修復を行ったところ、田中城主内藤輝信の夢に尊像が現れ、「我ハ是秋葉奥院ニ所在スルモノナリ」と告げたとされ、家臣を派遣して尊像を拝し、正徳2年に駿河花沢村に勧進、正徳4年春には境内に堂宇を建立して9月に入仏・開帳したと記載されている*4。当該記載のほかにも、現在の浜松市天竜区春野町に所在する秋葉神社の居開帳や、三島市広小路町の蓮馨寺日限地蔵の居開帳など、近世期には様々な寺社が開帳を実施していたのである。

出開帳に関しては、江戸の風土や事件、事物の起源等を網羅的に纏めた斎藤月岑による『武江年表』において、静岡県下の寺社に関する記事を確認することができる。同著の記録を纏める限りでは、近世の江戸における静岡地域からの出開帳は、表1に示す通り延享3年（1747）〜文久元年（1861）にかけて22回が確認できる＊5。

表1　近世江戸で開催された静岡県域寺社の出開帳一覧

和暦	開催地	貸出元	展示物
延享3年	妙音寺	駿河国蓮永寺	日蓮上人鏡像
延享4年	久成寺	駿河国岩本祖師	日蓮上人像
宝暦元年	御蔵前八幡宮	伊豆国賀茂郡最勝院	釈迦如来
宝暦5年	妙法寺	伊豆国玉沢法華寺	祖師
宝暦8年	恵光寺	駿河国沼津妙海寺	祖師
宝暦8年	市谷八幡宮	遠江国浜松大福寺	薬師如来
宝暦12年	円福寺	伊豆国加殿妙国寺	日蓮上人
明和2年	永代寺	駿河国富士裾野	（祐成・時到）神像
		厚原曽我八幡宮	玉渡明神（虎御前）
明和3年	護国寺	駿河国富士山宗心寺	来迎三尊仏
安永4年	回向院	伊豆国三島長門寺	富士山本地阿弥陀如来
安永7年	御蔵前八幡宮	駿河国富士裾野	（祐成・時到）神像、
		厚原曽我八幡宮	玉渡明神（虎御前）
天明3年	本法寺	駿河国岩本実相寺	祖師
天明5年	回向院	伊豆国八丈島為朝明神	本地地蔵菩薩
文化8年	妙音寺	駿河国岩本実相寺	祖師
文化14年	大仙寺	駿河国海長寺	顕満祖師
天保3年	本蔵寺	伊豆国玉沢法華寺	祖師
天保4年	蓮花寺	駿河国富士山本尊	大日如来
天保6年	本蔵寺	駿河国沼津妙海寺	祖師
天保7年	蓮光寺	遠江国貫名山妙日寺	祖師
嘉永4年	回向院	伊豆国八丈島為朝明神	明神像
万延元年	永代寺	遠江国豊田郡山東村	火防光明大権現
		光明山鎮守摩利支天	
文久元年	圓福寺	駿河国岩本実相寺	祖師

　近世期には、伊豆諸島の諸国も伊豆国に含まれたため、八丈島からの出開帳が見られるほか、現在の静岡県域の主要な寺社から仏像や神像が江戸へ運ばれていた。『武江年表』は、天正18年（1590）からの事象が記録されているものの、現在の静岡県域所在寺社の出開帳記事の初出は延享3年である。この記載によると、18世紀中頃以降、数年に一度本県の仏像・神像が出開帳していたことがわかる。

その中でも特に回数が多いのが、「駿河国岩本実相寺」である。実相寺は、現在の富士市岩本に所在する日蓮宗寺院である。同寺は、久安元年（1145）に創建された古刹であり、かつて日蓮が『立正安国論』の草案を著したことで知られる。同寺の祖師堂には、日蓮の高弟であった日法作と伝えられる日蓮像が安置されており、江戸期の祖師像出開帳はこの日蓮像の開帳であったと推定される。

　実相寺の出開帳は、江戸時代を通じて4回実施されており、1回目〜3回目の出開帳は凡そ30年おきに開催されている。文久元年に江戸牛込の圓福寺で開催された4回目の出開帳の様子は、同寺に現在も遺存している「文久元酉年従三月中旬、駿州岩本安国日蓮大菩薩六十日之間於牛込圓福寺境内開帳之砌諸講中朝詣之図」に確認することができる。当開帳は、圓福寺近辺の23町の講中が連名して願主となり、文久元年3月から60日間開催された。また同図からは、日本橋、麹町、品川など江戸とその周辺の日蓮宗信者が参集したことが確認でき、非常に盛大な催事であったことが窺える。この状況は、もはやモノの展覧会の域を超えており、出開帳が庶民の娯楽として見做されていたと言っても過言ではない。江戸期の出開帳は、寺社資料の移動展示事業であると同時に、モノを媒体とした観光・娯楽催事として位置づけられていたのである。

　このように、江戸期に於いても寺社資料の公開・活用がなされており、開帳・宝物展観の文化は後の時代にも受け継がれていくのである。

（2）近代の神社・仏閣の宝物公開

　近代における神社・仏閣での展示行為は、祭礼や建築物の落成等に合わせて実施される例が多い。社寺に於いて展覧会を開催する際には、①自らが所蔵する宝物を外部に公開する「開帳」に類する展覧会と、②社寺の境内地・建物を貸会場として提供し、社寺以外の団体が展覧行為を行う会の2種類が存在していた。②に関しては、明治期から膨大な事例数が存在するものの、あくまで寺社の境内地・建物を展示空間として利用するものであり、一種の文化ホールとしての扱いが強いと看取される。

　近代の情報伝達手段としては、主に新聞が用いられており、博物館や展覧会等の状況を把握するためには、新聞記事を参照することが有効である。明治時代になると静岡県内にも新聞社が開業し、各社の新聞には当時の博

物館や展覧会に関する記事を散見することができる。本稿では、「静岡新聞」「静岡民友新聞」「静岡新報」「静岡大務新聞」「函右日報」に掲載されている戦前期の静岡県下の寺社における宝物公開・展覧会について調査を行った。その調査の中で、寺社の収蔵資料に関する展示行為を集成したものが表2である。

表2 新聞に見られる近代寺社の開帳・宝物展覧会

日時	場所	催事	掲載紙
明治14年8月10日	三島神社（三島市）	奉献書画他展覧	函右日報
明治15年3月28日	龍澤寺（三島市）	入江町八の「不動尊」開帳	静岡新聞
明治16年4月1日～10日	臨済寺（静岡市）	仁王門落成・宝物縦覧	函右日報
明治17年3月28日～4月7日	清見寺（静岡市）	羅漢堂落成・宝物縦覧	静岡大務新聞
明治17年4月3日～4日	臨済寺（静岡市）	摩利支天例大祭・宝物縦覧	函右日報 / 静岡大務新聞
※臨済寺の宝物縦覧は、毎年同じ時期に実施するため、他の年は割愛			
明治18年8月18日	清水寺（静岡市）	観世音菩薩開帳	静岡大務新聞
明治18年10月1日～4日	久能山東照宮（静岡市）	臨時祭・宝物縦覧	静岡大務新聞
明治19年4月4日	教覚寺（静岡市）	開基六百年大法要・宝物為拝	静岡大務新聞
明治20年3月15日～4月15日	秋葉神社（浜松市）	宝物展観	静岡大務新聞
明治21年4月18日～24日	修善寺（伊豆市）	古器物展覧	静岡大務新聞
明治21年10月17日～21日	久能山東照宮（静岡市）	臨時祭・宝物縦覧	静岡大務新聞
明治22年4月2日	清見寺（静岡市）	大施餓鬼並什宝覧会	静岡大務新聞
明治22年10月20日	久能山東照宮（静岡市）	秋祭・宝物縦覧	静岡大務新聞
明治23年3月7日～17日	久能山東照宮（静岡市）	宝物拝観	静岡大務新聞
明治23年4月10日～12日	蓮永寺（静岡市）	什物拝観	静岡大務新聞
明治23年4月22日	清見寺（静岡市）	什宝展覧会	静岡大務新聞
明治30年2月18日	久能山東照宮（静岡市）	宝物縦覧	静岡新報
明治31年2月7日	久能山東照宮（静岡市）	宝物縦覧	静岡新報
明治32年2月26日	久能山東照宮（静岡市）	宝物縦覧	静岡新報
明治32年8月1日	鴨江寺（浜松市）	宝物展覧	静岡新報
明治32年10月17日	久能山東照宮（静岡市）	宝物縦覧	静岡新報
明治34年11月17日	久能山東照宮（静岡市）	祭典・宝物縦覧	静岡新報
明治35年7月17日	見付天神（磐田市）	宝物書画縦覧	静岡新報
明治35年10月17日	久能山東照宮（静岡市）	宝物縦覧	静岡新報
明治36年2月14日	久能山東照宮（静岡市）	宝物縦覧	静岡民友新聞
明治36年3月8日～7月31日	熱海神宮（熱海市）	宝物縦覧	静岡民友新聞
明治37年10月17日	久能山東照宮（静岡市）	例祭・宝物縦覧	静岡民友新聞
大正5年3月25日	寶泰寺（静岡市）	宝物展覧	静岡新報
昭和2年4月5日	宝台院（静岡市）	法要記念大展覧会	静岡新報

①に伴う宝物展覧会の例は、さらに定期的な公開と一過性の公開に細分することができる。定期的な事例とは、祭礼に併せて宝物を公開する臨済寺や久能山東照宮がこれに該当し（表2の網掛け部分）、近世期の定期開催型居開帳の流れを汲むものである。当該記録を参照する限りでは、臨済寺

は4月の例祭に、久能山東照宮は主に2月と10月の祭礼に併せて宝物公開を開催していたことがわかる。大祭・例祭は、地域社会においては一年の内に何度も無い所謂「ハレの日」である。普段宝物を非公開にすることは、宝物の神秘性・秘匿性を高める効果を持ち、祭礼の日に併せて公開することで、宝物の持つありがたさや神聖さを大衆に印象付ける効果があったと考えられる。これは、宗教施設ならではの「驚きと発見」の提供であり、後の神社・仏閣博物館での特別展覧会への影響が示唆できる事例である。

一過性の公開事例とは、臨時の祭典や建造物の竣工記念、法要等の特別な催事に伴い開催するものであり、よりイベント色の強い取り組みであると看取される。当該時期には、臨済寺の仁王門や清見寺の羅漢堂の落成、教覚寺の開基六百年大法要に伴う宝物公開の事例が確認されており、一過性の公開事例は、記念事業の一環として宝物を公開していることがわかる。不定期の開催であり、宝物公開を主な目的に据えた催事ではないが、寺社宝物の公開による地域文化財の周知や、寺社収蔵品の管理・保存の面に於いて一定の評価ができる。

〈小結〉

寺社に於けるこれらの行事は、常設でないことから直截に神社・仏閣博物館へ繋がるとは言えない。しかしながら、期間を区切り宝物を展示・公開するという非日常性から、博覧会や現在の博物館の特別展に通ずるとも考えられる。換言すれば、出開帳は博物館でいうところの巡回展・コレクション展であり、居開帳や近代の宝物公開は収蔵資料を用いた特別展示なのである。

我が国に於ける神社や寺院は、地域住民の物理的・精神的な拠り所であり、言うなれば郷土の核となる存在である。居開帳とその延長にあたる上記の宝物公開は、地域の人々が郷土に存在する"たから"を認識し、再発見するための場となったと考えられる。また、出開帳によって寺社の持つ資料を公開することは、様々な人にモノを媒体として「驚きと発見」を提供する行為である。これらの広く一般にモノを公開する行事は、モノを展示してそれを見せるという意味で博物館と共通しており、また寺社の収蔵品が重要な存在であることを認識づける文化財教育の意味でも効果的であったのである。

3．戦前・戦中期の静岡県下の神社博物館

（1）神社博物館の発生

　戦前期の静岡県には、久能山東照宮宝物館、三島神社宝物館と常設の神社博物館が2ヶ所誕生し、また秋葉神社でも宝蔵庫の展観を行っていた。それ以前にも、明治20年（1887）に周智郡森町の小國神社に「宝蔵」が建設され、『日本博物館沿革要覧』には博物館の一つとして記載がされているものの*6、実態は常設の公開機能を持たない宝物収蔵庫であることから、久能山東照宮のものが県内の神社博物館の嚆矢に比定される。本章では、当該時期に発生した神社博物館について、その特性と時代的な傾向について論ずるものである。

　本県に於ける神社博物館は、大正4年（1915）の久能山東照宮宝物館がその嚆矢である。同館は、久能山東照宮遷座三百年祭を記念し、同社に伝来した宝物の保存・一般公開を目的に建設された博物館である*7。久能山東照宮では、陳列館の開館は大正期であるものの、明治30年頃より神楽殿に宝物を陳列していたことが、昭和32年（1957）の『観光資源要覧第四編　陳列施設』に記されている*8。同館は、祭神として祀る徳川家康の手沢品を中心に、歴代将軍の由来品、徳川家寄贈品の収蔵・展示を同館の特徴としている。大正4年の東照宮遷座三百年祭では、当館と時期を同じく日光東照宮にも宝物館が建設されており、当社単体ではなく「東照宮」という組織によって博物館建設が計画されたと理解できる。久能山東照宮宝物館は、昭和22年に久能山東照宮宝物殿と改称し、昭和40年には博物館用の新たな建物を建設し、久能山東照宮博物館として新規開館している。

　久能山東照宮博物館に次いで古い神社博物館として、伊豆国一宮三島神社（現、三嶋大社）の境内地に所在する三島神社宝物館が挙げられる。当館は、三島神社に伝来する宝物の一般公開を目的に、昭和5年に建設された。当該博物館建設計画は、大正15年1月19日付『静岡民友新聞』が初出で、昭和2年12月の同紙で竣工、そして昭和5年3月1日付同紙に開館が報道されている。中でも大正15年1月19日付『静岡民友新聞』には、三島神社宝物館計画の様子が確認できる*9。

　　　三島町官幣大社三島神社寶物館は既報縣下、神奈川、東京、山梨の
　　　府縣有志の寄附を得て總豫算八万圓（内一万圓維持費）を以て建設す

る事になって（中略）寶物館は間口七十四尺、奥行三十二尺、棟高三十二尺、總坪数八十一坪平屋建て耐震耐火を主眼として内部（第二期工事）装飾と垂木を除いて全部鉄筋コンクリートとし向唐破風入母屋造りて外觀は奈良朝■代に新味を加へた日本式である

　当該時期に計画された東京・大阪・京都などの主要都市部の博物館建築は、耐震耐火構造を設けることが一般化しており、また鉄筋コンクリート造または鉄骨造の近代建築に日本風の屋根を載せる「帝冠様式」の採用が多く実践されていた＊10。三島神社宝物館の建築設計は、時代に即した建築設計を採用していると看取される。当該博物館設計は、国宝「梅蒔絵手箱」や重要文化財「宗忠銘太刀」など、全国的にも貴重な資料を保存しており、また神社境内に所在する博物館という条件を総合的に加味した結果であると推察できる。

　具体的な神社博物館設置事例ではないが、浜松市の秋葉神社には信州口に三階建ての「寶藏庫」が設置されている。同建築は、秋葉神社の案内書である『東海之靈地　秋葉神社案内』内の記事に確認することができ、以下のように記載されている＊11。

　　寶藏庫　信州口の方にあつて、三階になって居ります、平常は鎖鑰を嚴重にいたし置きまして拜觀者ある時は、數多の社員が夫々案内をいたします。

　秋葉神社は、古くより多くの日本刀が献納され、その数は200振りを超える。これらの刀剣類をはじめとして、同社には数多くの歴史資料が収蔵されている。それらの資料を保存するために建立されたのが上記の宝蔵庫である。宝蔵庫は、その名称からは宝物の収蔵庫であると思われるものの、先の案内に「拜觀者ある時は、數多の社員が夫々案内」するとの記載があることから、ある程度の公開機能を持ち合わせていたと推察される。

〈小結〉

　当該期の神社博物館は、近世の居開帳の延長として常設館を設けたものと看取される。資料の保存・管理を目的とした所謂「宝蔵」的な設備は、静岡浅間神社をはじめ近世にはその存在を確認できるものの＊12、実際に資料の公開を目的とする施設を設置したのは上記二例の博物館が初であり、当時としては先進的な存在である。神社博物館史において、明治時代より宝物公開を実践する施設は、鶴岡八幡宮回廊霊宝場（明治5年）や江神社

宝物拝観所（明治6年）など日本全国で10館程度が存在しており、当該二例は必ずしも速い例ではない。しかし、本県における神社博物館展開に先鞭をつけた存在として意義を持つのである。

また、常設の公開施設を有していない神社であっても、乞われれば公開をするという秋葉神社のような取り組みを行っていたことは容易に推測できる。これは、言うなれば観覧者の能動性に任せた居開帳である。神社宝物は、その存在と価値が広く世に周知された資料であり、故に盗難等の問題が存在している。防犯技術が未発達であった当時、宝物の常置公開は窃盗・毀損を招く恐れが高かったことから、このような方法を取ったのであろう。また神社の宝物は、秘匿によって神秘性を発揮し、開帳などと同様にそれを限定公開することで、より「ありがたさ」を印象付ける狙いがあったとも考えられる。このように、神社宝物の公開は、一般的な郷土資料展示などとは異なる意図を持って実践されたのである。

（２）戦中期の神社博物館設置計画

戦中期には、国威発揚・戦意高揚を目的として、博物館や博覧会等が利用された。静岡県内でも、戦時という社会背景を基に博物館建設の要望が述べられた例や、戦時博覧会の開催事例が存在している。本節では、戦時中に建設が計画された「靜岡縣護國神社戰役記念館」を取り上げ、これまで知られてこなかった戦時下の博物館設置計画について一考するものである。

静岡県護國神社は、明治維新以来の戦没者慰霊を目的に明治32年（1899）に建設された「共祭招魂社」を祖とし、昭和14年に同名称に改称されたものである。同社の記念館建設計画は、静岡市北番町の神域拡張に合わせて計画されたもので、それに伴い寄付を募るとの記録が残っている。建設趣意書には、神域狭小により祭事に差し支えるという拡張事由と並び、以下のように記念館設置の必要性を説いている*13。

　　（前略）旁々輝シキ今次事変ヲ永久ニ記念致シマスル爲メ、戰役記念館ヲ建設シテ戰殁者ノ遺品又ハ戰利品等、貴重ナル資料ヲ保存致シマシテ、戰殁勇士ノ英霊ヲ慰メ、將來、縣民子弟ノ精神的教養資料ニ供シタイト存ジマス。

当館は、戦没者の慰霊と共に「日本軍の輝かしい勝利の歴史」を後世に

語り継ぐことを目的とした施設である。建設趣意書が著された当時は、昭和12年より続く日中戦争の最中であり、国威発揚・戦意高揚が求められていた時代ともいえる。

　この社会的背景に伴い、記念館の建設が計画されてはいるが、実際には建設がなされなかったとみられる。趣意書のもう一義である神域拡張計画は、昭和17年10月に現在の静岡市葵区柚木へと社地移転がなされたことで成就しているが、昭和18年7月末日をもって奉賛会が解散し、事業残務であった記念館と社宅の工事は神社当局が引き継ぐとされた。社宅については昭和18年7月中に二棟が建設されたとの記載が残るものの、記念館についての記録はない*14。昭和18年は、太平洋戦争開戦より2年が経過し、戦局の悪化から博物館設置への余力がなかったものと推察される。静岡県護國神社には、昭和53年に遺族会、各戦友会、関係諸団体等の手による「遺品館」が設置された。当館は、戦没者の慰霊と平和への祈念を込めた所謂平和博物館であり、戦中期に計画されたものとは意趣が異なるものである。戦役記念館は、戦時という特殊な環境下における博物館であり、当該時期における特徴的な博物館と考察される。

4．静岡県下の神社博物館の傾向と意義

（1）神社博物館設置の傾向

　本県の神社博物館の傾向としては、歴史が深く由緒のある神社に設置されることが挙げられる。戦前期には、旧国一宮の三島神社と徳川家康ゆかりの久能山東照宮に神社博物館が設置され、全国の秋葉社の総本山である秋葉神社でも宝蔵庫の展観を実施している。現在神社博物館が設置されている神社には、旧国一宮の静岡浅間神社、源頼朝が源氏再興を祈願した伊豆山神社、早良親王終焉の地である井伊谷宮などがあり、この傾向は現在までの継続性が見られる。また、静岡浅間神社のように、近世期から絵馬の寄進・奉納を受け、展示公開機関としての機能を有していた神社も存在しているのである。

　神社博物館設置の背景には、やはり公開・活用するための優秀な資料と、それを希求する民衆の存在があったと考えられる。

　前者の公開する資料とは、神社が有する種々の宝物である。神社博物館

が設置された神社は、長い歴史を有していることは先述のとおりであり、また相対的に規模が大きいことが挙げられる。これらの由緒ある神社には、祈願を兼ねて様々なモノが奉納された。また、和歌の名手であった早良親王ゆかりの井伊谷宮に、明治期の国学者である本居豊穎が和歌短冊を奉納するなど、神社に縁のある人物に関連した資料が集積されていったのである。これらの豊富な資料を有していたからこそ、その保存・保管施設の設置が企図されたのである。

　また民衆の存在は、神社に博物館が設置される遠因となったと思われる。元来、神社や仏閣は崇敬の対象であり、そこに所在する宝器や仏像などは、とりもなおさず神仏と同義であると捉えられていた。即ち寺社宝物は、「ありがたい」モノとして信仰されてきたのである。宝物類は、寺社が所有していたことから普段は表に出ておらず、市民は信仰の一環として宝物を一目見たいと渇望したことから、条件付きで公開することになったと推察される。これにより生まれた開帳などの公開方法は、特定の場所にモノを置き、不特定多数の人々が観覧できるように設えたことで、原初的な展覧会の様相を呈することとなったのである。開帳などの行事を通じて、神社・仏閣はモノの公開方法を学習し、民衆はモノを観覧しに行くことを学ぶ。そして、モノの公開とその観覧の積み重ねによって、信仰対称を恒常的に観たいという欲求が生まれ、常設的なモノの観覧施設が求められるようになり、神社・仏閣の収蔵品を公開する常設機関たる博物館の設置へ繋がっていったのである。

　このような神社ゆえに収蔵資料が豊富にあり、また近世期より宝物の開帳を実践してきたことから、常設の公開施設が設置されたのである。

（２）本県神社博物館設置の意義

　静岡県での神社博物館設置は、これらの博物館が本県で初めて設置された「広く大衆に開かれた」常設の人文系博物館であることに意義が見出せよう。戦前期の本県では、30余館の博物館設置が確認でき、うち約半数が人文系博物館である*15。その中で、静岡師範学校、静岡中学校、浜松中学校に設置された学校博物館は明治期に開館しており、浜松中学校では地域との協働を意図する記載が見られるものの、3館とも公共性や継続性には疑問が残る。明治43年（1910）には、静岡物産陳列館内に静岡美術館が

開館したが、これは新聞記事にのみ確認できる記載の為、館の実態や開館以降の推移など把握できていないことが多い*16。このことから、公共性が高く現在まで継続運営されており、その存在が確実な人文系博物館として、上記2館の神社博物館が該当するのである。神社は、我が国の生活・文化に密接に関わっており、取りも直さず一般大衆にも開かれた存在である。その神社に博物館が設置されることは、観覧者を限定しない大衆に開かれた観覧施設を設けることと同義であると言えよう。また、博物館が設置された久能山東照宮や三島神社は、些細なことでは廃祀されないほどの規模・影響力を有しており、且つ地域で崇敬されてきた宝物の保存・公開を意図して博物館を設置したことから、高い継続性を意識した人文系博物館の嚆矢に比定できる。このように神社博物館は、本県における人文系博物館発達のきっかけの一つであると同時に、多くの人々の観覧を企図した開かれた博物館の実践例として意義があるのである。

5．結びに

　神社博物館は、都道府県や市町村などの行政区分にとらわれず、風土・歴史・文化など、郷土のミクロな部分に立脚する存在であり、地域の特徴をより端的に表すものと換言することができる。また、神社が有する有形・無形の様々な文化財の継承を目的に、モノを通じた取り組みを実践できる場として極めて重要な役割を有しているのである。
　本稿では、戦前期の静岡県における神社博物館の動向について若干の考察を行った。しかしながら、一般的な博物館と違い当時の文献が極めて少ないことから、十分な調査ができたとは言い難い。各博物館の設置に至る経緯や、これ以外の神社博物館・展示施設などの把握、戦後の神社博物館の動向については今後の課題としたい。

＊註
1　「静岡県における博物館の発生」（2015『國學院大學紀要』第53巻、國學院大學）および、「戦後期の静岡県内に於ける公立博物館の展開」（2015『國學院大學博物館學紀要』第39輯）、「静岡県下に於ける戦前期学校博物館の動向」（2016『國學院大學博物館學紀要』第40輯）にて考察を試みている。

2　中島金太郎（2015）「静岡県における博物館の発生」『國學院大學紀要』第53巻　國學院大學、52～53頁
3　東益津村役場編（1913）「社寺」『東益津村々誌』第二巻ノ一
4　田村貞雄（2014）『秋葉信仰の新研究』岩田書院、150～151頁
5　斎藤月岑（今井金吾 校訂）（2003）『定本武江年表』上～下 筑摩書房
6　倉内史郎、伊藤寿朗、小川剛、森田恒之編（1981）『日本博物館沿革要覧』(財)野間教育研究所、242～243頁
7　青木　豊編（2013）『神社博物館事典』雄山閣、81頁
8　運輸省観光局（1957）『観光資源要覧第四編 陳列施設』123頁
9　静岡民友新聞社　1926年1月19日「三島神社の寳物館愈々着工」『静岡民友新聞』
10　山本哲也（2014）「博物館建築の競技設計の歴史－戦前の様相について」『博物館研究』Vol.49 No.2（通巻548号）日本博物館協会、18～21頁
11　縣社秋葉神社々務所（1931）『東海之靈地 秋葉神社案内』昭和6年改訂版、33頁
12　國幣小社神部 浅間 大歳御祖神社（1937）『國幣小社神部浅間大歳御祖神社誌』64～65頁
13　静岡縣護國神社神域拡張並戦役記念館奉賛會（1939）『静岡縣護國神社神域拡張並戦役記念館費寄附募集趣意書』
14　静岡県護國神社（1995）『静岡県護國神社史』349～350頁
15　＊1の三稿目と同じ、37～54頁
16　＊2と同じ、73～74頁

郷土博物館をつくる
―波佐見町フィールドミュージアム構想―

落合 知子

1．はじめに

　1891年に世界で初めて開館したスカンセン野外博物館の設立目的は、愛国心と郷土の保存であった。北欧を中心として広がった野外博物館は、それから65年後に日本でも開館するに至った。我が国の野外博物館の捉え方は、民家の移設収集をもって野外博物館とする概念が一般的であり、1959年に開館した大阪府の服部緑地公園に所在する、日本民家集落博物館が野外博物館の嚆矢であると、異口同音に述べられてきた。しかし、これより先行して発生的思想を異にする富山県鹿島神社とその社叢を形成する天然記念物鹿島樹叢を核とした宮崎自然博物館が存在し、その活動は1935年頃から始まり、その構想は1949年には実践され、1952年4月宮崎自然博物館は博物館施設に指定された。そして同年8月には博物館法による登録博物館として位置付けられ、その存在は法的に認められるに至ったが、我が国最古の野外博物館が民間主導の官民一体の中から出現したことは周知されていないのが現状である。

　宮崎自然博物館は、富山県下新川郡宮崎村の教職員と御当地に鎮座する鹿島神社宮司が中心となって手掛けた博物館設立運動によって、それまで我が国には存在しなかった独特な理念に基づいた野外博物館であった。その理念は民家の移築収集型野外博物館ではなく、古くは棚橋源太郎が我が国に紹介した、アメリカの国立公園から発祥した路傍博物館に近似したものであった。しかし、それはアメリカの路傍博物館のような、自然保護と理科教育を主たる目的とするのではなく、郷土愛思想から生まれた我が国独自の路傍博物館と言える。本稿は宮崎自然博物館を再考し、波佐見町におけるフィールドミュージアム構想と郷土博物館のあり方を考える一助としたい。

2．我が国初の登録野外博物館

　宮崎自然博物館は、富山県生物学会会長進野久五郎、鹿島神社宮司、宮崎小学校教員によってその活動が開始され、1949年頃はまだ博物館法による登録博物館ではなく、名称も宮崎自然博物園であった。特筆すべきことは、この宮崎自然博物館構想に博物館学者木場一夫と鶴田総一郎が関与していたことと、我が国で初めて路傍博物館を実践した植物学者の進野久五郎の存在が明らかになったことである。進野は山形県の生まれで、後に、富山県に赴任して富山中部高校長などを勤め、生物学会会長として立山の高山植物の研究に全力を注いだ学者である。昭和天皇や牧野富太郎博士を立山に案内してその自然に感激させたのも進野であった。さらに富山の自然に情熱を傾け、恵まれた自然環境を生かした教育の充実に尽力した人物である。この進野の指導のもと、宮崎自然博物館構想は地道に実践されていったのである。

　宮崎自然博物館の活動の中心となったのが小学校の教員であったことで、遠足や理科教育といった児童教育の一環として活用されたことは容易に理解できる。そして宮崎自然博物館の野外博物館構想が実現した背景には、推進者たちの一方ならぬ熱意と努力があった。鶴田の「新しい博物館5：宮崎自然博物館」*1にも「一言にしてこれを尽せば、「人」にありということになる。即ち、富山県下の、理科担当教官を中心とする教職者の努力の結晶である。」とあるように、「熱心な学芸員」という表現が将に当て嵌まる学芸員たちの意識こそが、当時我が国で最初の野外博物館を完成させた原動力であったと言えるのである。

　一方、日本の大公園たる黒部渓谷の観光地としての成功は、宮崎村民へも影響を及ぼしていくこととなった。このような黒部の成功も相俟って、鶴田も論じたように、「さして珍しくもすばらしくもなく、どこの地方にもあるような村」*2を観光地として成功させるために、天然記念物鹿島樹叢を核として、地域の史跡・遺跡・自然等を野外博物館にする構想を企てるに至るのであった。そして鹿島樹叢が1936年12月16日に国の天然記念物に指定されたことが、宮崎自然博物館設立の大きな要因であったことは言うまでもない。その後鹿島神社を含む鹿島樹叢を核として、地域一帯を野外博物館にする構想を固めていったのである。

3．郷土博物館としての野外博物館思潮

　宮崎自然博物館は自然環境，歴史，民俗，芸能といった総合的な分野に基づいて設立され、地域そのものや地域文化資源の保存と活用を基本理念とした野外博物館であった。したがって、民家を移築して野外博物館を設立した川崎市立日本民家園や大阪府の日本民家集落博物館と比較すると歴然たる違いがその思想上に認められるのである。所在地は宮崎村地内の笹川トンネルより城山・鹿島樹叢を経て宮崎海岸に至る地帯一円で、資料点数は1,500点、昭和27年4月1日に設置された野外博物館である。同年4月17日文部省による指定を受けて、同年8月1日には登録博物館となった。設置者は宮崎村長、管理者は宮崎村教育委員会である。

　宮崎自然博物館は、自然・人文両分野の資料群で構成され、鹿島樹叢（国指定天然記念物）、宮崎城址（県指定史跡）、鹿島神社（町指定建造物）、境一里塚（県指定史跡）、芭蕉句碑（町指定史跡）等の指定物件が含まれていること、地域では浜山玉つくり遺跡（県指定史跡）や明石遺跡、三峰遺跡などの調査が行なわれてきたこと、その他郷土史研究が盛んであったことから鑑みても、鶴田が「総合博物館でもあり、さらに身近な文化財の総てを活用している郷土博物館ともいえる」[3]とその特徴を端的に評したように、宮崎自然博物館は郷土博物館機能を有した野外博物館であり、突き詰めれば、そこには郷土保存思想が大きく関与しており、野外博物館の発生は郷土保存から始まったものと言えるのである。

　そして進野久五郎こそが早くから軍用道路を踏査しており、これを利用し，鹿島樹叢を含めた路傍博物館の建設を提唱したと考えられる。進野は植物学者であることや科学教育の推進者であったことから推測すると、アメリカで発達した路傍博物館の知識は持ち得ていたであろうし、さらに生物学という同じ研究分野で共通し、当時路傍博物館の研究を進めていた木場へ話しが伝わった可能性は非常に高いと想定される。また、博物館法制定に向けての機運が高まる中で、文部省科学官の木場との接点を持つことも不自然ではなかったと看取されるのである。

　このような経緯をもって、木場の目指した路傍博物館が我が国において着実に具現化され、木場が理想としたアメリカに於ける児童自然教育の実践が行われていったと考えられるのである。木場は宮崎自然博物館構想が

着実で基礎も確立していることから、その前途を嘱望して激賞したのであった。この基礎を築いたのは進野であり、宮崎小学校の教員たちであり、鹿島神社の宮司であったことは言うまでもない。周知の如く、木場の路傍博物館論は、地質、鉱物、歴史、考古学といった人文系と自然系の両資料によるプログラム作成を指示しており、宮崎自然博物館の大きな特徴である自然と歴史の総合野外博物館に、まさに合致する論であった。

そして、木場と並んで宮崎自然博物館に関与していたのが鶴田総一郎であった。当時国立自然教育園次長の鶴田は、1954年「新しい博物館5：宮崎村自然博物館」の中で次の如く論じている。

> 広さ三五，〇〇〇坪の自然環境が宮崎村自然博物館の基盤である。これだけでもわかるように、ここは日本では例のすくない野外博物館であり、また動植物、地質鉱物、地理・歴史・民俗・考古等にわたる綜合博物館でもあり、さらに、身近な文化財の総てを活用している郷土博物館ともいえる。（略）さして珍しくもすばらしくもなく、どこの地方にも、努力すれば見出せる程度の自然である。にもかかわらず、特色ある施設と運営を行っており、識者から将来を嘱望されているゆえんのものは、一言にしてこれを尽せば、「人」にありということになる。かように、外部からも支持されるに到って、力を得た関係者の努力をさらに決定的にしたものに、ちょうどその頃成立した博物館法がある。これはこの「宮崎自然博物園」を国法が端的に支持することを意味する。

1951年の博物館法の制定とともに、宮崎自然博物館は第1次で指定され、法の適用を受けるに至った。法による指定以前の地道な活動についても木場が高く評価したように、指定後に至っては日本博物館協会への加入、全国博物館大会に参加、施設充実に向けての補助金の申請、入念な調査、暫定学芸員から学芸員資格の取得、観光についての懇談会、北日本百選の入選、他館からの調査依頼、他館への調査、富山産業大博覧会への出品等々、その活動はめざましいものであった。現在は名ばかりの登録博物館となって、宮崎自然博物館の活動は終焉を迎えている。このようなフィールドミュージアムは宮崎自然博物館の如く登録博物館には至らないものの、日本の各地で展開されてきた。しかし、その多くが成功しているとは言えないのが現状である。次項は現在博物館建設構想を推進している長崎県東彼杵

郡波佐見町の事例を挙げて、フィールドミュージアムの展開の可能性と現代社会に求められる博物館を述べることとする。

4．波佐見町フィールドミュージアム構想

　波佐見町は長崎県中央北部に位置し、佐賀県有田町と隣接する県境の町である。町の東南部の山々からは磁器の原料となる陶石が産出される。波佐見はおよそ400年前にやきもの生産が開始されて、江戸時代は大村藩の支援のもとで有田・三川内と並ぶ近世肥前窯業一大産地として発展を遂げ、現在は長崎県最大のやきもの産地として窯業は継承されてきた。製造されるほとんどは日常食器で、唐草模様を筆で簡単に描いた「くらわんか碗」と呼ばれた丈夫で壊れにくい、厚手で素朴な製品は波佐見焼の代表になった。大村藩は、1665年から1873年までの約200年間、皿山役所を開設し波佐見皿山の発展に力を注ぎ、今日の波佐見焼の隆盛を築く礎となった。
　現在、波佐見町には2つの展示施設がある。陶芸の館と農民具資料館である。そして既存の建築物を利用した博物館建設構想が推進されている。波佐見町湯無田郷に所在する旧橋本邸を波佐見町の歴史を幅広く展示する総合博物館施設として改修しているのである。昭和48年に建築された旧橋本邸は3,600㎡（1,090坪）の規模を誇り、波佐見町では最大級の大型和風建築物である。まだ50年を経ていないため登録有形文化財には指定されていないが、将来的に指定の可能性を有する建造物である。波佐見町は三上コレクションや藤田コレクションといった優秀な資料を所蔵しているものの、町内には歴史、文化、民俗、芸術等を総合的に展示する施設がなく、教育委員会分室の老朽化と相まって博物館の必要性は議論されてきたが、財政面から実現は難しい状況であった。このような歴史的建造物利用の博物館施設は日本各地に所在しており、歴史的建造物の保存とその活用の両面においても非常に有意義な方策と言える。新しい箱モノを造るよりも地域文化資源の活用は、はるかに地域住民のふるさとの確認の場と成り得るであろう。地域住民のふれあいの場として、波佐見町の歴史を展示し、波佐見焼コレクションを公開する施設として地域住民からの期待も大きい。
　波佐見町には窯業を中心とした地域文化資源が多く点在している。湯無田地区には波佐見の近代化遺産とも言える波佐見金山、中尾地区には陶郷

中尾山（長崎県まちづくり景観資産）、中尾上登窯跡（国史跡）、中尾山うつわ処赤井倉（国登録有形文化財）、レンガ煙突群（長崎県まちづくり景観資産）、文化の陶四季舎（長崎県まちづくり景観資産）、鬼木棚田と集落（日本棚田百選・長崎県まちづくり景観資産）、波佐見町農民具資料館（1998年開館）、西ノ原地区には旧波佐見町立中央小学校講堂兼公会堂（国登録有形文化財・長崎県まちづくり景観資産）、旧福幸製陶所建物群（国登録有形文化財・長崎県まちづくり景観資産）、福重家住宅主屋（国登録有形文化財・長崎県まちづくり景観資産）などである。これらをサテライトとしたフィールドミュージアム構想の実践において、旧橋本邸を改修した博物館がコアになることは言うまでもない。

中尾地区は、正保元年（1644年）に窯業が開始されて以来、波佐見四皿山の一つ「中尾山」として発展を遂げて、幕末まで近世波佐見窯業を牽引した地区である。また、8本の石炭窯煙突群や昭和初期建設のやきもの工場、そして中尾地区の町並み全体が、長崎県のまちづくり景観資産に登録されている。約360年に亘る窯業の歴史を伝える地域文化資源が残り、保護されている。

現在は波佐見焼ブランドの全国的な定着により、観光交流人口も増加傾向にあり、特に西ノ原地区の工場跡を活用した施設が若い層を含めて賑わいの空間を形成している。これらの観光交流人口を波佐見町全体にいざなうことが重要である。滞留時間をより長くするためには、かつて宮崎自然博物館が実践したようなフィールドコースを作り、歴史や自然を学ぶことができる空間の形成が求められよう。宮崎自然博物館が目指した子どもたちの学びの場、そして地域住民にとってのふるさとの確認の場、ビジター

旧橋本邸

陶芸の館展示室

農民具資料館

旧波佐見町立中央小学校講堂兼公会堂
（国登録有形文化財）

西之原エリア（旧福幸製陶所建物群）
（国登録有形文化財）

鬼木棚田まつり（案山子コンテスト）

中尾上登窯跡（国史跡）

鬼木の棚田（棚田100選）

にとっては当該地域の文化・歴史・自然の情報を得る場となるのである。一般論的には観光客が先ず向かう場所は博物館が圧倒的に多い。博物館はビジターにとっての最大の情報伝達の場なのである。そしてこのような野外博物館はスカンセンが目指した、郷土の保存の実践であり、郷土博物館そのものである。野外は無限の展示空間を有し、そこでは当該地域の年中行事をはじめとし、野外でしかできない野外だからこそ可能な教育諸活動の実践が展開できるのである。

　旧橋本邸を核とする波佐見町フィールドミュージアムを成功させるのは言うまでもなく学芸員であり、職員である。それには地域住民を取り込むことが何よりも重要であろう。1951年の博物館法制定以来の我が国博物館の失敗は市民参加が無かったからと言っても過言ではない。友の会や波佐見史談会も博物館にとっての主戦力となろう。例えば九州地域で市民参加を推進し活気ある博物館を挙げるなら、中津市歴史民俗資料館や日田市立博物館が好事例である。これらのような参加型の博物館は地域の核としての位置づけが成される。そこには熱心な学芸員がいて、入館料は当然の如く無料であろう。

5．郷土博物館の現状と課題

　現在、日本の地域（郷土）博物館の多くが疲弊しきっていると言える。そして日本には博物館という多くの負の遺産が存在する。箱モノは作ったものの、その後は多くが先細りの結果となっているのである。同じ轍を踏まないためにも、これから建設される博物館においては、軽佻浮薄な箱モノを作ってはならないと考える。

　かつて開館に至るまでお手伝いをした廃校利用の資料館もその一例である。民具資料のクリーニング、調査、データ化、博物館展示構想、展示等すべてを大学院生が行った、我が国初の大学院生による手作り資料館である。博物館建設構想当時の村長は文化面にとても理解のある村長であったが、博物館職員の博物館学意識が希薄であり、博物館相当施設を目指す意義も理解されておらず、その結果、館長の専門分野に特化した子どもたちには興味のない展示になっているのが現状である。そして村長が変わり、現在は末期的な状況になっていると言っても過言ではない。村民の憩いの

場であるはずの資料館は誰も訪れない箱モノとなっているのである。
　登録博物館及び博物館相当施設を目指す意義は、言うまでもなく国に認められた博物館施設として、学芸員の意識の向上は勿論のこと、対外的な信頼性を得ることに繋がるのである。何よりも文部科学省をはじめとする各種助成金に応募する資格を得ることに直結し、学芸員の研究面においても大きく関与してくることは言うまでもない。これは大学組織でも言えることであるが、研究予算は外部資金を獲得しなければ得ることが出来ない時代である。勿論獲得せずとも公立博物館の運営はある程度は成り立っていくであろう。しかし、それ以上の教育活動、研究活動、資料の充実は図れない。一度外部資金を獲得すれば数年間は潤沢な資金による資質の高い博物館活動ができるのである。その後もその勢いは必ずや継続していくことは間違いない事実である。
　かつて宮崎自然博物館が登録博物館を目指し、小学校教員と宮司が学芸員の資格を取得し、郷土博物館づくりに邁進したその熱意を見習いたい。
　次に現代博物館界における課題のひとつでもある指定管理者制度の導入については、運営面等で民間の能力が期待される一方で、社会教育施設である博物館の継続かつ安定的な学習の提供等、長期的な博物館展望は、やはり教育委員会所管であることを徹底しなければ困難であろう。抑々博物館は社会教育法の精神に基づく利潤を追求しない社会教育機関であるはずである。博物館法第23条にも明記されているように、「公立博物館は、入館料その他博物館資料の利用に対する対価を徴収してはならない。」のである。入館料の徴収は、博物館利用者を減少させるだけでなく、生涯学習機関である博物館をも否定するものであろう。
　我が国を代表とする博物館学者であった加藤有次博士、そして我が国の博物館学を牽引する青木豊教授から「博物館は入館者数が問題ではなく、活動の質である。博物館の有料化が来館者の最大のバリアーである」という博物館学の最も基本的な理念を教えられてきた。一方でこの理論の反対論者も当然ながら存在する。その言い分は「入館者数は追求すべきであり、そこに質が伴うことは当然であり、その質に見合う対価が支払われるのは受益者負担の原則である」とのことである。しかし、質の良いサービスを提供する入館料無料の博物館や図書館はどうなのか。また、入館料を取る博物館にそれに見合う質が伴っているだろうか。入館料を取る博物館の学

芸員はそれに見合う質の高いサービスを提供し、質の高い研究をしているだろうか。入館料を取る行為は、生涯学習機関である博物館を否定することには間違いないであろう。同じく社会教育法を母法とする図書館法による公立図書館は入館料その他図書館資料の利用に対するいかなる対価をも徴収していなくとも、経営破綻で廃館となることはないであろうし、質の高いサービスを提供しているであろう。博物館の入館料は最大のバリアーに他ならないのである。さらには「博物館学研究者のなかには、博物館法第23条の文言に縛られ、無料であるべきだ。と唱えている者もいる。」と無料化を提唱する博物館学研究者を非難する者も存在する。抑々法律というものを如何様に考えているのかと思うばかりである。

　入館料が無料であることが、同時に博物館の質の低さを示すことになるという意見を耳にすることがある。有料であることこそが学芸員の意識が高まり、質の高いサービスに繋がるそうである。知る限りでは、無料館の学芸員の方が熱心であると認識している。例えば、英国では国民のあらゆる階層の人が博物館や美術館に無料でアクセスできることが、国民の福利厚生の向上につながるとして国立博物館を全面無料にし、ニュージーランドの博物館については、国民は税金によって博物館への支払いを済ませているから無料にすべきであるとまで論じられている。イタリアでも博物館の入場料を廃止した結果入場者が激増したとある。このように海外の多くの国立博物館は無料であり、無料こそが博物館のステータスになっていることを理解されたい。まして地域に根差す市民の為の郷土博物館が有料でいいはずがない。1951年に博物館法が制定された背景に博物館関係者がこぞって入館料を支持し、「儲かる施設」と認識されていた時代ではないはずである。市民のための博物館であれば僅かな入館料でも徴収してはならないのである。

6．おわりに

　野外博物館は当時にタイムスリップできる異次元の空間である。宮崎自然博物館の熱心な学芸員が推進した野外博物館構想を波佐見町で再現したいと考えている。共通することは学芸員と地域職員の郷土保存の意識の高さである。地域に密着した地域住民の為の郷土博物館として発展できる博

物館となることを願いたい。

＊註
1〜4　鶴田総一郎（1954）「新しい博物館5宮崎自然博物館」『社会教育』9-1、大蔵省印刷局

【参考文献】
落合知子（2012）「我が国最初の登録野外博物館－宮崎自然博物館の成立とその社会的背景」『國學院雑誌』第113巻第8号
中野雄二（2015）「波佐見焼の歴史」2015年12月1日長崎国際大学特別講義資料
山口浩一（2015）「波佐見町の町並み整備と教育活動」2015年11月18日長崎国際大学特別講義資料
瀧端真理子（2016）「日本の博物館はなぜ無料でないのか？」『追手門学院大学心理学部紀要』

韓国の国立こども博物館について

竹谷 俊夫

1．はじめに

　1つの博物館で、乳児から老年期までの幅広い年齢層に、等しく理解できる展示を実現することは甚だ困難である。それならば、どのようにすればよいのか。解決策の1つとして、「おとな」用の博物館とは別に、乳児から少年期までを対象とした「こども」用の博物館を設置することである。または、既存の博物館に、こども用の展示室やコーナーを設置し、こどもの興味を引き出す場を用意することである。

　本稿では、韓国の国立こども博物館2館を取り上げ、その展示内容を検討しながら、若干の考察を試みたいと思う。

2．国立民俗博物館―オリニ（こども）博物館―

　オリニ博物館は、2003年2月にオープンした。1階の常設展示室と2階の特別展示室からなり、専用ホールには受付とミュージアムショップ、図書コーナーがある。受付には、こども用リーフレットと学父母ガイド、ワークシート（幼児用・初等低学年用・初等高学年用）が備え付けられている。すべて無料である。

　以下、常設展示室を中心に見ることにしよう。

　どのような地域・国でも、人の住んでいるところには、昔話があり、その中には、先祖の生活・思想・知恵・勇気・考え・価値観などが織り込まれている。

　オリニ博物館の展示は、「沈清伝」（シムチョンジョン）という、韓国人にとっては、大変親しみのある昔話（古典）を通して、当時の生活文化に親近感をもって体験し、共感することができるよう配慮されている。沈清と一緒に、沈清が生きていた空間及び時間を追体験しながら、貧しい状況の中でも、心を倒すことなく、誠実に生きた沈清の一生を経験することができる。見て、聞い

て、触れて、感じる体験を通して、伝統文化を理解し、新しい想像力を育てる機会を提供する博物館と言える。

オリニ博物館の常設展示は、5つのエリアから成り立っている。

エリア1　沈清の生活

展示の冒頭に、①「鏡の中の沈清との出会い」というコーナーが設けられている。沈清伝に登場する3人の人物が語るフキダシを読んで、鏡の前に近づいて、沈清がどのような話をするのか、いっしょに耳を傾ける、いわゆる展示の導入部分である。

「沈清伝」の登場人物の展示

続いて②「沈清が暮らしていた家」が再現されている。沈清伝の舞台となった朝鮮後期の庶民の民家で、昔の先祖たちの衣食住を体験することができる。民家の妻側には、朝鮮の伝統文化を象徴する醤甕台が備えられ、実際に板の間・居間・台所などに上がって、当時、使われていた道具を見たり、触れたりすることができる。屋内には、次のような生活用品が展示されている。

〔展示品〕

綿繰り機（씨아/조면기）・糸操り車（물레）・アイロン（다리미）・こて（이두）・きぬた打ち（다듬이/방망이）・糸巻きと指ぬき（실패와 골무）・挽き臼（맷돌）・帽子（갓）・箕（키）・甕（독）など。

この民家展示では、目が見えなくなったお父さん、沈奉事（シムボンサ）に奉養を尽くし、貧しくとも、熱心に生きた沈清の姿を思い浮かべることができる。

〔学父母ガイド〕には、次のような質問項目がある。

・私たちの家と異なる点は何でしょうか？
・これ(展示品)は何でしょうか。どこで、どのように使われていたのでしょうか？

エリア1から2に移動するところに、③「供米三百石を知る」というテーマで、次のような展示品が置かれている。

〔展示品〕

木製の一升枡（말）・五合枡（되）・一号枡（홉）・物差し（자）・秤（저울）な

ど。
〔学父母ガイド〕
・昔、どのような単位で長さ・重さ(かさ)・量を計ったのでしょうか。今は、どのような単位を使う？
・家族の身長を計って見よう。朝鮮時代の単位（尺寸）では、身長はいくらでしょうか？
・米一俵は、私たちの体重の何倍でしょうか？

エリア２　供米三百石／印塘水(インダンス)に向かう

お父さんの目が見えるようにしたいがため、沈清は供米三百石で売られ、印塘水に向かうことになる。お父さんのために海に体を投げた沈清の気持ちを理解し、沈清が苦難を克服して行く過程を考えて見るエリアで、２つのコーナーからなる。

　①「私が沈奉事なら」というテーマで、沈清のお父さん、沈奉事になって視覚障害者の体験をすることができる真っ暗な空間（部屋）が設けられている。
　〔展示品〕
　紐付きひさご瓶（지승호리병）・藁(わら)ぞうり（짚신）・柳行李(やなぎごおり)弁当（버들고리 도시락）など。
　〔学父母ガイド〕
・どのようなものを触っているのか、話してみよう。どこで使われていたものでしょうか？
・毎日、このように何も見えない暗いところで暮らさなければならないとしたら、どうでしょうか？
・視覚障害をもった人々の生活について、話して見ましょう。

　③「印塘水へ向かう」というテーマでは、コの字形の通路空間が設けられている。こども達は逆境を通して、より成長して行く。このコーナーは、沈清がみずから困難を克服して行く過程を表現した空間である。お父さんを一人おいて出発する沈清の気持ちを感じることができるよう意図されている。
　〔学父母ガイド〕
・ひどい波が荒れ狂う海に飛び込む前、沈清の気持ちはどうだったでし

ょうか？
・沈清が出て行き、一人残った沈奉事の気持ちはどうだったでしょうか？

エリア３　海の中の龍宮

　印塘水に落ちた沈清は、深い海のなかで、神秘的な龍宮の世界を経験する。龍宮に到着する前に、昔の漁具などを調べ、幻想的な龍宮の様子を自由に想像してみる空間で、ボールプールと２つのコーナーからなる。
　①印塘水に身を投げた沈清が暮らすようになった海底の龍宮空間である。祖先たちが想像した神秘な海底の龍宮をインタラクティブな映像で体験をすることができる。
　〔学父母ガイド〕
　・龍王様が暮らす海底の龍宮は、どのような様子でしょうか？
　・沈清は龍宮で平安に生涯を暮らすことができたのに、なぜ人間世界に帰ろうとしたの？　あなたなら、どのようにしたのかしら？
　・龍宮や海底の世界が出てくる話は、他に何があるでしょうか。
　②蓮華再生と名づけられたコーナーがある。海底からコーヒーカップ遊具のような形をした蓮華に乗って、再びこの世に蘇った沈清は王妃となる。

エリア４　王妃となった沈清

　龍王様の助けで、蓮華を通して蘇った沈清は、王妃になる。このエリアは、王妃となった沈清の生活を体験することができる空間である。お父さんを探すため盲人の宴会を開くコーナーがあり、子供たちは、ゲーム感覚で、沈奉事を探す沈清を助けることができ、また、宮中や民家に流れていた伝統音楽を聞くこともできる。ここでは、宮中の生活を経験して、沈奉事は勿論のこと、すべての盲人の目が見えるようになることを願う暖かな心に出会うことができる。
　また、日月五峰図の前には、２つの御座が置いてあり、王と王妃の服を着て、着座して写真撮影することができる。
　〔展示品〕
　日月五峰図（일원오봉도）・牡丹屛風（모란병풍）
　〔学父母ガイド〕

・日月五峰図と牡丹屏風は、どのような意味を表しているでしょうか？
・王と王妃の服を着て、御座に座って見た気分はどうでしょうか？

エリア5　沈清劇場／オリニ（こども）工房
　沈清劇場では、沈清伝を、韓国の代表的な絵本作家であった故李友慶氏（1922～1998）の絵をもとに作られたアニメーションで鑑賞することができる。すべてを見終わった後には、オリニ工房で展示を見て感じた点を文字や絵で自由に表現することもできる。すでに掲示されている他の子供たちの作品を鑑賞することができる。また、ここでワークシートを完成させるのもよいだろう。
〔学父母ガイド〕沈清劇場
・沈清伝の中で、最も印象深かった場面はどこでしょうか？
・私が沈清ならば、どのようにしたのかなあ？
〔学父母ガイド〕オリニ工房
・沈清に手紙を書く。
・私が想像する海底の龍宮の様子は？

特別展示室
　筆者が見学した時には、『興味をそそる童話のなかの想像広場/話しの森の中で何が？』（『신나는 동화 속 상상놀이터 이야기 숲 속에서 무슨 일이』、2010.5.5～2011.9.30）という特別展が開催されていた。カラー刷の飛び出す絵本タイプと初等用のワークシート2種が用意され、前者は韓国語と英語の2ケ国語併記で印刷されていた。観覧は1日10回に限定され、1回の所要時間50分。団体見学はインターネットで予約することができる。もちろん、個人での見学も可能である。
　2012年9月4日に見学した時には、1階の常設展示は昔話「フンブの話（フンブとノルブ）」、2階は「いっしょに遊ぶって？―駒と盤、サイコロの世界―」が開催されていた。前者は禍福を主題とした兄弟話で、善良な行為をした弟のフンブは成功を収め、意地悪な行為をした兄のノルブは身を滅ぼすというコンテクストをもとにした展示であった。このような昔話は「蘇民将来」・「花咲爺さん」・「瘤とり爺さん」などの日本の昔話にも見られ、沈清伝と同じく、こどもの展示には恰好な素材と言えよう。

3．国立中央博物館―オリニ（こども）博物館―

　2005年10月に開館した。オリニ博物館は西館の1階にあり、展示の内容や展示台の高さなど、すべて子供（6～12歳）の目の高さに合わせて設計施工された考古学中心の展示体験施設である。博物館と言うよりは、「子供の遊び場」といった方がふさわしいかも知れない。館内に展示されているモノは、子供たちが直接、自分の手で触れることができるよう、実物ではなく、復元家屋や出土品のレプリカ・ジオラマ・パネルなどに限られる。結界やガラス越しの展示ではなく、ハンズ・オン（Hands-on）という手法を通して、五感を刺激し、知らず知らずのうちに歴史に興味をもち、真の学びへと導く工夫が随所に散りばめられている。広さ1,122㎡（330坪）の遊び場は、子供だけでなく、大人も童心に帰って楽しむことのできる空間である。

　開館日は毎週月曜日と1月1日を除く日、午前9時から午後6時まで。入館は無料であるが、受付で入館券の発給を受ける必要がある。インターネットによる事前申し込みも可能である。入館時間は原則として、午前9時・10時30分・12時・午後1時30分・3時・4時30分の1日6回で、1回あたりの入館者数はインターネット予約が100名、現場発券が200名までと制限されている。ただし、館内がすいていれば、時間に関係なく入館できる。展示空間は「原始・古代人の生活体験」を主題として、以下の4乃至5つのエリアに分かれている。

エリア1　暖かな家、暮らしの家（따뜻한 집, 삶의 보금자리）

昔の人たちが暮らしていた様々な住居文化を体験して理解する空間である。忠清南道扶餘郡の松菊里遺跡で発見された青銅器時代の大型の竪穴住居が復元されており、中に入ってみると、藁で作った寝床、農事や狩猟に使う道具類、囲炉裏、松菊里タイプの半月形石包丁、赤焼の軟質土器、炭化米、火起こし道具などが置いてあり、当時の人たちの生活の様子がよく分かる。また、ピョンヤンで出土した家形土

松菊里遺跡竪穴住居

器を参考に、高句麗の５世紀代の土蔵家屋も復元されており、室内にはオンドルと竈があり、台所用品・家具などが置かれている。その他、建物の屋根瓦の葺き方、柱の組み上げ方も模型を使って体験できる。

エリア２　米とごはん、農作業の道具（쌀과밥，농사짓는 도구들）

　土器の作り方や農機具の発達を理解し、生活様式の変化を学習する空間である。古代と現代の台所が復元してあり、子供たちは台所に立って、食事の支度を疑似体験することができる。

　伝大田出土の異形青銅器には、女性が収穫した穀物を格子目文の刻まれた土器に入れている様子、畑で鋤や鍬を使う農夫、反対の面にはＹ字形の木の枝に向かい合うように２匹の鳥が止まっている。これらは青銅器時代の稲作の場面と三国志の魏書韓伝に見える蘇塗を表現したものである。蘇塗とは秋の収穫祭に行われる祖霊信仰のことである。

　また、鎌や斧などの様々な農具が展示されてあり、鋤を実際に使ったり、土器の破片をつなぎ合わせて復元する体験コーナーもある。復元された土器窯の中には、軟質土器や陶質土器・青磁・白磁などが並べられ、土器の焼成や窯詰の方法について説明されている。

　韓国南東部の蔚山広域市にある盤亀台（国宝第285号）の岩窟線刻画パネルも展示されており、青銅器時代の動物や魚の射止め方、精神文化の一端を垣間見ることができる。

エリア３　色とりどりの美しい民俗服（알록달록，고운 우리옷）

　時代ごとの様々な装身具・金冠・服飾などに触れて、昔の人たちの衣生活を体験することができる空間である。先史時代から朝鮮時代までの服飾の変遷を知ることができ、慶州の新羅古墳から出土した出字形金冠を被って、王様や王妃になった気分で、写真を撮ることも楽しい体験である。

エリア４　武器と武士たち（무기와 무사들）

　戦争という危機的状況を克服するための知恵を学び、また不幸な戦争が社会に与えた文化的な影響を学ぶ空間である。このエリアには、入口の左右にソウルの夢村土城で発見された木柵が復元されており、少なくとも４世紀代には防御集落が存在していたことを知ることができる。

また、古代の戦争に関連する各種の武器・武具を通して、平和を維持するためには不断の努力が必要であることを知る。残された遺物を通して戦争の不条理を明らかにし、今日生きる我々に戦争の回避の方法を悟るよう誘導する。

甲冑を身に付けたり、パネルに描かれた馬に馬具を付けたり、ブロックを積んで城門を築くこともできる。

エリア5　こころと魂のさけび（마음과 영혼 소리）

音楽を通して、韓国文化を学ぶことができる。楽器の音色を聞き取り、踊りと遊びを経験しながら、民俗楽器の長い歴史とその優秀性を体験する空間である。等身大の土偶が楽器を奏でる姿は大変ユーモラスである。

高句麗壁画古墳には、玄琴（현금）・鼓（장구）・掛け緒のついた太鼓（손북）・台付太鼓（말북）・でんでん太鼓（흔들북）を演奏する人物が描かれ、また百済の最後の都であった扶余の陵山寺址から出土した金銅大香炉にも、手持ち琴・簫・月琴・竪笛・太鼓を演奏する5人の仙人が表現されている。壁画や香炉などをつぶさに観察しながら、古代に使われていた楽器の種類やその形・機能などを知ることができる。また、世界の仮面も展示されている。

4．若干の考察

「沈清伝」は、朝鮮時代のハングル小説で、作者は不詳であるが、韓国人にとっては、「春香伝」と並ぶ二大古典である。おそらく幼稚園に入る頃までには、母親から読み聞かされた親しみのある昔話の1つであろう。オリニ博物館の常設展示ストーリーが、この「沈清伝」をベースとしたことが成功の鍵であったと評価したい。

ここで、沈清伝の構造を簡単に見ると、興味深い事実が浮かび上がって来る。まず、地上と海底に別々の世界があり、海底は龍王の住む世界だったという点である。これと関連してすぐに思い出すのは、我が「浦島伝説」である。浦島伝説では、地上と龍宮城を結ぶ交通手段はウミガメであったが、沈清伝では、それが蓮華に置きかえられている。これは後代に、死後3年目にして極楽浄土の仏菩薩と同一の蓮華台上に往生するという一

蓮托生の考え方が取り入れられたことによるものであろう。しかし、元来は道教的な考えが底流にあったことは間違いない。

　沈清の父、沈奉事の眼病を治すために、僧侶から仏様に米三百石をお供えするように勧められたことも仏教的要素とみてよい。身を捨ててまで、父の眼病を治そうとした沈清の行為は、結果として、龍宮城のお姫様として迎えられ、地上に帰ってからも、王妃となり、更に沈奉事の眼病が完治するというのは、仏教でいうところの因果応報にあたる。

　ただし、沈清伝がもてはやされた朝鮮時代には、仏教が軽んじられ、儒教思想が半島を席巻し、平地の寺院は山中に追いやられ、もしくは廃絶した時代であったことも考慮に入れておく必要がある。仏教的要素をことさら強調する必要がないかも知れない。それよりも、むしろ沈清の沈奉事に対する親孝行、長幼の序など、儒教の考えがより重視されていた可能性を指摘しておかねばならない。

　沈清伝をベースとした常設展示の仕掛けは、韓国のこども達にとって、遊び感覚で、楽しく伝統文化や沈清伝をより深く理解す上で大きな助けになるものと思われ、また道徳教育としても充分に期待できる。同時に、博物館に対する理解も深まり、教育的効果も大きいと考える。

　中央博物館のオリニ博物館の展示品は、復元家屋や出土品のレプリカ・ジオラマ・写真パネルなどで構成されている。オリジナル作品を展示しないのは、こどもたちがモノに直に触れ、服を着たり、冠を被ったり、楽器を奏でたり、農具を使ったりする体験を何よりも重視し、興味をもたせる動機づけを第一に意図したからだと思われる。オリジナル展示ではハンズ・オンが難しいからである。こどもたちが歴史やモノについて興味をもち、より詳しく知りたくなれば、隣接する図書室に行き書物を紐解き、オリジナル作品を見たくなれば、東館に展示されているホンモノを見に行くことができる。言わば、西館と東館は、そういった展示の棲み分けの関係にあるとも言える。

　国立民俗博物館のオリニ博物館では、常設展示ストーリーに韓国二大古典の1つ「沈清伝」をベースとし、そのコンテクストに沿って展示が展開されていた。こどもたちは母親から読み聞かされたり、絵本で読んだ懐かしい昔話を思い出しながら展示の中に入り込み、展示を楽しむことができた。それに対し、国立中央博物館のオリニ博物館は、考古学中心の「原始

・古代人の生活体験」という大きなテーマの下に、4乃至5のエリアを設定し、総花的な展示となっている。従って、エリア・コーナーを通しての全体的な統一性がなく、民俗博物館と比較すると、明確なストーリー性に欠ける面があるのは致し方のないところであろうか。

　1日6回、1回当たり300人までの入場制限がある。展示場の広さと体験する機会などを考えてのことであろう。300人を超すと、こども同士の接触や事故・緊急避難時などに支障をきたすためである。妥当な措置である。

　展示とは別に、体験教室では、豊富な教育プログラムが用意されており、学芸員が活発に子供たちに接し、積極的に教育活動を行っている。また、映像展示室があり、視覚を通しての教育も、その効果が大きいと思われる。

　最後に、国立民俗博物館にしても国立中央博物館にしても、こどもたちに自国の文化を伝えて行く努力に、多くの時間と労力、費用がかけられていることが窺がわれる。見習うべき点である。

【参考文献】
竹谷俊夫（2012）「韓国のこども博物館①―国立民俗博物館―」『大阪大谷大学博物館学芸員課程年報』VOL.12、37〜47頁
韓国国立民俗博物館／オリニ博物館ホームページ
　(http://www.kidsnfm.go.kr/nfmkid/viewPage.do?screenId=SCREEN_ID_ENG_MAIN)
同館各種リーフレット
竹谷俊夫（2013）「韓国のこども博物館②―国立中央博物館―」『大阪大谷大学博物館学芸員課程年報』VOL.13、57〜65頁
韓国国立中央博物館/オリニ博物館ホームページ
　(http://www.museum.go.kr/site/child/home)
同館各種リーフレット
韓国国立中央博物館編（2011）『어린이박물관』国立中央博物館

「市民とつくる資料館」

笠井 敏光

1．はじめに

　大東市立歴史民俗資料館（以下、資料館）は、昭和62年（1987）に市制30周年を記念して開館した。施設は、大東市立総合文化センターとして、文化ホール（サーティホール）・図書館・公民館との複合施設である。1階にスペースをもつ資料館は、常設展示室、収蔵庫、事務室および一般にも貸し出しされる展示室で構成され、年に1回程度の企画展が開催されてきた。

　平成20年（2008）からは、施設すべてを指定管理者制度によって、民間に委ねることになり、図書館は丸善株式会社、その他は株式会社アステムが請け負うことになった。

　平成24年（2012）には、資料館のみが新しく造られた大東市立歴史とスポーツふれあいセンターに移設された。この施設は大東市野崎に所在する旧四条小学校を全面的にリニューアルさせ、郷土の歴史・文化遺産に対する理解促進を含めた市民の文化的環境の向上と、体育館およびグラウンドの活用による市民のスポーツ環境の向上を目的とし、資料館・図書館・体育館・グラウンドを有する複合施設としてオープンした。

　筆者は、指定管理者として施設を管理した経験から資料館を運営する考え方やその方策、市民とつくる資料館をめざすための「市民学芸員」の立ち上げとその実績について述べてみたい。

2．指定管理者として

　指定管理者として施設を管理・運営するにあたり、以下の点を課題とした。
　まず、市民に、その成果が還元される仕組みでなければならないという点である。市民が主体的に、文化の価値を見出す学習をおこない、新しい価値を発見し、さらに行動して市民に還元することが新しい文化創造となり、それをさらに上昇させる文化循環の構築が住みよいまちづくりにつな

がると考える。このように考えると、文化的なすべての成果は、市民に戻され還元される仕組みでなければならない。
　次に、行政・指定管理者・市民の三者協働体制が重要であることをあげることができる。
　指定管理者制度といえば、一般的には、行政と指定管理者の二者を考えがちであるが、市民も含めた三者がいずれも依存しなく、それぞれの役割を果たす協働体制をつくることが大切である。これまでは、文化活動の範囲を広く捉え、市民のあらゆる活動を包括するものとし、自立した市民が自ら主体となって進め、行政はそのための支援をするものと整理されてきた。これをさらに進めるものである。
　そして、それらの実効性・継続性は、協力して作り上げていく中で育まれるということである。指定管理者がどれだけ実効でき、継続できるかは行政側にとって不安材料である。大切なことは、管理者にすべてをまかせてしまうことではなく、行政と管理者が日常から意思疎通を密にし、対等な関係を保持しながら市民によりよいサービスを提供するためにはどのようにすればよいかを議論し、問題を解決し、さらなる展望を切り開いていくことである。持続可能な制度の運用は、指定によって始まるのではなく、両者が協力して作り上げていかなければならない。
　また、地域の課題・特性に対応し、市民を巻き込んでいるかという点も必要である。地域の課題や特性に対応しているか、という地域性が問われる。全国的に均一的な管理・運営で対応できる施設もあるだろうが、それでは個性のない施設運営になってしまう。その地域の総合計画・行政ビジョン・市民ニーズなどを理解し、市民を巻き込んだものになっているかが問題である。形だけの市民協働ではなく、真の意味での市民協働が求められている。
　さらに、人材育成と専門性の確保、マネジメントという考え方があるかも問われる。管理団体の中軸になるのは、人材である。特に、博物館・図書館など専門性の高い施設をはじめとして、その質の高さが求められている。これまでの管理主体のスタッフから積極的な運営ができる人材の育成が必要で、指定管理者候補団体内や大学での養成が課題であろう。公務員でなければできないサービスは限られている。広く外部に人材を求める意味からもこの制度は重要である。

これまでは、明確なミッション（使命）のない「ハコモノ行政」ではなかったか。文化施設は、全国的な流行の中で、首長のモニュメント（記念碑）として建てられたものが多い。そこには十分な目的意識がなく、建物の完成のみが目的とされてきたことから「ハコモノ行政」と批判され、その管理に終始してきた。だれのために、何をするために、という明確なミッション（使命）のないままに運営されてきた。どのような価値観に基づき、これからどのような方向に向かおうとするのかという方向性が見えないのである。

　今後は、ハード・ソフト・ヒューマンを含めた総合的な文化政策が必要である。行政全体の中で、文化をどのように振興させ、向上させるのか。また、数多く設置した施設の機能をどのように活用させ、行政の文化化を進めるのか、といった文化政策が欠如している。ハード（施設）整備だけでなく、ソフト（事業）の実施やヒューマン（人材）の育成を含めた総合的な政策が必要である。全体が明らかでない以上、個々の施設の目的が明確でないのは当然の結果であった。

　以上から、指定管理における基本的なコンセプトを次のとおりとした。①市民主体の施設管理を行い、多様化する住民ニーズに応える。②自治体のパートナーとして、意思疎通を密に協働体制を整える。③経費の削減を図るとともに、質の高い住民サービスを提供する。④地域の課題や特性に対応し、地域に根ざした市民活動を支援する。⑤実効性と専門性を確保するために、安定した人材を配置する。

3．資料館の方策

　資料館の基本コンセプトは、「市民とつくる資料館」とする。これは、「博物館世代論」の第一世代（宝物中心型）、第二世代（展示中心型）に対して、第三世代（市民参画型）に位置付けることができる。本来は、「市民がつくる」とし、市民主体としたいところであるが、「市民と協働」する意味を考え、このようにした。

　まず、展示の企画・調査・作業・展示・解説を「市民学芸員」と行うこととした。市民から公募した「市民学芸員」を養成し、プロパーの学芸員と協働する。一般の「ボランティアガイド」とは区別し、市民がスタッフ

として参画することを重視した。

　次に、「地域の宝物（地域遺産）」を発掘し、その価値を学習し、その成果を展示で表し、来館者に解説を行う。「市民」とともに注目しているのが、「地域」である。地域にある宝物（遺産）を「世界遺産」に対して「地域遺産」と位置付け、その発掘、学習を通して、市民が地域に学ぶ機会をつくり、その成果をアウトプットする「展示・解説」の場を設ける。

　そして、日常的に、市内の歴史文化遺産の基礎データを蓄積し、計画的な調査研究を行うことによって、資料の価値を明らかにする。これは、資料館の展示を行うにあたっても、日常の調査研究が基本になることは間違いない。市内の寺院・神社・石造物・民間信仰・建造物・古文書・城郭・遺跡・民俗資料などに常に眼を光らせ、いつでも対応できるような体制を整える。

　また、考古学・文献史学・民俗学・美術史学・博物館学等の学芸員を配置するとともに、外部の学識者とともに総合調査を行う。行政では、なかなか揃わない各分野の学芸員を5名揃え、基礎調査を日常的に行うとともに、市民からの質問や問い合わせなどにも対応できるようにしている。また、寺院などの総合調査には、外部の学識者とともに参加する。

　さらに、文化遺産・図書館・学校・地域・団体等との連携を図る。資料館を軸に、これらの施設との連携を図り、ネットワークを構成する。また、周辺の地域・企業・寺社・商店・駅・大学等と協力して地域の振興を図り、まちづくりや観光の拠点となる。

4．これまでの歩み

　昭和62年（1987）に資料館がオープンし、約20年間直営で運営されてきた。平成20年（2008）指定管理者制度に移行し、民間の管理運営者となる。まず、はじめの一歩として、親しみやすい場をつくること、いつも市民のそばにある資料館を目的に、展示替えをはじめとするリニューアルオープンをおこなった。これまでの常設展示を撤去し、あらたにストーリー性をもたせた時代区分で展示を再構成した。海と湖の時代・堂山古墳群とその周辺・勿入渕と広見池・飯盛城と三箇キリシタン・庶民の生活と文化などである。あわせて、講演会や見学会、お話し会、体験教室などの事業を行

う。

　平成20年度には、「市民学芸員講座」実施に向けて、まずは、「博物館学芸員」とは何かから始めてみる。学芸員に興味をもってもらうため、「学芸員のお仕事講座」を実施した。講座を通じて、学芸員の仕事や役割、資料の扱い方、文化財の概念、地域資料館の役割などを3回で学ぶ。

　平成21年度には、「市民学芸員講座」を開催した。目的は、市民学芸員としての基礎知識を身につけることにある。月1回×12回、講義・実習で3時間。10回以上の出席で市民学芸員認定、修了証を発行した。講座の内容は、考古学・文献史・民俗学・見学会・巻物の扱い方・民具の実測・地域遺産などである。講座を修了した26名に修了証を授受した。あわせて、平成21年度特別展示「野崎まいりとお染・久松」の「見守り隊」も委嘱した。

　平成22年度には、市民学芸員活動が始まった。まず、「市民とつくる特別展＝神社探訪・絵馬案内」に向けスタートした。館が行う展示を調査段階から関わる→調査から展示のプロセスがわかる→展示の趣旨や意図を理解→来館者への解説がスムーズ→歴史・文化を伝える手段として確立する。神社・絵馬を対象にした理由には、身近にあるが、あまり知られていないことから、神社を知る、奉納されたものを調べる、地域の方にお話をうかがう、モノ・人とふれあいながら地域遺産の価値を見出すこととした。具体的には、灯篭・狛犬・手水鉢などの年代、記銘内容、形などを記録する。また、絵馬の現状調査・絵馬の搬出・クリーニング・各絵馬を調査・解説文作成・展示をおこなう。各自、好きな絵馬を選び、その解説文を作成し、展示キャプション・図録にも掲載する。さらに、「市民学芸員レポート」を創刊し、市民学芸員を知ってもらいたい・もっと解説したい・苦労話を聞いてほしい・活動秘話など市民学芸員の思いを伝える。

　平成23年度には、さらに一歩進めて、企画展「大東の風景」の中で「私のモノ語り」に出品・展示した。市民学芸員が、各自思い出深いモノを展示し、それぞれの思いを語る。大東市制55周年にあわせ、年表風に展示し、中学生が撮影した「大東百景」映像も放映、マンガ・おもちゃ・菓子も展示した。市民による写真・絵画の「のこしたい大東の風景」を公募し、多くの作品が寄せられた。ウオーキングラリーでは、市民学芸員が案内する。

また、同年度には、資料館移転リニューアルに合わせスキルアップも図った。半年間の閉館期間に、市民活動が活発な他施設を訪問し、活動の参考にした。日本民家集落博物館・大阪市立住まいのミュージアム・堺市立博物館・大阪市立東洋陶磁美術館・今城塚古代歴史館において、市民スタッフより解説を聞き、その後、意見交換会を開催した。このことによって各自の意識が高まった。
　さらに、3つのグループに分かれて学習会を開催するとともに、リニューアルに向けて、打ち合わせもおこなった。3つのグループは、①常設展・ハンズオン解説グループ、②特別展「堂山古墳群のひみつ」解説グループ、③堂山古墳群史跡広場現地案内グループである。
　平成24年度には、資料館をリニューアルオープンした。常設展示は、「常設展示　大東市と水とのかかわり」、特別展示は、「堂山古墳群のひみつ」、そして近隣の施設である「堂山古墳群史跡広場」もオープンした。また、企画から展示、普及まで市民学芸員が手がける「市民学芸員展：こんな大東みーつけた」を開催した。展示内容は、民具紹介・市民学芸員の歩み・堂山の古墳解説映像・ジオラマでみる昭和30年代の住道駅前・古堤街道をあるいてである。あわせて、「市民学芸員連絡会」も発足した。
　平成25年度には、市民学芸員とともに、市内のだんじり調査をおこない、その成果をもとに「企画展　大東のだんじり」を開催した。地域への聞き取り調査、映像作成、展示などに市民学芸員が参画した。また、「第2回市民学芸員展」を開催し、市内の石造物や民話、社寺、樹木を取り上げて展示した。このほか、新しい市民学芸員の養成のための講座も開催した。

5．今後にむけて

　以上、指定管理者としての考え方に基づき、資料館の方策を具体的に述べ、これまでの歩みを振り返った。
　ここでは、今後にむけての課題を整理しておきたい。
　まず、これからの継続性についての課題をあげることができる。平成22年度生を一期生とすると、26年度生が二期生となる。現在、平成26年において、実際に活動しているのは約20名である。今後、養成講座を継続した場合、毎年「市民学芸員」が増えていくことになる。「市民学芸員」をた

くさんつくることが目的ではなく、また単なるボランティア育成ではない、より質の高いスタッフを育成していくことが求められている。そのためには、養成講座の実施だけではなく、「市民学芸員」となってからの活動に工夫が必要であろう。

　次に自立性がある。資料館の求めに応じて、ガイドや展示作業の補助をするだけでなく、市民が自立的に企画、計画、実行することに意義がある。館に依存して、自主性を失った活動ではなく、館と対等の関係を保持した自立性が不可欠である。そのためには、「市民学芸員」としての組織をつくり、規則や内容について自ら意思決定することが大切である。自分たちで、研修をおこない、見学にでかけ、展示を実施し、その存在を出力することが生涯学習につながり、意味をもつ。

　そして、資料館館内における活動だけでなく、「まちづくり」にも広げるにはどのようにすればよいのか。つまり、資料館を展示施設として位置付けるのではなく、「まちづくりの拠点」として設定し、そこでどのように活動するのかが問われている。市町村立の小さな資料館が今後、社会的なニーズに応じて、その存在を確保するためには、歴史や民俗、動物や植物などという専門性だけでなく、いかにその地域に必要なのか、市民とどのように活動しているのかという、「まちづくり」の視点が欠かせないだろう。

中村浩先生と大阪大谷大学博物館

池田　千尋

1．はじめに

　中村浩先生は1978年から2012年までの34年間、大阪大谷大学（旧大谷女子大学）に勤務されました。私は1999年4月から先生が退職された2012年3月末までの13年間、先生の助手として勤めさせていただきました。大学内で一番長く先生のお世話になったというご縁もあり、僭越ながら大学内における先生のご業績の一端として大阪大谷大学博物館を紹介させていただきます。

2．博物館について

　中村先生が34年間勤務された大阪大谷大学には、博物館があります。前身は大谷女子大学資料館で、教育および学術研究並びに地域文化の発展に寄与することを目的に1978年に設立され、1983年に博物館相当施設の認定を受けました。設立以来、春と秋に特別展を開催し、無料で一般公開を行っています。1999年には、大谷学園創立90周年を記念して建物を増築し、大谷女子大学博物館としてリニューアルオープンしました。その後、大学が共学化したことにより2006年に大阪大谷大学博物館と名称を変更して現在に至ります。

　博物館の主な蒐集品は、中国鏡・隋唐の俑・和鏡・古鏡をはじめとして、琉球関係の織布、世界各地の民族衣裳など、地域と時代を越えた特色あるコレクションを収蔵しています。

　中村先生は、その設立に大きく寄与されました。昨今は、博物館施設を有する大学が増え、各大学の顔となりつつありますが、大阪大谷大学は関西でも早い段階で大学博物館を立ち上げました。それは、先生の先見の明と行動力、実行力の賜物だと言っても過言ではないでしょう。

大阪大谷大学では、1973年に博物館学芸員課程が設置されました。当時は、大阪市立博物館、天理参考館、大阪府立泉北考古資料館、観心寺などに依頼して館務実習の受け入れをお願いしていましたが、学芸員課程履修生の増加に伴い、学内で博物館実習を行うために大谷女子大学資料館が設立されました。

　1978年11月に完成した大谷女子大学資料館は、12月に開館記念特別展「くらしと道具」を開催。あわせて「資料館だより」第1号を発行し、同年夏に実施した四天王寺境内の発掘調査報告を「大谷女子大学資料館調査報告書」第1冊として刊行しました。1982年には増築工事を行い、1983年4月に博物館相当施設の認定を受けました。その後、資料館の北側に4階建ての建物を増築し、1999年10月に大谷女子大学博物館が開館しました。開館記念として「東アジアの造形partⅠ」展を開催しました。旧資料館の開館記念展示が民俗資料を中心とした「くらしと道具」展であったことを考えると、21年の間に収蔵品の幅が広がったことがうかがえます。この新しい建物は、展示室や収蔵庫などの博物館機能のほかに、教室や研究室を備えた施設で、ここを拠点に2000年4月に文化財学科（現：歴史文化学科）がスタートしました。

　先生は、長年、教養科の教員であったことから、ゼミを持たずに教育活動を行ってこられました。考古学や歴史学を専門に学ぶ学生のいない状況の中でも考古学研究会というクラブ活動を中心に考古学に興味のある学生を指導し、発掘調査を続けられました。2000年に文化財学科が立ち上がったことは、先生の長年にわたる教育活動が結実したものであり、先生の悲願であったことと思われます。

3．博物館の活動

　中村先生は、大阪大谷大学博物館の設立から退職されるまで、ほぼ一人で博物館活動を支えてこられました。日々の講義とご自身の研究の合間に、年2回の特別展の実施、年1冊のペースで刊行される調査報告書、博物館（資料館）だよりの発行、長期休暇に行われる発掘調査とその整理作業など、残された成果を見ても先生が休むことなく活動を続けてこられたことは想像するまでもありません。特別展開催にともなって実施される講演会

に講師として招待された方々の多さと幅広さを見ると、対外的にも積極的なかかわりを築いてこられたことがわかります。

　参考までに1978年から2012年3月までの特別展一覧と報告書一覧を掲載しました。★印を入れたものが中村先生が担当された特別展および調査報告書です。
　先生が礎を作った博物館活動は現在も継承され、年2回の特別展、それに伴う講演会、調査報告書や博物館だよりの発行などは、ほぼそのままの形でつづけられ現在に至っています。3年ほど前から、関西大学が中心になって関西地域の大学博物館が連携して活動を行っています。大阪大谷大学博物館もこの活動に参加し、2016年夏には各大学からの出展品を一堂に展示する「大学の扉を開く」展の会場として各大学の博物館担当者に本学博物館の存在を知っていただく機会を得ました。

4．中村先生との思い出

　私が先生を初めて「知る」のは、大谷女子大学の国文学科に入学して、教養科目の考古学を履修したときです。「大きな先生だな」というのが第一印象でした。もちろん体格が、です。当時は、それが「深く長い」ご縁の始まりだとは思いもしませんでした。実際の先生との「出会い」は、3回生の夏季休暇中に実施された博物館実習の発掘現場でした。発掘調査に漠然とした憧れを持っていた私は3日間の実習期間が終わっても現場に居残りました。夏季休暇が終わり、発掘のことなど忘れていた私に、同級生から「中村先生が（私を）探している」と言われ、先生の活動拠点であった資料館に出むきました。そこで先生から、発掘調査は発掘だけでなく遺物整理を経て報告書を出すまでがセットであることを教えられ、講義の合間に遺物整理を手伝うことになりました。
　皆目わからない作業の数々……。不器用な私にできることは少なく、どうしたものかと思いながらも、なぜか楽しくて資料館に通ったことが懐かしく思い出されます。そんな私を先生は温かく見守ってくださったのか、見捨てられることもなく、発掘現場のお供をしたり、資料館で先生の作業のお手伝いをしたりすることもありました。その後、先生の推薦を得て、

大谷学園の正職員として採用され、博物館担当者として現在に至ります。
　大学に就職した1999年秋に増築部分が完成し、現在の大阪大谷大学博物館が開館したため、初めての事務仕事に悪戦苦闘する一方、引っ越し準備や開館準備などもあり、慌ただしく日が過ぎていきました。毎日、疲れ果てていましたが、あれは中村先生のパワーを全身で受け止めていたからでしょうか。あのパワーがなければ、これだけの施設を単独で作り上げ、けん引していくことはできなかったのだろうと思います。時は流れて、先生が作りあげてきた博物館の経緯は歴史となりつつありますが、年2回の展覧会やそれに伴う講演会の実施など、先生が作った当初の形は今後も続いていくでしょう。先生が退職された後、年2回の特別展のうち、秋季展の企画については輪番制で各学科にお願いしています。おかげで博物館が特別展の対象とする分野が広がり、学内でも理解を得られるようになってきましたが、これは資料館設立時に中村先生が取り組まれた原点に立ち返った活動です。
　私は、自分の人生の半分近くを中村先生のもとで過ごしていますが、ご縁というのは不思議なものだと思います。大きな先生だなと思ったあの日から、その大きな身体の周りでちょこまか動き回る生活が始まるとは思いもしませんでした。中村先生だけでなく、文化財学科立ち上げの際に、中村先生の呼びかけに応じて集まってくださった先生方にもお世話になり、専門外や博物館業務に関することをたくさん教えていただきました。おかげで、四苦八苦しながらも博物館担当者として様々な経験を積むことができています。中村先生の存在なくして今の私はありません。中村先生に感謝しつつ、先生の今後のご活躍とご健康をお祈りいたします。

中村浩先生と大阪大谷大学博物館（池田千尋）

大阪大谷大学博物館(旧大谷女子大学資料館)展覧会一覧

年度			テーマ
1978年(昭53年)	秋季	★	くらしと道具―館蔵品のうちから―
1979年(昭54年)	春季	★	くらしと教育
	秋季		くらしと器
1980年(昭55年)	春季	★	くらしと経済
	秋季	★	住吉のまつり
1981年(昭56年)	春季	★	中米の土器とくらし
	秋季		ゴードン・グレイグとそのコレクション
1982年(昭57年)	春季		くらしの用と美―木綿の型染―
	秋季		(改築工事のため開催せず)
1983年(昭58年)	春季	★	南河内の考古遺物―石と鉄と土の造形―
	秋季	★	日本陶磁の源流を探る―初期須恵器―
1984年(昭59年)	春季		発掘された中世都市『堺』
	秋季		近世文芸へのいざない―西鶴・芭蕉・成章―
1985年(昭60年)	春季		民衆信仰の原点―四天王寺―
	秋季	★	河内の歴史と文化―歴史・人物・風土―
1986年(昭61年)	春季	★	古代の復元―河内長野の遺跡と遺物―
	秋季		乱世と太平の文芸―能・連歌・俳諧―
1987年(昭62年)	春季		衣の文化―その伝統とみやび―
	秋季		与謝野晶子と石上露子―歌と書簡―
1988年(昭63年)	春季	★	南大阪の考古遺物―泉州地域を中心として―
	秋季		粋・狂・雅―近世文芸の世界―
1989年(平元年)	春季	★	くらしの意匠・文様
	秋季	★	埴輪と土器で探る―古墳の風景―
1990年(平2年)	春季		奈良絵本の世界―大谷女子大学図書館収蔵品より―
	秋季		根来寺と堺―中世の寺院と都市のくらし―
1991年(平3年)	春季	★	土器の用と美
	秋季		草莽の医学―八尾田中家弥生園文庫―
1992年(平4年)	春季		伝統染・織物の世界―その美と心―
	秋季	★	シルクロードの文物―大谷探検隊将来品と周辺の考古遺物―
1993年(平5年)	春季		柄鏡―文様の様々
	秋季		江戸期町人の商いと学び―明誠舎と丹波屋と―
1994年(平6年)	春季	★	中国鏡の歴史と文様
	秋季		在村の医学―河内の医家と華岡青洲と―
1995年(平7年)	春季	★	よそおいと暮らし
	秋季		「御陵」のある村―雄略天皇陵の修陵と南島泉村―
1996年(平8年)	春季	★	中国・日本のやきもの―その美しさの背景―
	秋季		庄屋―生活と文化
1997年(平9年)	春季	★	琉球の歴史と文化
	秋季		中国鏡―戦国時代から後漢・六朝時代―
1998年(平10年)	春季		中国鏡の世界―唐から宋代を中心に―
	秋季		よそおいとその脇役たち―花鳥風月の表現―
1999年(平11年)	春季		(改築工事のため開催せず)
	秋季	★	東アジアの造形 PART1
2000年(平12年)	春季	★	東アジアの造形 PART2―卑弥呼から倭の五王の時代と文物―
	秋季	★	北の土器・蝦夷の文化―岩手県水沢市との交換展示―
2001年(平13年)	春季	★	人の語らい・馬のいななき―古代中国の俑を中心として―
	秋季		中世人の精神世界
2002年(平14年)	春季	★	柄鏡の背―様々な文様の表現―
	秋季		吉永邦治・仏の世界
	秋季	★	文化財科学の今―産地・年代・分析・保存―

年	季		展示名
2003年(平15年)	春季	★	唐の文物 －鏡・やきもの・金工品－
	秋季		高貴寺展
2004年(平16年)	春季	★	漢代の文物
	秋季		考古学の語る「中世墓地物語」
2005年(平17年)	春季	★	装いの脇役たち －収蔵品より－
	秋季		埴輪の世界
2006年(平18年)	春季	★	焼き物のかたち －中国・朝鮮・日本－
	秋季		南大阪の仏像－近年発見の小仏を中心に－
2007年(平19年)	春季	★	動物表現さまざま－収蔵品から－
	秋季		民族衣裳の美－大阪大谷大学短期大学部所蔵資料より－
2008年(平20年)	春季		江戸の絵入り本－大阪大谷大学図書館所蔵品より－
	秋季		墨が拓(ひら)く歴史 －濱田謙次氏 手拓資料展－
	秋季		西都原古墳群の埴輪－宮崎県西都原169号墳・170号墳の調査成果から－
2009年(平21年)	春季	★	唐代の美と形
	秋季		墨が拓(ひら)く歴史 －濱田謙次氏 手拓資料展－
2010年(平22年)	春季		吉永邦治展 －飛天・シルクロードの旅－
	秋季		いのちをめぐる物語
2011年(平23年)	春季	★	祈願(いのり)のかたち －写経と経塚－
	秋季	★	世界の土器つくり
2012年(平24年)	春季	★	和鏡さまざま－その形と文様－
	秋季		子どもの風景－教科書でたどる「学び」と「遊び」の今むかし－

調査報告書一覧

		書　名	発行年
大谷女子大学資料館報告書			
第1冊	★	四天王寺-聖徳太子奥殿建設に伴う発掘調査報告書－	1979.3
第2冊	★	中野I－富田林市若松町所在遺跡の発掘調査－	1979.1
第3冊		幽蘭堂年譜(1)－播州龍野藩儒の日記－	1980.3
第4冊		幽蘭堂年譜(2)－播州龍野藩儒の日記－	1981.3
第5冊	★	龍泉寺－坊院跡および瓦窯跡群の発掘調査報告書－	1981.3
第6冊		幽蘭堂年譜(3)－播州龍野藩儒の日記－	1982.3
第7冊	★	龍泉寺II－坊院跡および修法堂跡の発掘調査－	1982.3
第8冊	★	四天王寺－西門とその周辺－	1982.11
第9冊		幽蘭堂年譜(4)－播州龍野藩儒の日記－	1983.3
第10冊	★	札馬－兵庫県加古川市志方町所在 窯跡群発掘調査報告書－	1983.6
第11冊		観心寺要録(1)－檜尾措蔵記－	1984.3
第12冊	★	四天王寺－西門とその周辺II－	1985.3
第13冊		観心寺要録(2)－檜尾山年中課役双紙－	1985.3
第14冊		仲村家年中録(1)－在郷町富田林商家日記－	1986.3
第15冊	★	四天王寺食堂跡－食堂再建に伴う発掘調査報告書－	1986.3
第16冊		仲村家年中録(2)－在郷町富田林商家日記－	1987.3
第17冊	★	下池田遺跡	1987.3
第18冊	★	牛頸－ハセムシ窯跡群発掘調査報告書－	1988.3
第19冊		仲村家年中録(3)－在郷町富田林商家日記－	1988.3
第20冊	★	四天王寺－引声堂と周辺地区の調査I－	1988.3
第21冊		仲村家年中録(4)－在郷町富田林商家日記－	1989.3
第22冊	★	四天王寺－引声堂と周辺地区の調査II－	1989.3
第23冊	★	牛頸II	1989.6
第24冊	★	社・吉馬	1990.8

中村浩先生と大阪大谷大学博物館（池田千尋）

第25冊	★	社・牧野	1990.12
第26冊		堺廻り農村史料併堺年代記	1992.3
第27冊	★	江の下・西の側	1992.3
第28冊	★	龍泉寺	1993.3
第29冊	★	土井ノ内	1993.5
第30冊	★	牛頭III	1993.7
第31冊	★	福居狭間・坂元狭間・三反田・石堂	1994.3
第32冊	★	飯倉D遺跡	1995.3
第33冊	★	社・上中遺跡	1996.7
第34冊	★	貝塚寺内町遺跡	1996.7
第35冊		千手寺本『妙法蓮華経』紙背注記	1997.3
第36冊	★	河内屋年代記	1997.3
第37冊	★	四天王寺－西門とその周辺－	1997.3
第38冊		本朝文枠第巻六・新撰字鏡類韻	1998.3
第39冊	★	田東山	1998.3
第40冊	★	紀伊・砂羅之谷	1999.3
第41冊		可正雑記	1999.3

大谷女子大学博物館報告書

第42冊	★	四天王寺－西門とその周辺IV－	2000.3
第43冊	★	中津倉	2000.3
第44冊		道明寺天満宮蔵『新撰万葉集』	2001.3
第45冊	★	河内・大日寺－河内長野市所在遺跡発掘調査報告書－	2001.3
第46冊	★	熊野本宮備崎－経塚群発掘調査報告書－	2002.3
第47冊	★	中野II	2003.3
第48冊	★	衣川・桝形森遺跡－発掘調査報告書－	2003.3
第49冊	★	牛頭・本堂I －3次発掘調査報告書－	2003.1
第50冊	★	牛頭・本堂II －5次発掘調査報告書－	2004.3
第51冊	★	牛頭・本堂III －5次発掘調査報告書－	2005.3
第52冊	★	札馬 －窯跡群発掘資料調査報告－	2006.3

大阪大谷大学博物館報告書

第53冊		埴輪論考I－円筒埴輪を読み解く－	2007.3
第54冊		西都原I －169号墳・170号墳発掘調査報告（遺構編）－	2008.3
第55冊	★	クナ・ポー B-1号窯跡 －発掘調査報告書－	2009.3
第56冊		西都原II －169号墳・170号墳発掘調査報告（遺物編）－	2010.3
第57冊	★	バ・コン窯跡群6A,B号窯跡 －発掘調査報告書－	2011.3
第58冊	★	乙金地区遺跡群 －薬師の森遺跡第10次・第20次調査報告書－	2012.3
第59冊	★	東南アジアの伝統的土器つくり －事例調査報告書－	2012.3
第60冊		安政大和国御陵所調・おくつきのさた	2013.1
第61冊		古墳出土品がうつし出す工房の風景	2014.3
第62冊		影印 河内屋可正旧記（一）	2015.3
第63冊		大和・山城周辺国の仏像	2016.3

★印:中村先生担当

特別寄稿

須恵器生産の成立とその背景

中村　浩

1．はじめに

　須恵器研究の課題は次の諸点にあるのではないかと考えられる。すなわち、①細かな型式変化が把握されるということから年代推定の標識資料をえるための型式編年、②須恵器そのものの造型の美や技術的変遷課程、あるいは発展段階を探る手工業技術の見地からの技術史、あるいは美術史的な研究、③古代以来の窯業生産の歴史、および社会に与えた影響に関する研究、④須恵器生産に関与した氏族の研究などである。
　これらのうちの①についてはすでに全国各地の須恵器生産地出土遺物からあるいは古墳、各種遺跡出土のいわゆる消費遺跡出土須恵器から多くの研究が行われてきた。とりわけ大阪府堺市郊外に所在するわが国最古最大の須恵器生産地である陶邑窯で得られた成果は、古墳時代から平安時代までをカバーする編年作業が提示され、多くの場合に利用されてきた。ただしその編年案は、あくまでも同じ生産地で生産された製品にのみ有効なものであり、全国的には一つの指針にはなったとしても正確に反映しているとはいいがたいものであろう。その克服にはそれら全国各地の生産遺物について注意深い観察と検討を行い、いかなる部分で陶邑製品系列と判断したかあるいはそうでないとしたかの判断について明らかにしていかねばならない。型式編年上の問題は容易には解決できない問題かもしれないが、既に多くの蓄積が行われており、その追試的検討から明らかにする地道な検討が求められている。②、③の問題についても美術的な見地はとかく、技術的な問題については広くアジア地域の窯業にまで検討を加えた新たな展開がみられる。
　近年とみに増加しつつあるのが、④の須恵器生産にかかわった氏族の問題である。これは『日本書紀』『古事記』の記載の検討から、ミワ系氏族との関係での研究が進化しつつある。ただしその研究において地理的な感覚や考古学的な事実関係との齟齬があり先行業績の適切な資料批判、引用

が望まれる。

　いずれの問題についても長年の議論が行われ、結論に至っていない部分が多々ある問題である。今本稿で直ちにその結論を導き出すというにはかなり躊躇せざるを得ない。

　本稿では改めてこれら各論についての課題を追うのではなく、近年、再び注目されている須恵器生産の成立とその背景について考えてみたいと思う。とくにそれら生産地の成立と展開についての概観的なスケッチを行うことによって成立に問題について再認識し、その責を閉じたいともう。

2、須恵器生産の開始

（1）河内と和泉・二つの産地

　古市古墳群の後背地としての南河内丘陵地域と百舌鳥古墳群の後背地域としての泉北丘陵地域にそれぞれ須恵器生産の拠点が構築されていることは改めて説くまでもない。

　まず南河内地域に設置された生産拠点というのは、一須賀丘陵以南の神山地域にかけての丘陵部である。現在知られているのは一須賀2号窯を含む一須賀地区窯跡群と、さらに南部の神山地域で灰原痕跡と未製品遺物から想定される神山地区窯跡群である。前者ではすでに田辺昭三氏によって一須賀2号窯出土遺物の評価が行われ、最古まで遡る可能性が指摘されている。後者では、明確な窯跡の確認はないが、灰層と出土遺物から推定されている。とくに遺物には焼成作業中に発生する焼け歪の痕跡が明瞭にのこされているものがあり、かつそこに施された文様は組紐文などが見られ、一須賀2号窯出土例より先行する可能性がある。。

　三辻利一氏の野中ウラヤブ古墳出土須恵器などの胎土分析から、古市古墳群の出土遺物に近似例が多いということが報告されている。すなわちこれら地域の生産品は、とくに重要な需要地として古市古墳群があったと考えていた。しかしその生産は、それを支えていた政権の中枢が和泉地域への移動があったため、河内地域の産地はきわめて短期間に生産の規模が拡張されることなく縮小されてしまったと考えられる。

　当該須恵器生産地成立の背景には、それぞれ古市、百舌鳥古墳群の形成にかかわった氏族が関与していることが十分に考えられる。

和泉陶邑窯群成立と深いかかわりを持っていると考えられる百舌鳥古墳群の被葬者群との関係は深い。すなわち古墳群成立段階で須恵器生産が始められていたことは明らかである。一方、古墳分布地域と窯群との地理的距離は相当あり、違和感が否めない部分でもある。これについては、埴輪生産の如く古墳の構築と強い関連を有する生産についてはおのずから近い地域にその生産拠点が求められ、そうではない商品生産についてはその距離関係にこだわらないのではないと考えられる。とりわけ彼らにとって重要な生産物であったとしても、大量の燃料を必要とし、かつ大量の煙を出す、いわば公害源でもある。

　須恵器生産は、埴輪の如く一時的な需要に対応する期間限定の生産操業と異なり、継続的な操業が求められる。生産地と消費地の両者を結ぶスムースな運搬経路が確保されるならば、先の煙の問題を考慮すれば適度に距離を隔てておいた方が得策という発想もある。このような自然環境や作業環境のみではない問題もある。地域の政治的な問題もその成立発展に影響を与えているとみられる。

　河内地域では農耕生産に不可欠な灌漑用水の確保は古墳時代には確保されていたと考えられ、あえて須恵器生産に頼らなくとも十分に地域の生産活動は十分に活発であったとみてよいだろう。これらについては南河内地域に寛弘寺古墳群などの前期古墳の立地があり、そこに先住氏族の存在がある。したがって河内地域での須恵器生産の拡大を考えるとその可能性のある土地が少ないといえる状況がある。

　この点、泉北丘陵部分には水稲耕作などの農業生産適地が少なく、かつそれらの開発が奈良時代後半以降に見られる点や、丘陵部域に前、中期古墳の分布が見られないことから、当該地域には少なくとも河内地域に見るような先行する有力勢力は存在しない空白地域の可能性が濃いといえる。

　ところでこれらの南河内地域での須恵器生産に関与した氏族はという問題がある。その氏族こそ、河内、和泉において須恵器生産の初期段階を取り仕切っていたと考えられる。やがて後に陶邑窯が大規模産地となって新たに参画した氏族と混同されている可能性もないとは言えない。この関連氏族については後述したいと思う。

　ところで泉北丘陵は当時の基幹産業である農業生産などには適さないことが、須恵器生産地とされた背景にあった。この状況は須恵器生産を掌握

していた氏族にとっては、この地でそれを根付かせる十分な条件となったであろう。農業には適さない自然条件であったとはいえ起伏に富んだ丘陵（低位段丘）という地理的環境に加え、燃料や粘土に恵まれており、須恵器生産には最も適した土地であったといえる。

さらに和泉地域の気象条件は、窯業生産にとって恵まれた自然環境であったといえるだろう。当該地域での局地気象については大阪府横山地区と

表1　異常気象の記録（中村『和泉陶邑窯の研究』より）

年次	旧暦月日	西暦(新暦)月日	記録の内容
推古8年	5月	600、6月	大雨。河水漂蕩
推古36年	4月11日	628、5月20日	自春至夏旱之
舒明11年	正月26日	639、12月26日	大風而雨
皇極元年	6月	642、7月	大旱
	7月26日	8月26日	微雨
	8月	9月	即雷大雨。遂雨五日
	11月2日	11月29日	大雷雨
皇極2年	正月	643、1〜2月	風雷雨水
	4月7日	5月1日	大風而雨
	9月19日	11月6日	大雨而雹
白雉3年	4月20日	652、4月27日	自於此日始連雨水。至于九日
天智5年	7月	666、8月	大水
天智9年	4月30日	670、5月24日	大雨雷震
天武元年	6月27日	672、7月27日	雷電雨甚
天武5年	是夏	676、5〜7月	大旱
天武6年	5月	677、9月4日	是月旱之
天武9年	8月5日	680、9月4日	是日始之。雨。大水
天武12年	7月	683、8月	是月始至八月旱之。
持統2年	7月	683、8月	旱也
	7月20日	8月22日	請雨
持統7年	4月	693、5月	祈雨
	7月14日	8月21日	祈雨
	7月16日	8月23日	祈雨
持統11年	5月8日	697、6月3日	請雨
	6月	6〜7月	請雨
文武2年	4月	698、5月	祈雨
	5月	6月	諸国旱
	5月5日	6月19日	祈雨
	6月	7月	祈雨

鳳地区の観察記録が残されている。長期間に及ぶ記録が残されていたわけではないが、一応の目安となるのでその資料を参考にしておきたい。しかし少なくとも観測された時期と、当該生産が行われていた時期とのブランクが大きく、かつ近年に見られるような異常気象の有無についても表1に示した程度で、詳細の確認ができないのであくまで参考程度ということになる。

いずれにしても『行基年譜』に見える当該地域のため池の設置は、その気象条件の降水量の少なさとリンクしていることは改めて説くまでもないだろう。すなわち、この8世紀段階以降に当該地域の水田耕作などの農耕が定着していったのであり、それ以前の生業生産は、当該地域においては、山仕事や須恵器生産などごく限定された産業しか考えられない状況であったと考えられる。この気候条件は、降雨が少ないことに大きな特徴があり、この点、野外での気温、湿度の影響を直接被る焼成作業などの生産操業にとってはまさに好ましい条件であったことがわかるだろう。

すなわち当該地域の正業は須恵器生産が5世紀から8世紀段階まで主要な位置を占めており、水田耕作などの農耕生産が開始されたのは『行基年譜』に示されたそれぞれの灌漑用池の設置以後とみてよいだろう。

（2）生産器種の変遷

須恵器生産の伝来が我々の生活に及ぼした影響は多大である。須恵器は従来の土師器の使用が見られた時代に突然出現した新しい焼き物である。しかしその新しい焼き物は従来の焼き物である土師器の使用を凌駕し駆逐していったわけではなかった。すなわち土師器と須恵器の利点欠点を認識し、両者を都合よく使い分けていったのである。その利点欠点を簡単に見ておきたい。まず土師器は軟質土器であり、その製作は焼成段階では須恵器に比較すると極めて容易であるといえる。これはいわゆる焚火の中でも十分焼成が可能であるという性格を示す。材料の粘土の吟味についても須恵器ほど神経質にならなくともよいということがある。それは粘土の耐火温度が800度前後と比較的低火度で焼成可能ということによる。製品の成型に際しても大小の器種いずれにおいても回転台の使用で十分整形可能であり、ロクロの使用は考えなくともよいことがあげられる。

これらを前提として、かつての須恵器生産の状況を考えたい。

表2 各時期の生産器種の変遷（中村『古代窯業史の研究』から）

用途	器種名	TG22号窯	TG207号窯	TG43-Ⅲ号窯	TG44号窯	TG68号窯
供膳用容器	蓋杯(杯身)	217 (1.9%)	3070 (7.86%)	1643 (16.5%)	305 (12.33%)	4938 (6.81%)
	蓋杯(杯蓋)	236 (2.0%)	2081 (5.33%)	1623 (16.3%)	293 (12.28%)	4435 (6.86%)
	蓋杯(不明)	471 (4.0%)	1752 (4.48%)	—	4508 (16.81%)	1323 (2.05%)
	高杯	30 (0.3%)	509 (1.3%)	9 (0.9%)	255 (0.95%)	575 (0.89%)
	はそう	10 (0.09%)	134 (0.34%)	1 (0.1%)	43 (0.16%)	170 (0.26%)
	鉢	4 (0.03%)	26 (0.07%)	4 (0.4%)	32 (0.12%)	34 (0.05%)
	皿	—	—	—	35 (0.13%)	140 (0.22%)
	平瓶	—	—	—	21 (0.08%)	244 (0.38%)
	提瓶	—	—	—	13 (0.05%)	37 (0.08%)
	器台	2 (0.01%)	49 (0.13%)	—	13 (0.05%)	12 (0.02%)
貯蔵用容器	壺	138 (1.2%)	1098 (2.81%)	47 (4.7%)	886 (3.3%)	1103 (1.71%)
	甕	9945 (85.43%)	23810 (60.94%)	511 (51.4%)	8341 (31.11%)	39413 (60.98%)
	不明	587 (5.04%)	6542 (6.74%)	96 (9.7%)	6069 (22.63%)	12741 (19.71%)
	総計	11640 (100%)	39071 (100%)	3934 (100%)	26814 (100%)	64625 (100%)
	時期(型式)	Ⅰ型式 1〜2段階	Ⅰ型式 2〜3段階	Ⅰ型式 3段階	Ⅱ型式 2〜3段階	Ⅱ型式6 Ⅲ型式1段階

＊数値は各窯で出土した破片数。

表2は須恵器生産における器種構成を時代別にみたものである。
この器種構成を見ることによって、須恵器が当時の社会に受け入れられていった背景を考えることができる。すなわち当時は軟質土器の土師器の用いられていた時代であったが、そこに新しい焼き物として登場したのが硬質土器の須恵器である。生産は需要に対応して行われたとみるのが当然であり、須恵器が求められた用途は当初貯蔵・保管にあったとみられる。
　焼き物には、貯蔵・保管用、供膳用、煮炊き・煮沸用、祭祀用としての使用目的・用途がある。陶邑窯跡出土例を器種別に整理してみると先に示した表1のごとくとなる。とくに蓋杯は本来、蓋と杯身がセットで使用されるものであり、生産段階でもそのように考えられていたことが表に示した数値でもよく理解されるだろう。
　生産器種の変遷では、まず初期段階においては貯蔵用の甕・壺が最も多く作られていることが分かる。供膳用の蓋杯や高杯などの小型器種は、きわめてその占める割合が低いことが判る。この傾向は、単に陶邑窯跡のみに限らず、それぞれの地方における初期段階、すなわちそれらの地域で初めに生産供給されたとみられる窯出土の機種においてもこの傾向はほぼ近似する。すなわちこの状況は須恵器に求められる用途が、甕・壺という貯蔵・保管用容器にあったとみるのが妥当であろう。やがてその傾向は徐々に時期の下降とともに供膳用の蓋杯、高杯に生産主要器種が移行する。とりわけ全国的にも群集墳の構築、利用が最も多くなる時期にはその傾向が一層強くなり、甕・壺の生産はかなり少なくなっている。やがてその傾向が終息するとともに一定の器種に偏重する状況は見られなくなり、須恵器に求められる機能へと変遷していったとみられる。
　この状況から初期段階の状況について再度考えてみる。従来の土師器に求めて果たせない役割が保水力である。また数値的は小さいので表には示すことができなかったが煮炊き・煮沸容器の新器種の登場も、須恵器とほぼ時期を同じくしている。具体的には甑である。須恵器の甑はTK73号窯、TK87号窯跡などで出土しているが絶対量は多いとは言えない。しかし須恵器の生産と呼応してこの器種が出現したとみて大過ない。これを示したのは、とくに須恵器の出現に伴い、従来の暮らしとりわけ食生活に変化があったのかどうかを考えるためである。
　少なくとも須恵器生産開始期に大きな食生活に影響する変化があったこ

とは明らかである。すなわちその大きな要因は須恵器の機能に貯蔵保管が長期間行えるという部分にある。これによって、発酵・醸造の食品が容易に作られることになったと考える。とりわけ古代の祭祀にあって大きなウエイトを占めていた酒は、神への祭祀用に口嚙みという方法で作られてきたことは『日本書紀』『古事記』『風土記』などの記述から明らかである。

詳細については中村（2005）ほかを参照されたいが、結論として須恵器伝来段階と酒の醸造手法の伝来がほぼ同じ時期とみられる。さらにこれを契機として神への祭祀用の酒すなわち少量生産少量消費から人々の宴に供される大量生産大量消費の酒へと変化したことが判る。そこには例えばススコリ伝承に見るように従来の口嚙み酒から酵母使用の醸造酒生産があり、大量供給された結果とみる。

このほかにも須恵器の登場によって味噌類など発酵食品への応用も十分考えられ、それらは従来の人々の食生活を大きく変化させたと考えている。

3．須恵器生産の成立

（1）流通経路の確保と生産体制の確立

陶邑の場合、当該生産地にはいくつかの水系が確認されている。とくに各地区の区分にも使用している谷を流れる河川は、運搬経路として使用可能な水系であったと考えられる。まず主要水系には泉ヶ丘丘陵と栂丘陵を区分する石津川がある。この河川は現在では都市計画に伴って整備され、直線的な河川となっているが、かつては蛇行の激しい川で、その痕跡は現在も地図上に見るかつての畦畔痕跡に残されている。この河川が運搬に使用されたとする根拠は、その沿岸地域に設定された集積、出荷の基地と考えられる遺跡の存在である。

その一つが深田遺跡（深田橋遺跡）である。大阪府教育委員会の調査によって、泥炭層という極めて不安定な土地であったにもかかわらず。掘立柱建物、溝、土抗などが検出された。とくに土抗内からは多数の遺物、須恵器、土師器が出土した。またこれらのうち須恵器はほぼ近似する時期のもので、完形品であるにもかかわらず、いずれも焼けひずみや破損などの欠陥が見られた製品であることが特徴的であった。

調査状況から遺跡については以下の用途が考えられると結論した。すな

わち、まず居住建物としての建物ではなく、束柱の存在から重量物の保管用途、すなわち倉庫としての機能が求められる建物である。さらに建物に隣接する土抗は、製品の選別後の廃棄物捨て場であったのではないかと考えた。ここで選別された合格品の須恵器は倉庫内に保管されていたと考えられる。さらにこの遺跡の立地環境が石津川の氾濫原上、さらに言えば石津川の水系に面した沿岸部分に相当する位置に設置されている点に注目し。そこでの一元的支配体制の存在を考えた。やがて時代の下降に伴いその体制は崩壊していく。時期的には6世紀初頭頃の地方窯出現段階とみてよい。しかし陶邑では、新たな商品経済における生産管理体制が出現していったと考えている。すなわちこの時期以降には地域内に、深田遺跡以外の複数の須恵器集荷、選別、出荷場所が確保され、その生産管理体制がとられたと考えている。その一つが辻之遺跡であり、小角田遺跡である。「陶部」あるいは「屯倉」は、この段階で採用された新たな支配管理体制の一つではなかったかとみている。

　なお筆者は須恵器の初期生産については次のように考えている。まず半島との交流があった氏族の支配地域で生産が行われたがあくまで一時的な生産にとどまっていた。《第一段階》次に中央政権による一元的生産が開始される。《第二段階》、次に中央政権による地方生産の開始《第三段階》多元的生産体制の成立となる。

（2）産地と氏族の関係

　和泉陶邑については『日本書紀』崇神天皇条の記載に見られるのが唯一である。

　『日本書紀』に「天皇夢の辞を得て益心に歓びたままひ、天の下に布告ひて、大田田根子を求めたまふ。即ち茅渟縣陶邑に於いて大田田根子を得て貢る。天皇すなわち親から神浅茅原に臨まして、諸王卿及び八十諸部を会へて、大田田根子に問ひて曰く、汝は誰が子ぞ。対へて曰く、父をば大物主大神と曰ふ。母をば活玉依媛と曰ふ。陶津耳の女なり。……（略）。即ち大田田根子を持って大物主大神を祭る主と為す。……（略）。是に於いて疫病初めて愈み、国の内漸く謐まり、五穀既に成りて、百姓饒ひぬ。」とある。

　『古事記』崇神天皇段に「この天皇の御世に役病多に起こりて、人民死に

てつきむとしき。……（略）。意富多多泥古と謂ふ人を、求めたまひし時、河内の美努村にその人を見得て貢進りき。……（略）「僕は大物主大神、陶津耳の女、活玉依毘売を娶して生める子、名は……（略）。すなわち意富多多泥古命をもちて神主として、御諸山に意富美和の大神を拝き祭りたまひき。……（略）。これによりて役の気悉に息見、国家安らかに平らぎき」とある。

　これら両書の内容は微妙に異なっているようであるが、崇神5年条の「国の内に疾疫多く、民死亡者有り、且大半ぎなむとす」、これに続く6年条では神々を祭るが効果なく、7年に卜したところ、大物主を祭らざることによるとされる。さらに夢の中で大物主が祭主として大田田根子を指名し、秋8月に3名がそれと同じ夢を見たと奉状した。さらに各地を探したところ『日本書紀』「茅渟縣陶邑」『古事記』「河内美努村」にて大田太根子（意富多多泥古）が見いだされたという記述がある。両者は同一場所を示すものと考えて大過なく、厳密には、この段階で堺市辻之地域周辺と考えられてきた。

　その故地には陶荒田神社、陶器千塚古墳群が位置し、かつ窯跡分布についても陶器山・高倉寺（MT、TK）地区の一部ないし大半が含まれている。さらにかつて筆者は、先の文献資料の内容から、文献成立段階における氏族分布について見解を提示した。とくに初期須恵器の生産地とされている地域には、ミワ氏関連氏族の居住地域と重複している場合が多いことも指摘した。さらに『古事記』などの文献によれば、ミワ氏は神、鴨（賀茂）、三輪氏と同族とされている。

　従来初期須恵器として知られている産地と関連氏族との関係を見ると明らかにそれら氏族との関連が濃いことが分かる。この関連について近年は須恵器生産の再編成後のことであるという見解が示されているが、この再編時期については異論もあり、必ずしも明確に示されていない。筆者は少なくとも、先の資料成立段階と前後するころと考えて大過ないと考えている。

　奈良時代後半から平安時代の状況を反映しているとみられるのが『新撰姓氏録』及び『和名類聚抄』による地理的配置と氏族分布であろう。これらの関連を表示すると表3のごとくとなる。さらに須恵器生産との比較にはこれに窯跡分布を加える必要がある。しかし少なくとも初期段階の窯跡は丘陵北部に限定されており、それを先の氏族分布などと対照させると表

表3 郷名と氏族分布

氏族名	郷名	現地名	祖先伝承
狭山連	狭山郷	大阪狭山市	大中臣朝臣同祖。天児屋根命之後
和太連	和田	堺市南区	大中臣朝臣同祖。天児屋根命之後
蜂田連	蜂田		大中臣朝臣同祖。天児屋根命之後
殿来連	高石市富木		大中臣朝臣同祖。天児屋根命之後
大鳥連	堺市鳳		大中臣朝臣同祖。天児屋根命之後
民直			大中臣朝臣同祖。天児屋根命之後
評連			大中臣朝臣同祖。天児屋根命之後
大村直	大村	堺市南区	紀直同祖。大名草彦命男枳彌都命之後
直尻家	大村？	堺市南区	大村直同祖
高野	大村？	堺市南区	大名草彦命之後
紀直	大村？	堺市南区	神魂命子御食持命之後
荒田直	大村	堺市南区	
狭山連	狭山	大阪狭山市	
物部連		堺市南区	神魂命5世孫天道根命之後
和山守首	和田	堺市南区	神魂命5世孫天道根命之後
和田首	和田	堺市南区	神魂命5世孫天道根命之後
高家首	和田	堺市南区	神魂命5世孫天道根命之後
神直	上神	堺市南区	神魂命8世孫天津麻良命之後
大庭造	上神	堺市南区	神魂命5世孫生玉兄日子命之後
信太首	信太	和泉市	
伯太首	信太？	和泉市	
坂本朝臣	坂本	和泉市	
池田首	池田	和泉市	

のごとくとなる。即ち、大村郷とされる部分は後に上神郷と明確に区分され、高蔵寺、陶器山地区窯跡群がすべて大村郷に含まれると理解されるようであるが、少なくとも上神谷地区に所在する初期須恵器の窯跡は大村郷とは区分する必要があると考える。即ち窯跡の地区区分は両者の自然堤防を用いて区分しているが、少なくとも初期段階の窯跡は、栂地区の北部及び高蔵寺地区北部、大野池地区北部に限定されており、これ以外の地区には初期段階からはやや新しい段階の窯の分布が確認されているにすぎないのである（表4）。

上神地域の主たる居住域は上神谷部分の谷にあり、窯跡分布が谷の北部域に限定されていることを考えれば、それに関与した可能性が濃いのは上

表4 窯跡群と氏族分布

窯跡群名	古墳群	氏寺・神社名	備考	読み(発音)
陶器山・高蔵寺	陶器千塚	高倉寺(平安)		オホムラ
陶器山・高蔵寺				
陶器山・高蔵寺				
陶器山・高蔵寺				
陶器山		陶荒田神社		アラタ
陶器山	?	狭山神社・三都神社	狭山郷?	サヤマ
	檜尾塚原	美木多神社		
	檜尾塚原	美木多神社		
光明池・大野池	檜尾塚原	美木多神社		
光明池・大野池?	檜尾塚原	美木多神社		
栂・高蔵寺	牛石?	桜井神社		カムツミワ
栂・高蔵寺	野々井	大庭寺		オオミワ
光明池・大野池	信太千塚	聖神社		シノタ
大野池?	信太千塚	伯太神社		ハカタ
谷山池?	信太千塚	坂本寺		サカモト
光明池・谷山池?	三林	池田寺		イケダ

神谷地域すなわち上神郷に関係した氏族であるといえる。また大村郷の関係氏族については上之地域の台地上や伏尾台地にその居住地域が求められる。なぜ今このようなことを記述しているのかというと、近年公表される陶邑の関連論考で、その成立時に関与した氏族と再編された段階以後の関連氏族とが混在し、かつ混乱している点に懸念を示さざるを得ないということからである。

　繰り返すが、『新撰姓氏録』及び『和名類聚抄』による地理的配置と氏族分布についてはあくまで平安時代前期、あるいはせいぜい奈良時代後半段階の反映としか考えられないのである。5世紀前半段階とされる須恵器生産の開始時期の当該状況が果たして3〜4世紀後の資料から想定できるかどうか常識的に考えて疑問を生じないのであろうか？

　とはいえ文献的に何らかの見通しを立てられないとすることも十分理解されるが、それも考古学的に明らかとなっている事実関係との対比を行った後の資料でそれらを説くべきであると考える。言を変えれば、平安時代段階で示されている事実関係がどこまで遡及されるのかについて資料的な

検討を行うべきだと考える。
　以上記述してきた点と矛盾するかもしれないが、筆者は初期須恵器生産とミワ氏及びカモ氏の関係、さらに陶邑窯成立に背景には紀伊に本拠を置く紀直系氏族の関係があると考えている。ただ現状では明確にそれら氏族と陶邑窯との関係を示すことができるのは、先述の奈良時代以降の資料からであり、当然その時期についてもこれに遡ることができないというジレンマの中にいる。
　なお蛇足ながら大庭寺遺跡の評価についても、再検討の余地が残されているようにも思われる。即ち初期須恵器生産窯が2基確認されたとはいえ、その出土遺物量から氏族分布、郷名比定などに問題が残る。

4．むすびにかえて

　以上、我が国の須恵器生産の最初の大規模生産地として成立した陶邑について、その経営・運営を中心に考えてきた。
　とくにそれらの生産地成立によっていかに従来の状況と変化したのか、すなわち須恵器が社会生活に与えた影響について考えてきた。
　今後、須恵器生産について、半島との関係に注意しながら日本の須恵器の系譜・源流に関する問題を考えていかねばならない。とくに地域的に拡大した検討検証も望まれるところである。その検証・考察によって陶邑窯成立、さらに展開の状況についても大いに進展が望まれるだろう。

（補注）
中村　浩（1981）『和泉陶邑窯の研究』柏書房
中村　浩（1985）『古代窯業史の研究』柏書房
中村　浩（2001）『和泉陶邑窯の歴史的研究』芙蓉書房出版
中村　浩（2001）『和泉陶邑窯出土須恵器の型式編年』芙蓉書房出版
中村　浩（2005）「酒に関する神話伝承」『大谷女子大学紀要』第39号
佐伯有清（1962）『新撰姓氏録の研究』本文編、吉川弘文館
佐伯有清（1982）『新撰姓氏録の研究』考証編第4、吉川弘文館
池辺　彌（1972）『和名抄郷名考証』吉川弘文館
『陶邑』Ⅰ～Ⅲ、（1976～1978）大阪府文化財調査報告書第28輯～30輯
『陶邑・深田』（1973）大阪府文化財調査抄報2　などを参照

観光と博物館について

中村　浩

1．はじめに

　観光とは古く『易経』に「観　国之光、利用賓干王。」とあり、意味するところは他国の光華をよく見る。すなわちその国の文物制度を見る事であるが、転じて他国の山水・風俗などを遊覧するという意味に使用されてきた*1。すなわち『観光』を簡単に定義すれば「他国の山水・風俗などを遊覧する」行為をいう。しかし日本においては観光の言葉が広く使用されるようになったのは、管見による限り近年になってのことと考えられる。
　ここにある遊覧について考えると、それは『旅』そのものであり、そこには任務や目的が明らかに所在し、その目的の完遂、完結、問題（課題）解決などが至上命題となっている該当する者にとっては深刻な場合や物見遊山と呼ばれる遊びが主たる目的の旅もある。一方『旅』という行為は、既に『日本書紀』『万葉集』などの古代の文献にも散見し、それに伴う見聞記や紀行文が残されている。いわばこれらが我が国における観光の始まりと見て大過ないのではないだろうか。
　本稿では、「旅」を観光と位置付けてそこに見られる博物館の端緒的なものに注目してみたいと思う*2。

2．旅と観光

　旅とは出発地点と到着地点があり、その二地点間をいくつかの行程によって往復、あるいは到達する非日常の行為を示す。この場合二地点には同じ場合や異なる場合があり、その行程も単一行程や複雑に入り組む行程、あるいはその形態も徒歩、車馬利用など様々なものがあるだろう。
　いずれにしても「旅」には、それぞれの立場や状況によって、任務や目的が明らかに所在し、その目的の完遂、完結、問題（課題）解決などが至上命題（課題）となっている旅がある。これはその「旅」自体、きわめて

深刻な場合であり、一方、物見遊山と呼ばれるごとく遊興、娯楽が主たる目的の旅がある。後者には本来解決すべき課題や目的は存在しない旅である。

ところで、近年物見遊山の旅が観光と一般的には見られているようであるが、必ずしも、物見遊山であったとしても無目的な旅というわけではない。後付けにせよそこには地域の文化風土に触れ、さらに自らの癒しを求めるという目的が存在する。

「旅」には仕事上の出張、視察、見学、参詣・参拝などがあり、それらが観光の一形態として挙げてよいだろう。これらの旅にはそれぞれの主目的達成段階に応じた報告が義務付けられているものもあれば、自発的に記録や日記を残している例もある。

観光旅行という定義が存在したかどうかは疑問であり、むしろ存在しなかったと見られる古代にあって世界的にも知られている旅行記はパウサニアス『ギリシャ案内記』が最も遡る例として挙げられる*3。これはパウサニアスがギリシャ各地を訪問し、その歴史、地史、神話伝承などについてまとめたものである。すなわち現存する最古の旅行ガイドブックということになる。そこにはギリシャ各地の名所旧跡、あるいは施設などの紹介が記述され、とりわけアクロポリスの丘に所在したピナコテークの記述は注目される。すなわち「プロピュライア左手には、絵画の備わる一室がある。長い歳月をもってしても色褪せなかった絵画には、……（略）」とある。その内容は単なるガイドブックと云うよりも旅行記というのがふさわしいのかもしれない。とくに掲げられている絵画については比較的詳細な内容、状況が記述されており、貴重な当時の記録といえよう。さらに当該プロピュライア左手（北側）の一室は、ピナコテーケーと呼ばれパウサニアスの語るように絵画が収められていたので『絵画館（ピナコテーケー）と呼ばれる。室内には17基の臥台（クリネ）が備わり、アクロポリス参詣人の優雅な休憩室であったとされている。このほかポリアス神殿の奉納品、アンフォラオス神殿域出土の奉納絵馬についても触れている。いずれにしてもギリシャ時代にあっては、博物館という概念が存在しない頃に神殿に奉納された彫刻や絵画作品について言及しているのは、まさに観光における博物館論の始まりと見て大過なく、少なくとも文献資料に見える史上最初の美術館（ギャラリー）の紹介として評価されよう。

さらにローマ時代にはプリニウス『博物誌』全37巻などが著され、百科辞書的ではあるが、資料の全般についての関心の高まりも見られた。

3．寶蔵・宝庫と博物館的利用

　博物館の重要な機能に収蔵保管（飼育・育成）がある。古代以来、社寺にはそれぞれの宝物などを収蔵する寶蔵あるいは宝庫が併設されており、その一般への公開は行われていないとしても、一部には寶蔵保管資料の利用がおこなわれていた。

　我が国においては、奈良時代以前の大規模な寺院にはそれぞれ経蔵、寶蔵（宝庫）が併設されていた。最も著名な例は東大寺正倉院である。正倉院では宝物の出蔵が平安末期から南北朝時代に冠や礼服を中心に行われた。また寛仁3年（1019）前摂政藤原道長の宝物拝観をはじめ貴顕の東大寺受戒に際し宝物を拝観する例が続いた*4。なお多くの寺院付設の正倉の設置目的は経済的基盤であった領地からの収納物の収蔵や寺宝などの保管・管理にあった。また限定的ながら他者への宝物の公開などが考慮されていた宝庫もあった。

　時代の下降とともに宝庫が従来からの保管管理が主たる目的であることには変化がないが、中世段階では寺社関係者以外からの見学利用に対する対応も見られるようになっていった。『七大寺巡礼私記』は、大江親通が1106年（嘉承元年）と1140年（保延6年）に南都の七大寺を巡礼した際の記録であり、完全に近い形で残っている唯一のものである*5。とくに仏教に精通した内容からは、当時の寺院境内と堂舎内の状況をも彷彿とさせるものがある。この記述のうち唐招提寺と法隆寺の項に寶蔵の記述があり、彼が内部を見学し、実見記録を残している。

　　招提寺韻云唐律招提寺
　　金堂五間四面瓦葺。（以下中略）
　　寶蔵一宇、
　　在金堂東、鑑真和尚将来之三千余粒仏舎利、納白瑠璃壺安銅塔、其塔壁者銅唐草所掘透也、作亀形、其上置荷葉之台、台上安件塔、依有勅封不開塔、只依瑠璃透徹所拝見也、
　　（中略）

〔以下法隆寺ノ記事ナリ〕
　　（略）
　　寶蔵
　　北有七間亭、其東端二間号寶蔵、其内種々宝物等、
　　太子俗形御影一鋪
　　件御影者唐人筆跡也、不可思議也、能々可拝見、
　　細字法花経一部複一巻、妹子奉講経也、納函行縁形如称〔経カ〕筒、
　　有蓋、件経者、以小野妹子為使、（以下略）

とあり、実見した後、彼自身の意見も簡単に記述している。
　田中貴子は承久二年春、順徳天皇は久世家に伝わる「黄菊」と名付けられた琵琶の音色を確かめるため、名代の名器との弾き比べを試みようとし、都の三カ所の寶蔵に使者を出し、確認したところ、各寶蔵には一面も残っていなかったという逸話を紹介している*6。これにある寶蔵とは、蓮華王院（三十三間堂）、鳥羽（勝光院）、平等院に設置されていたものである。とくに氏は「通常、寺院には経典や宝物をしまっておく蔵が付随しており、「経蔵」とか「寶蔵」などと称されているが、今あげた3カ所の寶蔵は、こうした実際の格納庫としての役割を超えた別の意味合いを帯びて立ち現れているのである。」とされる。さらに、室町時代の後崇光院の日記『看聞御記』には「寶蔵」の語がしばしば登場することから、「中世の人は、「寶蔵」に「大切に秘蔵する」という意味を読みっていたようだ。」とされる。これは寶蔵（宝庫）の存在価値が宝物の収蔵にあることを示しており、広義的には寶蔵の博物館的評価を行ったものとすることもできよう。
　以上、宝庫（寶蔵）に収められている宝物の記録があり、それらの見学が許されていたものと見える。しかしそれらの見学記録が博物館論には達しているかはきわめて疑問であるが、この時代の宝蔵の運営状況を知る重要な史料の一つである。

4．旅と観光、その記録

　平安時代以来「日記文学」、「紀行文学」として知られている旅にまつわる内容を記述した作品があり、さらに遡れば、『万葉集』にも旅に関連する内容が残されており、日本人と旅とのかかわりは長い歴史を有している

といえよう。すでに前項で紹介した寶蔵の記録などもこれに属するものといえよう。

　江戸時代には『名所図会』『独（一人）案内』など各地の名所旧跡に関するガイドブックが刊行され、大いに観光旅行の発展展開に寄与したと考えられる。

　ただしその『旅』そのものが「観光」という内容と結びつくとしても、そこに記載されている内容は、当該地域の景色や風土あるいは文学的表現である。すなわち観光本来の意味から見れば、十分ともいえるが、それらはあくまでも見学、観光段階で終わっていると言わざるを得ない。したがってその内容が博物館論に発展しているものはほとんど見られない。ここに見る観光は、一部を除いてはいわば物見遊山や風土の観賞、休息、娯楽の意味合いが強く、これらが直ちに博物館公開、見学と結びつくとは考えられない。

　幕末には幕府が海外に使節を派遣しており、その使節関係者による見聞録がある*7。とりわけ、福沢諭吉は『西洋事情』*8に「博物館は世界中の物産、古物、珍物を集めて人に示し、見聞を広くする為に設けるものなり。」とし以下、「ミネラルカル・ミューヂェム」すなわち鉱物博物館、「ゾーロジカル・ミューヂェム」（自然史博物館？）、動物園植物園、「メデカル・ミュヂェム」（医学博物館）について、彼が観察した内容を記述している。

　福沢は遣欧使節団の通訳要員として渡欧したものであり、重要な任務を帯びての旅行であったが、その旅程の中で見学した博物館について、彼の所見を記述したのである。

　このほかにも遣欧使節、遣米施設に加わった人物の日記が残されており、詳細は略すが、それらには彼らなりの博物館に関する所見が披瀝されている。

5．むすびにかえて―観光資源と博物館―

　観光資源とは人々の観光活動のために利用可能なものであり、観光活動がもたらす感動の源泉となり得るもの、人々を誘引する源泉となり得るもののうち、観光活動の対象として認識されているものと定義されている*9。

近年『博物館研究』誌上でも特集、さらに研究テーマとして博物館と観光がとりあげられ、とりわけ地域振興と観光に関する著作や報告論文も見られるようになってきた*10。とくに専門的立場から観光業者の見解を踏まえて議論し、物見遊山的観光から博物館を軸としたカルチャーツーリズムへの移行を目指して新たな方向性と具体的な観光のイメージを探る場とする内容の問題提起が見られる*11。
　公益財団法人日本交通公社によって公表されている表がある。この表には01、山岳から24、芸能・工業・イベントの24項目にわたっており、それ毎に定義、評価の視点、展示方法、日本らしさ、地域とのつながり、展示物の容姿、展示方法、展示物の価値、展示施設の各項目の記述が見られる（補注）。
　近年注目されているのが道の駅と地域振興にかかわる問題がある。これについては博物館施設が道の駅に設置されているということもあって博物館学、観光学両分野の研究者によるそれぞれの提言、発言がある*12。
　博物館にとって入館者数は、その施設自体、あるいは展示の評価にとって大きなウエイトを占めるといっても過言ではない。すなわち観客のいない博物館は成立しないのである。このことは観光の場合も例外ではない。集客という点では博物館の置かれている状況と観光の置かれている状況は同じといえるのかもしれない。
　しかし博物館とは教育、研究の側面を強く持った機関であり、名所旧跡、娯楽施設とは性格を異にする。すなわち観光資源として集客力があると見ることができれば当然それらの活用はあるが、それが微弱な場合はそれほどの利用はないということに収斂すると考えられる。そのためには博物館自体の魅力の発信が重要であり、教育、研究機関としての充実が望まれる。
　観光業にとって博物館は一つの集客手段、集客施設であり、観光業側からは、とくにその施設や展示内容に関して特段の要求が行われることはないだろう。あくまでも博物館側の研究、教育体制の充実によって観光側の集客ニーズに応えることができるのである*13。
　すなわち今学芸員に求められているのは博物館の魅力を高め、集客に結び付く企画であり、その事業展開である。これらは博物館側にとっても当然求められねばならない用件であり、あえて観光という名前で娯楽面を重視し、あるいはそれらに対し迎合する必要はないし、また一方、その連携

の推進を否定するべきではないだろう。

＊註・参考文献
1　高田真治・後藤基巳訳（1969）『易経』（上）、岩波文庫、岩波書店
2　「観光」の定義については、観光審議会答申、1970がある。阿部正喜（2016）「観光資源とは」『観光資源としての博物館』、芙蓉書房出版
3　パウサニアス著・馬場恵二訳（1991）『ギリシャ案内記』、岩波文庫、岩波書店
4　米田雄介（1998）『正倉院宝物の歴史と保存』吉川弘文館、米田雄介（1998）『正倉院と日本文化』、吉川弘文館、橋本義彦（1997）『正倉院の歴史』吉川弘文館ほか
5　大江親通「七大寺巡礼私記」藤田経世「七大寺日記　七大寺巡礼私記」『校刊美術史料』（2008）中央公論美術出版、福山敏夫（2008）「七大寺巡礼私記解題」『校刊美術史料』中央公論美術出版
6　田中貴子（2004）「幻の寶蔵」『あやかし考』平凡社
7　尾佐竹猛著・吉良芳恵校注（2006）『幕末遣外使節物語』岩波文庫、岩波書店、市川清流著・楠家重敏編訳（1982）『幕末欧州見聞録―尾蠅欧行漫録―』新人物往来社、「七、創設前後」『東京国立博物館百年史』資料編（1973）東京国立博物館
8　福沢諭吉「西洋事情」『福沢諭吉全集』
9　阿部正喜（2016）「観光資源とは」『観光資源としての博物館』芙蓉書房出版
10　阿部正喜（2016）「博物館と観光」『観光資源としての博物館』芙蓉書房出版、和泉大樹（2016）「地域振興と博物館」『観光資源としての博物館』芙蓉書房出版
11　金子徳彦（2013）「分科会1観光と博物館」、『博物館研究』49-3（特集・第61回全国博物館大会報告、報告者・浦谷公平、小栗幸江、コメンテーター、池田幸三）、小林秀樹（2014）「観光　まちくりと博物館」特集・第六二回全国博物館大会報告」『博物館研究』50-3
12　落合知子（2016）「地域創成に直結する博物館―道の駅博物館―」『観光資源としての博物館』芙蓉書房出版、川口明子（2015）「『道の駅』によける地場産品活用の実態と付加価値向上策」『観光文化』225、石川雄一・四童子隆・小島昌希（2015）「「道の駅」による地域活性化の促進」『観光文化』225ほか
13　中野文彦・五木田玲子（2014）「観光資源の今日的価値基準の研究」『観光文化』222、梅川智也（2014）「「観光資源」の評価と観光計画―我々は「観光資源評価」をどう活用してきたか」『観光文化』222

【補注】
　観光資源種別個別の評価の視点の表から本稿に関連する項目を抜粋すると以下となる。対象となる部分は、19.動植物園・水族館および20.博物館・美術館であろう。まず前者の定義は「動植物を収集、飼育、展示する施設」とし、評価の視点は「・展示物の容姿：展示している動植物またはその群れの姿・形が美しいもの、雄大なもの、大きく迫力のあるものは評価が高い。・展示方法：動植物の生態や生息・生育環境を深く感じることができるものは評価が高い。・日本らしさ、地域とのつながり：わが国またはその土地の自然環境や歴史、文化に由来することがらが顕著にみられ、深く感じることができるものは、評価が高い。」とある。次の博物館・美術館では「歴史的資料・科学的資料や芸術作品【絵画、彫刻、工芸品等】を収集、保存、展示するしせつ。および歴史的事象などの記録、保存等のために造られた園地」とある。評価の視点として「・展示物の容姿：展示品の姿・形が美しいもの、大きく迫力のあるもの、規模が大きいものは評価が高い。・展示方法:展示品のテーマや意義などを深く感じることができるものは評価が高い。・展示施設:施設そのものや付随する建造物の歴史的・文化的価値が高いものは、評価が高い。」とある。
　これらの見地から表7として特A級、A級観光資源一覧が示されている。それらについて掲示しておく。
　19.動植物園・水族館
　　特A級　　なし
　　A級　　　上野動物園（東京）、沖縄美ら海水族館（沖縄）
　20.博物館・美術館
　　特A級　　東京国立博物館（東京）、広島平和記念公園（広島）、鉄道博物館（埼玉）、国立歴史民俗博物館（千葉）、国立西洋美術館（東京）、国立科学博物館（東京）、根津美術館（東京）、金沢21世紀美術館（石川）
　　A級　　　国立民族学博物館（大阪）、奈良国立博物館（奈良）、足立美術館（島根）、大原美術館（岡山）、大塚国際美術館（徳島）、ベネッセアートサイト（香川）、九州国立博物館（福岡）、平和公園（長崎）
　以上である。

中村 浩　業績目録

* 1969年（昭和44年）
「高野山真別処北遺跡出土遺物について」『密教文化』86（中村浩道名）
「僧道昭に関する諸問題」『大和文化研究』14-8

* 1971年（昭和46年）
『陶邑―泉北丘陵内埋蔵文化財発掘調査概要』大阪府調査抄報1（編著）
「大阪府富田林市竜泉出土の蔵骨器について」『考古学雑誌』55-3

* 1972年（昭和47年）
「仏教伝来年代の再検討」『日本歴史』289

* 1973年（昭和48年）
『陶邑・深田』大阪府調査抄報2
『菱子尻遺跡発掘調査概要』大阪府文化財調査概要1972-11（編著）、大阪府教育委員会
『龍泉寺千手院跡発掘調査概要』大阪府文化財調査概要1973-16（編著）、大阪府教育委員会
「和泉陶邑窯の成立」『日本書紀研究』7、塙書房（→『和泉陶邑窯の研究』所収）

* 1974年（昭和49年）
『長峯丘陵遺跡分布調査概要』大阪府文化財調査概要1973-1（編著）、大阪府教育委員会
『根来谷遺跡発掘調査概要』大阪府文化財調査概要1973-17（編著）、大阪府教育委員会
「飛騨路の須恵器」『大阪文化誌』4、大阪文化財センター（→『古代窯業史の研究』所収）

* 1975年（昭和50年）
『百舌鳥綾南遺跡発掘調査概要』大阪府文化財調査概要1974-13（編著）、大阪府教育委員会

✲ 1976年（昭和51年）
『河内飛鳥古寺再訪』飛鳥出版社
『陶邑』Ⅰ　大阪府文化財調査報告書　第28輯（編著）
「上原町所在窯跡の磁気探査」『楢原窯跡発掘調査概要』河内長野市教育委員会
「岐阜県高山市赤保木所在窯跡について」『考古学雑誌』60-3

✲ 1977年（昭和52年）
『陶邑』Ⅱ　大阪府文化財調査報告書　第29輯（編著）
「西琳寺宝生院跡出土骨臓器について」『古代研究』10、元興寺文化財研究所
「茅渟山屯倉に関する一考察」『日本書紀研究』10、塙書房（→『和泉陶邑窯の研究』所収）
「須恵器生産に関する一試考」『考古学雑誌』63-Ⅰ（→『和泉陶邑窯の研究』所収）
「窯体構造の問題」『陶邑』Ⅱ、大阪府文化財調査報告書29（→『和泉陶邑窯の研究』所収）
「泉北の気象」『陶邑』Ⅱ、大阪府文化財調査報告書29（→『和泉陶邑窯の研究』所収）
「和泉栂丘陵での遺跡の立地と環境」『陶邑』Ⅱ、大阪府文化財調査報告書29（→『須恵器窯跡の分布と変遷』所収）

✲ 1978年（昭和53年）
『陶邑』Ⅲ　大阪府文化財調査報告書　第30輯（編著）
「和泉陶邑窯における窯跡分布」『陶邑』Ⅲ、大阪府文化財調査報告書30（→『須恵器窯跡の分布と変遷』所収）
「和泉陶邑窯出土遺物の時期編年」『陶邑』Ⅲ、大阪府文化財調査報告書30（→『和泉陶邑窯の研究』所収）

✲ 1979年（昭和54年）
『陶邑』Ⅳ　大阪府文化財調査報告書　第31輯（分担執筆）
『四天王寺―聖徳太子奥殿建設に伴う発掘調査報告書』四天王寺、大谷女子大学資料館報告書1（編著）
『中野Ⅰ―富田林市若松町所在遺跡の発掘調査報告書』大谷女子大学資料館報告書2（編著）
「古代の土器　Ⅳ、須恵器」『土器―技術の変遷と美』福岡市制90周年記念特別展、福岡市立歴史資料館
「須恵器による古墳の年代」『考古学ジャーナル』164
「畿内と周辺の須恵器」『世界陶磁全集』2、小学館（→『古代窯業史の研究』所収）
「奈良時代後期の須恵器生産」『大谷女子大学紀要』14-1（→『和泉陶邑窯の研究』

所収)
「初期須恵器生産の系譜」『大谷女子大学紀要』14-1（→『古代窯業史の研究』所収)

✻ 1980年（昭和55年）
『須恵器』考古学ライブラリー―5．ニューサイエンス社
『博物館学概説』（分担執筆)、関西大学出版会
『陶邑』Ⅴ　大阪府文化財調査報告書　第33輯（分担執筆)
「地方窯の一形態」『橘茂先生古稀記念論文集』（→『古代窯業史の研究』所収)
「初期須恵器生産の系譜」『大谷女子大学紀要』15-1（→『古代窯業史の研究』所収)

✻ 1981年（昭和56年）
『和泉陶邑窯の研究』柏書房
『龍泉寺―坊院跡および瓦窯跡群の発掘調査報告書』龍泉寺、大谷女子大学資料館報告書5（編著)
『嶽山遺跡発掘調査報告書』富田林市教育委員会
「須恵器生産の諸段階」『考古学雑誌』67－1（→『古代窯業史の研究』所収)
「須恵器の生産と流通」『考古学研究』28－2（→『古代窯業史の研究』所収)
「陶邑の古墳―大野池地区の古墳（二本木山古墳)」『摂河泉文化資料』26・27
「播磨の初期須恵器」『大谷女子大学紀要』16-1（→『古代窯業史の研究』所収)
「近世随筆に見る須恵器（上)」『考古学ジャーナル』191（→『古墳時代須恵器の編年的研究』所収)

✻ 1982年（昭和57年）
『窯業遺跡入門』考古学ライブラリー―13、ニューサイエンス社
『龍泉寺Ⅱ―坊院跡および修法跡の発掘調査報告書』龍泉寺、大谷女子大学資料館報告書7（編著)
『四天王寺―西門とその周辺』四天王寺、大谷女子大学資料館報告書8（編著)
『札馬窯跡群発掘調査概要』加古川市教育委員会、大谷女子大学資料館報告書10（編著)
「近世随筆に見る須恵器（下)」『考古学ジャーナル』193（→『古墳時代須恵器の編年的研究』所収)
「奈良前期の須恵器生産」『日本書紀研究』12、塙書房（→『古代窯業史の研究』所収)
「中部ジャワの土器つくり」『大谷女子大学紀要』17-1

❋ 1983年（昭和58年）
「古代末〜中世における窯業生産の一形態」『古文化論叢』藤沢一夫先生古稀記念論集
「平安時代の土器・陶器」『愛知県陶磁資料館研究紀要』2、愛知県立陶磁資料館（→『古代窯業史の研究』所収）

❋ 1984年（昭和59年）
『日本陶磁の源流』柏書房（楢崎彰一氏ほか共著・編）
「播磨札馬窯出土遺物の再検討（上）」『大谷女子大学紀要』19-1（→『古代窯業史の研究』所収）
「インドネシア中部ジャワの土器つくり」『帝塚山考古学』4、帝塚山考古学研究所（帝塚山大学）

❋ 1985年（昭和60年）
『古代窯業史の研究』柏書房
「播磨札馬窯出土遺物の再検討（下）」『大谷女子大学紀要』19-2（→『古代窯業史の研究』所収）
「須恵器による編年」『季刊考古学』10、雄山閣出版
「全国の須恵器窯跡（抄）」『日本の陶磁』東京国立博物館特別展示図録（→『須恵器窯跡の分布と変遷』所収）
「須恵器の造型とその変遷」『MUSEUM』416
「河内龍泉寺について」『帝塚山考古学』6、帝塚山考古学研究所（帝塚山大学）

❋ 1986年（昭和61年）
『四天王寺古瓦集成』柏書房（分担執筆・編集）
『四天王寺食堂跡―食堂再建に伴う発掘調査報告書』四天王寺、大谷女子大学資料館報告書15（編著）
「初期須恵器の窯跡」『考古学ジャーナル』259（→『須恵器窯跡の分布と変遷』所収）

❋ 1987年（昭和62年）
『陶邑』Ⅵ　大阪府文化財調査報告書　第35輯（分担執筆）
『下池田遺跡』大谷女子大学資料館報告書17
「須恵器流通の一考察」『大谷女子大学紀要』21-2（→『須恵器の生産と流通』所収）
「須恵器の問題について―生産地から消費地へ」『大阪湾をめぐる文化の流れ』帝塚山考古学研究所（帝塚山大学）
「周辺の動向　近畿地方の動向」『第8回三県シンポジウム　東国における古式

須恵器をめぐる諸問題』第2分冊、北武蔵古代文化研究会・群馬県考古学研究所・千曲川水系古代文化研究所
「製陶遺跡を歩く」『毎日グラフ別冊、古代史を歩く《河内》』毎日新聞社
「山城穀塚古墳出土須恵器について」『MUSEUM』431（→『古墳時代須恵器の編年的研究』所収）

❊ 1988年（昭和63年）
『古墳文化の風景』雄山閣出版
『牛頸—ハセムシ窯跡群発掘調査報告書』福岡県大野城市教育委員会、大谷女子大学資料館報告書18（編著）
『四天王寺—引声堂と周辺地区の調査』四天王寺、大谷女子大学資料館報告書20（編著）
「四天王寺食堂跡出土古代陶・土器の再検討」『大谷女子大学紀要』23-1
「仏教伝来の系譜」『論集日本仏教史』雄山閣出版
「須恵器の年代観」『論争　学説日本の考古学』古墳時代編、雄山閣出版（→『古墳時代須恵器の編年的研究』所収）
「須恵器の初現」『MUSEUM』451（→『古墳時代須恵器の編年的研究』所収）
「陶邑窯跡群における工人集団と遺跡」『古文化談叢』20（→『須恵器窯跡の分布と変遷』所収）

❊ 1989年（平成1年）
『陶質土器の国際交流』柏書房（北野耕平氏ほかと共著、編）
『四天王寺—引声堂と周辺地区の調査Ⅱ』四天王寺、大谷女子大学資料館報告書22（編著）
『牛頸Ⅱ』福岡県大野城市教育委員会、大谷女子大学資料館報告書23（編著）
「大学博物館の活動の一例」『研究紀要』1、全国大学博物館学講座協議会
「筑前牛頸窯跡群での窯跡分布」『牛頸』Ⅱ、大野城市教育委員会（→『須恵器窯跡の分布と変遷』所収）
「陶質土器の系譜—近畿地方について—」（原題、近畿）、『陶質土器の国際交流』柏書房（→『古墳時代須恵器の編年的研究』所収）

❊ 1990年（平成2年）
『研究入門須恵器』柏書房
『陶邑』Ⅶ　大阪府文化財調査報告書　第37輯（分担執筆）
『社・吉馬』兵庫県加東郡教育委員会、大谷女子大学資料館報告書24（編著）
『社・牧野』兵庫県加東郡教育委員会、大谷女子大学資料館報告書25（編著）

『久留美毛谷古窯跡群等の発掘調査報告書』毛谷古窯跡群埋蔵文化財調査会（編著）
「播磨加古川流域での古代末期の窯業生産（上）」『大谷女子大学紀要』25-1
　（→『須恵器窯跡の分布と変遷』所収）
「三重県上野市高猿１号古墳出土須恵器について」『MUSEUM』468（→『古墳時代須恵器の編年的研究』所収）

✳ 1991年（平成３年）
『四天王寺』考古学ライブラリー62、ニューサイエンス社〈南谷恵敬氏と共著〉
『蛍池東遺跡発掘調査報告書』蛍池遺跡調査会（編著）
「播磨加古川流域での古代末期の窯業生産（下）」『大谷女子大学紀要』25-2
　（→『須恵器窯跡の分布と変遷』所収）
「福井県美浜町所在獅子塚古墳出土須恵器について」『MUSEUM』501（→『須恵器窯跡の分布と変遷』所収）
「三重県阿児町志島所在遺跡出土須恵器について」『MUSEUM』486（→『古墳時代須恵器の編年的研究』所収）
「大阪府八尾市都川西塚古墳出土須恵器について」『大谷女子大学紀要』26-1
　（→『古墳時代須恵器の編年的研究』所収）
「須恵器の源流を探る」『読売新聞』12月19日夕刊文化欄（→『古墳時代須恵器の編年的研究』所収）

✳ 1992年（平成４年）
『須恵器窯跡の分布と変遷』考古学選書36、雄山閣出版
『吸谷廃寺』加西市埋蔵文化財調査報告８、加西市教育委員会（編著）
『江の下・西の側』加西市教育委員会・大谷女子大学資料館報告書27（編著）
「古墳時代の窯跡・奈良時代の窯跡」『須恵器窯跡の分布と変遷』雄山閣出版
「平安時代の窯跡」『須恵器窯跡の分布と変遷』雄山閣出版
「関連遺跡の調査」『須恵器窯跡の分布と変遷』雄山閣出版
「須恵器窯跡の研究史（抄）」『須恵器窯跡の分布と変遷』雄山閣出版
「兵庫県御津町出土須恵器について」『大谷女子大学紀要』27-1（→『古墳時代須恵器の編年的研究』所収）
「和歌山県有田市簑島１号墳出土須恵器について」『大谷女子大学紀要』26-2
　（→『古墳時代須恵器の編年的研究』所収）

✳ 1993年（平成５年）
『古墳時代須恵器の編年的研究』柏書房
『横尾遺跡発掘調査報告書』兵庫県加西市教育委員会（編著）

『龍泉寺』龍泉寺、大谷女子大学資料館報告書28（編著）
『土井ノ内』加西市教育委員会、大谷女子大学資料館報告書29（編著）
『牛頸Ⅲ』福岡県大野城市教育委員会、大谷女子大学資料館報告書30（編著）
「大谷女子大学資料館蔵・装飾付き須恵器について」『研究紀要』2、全国大学博物館学講座協議会
「須恵器の編年」『季刊考古学』42、雄山閣出版
「律令制と須恵器」『季刊考古学』42、雄山閣出版
「平城京と須恵器」『季刊考古学』42、雄山閣出版（中村浩道名）
「岐阜県美濃加茂市所在蔵ノ内古墳出土須恵器について」『大谷女子大学紀要』28-1（→『須恵器の生産と流通』所収）
「福岡県春日市所在日拝塚古墳出土須恵器について」『古文化談叢』30（→『須恵器の生産と流通』所収）
「大阪府枚方市白雉塚古墳出土須恵器について」『古墳時代須恵器の編年的研究』柏書房
「大阪府岸和田市俗称馬塚古墳出土須恵器について」『大谷女子大学紀要』27-2（→『古墳時代須恵器の編年的研究』所収）
「三重県鈴鹿市保子里古墳出土須恵器について」『古墳時代須恵器の編年的研究』柏書房
「大阪府茨木市海北塚古墳出土須恵器の再検討」『考古学雑誌』78-3（→『古墳時代須恵器の編年的研究』所収）

❈ 1994年（平成6年）

『須恵器集成図録』近畿、東京国立博物館（編著）
『陶邑』Ⅷ　大阪府文化財調査報告書　第46輯（分担執筆）
『福居・坂元狭間・三反田・石堂』加西市教育委員会・大谷女子大学資料館報告書31（編著）
「愛知県蒲郡市大塚町所在笹子古墳出土須恵器について」『大谷女子大学紀要』29-1（→『須恵器の生産と流通』所収）
「長野県茅野市所在疱瘡神塚古墳出土遺物について」『大谷女子大学紀要』28-2（→『須恵器の生産と流通』所収）
「山口県熊毛郡田布施町所在後井3号墳出土須恵器について」『MUSEUM』517（→『須恵器の生産と流通』所収）

❈ 1995年（平成7年）

『須恵器集成図録』1、近畿1、雄山閣出版（監修・編著）
『須恵器集成図録』3、東日本Ⅰ、雄山閣出版（監修）

『須恵器集成図録』4、東日本Ⅱ、雄山閣出版（監修）
『須恵器集成図録』5、西日本、雄山閣出版（監修）
『飯倉D遺跡』福岡市教育委員会、大谷女子大学資料館報告書32（編著）
「大谷女子大学資料館蔵・在紀年銘の中国鏡について」『研究紀要』3、全国大学博物館学講座協議会
「檜塚原9号古墳出土遺物について―その埋葬主体と出土須恵器について」『王朝の考古学―大川清博士古稀記念論集―』（→『須恵器から見た被葬者像の研究』所収）
「静岡県島田市高根森古墳出土須恵器について」『MUSEUM』535（→『須恵器の生産と流通』所収）
「和泉陶邑における墳墓の形成」『大谷女子大学紀要』29-2（→『須恵器から見た被葬者像の研究』所収）

❋ 1996年（平成8年）
『須恵器集成図録』2、近畿Ⅱ、雄山閣出版（編、共著）
『社・上中遺跡発掘調査報告書』兵庫県加東郡教育委員会、大谷女子大学資料館報告書33（編著）
『貝塚寺内町遺跡発掘調査報告書』貝塚市教育委員会、大谷女子大学資料館報告書34（編著）
「向原古墳出土須恵器について」『大谷女子大学紀要』31-1
「千葉県木更津市松面古墳出土須恵器について」『大谷女子大学紀要』30-2
「香川県仲多度郡多度津町所在向原古墳出土須恵器について」『大谷女子大学紀要』31-1（→『須恵器の生産と流通』所収）

❋ 1997年（平成9年）
『考古学で何がわかるか』芙蓉書房出版
『須恵器集成図録』6、補遺・索引、雄山閣出版（編著）
『須恵器集成図録』東日本、東京国立博物館（編著）
「古代・中世における四天王寺境内の西端の変遷」『大谷女子大学紀要』32-1
「大学博物館について―大谷女子大学における資料館の存在と将来計画」『研究紀要』4、全国大学博物館学講座協議会
「美濃路の須恵器」『大谷女子大学紀要』31-2
「福岡県八女市乗場古墳出土土器の検討」『考古学雑誌』81-3（→『須恵器の生産と流通』所収）
「梁山夫婦塚出土遺物の再検討」『MUSEUM』549（→『須恵器の生産と流通』所収）

「千葉県木更津市瑠璃光塚古墳出土須恵器について」『堅田直先生古希記念論集』（→『須恵器の生産と流通』所収）
「千葉県富津市所在西原古墳出土須恵器について」『立命館大学考古学論集』Ⅰ
『四天王寺―西門とその周辺Ⅲ』四天王寺・大谷女子大学資料館報告書37（編著）

❋ 1998年（平成10年）
『古墳出土須恵器集成図録』1、近畿編Ⅰ、雄山閣出版（編著）
『古墳出土須恵器集成図録』2、近畿編Ⅱ、雄山閣出版（共編著）
『古墳出土須恵器集成図録』3、東日本編Ⅰ、雄山閣出版（共編著）
『須恵器集成図録』西日本、東京国立博物館（編著）
『田束山』宮城県歌津町教育委員会・大谷女子大学資料館報告書39（編著）
「近世における四天王寺境内の西域について」『小川修三先生退職記念論文集』
「静岡県周智郡森町飯田所在院内古墳（乙・甲墳）および観音寺本堂横穴出土須恵器について」『森町史』資料編1、考古
「龍泉寺の中世から近世へ」『富田林市史』2、本文（中世）編
「豊田古墳出土須恵器について」『大谷女子大学紀要』32-2
「仏教文化の地方波及の一例」『楢崎彰一先生古希記念論文集』（→『須恵器から見た被葬者像の研究』所収）
「広島県高田郡奥田山所在古墳出土の須恵器について」『大谷女子大学紀要』33-1（→『須恵器の生産と流通』所収）
「山形県山形市お花山古墳出土須恵器について」『網干善教先生古稀記念考古学論集』（→『須恵器の生産と流通』所収）
「阿武山古墳の被葬者について」『古代文化』50-6（→『須恵器から見た被葬者像の研究』所収）

❋ 1999年（平成11年）
『博物館学で何がわかるか』芙蓉書房出版
『新訂考古学で何がわかるか』芙蓉書房出版
『古墳時代須恵器の生産と流通』考古学選書、雄山閣出版
『古墳出土須恵器集成図録』4、東日本編Ⅱ、雄山閣出版（編著）
『紀伊・砂羅之谷』大谷女子大学資料館報告書40
「博物館実習の現状と課題」『研究紀要』5、全国大学博物館学講座協議会
「宮城県本吉郡歌津町所在魚竜館におけるリニューアルと企画展の試み」『博物館学雑誌』24-2
「古墳時代須恵器の生産と流通」『古墳時代須恵器の生産と流通』考古学選書、雄山閣出版

❋ 2000年（平成12年）
『古墳出土須恵器集成図録』5、西日本編1、雄山閣出版（編著）
『四天王寺─西門とその周辺Ⅳ』四天王寺・大谷女子大学博物館報告書42（編著）
『中津倉窯跡群発掘調査報告書』加古川市教育委員会・大谷女子大学博物館報告書43（編著）
「千葉県木更津市鶴巻塚古墳出土須恵器について」『大谷女子大学大学紀要』34-2
「須恵器の型式編年における大別と細別」『志学台考古』1
「アメリカの博物館を訪ねて」『大谷女子大学学芸員課程年報』1

❋ 2001年（平成13年）
『和泉陶邑窯出土須恵器の型式編年』芙蓉書房出版
『和泉陶邑窯の歴史的研究』芙蓉書房出版
『土師器と須恵器』雄山閣出版（『季刊考古学』普及版、望月幹夫氏と共編著）
「愛媛県東予市甲賀原古墳群出土須恵器について」『大谷女子大学大学紀要』35
「大学博物館について─その設立理念と課題」『研究紀要』6、全国大学博物館学講座協議会
「大谷女子大学博物館所蔵　黄初2年銘神獣鏡について」『大谷女子大学文化財研究』
「古墳時代遺跡の年代」『季刊考古学』77
「年代推定と産地推定」『季刊考古学』77
「和泉陶邑窯の胎土分析について」『考古学ジャーナル』476
「装飾付き須恵器の概観」『考古学ジャーナル』476
「錦織遺跡発掘調査概要」『大谷女子大学文化財研究』1（犬木努氏と共著）
『河内・大日寺─河内長野市所在遺跡発掘調査報告書』河内長野市教育委員会・大谷女子大学博物館報告書45（編著）
「フランスの博物館─オルセー美術館、ロダン美術館、ブルゴーニュ民俗博物館」『大谷女子大学学芸員課程年報』2

❋ 2002年（平成14年）
『古墳出土須恵器集成図録』6、西日本編Ⅱ、雄山閣出版（編著）
『熊野本宮備崎経塚群発掘調査報告書』大谷女子大学博物館報告書46
「古窯の操業期間に関する一考察」『志学台考古』2
「兵庫県加東郡社町所在小丸山1号墳の再検討」『立命館大学考古学論集』Ⅱ
　（→『須恵器から見た被葬者像の研究』所収）

❋ 2003年（平成15年）
『中野Ⅱ』大谷女子大学博物館報告書47（編著）
『衣川・桝形森遺跡発掘調査報告書』衣川村教育委員会、大谷女子大学博物館報告書48（編著）
『牛頸・本堂Ⅰ－3次発掘調査報告書』福岡県大野城市教育委員会、大谷女子大学博物館報告書49（編著）
「博物館施設を用いた地域振興に関する試み」『研究紀要』7、全国大学博物館学講座協議会
「初期須恵器の移動の背景とその系譜―岩手県中半入遺跡出土初期須恵器について」『大谷女子大学紀要』37（→『須恵器から見た被葬者像の研究』所収）
「須恵器生産者とその墳墓」『立命館大学考古学論集』Ⅲ（→『須恵器から見た被葬者像の研究』所収）
「重列神獣鏡について」『志学台考古』3
「日本の博物館・世界の博物館　中国の博物館（中国人民革命軍事博物館、中国人民抗日戦争記念館、盧溝橋、故宮博物館）『大谷女子大学文化財研究』3

❋ 2004年（平成16年）
『牛頸・本堂Ⅱ』福岡県大野城市教育委員会、大谷女子大学博物館報告書50
「熊野本宮備崎経塚について」『堀田啓一先生古稀記念献呈論文集』
「須恵器生産者と古墳群―檜尾塚原古墳群南グループの再検討」『大谷女子大学紀要』38（→『須恵器から見た被葬者像の研究』所収）
「龍泉墓苑出土の常滑三耳壺について」『志学台考古』4

❋ 2005年（平成17年）
『ぶらりあるきパリの博物館』芙蓉書房出版
『牛頸・本堂Ⅲ－5次発掘調査報告書』福岡県大野城市教育委員会、大谷女子大学博物館報告書51（編著）
「博物館学芸員課程の変遷」『研究紀要』8、全国大学博物館学講座協議会
「酒に関する神話伝承」『大谷女子大学紀要』39
『神下山高貴寺文化財調査報告書』大谷女子大学文学部文化財学科（編・共著）
「アジアの博物館―ベトナム・ホーチミン市、戦争証跡博物館、ベトナム歴史博物館、ホートミン作戦博物館、ホーチミン市美術博物館、ホーチミン記念館、ホーチミン市博物館、トン・ドック・タン博物館」『大谷女子大学学芸員課程年報』5、2004年度

❋ 2006年（平成18年）
『ぶらりあるきロンドンの博物館』芙蓉書房出版
『ぶらりあるきウィーンの博物館』芙蓉書房出版
『泉北丘陵に広がる須恵器窯』シリーズ遺跡を学ぶ28、新泉社
『札馬―窯跡群発掘調査報告書』大谷女子大学博物館報告書52（編著）
「『風土記』に見る酒に関連する記載」『大谷女子大学紀要』40

❋ 2007年（平成19年）
『ぶらりあるきミュンヘンの博物館』芙蓉書房出版
「須恵器生産者の墳墓―野々井南遺跡の墳墓遺構について」『大阪大谷大学紀要』41（→『須恵器から見た被葬者像の研究』所収）
「カナダBC州の二つの海洋博物館」『大阪大谷大学文化財研究』7

❋ 2008年（平成20年）
『ぶらりあるきオランダの博物館』芙蓉書房出版
「大学博物館について」『歴史科学』106、大阪歴史科学協議会
「カンボジアにおける伝統的土器つくり―コンポンスプ州ロン・ライ村の状況」『大阪大谷大学紀要』42（池田榮史氏と共著）
「オランダ・アムステルダムの美術系博物館」『大阪大谷大学文化財研究』8
「平成19年度カンボジアにおける窯業遺跡調査概要」『志学台考古』8（池田榮史・広岡公夫氏と共著）
「オランダ・アムステルダムの博物館」『大阪大谷大学学芸員課程年報』8

❋ 2009年（平成21年）
『クナポーB‐1号窯跡―発掘調査報告書』大阪大谷大学博物館報告書55（編著）
「カンボジアにおける伝統的土器つくり」『大阪大谷大学紀要』43（池田榮史氏と共著）
「平成20年度カンボジアにおける窯業遺跡調査概要」『志学台考古』9、（池田榮史・広岡公夫氏と共著）
「大阪市立大学『大学ミュージアム』の展望と課題」（〈小特集〉大阪市立大学の「大学ミュージアム構想」）『大阪市立大学史紀要』2
「カンボジアプノンペンの博物館」『大阪大谷大学文化財研究』9

❋ 2010年（平成22年）
「大阪府南河内郡河南町所在金山古墳の年代とその被葬者像」『立命館大学考古学論集』V（→『須恵器から見た被葬者像の研究』所収）

「河内龍泉寺坪付け帳案文について」『大阪大谷大学文化財研究』10（→『須恵器から見た被葬者像の研究』所収）
「カンボジアにおける土器つくり―カンポット州ロン・ナ・チョンポリ村の状況を中心に」『大阪大谷大学紀要』44（池田榮史、城間宣子、飯田絢美氏と共著）
「インドネシア・バリ島の博物館」『大阪大谷大学文化財研究』9

❋ 2011年（平成23年）
『バ・コン窯跡群6A号窯跡発掘調査報告書』大阪大谷大学博物館報告書57（編著）
「インドネシアにおける土器つくり」『大阪大谷大学紀要』45（飯田絢美氏と共著）
「沖縄久米島の博物館」『大阪大谷大学文化財研究』11

❋ 2012年（平成24年）
『ぶらりあるきマレーシアの博物館』芙蓉書房出版
『ぶらりあるきバンコクの博物館』芙蓉書房出版
『ぶらりあるき香港・マカオの博物館』芙蓉書房出版
『須恵器から見た被葬者像の研究』芙蓉書房出版
『東南アジアの伝統的土器作り―事例調査報告書』大阪大谷大学博物館報告書59（編著）
「嶽山城の盛衰」『大阪大谷大学文化財研究』12
『乙金地区遺跡群―薬師の森遺跡第10次・第20次発掘調査報告書』福岡県大野城市教育委員会、大阪大谷大学博物館報告書58（編著）
「網干善教」青木豊・矢島國雄『博物館人物史』下、雄山閣

❋ 2013年（平成25年）
『ぶらりあるきシンガポールの博物館』芙蓉書房出版
『ぶらりあるき台北の博物館』芙蓉書房出版

❋ 2014年（平成26年）
『ぶらりあるき奄美・沖縄の博物館』芙蓉書房出版（池田榮史氏と共著）
『ぶらりあるきベトナムの博物館』芙蓉書房出版
「博物館教育の目的と方法」青木豊『人文系博物館教育論』、雄山閣
「望まれる博物館活動の指導者」青木豊編『人文系博物館教育論』、雄山閣
「青木豊編『神社博物館事典』について」『国学院雑誌』115

❃ 2015年（平成27年）
『ぶらりあるきインドネシアの博物館』芙蓉書房出版
『ぶらりあるきマニラの博物館』芙蓉書房出版
『ぶらりあるきカンボジアの博物館』芙蓉書房出版
「遺跡の保存整備と遺跡博物館の歴史―関西地域」青木豊・鷹野光行編『地域を活かす遺跡と博物館』同成社

❃ 2016年（平成28年）
『ぶらりあるきミャンマー・ラオスの博物館』芙蓉書房出版
『ぶらりあるきチェンマイ・アユタヤの博物館』芙蓉書房出版
『観光資源としての博物館』芙蓉書房出版（青木豊氏と共編）
「博物館の歴史、日本・世界の博物館のあゆみ」「博物館の分類」「産業博物館・企業博物館」「世界遺産と博物館」（→『観光資源としての博物館』所収）

中村　浩（浩道）　略年譜

1947(昭和22)年　2月15日　大阪府南河内郡東條村（現、富田林市）龍泉888番地で出生
1965(昭和40)年　4月　立命館大学文学部史学科日本史学専攻入学
1969(昭和44)年　3月　立命館大学文学部史学科日本史学専攻卒業
1969(昭和44)年　4月　同志社大学大学院文学研究科文化史学専攻入学
1969(昭和44)年　8月　大阪府教育委員会文化財保護課嘱託
1970(昭和45)年　1月　同志社大学大学院文学研究科文化史学専攻中途退学
1970(昭和45)年　5月　大阪府教育委員会文化財保護課勤務
1975(昭和50)年　4月　大谷女子大学非常勤講師を兼ねる
1978(昭和53)年　3月　大阪府教育委員会文化財保護課退職
1978(昭和53)年　4月　大谷女子大学文学部専任講師
1984(昭和59)年　4月　大谷女子大学文学部助教授
　　　　　　　　　　大谷女子大学資料館館長補佐（～退職まで）
　　　　　　　　　　（※2006年、大谷女子大学博物館に改称）
　　　　　　　10月　河内長野市三日市遺跡調査会理事
1986(昭和61)年　7月　東京国立博物館客員研究員（～1998年）
1991(平成 3)年　4月　大谷女子大学文学部教授
1992(平成 4)年　4月　大谷女子大学教養科長（～1996年3月）
　　　　　　　　4月　兵庫県加西市遺跡調査会会長（～1997年3月）
　　　　　　　12月　宗教法人龍泉寺代表役員住職（～現在）
1994(平成 6)年　4月　大阪大谷女子短期大学非常勤講師（～1997年）
　　　　　　　　　　大阪府環境審議会委員（～2003年3月）
1996(平成 8)年　4月　大谷女子大学文学部文化財学科長（～2004年3月）
1997(平成 9)年　4月　奈良教育大学教育学部非常勤講師（～2012年3月）
　　　　　　　　　　※考古学実習Ⅰ・Ⅱ、博物館学Ⅲ、博物館実習を担当
　　　　　　　　　　福井大学地域情報教育学部非常勤講師（集中講義）
　　　　　　　　　　※地球科学特殊講義を担当

		歴史文化学会理事（～2002年）
1998(平成10)年	4月	全国大学博物館学講座協議会西日本部会長（～2011年）
1999(平成11)年	4月	富田林市文化財調査委員会委員（～現在）
		富田林市環境保全委員会委員（～現在）
		美原町歴史資料館建設構想委員会座長（～2000年）
2001(平成13)年	3月	博士（文学）立命館大学から授与
2003(平成15)年	4月	河内長野市文化財審議会委員（～現在）
2004(平成16)年	3月	大谷女子大学学長補佐（退職まで）
		※2006年、大阪大谷大学に改称
2008(平成20)年	4月	大阪大谷大学大学院研究科長（～2012年3月）
2011(平成23)年	4月	千早赤阪村文化財審議会委員（委員長）（～現在）
	7月	堺市博物館協議会委員（～現在）
2012(平成24)年	3月	大阪大谷大学定年退職
	4月	大阪大谷大学文学部非常勤講師（～現在）
		※博物館概論・展示論を担当、（展示論のみ～2015年）
	6月	大阪大谷大学名誉教授
2014(平成26)年	4月	岡山理科大学理学部非常勤講師（～現在）
		※博物館概論、博物館資料論を担当、（資料論のみ～2015年）
2017(平成29)年	4月	和歌山県立紀伊風土記の丘館長

執筆者紹介 （執筆順、所属・職位は2017年4月現在、または最終校正終了時点のもの）

舟山良一（ふなやま りょういち）大野城市教育委員会ふるさと文化財課元課長
田中清美（たなか きよみ）帝塚山学院大学非常勤講師
仲辻慧大（なかつじ けいた）和歌山県教育委員会副主査
土井和幸（どい かずゆき）堺市文化財課
木下　亘（きのした わたる）前奈良県立橿原考古学研究所附属博物館副館長
中島恒次郎（なかしま こうじろう）太宰府市都市整備部都市計画課係長
山田元樹（やまだ もとき）大牟田市企画総務部総務課市史編さん室長
市来真澄（いちき ますみ）山口県立萩美術館・浦上記念館
石木秀啓（いしき ひでたか）大野城市教育委員会ふるさと文化財課課長
上田龍児（うえだ りゅうじ）大野城市教育委員会ふるさと文化財課
風間栄一（かざま えいいち）長野市教育委員会文化財課埋蔵文化財センター係長
酒井清治（さかい きよじ）駒澤大学文学部教授
土田純子（つちだ じゅんこ）京都橘大学非常勤講師
畠山唯達（はたけやま ただひろ）岡山理科大学情報処理センター准教授
渋谷秀敏（しぶや ひでとし）熊本大学大学院先端科学研究部教授
犬木　努（いぬき つとむ）大阪大谷大学文学部教授
河内一浩（かわち かずひろ）羽曳野市立人権文化センター館長
白石　純（しらいし じゅん）岡山理科大学生物地球学部教授
徳澤啓一（とくさわ けいいち）岡山理科大学経営学部教授
平野裕子（ひらの ゆうこ）上智大学アジア文化研究所
Chhei VISOH（チェイ・ビソット）プノンペン国立博物館
Sureeratana BUBPHA（スゥレーラッタナー・ブッパ）ウボンラチャタニ大学教養学部
主税英徳（ちから ひでのり）基山町教育委員会
粟田　薫（あわた かおる）富田林市教育委員会
上原真人（うえはら まひと）（公財）辰馬考古資料館館長
網　伸也（あみ のぶや）近畿大学文芸学部教授
藤原　学（ふじわら まなぶ）大阪学院大学国際学部教授
尾谷雅彦（おたに まさひこ）大阪大谷大学非常勤講師
梯　信暁（かけはし のぶあき）大阪大谷大学文学部教授
狭川真一（さがわ しんいち）（公財）元興寺文化財研究所副所長
辻　俊和（つじ としかず）元奈良県立高等学校教員
池田榮史（いけだ よしふみ）琉球大学法文学部教授

辻尾榮市（つじお えいいち）地域歴史民俗考古研究所総括会長
林　潤也（はやし じゅんや）大野城市教育委員会ふるさと文化財課
田尻義了（たじり よしのり）九州大学大学院比較社会文化研究院准教授
冨加見泰彦（ふかみ やすひこ）和歌山県立紀伊風土記の丘
積山　洋（せきやま ひろし）大阪文化財研究所 学芸員
青木　豊（あおき ゆたか）國學院大學文学部教授
和泉大樹（いずみ だいき）阪南大学国際観光学部准教授
一丸忠邦（いちまる ただくに）元大阪大谷大学文学部非常勤講師
井上洋一（いのうえ よういち）東京国立博物館
中島金太郎（なかじま きんたろう）國學院大學文学部助手
落合知子（おちあい ともこ）長崎国際大学人間社会学部教授
竹谷俊夫（たけたに としお）大阪大谷大学文学部教授
笠井敏光（かさい としみつ）大阪国際大学国際教養学部教授
池田千尋（いけだ ちひろ）大阪大谷大学博物館学芸員

中村　浩（なかむら ひろし）大阪大谷大学名誉教授
　　　　　　　　　　　　　　和歌山県立紀伊風土記の丘館長

考古学・博物館学の風景
――中村浩先生古稀記念論文集――

2017年4月9日　第1刷発行

編　者
中村浩先生古稀記念論文集刊行会

発行所
㈱芙蓉書房出版
（代表　平澤公裕）
〒113-0033東京都文京区本郷3-3-13
TEL 03-3813-4466　FAX 03-3813-4615
http://www.fuyoshobo.co.jp

印刷・製本／モリモト印刷

ISBN978-4-8295-0712-4